Silêncios
e
Luzes:

Sobre a experiência psíquica
do vazio e da forma

Dados Internacionais de Catalogação na Publicação (CIP)
(Câmara Brasileira do Livro, SP, Brasil)

Silêncios e luzes : sobre a experiência psíquica do vazio e da forma /
Luiz Carlos Uchôa Junqueira Filho (organizador). — São Paulo :
Casa do Psicólogo, 1998.

Vários autores.
Bibliografia.
ISBN 85-7396-012-4

1. Forma (Filosofia) 2. Psicanálise – Interpretação 1. Junqueira
Filho, Luiz Carlos Uchôa.

98-1409   CDD-150.195

Índice para catálogo sistemático:
1. Psicanálise : Interpretação : Psicologia   150.195

Editor: Anna Elisa de Villemor Amaral Güntert

Editor-assistente: Ruth Kluska Rosa

Revisão: Sandra Rodrigues Garcia

Fotocomposição: Factash Fotocomposição
(011) 214-4151

Luiz Carlos Uchôa Junqueira Filho
(Organizador)

Silêncios
e
Luzes

Sobre a experiência psíquica
do vazio e da forma

Casa do Psicólogo®

Reservados todos os direitos de publicação em língua
portuguesa à Casa do Psicólogo Livraria e Editora Ltda.
Rua Alves Guimarães, 436 – Cep 05410-000 – São Paulo – SP
Fone: (011) 852–4633   Fax: (011) 3064-5392
E-mail: Casapsi@uol.com.br
http//www.casapsicologo.com.br

Impresso no Brasil / Printed in Brazil

SUMÁRIO

INTRODUÇÃO

LUIZ CARLOS UCHÔA JUNQUEIRA FILHO

A organização deste III Encontro Bienal constituiu, de *per si*, uma meta-experiência, pelo menos no sentido de esclarecer antecipadamente alguma coisa daquilo que se pretendia alcançar com sua realização. Isso nos evoca, naturalmente, o próprio paradoxo fundador da Psicanálise, em que o inconsciente propulsor da vida onírica de um ser humano comum despertou em si mesmo o gênio incomum que criou, a partir desta angústia existencial, o instrumental clínico-teórico que tem nos permitido explorar a infinitude do universo psíquico. Deste nosso big-bang particular nasceu Freud, o único analisando órfão da história, alguém que pôde transformar generosamente o silêncio da tragédia pessoal em iluminação vivificante dos mistérios da natureza humana.

Todos que já passaram pela emoção de ter mesmo que uma ínfima parcela de seu mistério pessoal iluminado pela experiência psicanalítica viveram com certeza um impacto semelhante àquele que se nos ofereceu recentemente quando da divulgação da impressionante foto conseguida pelo telescópio espacial Hubble, onde se pode "presenciar visualmente" o nascimento das estrelas nas bordas de imensas colunas sujeitas à foto-evaporação do hidrogênio.

No campo da experiência psíquica, dispomos de um potente "telescópio" a partir da Teoria das Transformações de Bion, cujo advento tem nos permitido rastrear sua realidade última no vasto campo que se estende da experiência mística com a Divindade até a apreensão de uma matemática lewis-carrolliana para representar as peripécias subjetivas de Alice. Meister Eckhart, por exemplo, considera que a Divindade contém todas as distinções não desenvolvidas, sendo por isso Escura e Amorfa, só se tornando passível de Conhecimento após dela fluir a Trinidade. Portanto, toda e qualquer representação de desenvolvimento, seja ele religioso, estético, científico ou psicanalítico, implicaria na extração do "infinito vazio e informe" de Milton, de uma formulação saturada e finita, associada a um número (como o 3, no caso da Trinidade), ou a uma figura geométrica (como o triângulo, na configuração edípica).

Munidos deste referencial podemos associar a presença ou ausência de um objeto, sua existência ou não existência com os desenvolvimentos geométricos de pontos e linhas, bem como o estado do objeto, se ele está inteiro ou fragmentado, com os desenvolvimentos aritméticos. Retornando agora às metamorfoses de Alice, constataremos uma sensível ampliação em nosso poder de acompanhar as modificações de seu eu ao transpor a barreira do espelho, ao encolher ou crescer ao sabor de poções mágicas, ou ao sentir-se presa num ponto devido ao estancamento do tempo.

O indivíduo que consegue destacar sua essência torna possível o contato com um eu real. Todo o esforço do processo psicanalítico concentra-se em ajudar a pessoa a efetuar uma transição de "conhecer" os fenômenos do eu real para "ser" o eu real. É uma luta perene travada na encruzilhada, e de cujo desfecho depende ou a conciliação com Deus, ou a rendição ao Demônio, que nos é descrita nesta montagem de uma passagem de Guimarães Rosa:

> Ele tinha que vir se existisse... Mas em que formas ?... Feito o Bode-Preto ? O Morcegão? O Xú?... Como é possível se estar, desarmado de si, entregue ao que outro queria fazer, no se desmedir de tapados buracos e tornar pessoa ?... E por isso eu não tinha licença de não mexer, não tinha os descansos do ar... E, o que era que eu queria? Ah, acho que não queria mesmo nada, de tanto que eu queria só tudo. Uma coisa, a coisa, esta coisa: eu somente queria era – ficar sendo! (*Grande Sertão: Veredas*, José Olympio Editora, 13.ª ed., 1967, p. 317-8)

Neste sentido, a frase de Pascal "o silêncio destes espaços infinitos me apavora" pode servir como expressão da intolerância e do temor diante do incognoscível, e portanto do inconsciente no sentido do não-descoberto ou não-desenvolvido, como oportunamente nos lembra Bion.

VAZIO E FORMA

FRANK PHILIPS*

L. C. Junqueira**: "Passo a palavra ao nosso convidado, Frank Philips, que, como já disse o Leopoldo, é um dos fundadores de nossa Sociedade, e que teve o privilégio de ser analisado por e conviver com Melanie Klein e Wilfred Bion.

Ouçamos o que ele tem a nos dizer, sobre Vazio e Forma.

Dr. Philips: Muito obrigado a vocês todos. Eu acho que o título que foi posto como *Silêncio e Forma* é um título obviamente útil, especialmente se o silêncio, me parece, indica sempre dor (*pain*), e esse fato não pode ser deixado simplesmente de lado.

Eu sugeriria também que um outro termo que eu gostaria de considerar hoje a respeito daquilo que vou falar é a descoberta, como um título para a Psicanálise.

Bem, eu vou começar com uma anedota histórica, de muitos anos atrás, muitos dos senhores vão saber isso de leitura e os mais velhos vão lembrar do fato mesmo.

Nos anos em que Winston Churchill era o Primeiro-ministro da Inglaterra, durante a Segunda Guerra Mundial, ele teve uma ocasião, a vontade de fazer um discurso na França. Penso que talvez tenha sido em Paris, mas não me

---

* Membro Efetivo da Sociedade Britânica de Psicanálise e Analista Didata da Sociedade Brasileira de Psicanálise de São Paulo.

** Este texto foi transcrito de uma gravação feita durante a apresentação. Procurei manter a forma coloquial e, quando necessário, introduzir algumas notas explicativas, assinaladas como Notas do Revisor (N.R.).

lembro do fato exatamente. Em todo o caso, ele encontrou-se com a pessoa, não sei se foi um grupo, naquele tempo não tinha televisão distribuindo coisas, mas ele começou dizendo: *Prenez garde: je vais parler français* (Tomem cuidado: vou falar em francês). Agora, este fato encerra um aspecto daquilo que eu vou falar hoje, de duas línguas que se encontram naquela anedota, o inglês e o francês. Atualmente isto pode ser visto em Psicanálise como outras línguas envolvidas naquilo, por causa do *splitting*, como nós chamamos, de qualquer elemento, ou de fala, ou de pensamento, ou de consideração de qualquer natureza, numa Psicanálise que está em movimento. Por isso, eu vou falar da língua dupla que é necessária num trabalho de Psicanálise. À primeira vista, eu estou me referindo à parte mais simples: as duas pessoas falam uma língua conhecida como a língua daquele país, ou das respectivas pessoas. Mas, por parte do analista, que tem que estar lá primeiro antes que o analisando tenha chegado, mesmo que ele tivesse tido muitas outras análises antes, a diferença não vai ser grande coisa. Uma pessoa vai falar, e esta fala vai ser significativa no grau em que pode constituir uma parte essencial da análise, desde o começo até o fim. O analista, por sua vez, deve ter tido uma análise suficientemente ampla para se sentir independente da conversa do seu analisando. (Eu vou falar sempre no sentido masculino para simplificar a questão, que no inglês é mais simples, mas isto não tem muita significação agora.)

O impacto de qualquer analisando que eu tenha analisado, seja uma pessoa leiga, seja um analista de muita experiência, etc., sempre ocasiona uma nova visão e um novo eco da língua, que vai continuar sendo o fato essencial. O comentário de Winston Churchill exprimiu com um certo humor seu sentimento sobre a França, já que pessoalmente gostava muito da França, com exceção talvez de questões políticas, General De Gaulle, etc., mas no fundo ele era muito espontâneo, ou seja, aquilo que um psicanalista também devia ser.

No que se refere ao conteúdo da análise , ele não deveria sofrer a presença de formalidades que, a meu ver, não são muito necessárias. Um colega meu, de Los Angeles, de quem vocês talvez tenham ouvido falar, Albert Mason, mencionou que estava insatisfeito por sentir-se obrigado a achar que o paciente precisava ficar deitado no divã. Por quê? Essa questão a mim não me incomoda, porque eu percebo que a pessoa pode estar andando pela sala, se quiser, ou mesmo se precisar, como em certos casos de psicose em que as pessoas não estão seguras consigo mesmas.

Eu me lembro, em Londres, de ter atendido a uma pessoa psicótica que era capaz de vir por conta própria, mas precisava dar uma volta no quarteirão em que eu morava perto do Regent's Park, em Londres, antes de entrar na minha casa. Ao entrar na sala ele olhava para ver qual a altura da almofada onde ia colocar a cabeça, porque ele precisava ficar mais alto que eu, e, quando precisava acender um cigarro, ele descia à cozinha da minha casa para buscar fósforo. Ele voltava e assim transcorria a sessão com aquela pessoa, mas eu estou mencionando isso porque havia variações na sua fala que incluíam tudo aquilo.

Bom, quando conseguimos entabular uma conversa numa análise que não é daquela qualidade,* psiquicamente, não deixa de ser necessário para mim poder ter uma espécie de visão de transparência da presença da mente da criança naquela pessoa, junto com as vicissitudes da adolescência e do adulto. Só então eu posso me sentir com uma dimensão disponível de fala, que eu posso utilizar, como vou explicar daqui a pouco, graças a uma disciplina que mantenho para que esta disposição fique fluida e pronta para que eu possa ver e sentir o que está se passando na sala, dentro do possível. A possibilidade disto não é determinada por mim, nem pelo analisando, é um fato da vida mesma, especialmente quando considerado com uma boa dose de *common sense*; *common sense*, na língua inglesa, é um pouco mais penetrante do que "senso comum" em português, embora a frase seja muito boa também.

Não vou me demorar muito nesta parte da minha fala, porque estou falando livremente, sem necessidade de teorias.

Todo mundo tem aprendido teorias o tempo todo, desde que nasce, de uma forma ou de outra. A mãe tinha, o pai tinha, todos tinham, mas não eram consolidáveis com as teorias que Freud estabeleceu através de uma contribuição que tem sido muito significativa no nosso mundo moderno. Mas ele não foi o primeiro, a meu ver. Se a gente lembra da ciência de Euclides, 300 anos antes da nossa era, mais ou menos, o progresso que isto trouxe é semelhante a muitos aspectos da psicanálise, se pensarmos na ênfase que Euclides colocou quanto à necessidade de as coisas chegarem a ser iguais. Todas as definições, postulados e outras considerações de Euclides dependeram deste simples fato. Aquilo tornou-se menos importante depois do período de mudanças nesta ciência de geologia.** Mas alguns dos geólogos do século XVII, XVIII, e até o começo do XIX, eu estou pensando em Lobatchevsky, e principalmente no alemão Bernard... o nome me escapa no momento, o nome me escapa, mas voltará logo, sem dúvida. O processo nesse sentido da nossa civilização, no sentido intelectual, deriva-se também de pessoas como Shakespeare, antes de Freud. A minha impressão sempre é de que Shakespeare e Freud tinham muito em comum, especialmente para Freud, que consolidou a "língua", que ele precisava para se exprimir na profundidade da intuição e visão dele, mas que não chegou a ser a visão que durante estes anos, desde aquele tempo, outras pessoas têm podido adiantar.

Bem, a partir deste ponto, eu quero mencionar como é que eu cheguei a poder falar o que estou falando, de uma maneira livre de teorias, já que elas formam uma espécie de cobertura que tende a obliterar a liberdade no trabalho prático de Psicanálise. É possível para cada psicanalista chegar a considerar por si mesmo o que ele precisa poder perceber.

---

* Dr. Philips refere-se à análise de alguém que não seja psicótico. (N. R.)
** Estamos aqui diante de um lapso: o termo pretendido era "geometria". (N. R.)

Isso tem me permitido chegar à minha idade atual, a um tempo maior do que freqüentemente as pessoas vivem. Mas, em qualquer idade, para qualquer indivíduo, ele devia considerar a necessidade de mais análise, se não puder sentir-se seguro para estar livre das teorias. De fato, eu não quero aplicá-las a cada momento como provando qualquer coisa, porque nada, como no caso de Euclides, pode ser provado. Particularmente um dos postulados, o 5.º postulado de Euclides, tornou-se uma espécie de tempestade horrível entre os geólogos, porque todos insistiam que Euclides não podia ter feito um postulado tão difícil, que não podia ser provado. Bem, isso foi deixado de lado mais tarde e a geologia, hoje, está nas mesmas condições das demais ciências. Isso ocorre num sentido certo, graças à ciência da física, à ciência que provavelmente tem sido a mais rigorosa de todas, quanto à incerteza, o princípio da incerteza de qualquer coisa que possa ser proclamada como sendo a verdade.

Nós trabalhamos hoje em procura da verdade, no sentido simples da palavra, para ajudar nosso analisando que está no divã. Mas eu consegui, em certo grau, evoluir para um tipo de fala pessoal, graças à experiência que tive na análise de crianças em Londres, durante sete anos, enquanto continuava minhas supervisões e o atendimento de adultos. E esta visão dos produtos que Melanie Klein podia tirar com a força intuitiva e a capacidade dela quanto ao sofrimento, etc., deixa claro que a força principal, eu diria até a *Rocha de Gibraltar*, no sentido inglês da palavra, ocorreu quando Freud determinou, em seu trabalho de 1911, sobre o funcionamento psíquico dos dois princípios: o princípio do prazer e o princípio da realidade.

Estes dois princípios devem estar flutuando, por assim dizer, na mente, ou como pode-se dizer *behind your mind somewhere*, "atrás de sua mente, de alguma maneira", para ajudar o analista a lembrar que aquilo não pode falhar, nunca.

Esse é um dos perigos em psicanálise, atualmente, em diversos setores do mundo, porque a psicanálise está *"esplitada"*, como eu posso dizer, ou seccionada agora em várias partes, em vários mundos. Está mesmo invadindo a língua de todo dia, nos jornais populares, às vezes com estupidez incrível, e às vezes com muito bom senso, sem dúvida. Porque é necessário ter um senso de humor e não perder de vista as dimensões na fala com que nós podemos nos confrontar.

Eu adotei uma disciplina em minha vida, não é só para a psicanálise, de suprimir, no possível, todo o desejo pessoal de mim mesmo. O segundo ponto, particularmente útil em psicanálise, a meu ver, é de suprimir, tanto quanto possível, a memória que diz respeito ao passado que já foi; quanto ao futuro, tampouco pode-se dizer nada na atualidade de uma psicanálise. No grau possível, é preciso considerar a compreensão sob um ângulo bem diferente, hoje em dia, daquilo a que estamos acostumados, para poder dizer qualquer coisa que estamos compreendendo. Isso tem sido assim desde períodos antes de Euclides e continua a sê-lo no mundo científico de hoje. A mente humana, ou a psique humana, como nós chamamos, são termos úteis. Nós temos que falar nestes termos, em todos os momentos da vida, se estivermos em contato verdadeiro com a vida.

Esta disciplina permite uma possibilidade para mim, de poder, acordado (e por isso é necessário que eu possa dormir muito bem, à noite), sonhar aquilo que está acontecendo na sala, com o paciente que está presente comigo. Aquela sala representa um conteúdo emocional absolutamente constante; não importa o que está acontecendo na fala, que está realmente presente na sala. Isso é o que eu sinto, é uma maneira de falar daquilo, porque não posso dizer como acontece na sala mesmo. Mas esta disciplina, até certo grau, e não estou inteiramente confiante de que o grau é o que eu gostaria que fosse, me oferece a possibilidade que está sujeita às suas limitações, naturalmente, de poder inventar uma fala, que tem que ser num certo sentido alucinada, para que a pessoa possa ouvir algo desconhecido dela, que nunca teria podido perceber. E para a qual, naturalmente, não tinha nenhum vocabulário, e eu tampouco, de maneira que, em certo grau, eu estou grato aos meus pacientes, que me permitem este fato de existir, para que eu tenha podido avançar um pouco (tem que ser um pouco, porque a gente nunca sabe a dimensão que está prevalecendo).

Há um termo para "distância" que é muito expressivo em grego antigo, principalmente do ponto de vista sonoro: *phticience*.* Agora, nós estabelecemos uma distância – qualquer analista que está ativo, hoje em dia, para trabalhar com psicanálise tem que poder perceber as distâncias que o separam, bem como as que o aproximam, daquilo que está acontecendo na sala. Este fato é permanente, mas obviamente vai ser lidado conforme a prática oferece experiência no contexto todo que estou tentando relatar, e da qual os senhores talvez tenham idéias próprias com as quais, no momento oportuno, gostariam de me interpelar. Inclusive, se quiserem, sobre as falhas do meu português, porque meu inglês interfere com meu português, muitos dos meus pacientes já têm me dito isto, de um modo gentil e não agressivo, porque percebem que eu estou lidando com duas línguas em mim mesmo. Talvez outras possam entrar, porque eu conheço umas duas outras línguas, mas não posso falar com tanta freqüência, a não ser o francês, com a facilidade como eu falo inglês, ou mesmo português, no sentido modesto que uso no meu trabalho. O exemplo que eu poderia dar disto é o seguinte: quando menciono algo que aconteceu na sala, como eu mencionei momentos atrás, e o paciente reage com ansiedade a este fato, isto depende da pessoa, depende da capacidade da pessoa de me ouvir, e da minha possibilidade de ter podido ouvir, naturalmente, o analisando, de acordo com aquilo que está se passando entre nós.

Não estou me referindo à questão da transferência. Tive ocasião de mencionar isto na Sociedade Psicanalítica de São Paulo, dois ou três anos atrás,

* A transcrição desse termo é meramente sonora. (N. R.)

porque penso que o termo que eu preferia, se a gente precisa destes termos, é transiência, desculpem, transitoriedade, em inglês é *transience* e em português é transitoriedade. Este é um exemplo do meu problema com o português. *Transience* é interessante, porque nos oferece uma idéia do que ocorre na relação, independentemente daquilo que é chamado de transferência, porque na verdade nada pode ser transferido entre pessoas. Nada. Indivíduos são indivíduos, e mesmo os grupos têm que ser considerados como se fossem grupos. Se não se comportarem como indivíduos nos grupos, não podem falar nada, não podem nem ouvir o que está acontecendo, já que freqüentemente têm um caráter mais psicótico do que aquilo que se passa com os indivíduos. A evidência disto, no mundo todo, quer dizer em todo nosso planeta, onde percebemos que as guerras continuam, é algo infelizmente baseado no ânus do homem, dinheiro. Dinheiro: num dos artigos de Wilfred Bion, muito engraçado, que ele datou mais ou menos 300 anos depois de nossa era, as pessoas chegam a substituir Deus pelo dinheiro. Deus, hoje, está sendo infelizmente perpetuado daquela forma, de uma maneira flagrantemente perigosa. Perigosa para o futuro perceptível, ou antecipável, nos séculos futuros, já que o mundo todo está muito mais vulnerável, sem que esta palavra possa ser aplicada diretamente à psicanálise. Estou me referindo àquele terrível acidente na Rússia, quando houve na Ucrânia o fenômeno da quebra da grande usina de Chernobil, que foi um desastre que influenciou o futuro de milhões de pessoas, que ignoram a natureza daquilo neles mesmos, além do que não sabemos a influência disto sobre outros fenômenos, como a psicanálise. Este é um fenômeno que ainda tem muito a revelar, e eu penso que isto vai ser através da fala. Até agora não percebo outra possibilidade. Agora, quando a fala que eu tenho conseguido mencionar para alguém que está na sala comigo revela algo dela que ela não podia nunca ter visto, isto causa transformação da fala amável numa fala contrária, de um ódio imenso. Quando Winston Churchill, no tempo da *blitz* na Inglaterra, entre 1939 e 1945, declarou, se eu posso dizer em inglês – talvez vocês vão poder me entender, porque a voz dele era, naquele instante, uma das defesas dos britânicos contra as *blitz* dos nazis da Alemanha, naquele tempo. Ele disse: *I'm not able to offer you anything but blood, tears and pain* (Não posso lhes oferecer nada além de sangue, lágrimas e dor). Isto ajudou os britânicos a poder entender o que precisavam aceitar.

Bom, esse aspecto em psicanálise não deixa de existir. Não pensem por um instante que isto deixa de existir naquilo que Freud chamou de inconsciente. De maneira que, este fato, em si, transforma o que eu falei para a pessoa, e que ela não poderia ter percebido antes, num processo de *splitting*, cisão em pedacinhos minúsculos, que se aglomeram e formam a possibilidade de uma outra fala, equacionável com aquilo que Euclides também determinou nos primórdios da ciência de geometria.

Eu penso que isso, talvez, seja verbalmente audível por vocês, mas não sei se vocês vão poder sentir que aquilo de que estou falando possa ser a verdade.

Eu mesmo não sei se é, mas não encontrei ainda outra maneira de lidar com psicanálise num sentido que possa revelar o desconhecido, de preferência a repetir monotonamente o já conhecido. Porque o conhecido é composto de modos que são cognoscíveis e não há nada pior do que isto quando feito com boa índole e confiança no processo. Não estou dizendo que tenho qualquer coisa melhor para lhes oferecer na minha fala, mas eu penso que meu jeito, embora um pouco rude de tocar em vários aspectos, era o mais sincero possível.

Eu gostaria de ter alguma noção, se algo que eu tenha podido mencionar gostaria de ser reconsiderado ... o nome do alemão era Riemann,* naturalmente bem conhecido por todos naquele campo. Ele talvez tenha sido quem mais percebeu a falha de Euclides, mas ele também eliminou inteiramente a necessidade do 5.º postulado. Ele o cortou fora e isto forneceu à geometria uma outra acessibilidade, que a análise pode compartilhar também caso ... aproveite este fato. Talvez muito do que eu esteja falando fique fora das suas experiências, mas eu tomei a iniciativa de me aventurar a lhes dizer o que é, porque talvez mesmo nos seus próprios futuros, vocês venham a viver mudanças que eu vivi em psicanálise há cinqüenta e tantos anos que a pratico, e ela não tem me falhado de uma maneira grave.

Dr. Junqueira: Dr. Philips está se dispondo a ter algum tipo de diálogo conosco. Recorreu a mim, que estou ao lado dele. Eu pensei no seguinte: o Sr. estava falando das duas línguas que o Sr. tem dentro de si e da dificuldade, muitas vezes, de lidar com as duas. Então me ocorreu que, no começo, quando o Sr. estava falando de Euclides, de Lobatchevsky, o Sr. falou de geólogos, em vez de geômetras.

Dr. Philips: De geômetras, sim, mas a geologia não está longe...

Dr. Junqueira: Pois é, é isso que eu queria saber. Exatamente eu queria que o Sr. falasse algo a respeito disso.

Dr. Philips: Geometria** é uma das primeiras ciências do mundo, porque dizem que o planeta foi descoberto, por assim dizer, 4 bilhões e 600 milhões de anos antes de nós. Agora, isto que você falou me ajudou. Na minha mente, quando eu estou com uma questão que ostensivamente é muito dolorosa numa psicanálise, em certo grau para mim, em certo grau para o analisando, por alguma razão que é difícil de descrever como surgiu, eu tenho uma fantasia, uma imagem de mim a partir dos hominídeos. Estes hominídeos emergiram a partir da função molecular, que começou, conforme sabemos, da geologia, e quando as águas e as rochas cederam e a parte sedimentar foi suficiente para que surgissem plantas e animais. Imagino ter ocorrido nos hominídeos um fenômeno que, quando os bebês nasceram, podiam ouvir música vinda da mãe, pelo menos, e é esta música que está na minha voz, mas que pode estar nas suas também se vocês perceberem algo daquilo que chamamos a mente humana

---

* Dr. Philips lembra-se neste momento do nome que lhe escapara anteriormente. (N. R.)
** Estamos aqui, de novo diante do mesmo lapso. (N. R.)

numa dimensão do espaço e do tempo. Ninguém sabe realmente o que esta mente é ou de que é feita, qualquer psiquiatra admitiria isso. A psique é meramente uma palavra grega muito bonita e para nós também é agradável, mas essa sensação recorre quando há mais línguas envolvidas. Por exemplo, depois de mostrar uma primeira vez, na minha prática esse processo que envolve o desconhecido, os analisandos tornam-se menos perturbados em relação a algo deles mesmos que antes não era perceptível, vindo de profundidades acessíveis à psicanálise, se a psicanálise vale a pena. Esta frase eu considero essencial. A pena, neste caso, é de poder manter uma certa dúvida sobre a própria psicanálise, o tempo todo. Se isso não for conseguido, a par do que já conhecemos a seu respeito, qual sua validade como ciência? Se não for considerado, além daquilo já conhecido, o que vale ela, como ciência? Nenhuma ciência, até hoje, é segura sem que possa ser psicanalisada pela psicanálise, e a psicanálise pode ser psicanalisada, também, deste modo que estou tentando descrever; de maneira que estou grato por seu comentário, que me deu a possibilidade de mencionar isto. De alguma maneira, atualmente, neste mundo que está sendo tão transformado externamente por processos geográficos e lingüísticos, no sentido da comunicação, estamos realmente ameaçados de entrar numa Torre de Babel, ou talvez não, se considerarmos o dinheiro envolvido no sentido que eu mencionei, o que infelizmente não é muito elegante, mas existe. Por outro, lado a mudança da Ásia para com a psicanálise não vai demorar muito. Eu fui convidado para ir com um grupo de americanos, em maio deste ano, para tomar parte num grupo de 20 ou 25 psicanalistas e outras pessoas interessadas em psicologia, etc., para visitar quatro grandes importantes cidades na China durante 15 dias, para ser levado por Shangai em 380 hospitais, em Beijin, a grande Beijin, onde se concentra 20% da população do mundo inteiro. Agora, esta visão da China com psicanálise não vai tardar. Vocês podem levar em conta isso nas suas antecipações. É um ponto interessante.

Agora, se alguém estiver algo perplexo, o que imagino que pode acontecer por causa da minha fala, talvez gostassem de saber alguma coisa sobre esta perplexidade. Não no sentido psicanalítico, como seria num consultório, embora seja muito difícil para mim falar sem sentir que tenho alguém no divã, à minha frente. É compreensível?

Dr. Junqueira: Alguém gostaria de dizer alguma coisa?

Dr. Ignacio Gerber: Eu queira expressar a perplexidade, uma perplexidade boa, através de dois pontos que me foram suscitados e dentro deste clima de informalidade, que eu acho importante colocar e que foi sugerido, contar uma piada e fazer um pequeno reparo, talvez mais sério. A piada, acho que tem tudo a ver com a nossa situação de psicanalistas e a questão das línguas, o que eu vou querer pegar, os dois pontos, é a questão das línguas, e a questão do dinheiro, mencionadas pelo Dr. Philips. Eu peço desculpas, antecipadamente, porque é uma piada de português, mas não tem nenhum sentido étnico destrutivo, pelo contrário, tem um certo sentido edipiano carinhoso em relação a esses pais portugueses. A piada é a seguinte: Um português tinha que fazer uma viagem à Alemanha, da qual ele não conhecia absolutamente a língua, nunca tinha estado lá e estava muito preocupado. Aí ele conversou com um amigo que já tinha estado na Alemanha e ele disse: não tem problema nenhum. Basta você falar português, muito lentamente, que eles vão te entender perfeitamente. Ele sossegou um pouco, tomou o avião, desembarcou em Berlim, do aeroporto foi direto para um táxi, e resolveu experimentar. Virou-se para o motorista e disse:

– Bom-dia!

O motorista respondeu: – Bom-dia!

Ele fica muito surpreendido... Está funcionando!

E aí ele diz: – Por favor... Hotel Palace.

O motorista responde: – Pois não.

Ele, mais animado ainda, resolve entabular uma conversa.

– Eu sou português.

O motorista responde: – Eu também.

Mas a piada não acaba aqui.

Aí ele diz para o motorista: – Então por que raios estamos a falar alemão?

Eu acho que talvez exprima esta nossa tentativa de falar uma outra língua, a língua do inconsciente, a língua do vazio, na nossa própria língua, ou falar inglês em português. Este é o primeiro ponto.

O segundo ponto, talvez tão sério quanto e fundamental, é a questão do dinheiro. E no momento em que se fala tanto em fundamentalismos, o fundamentalismo religioso, o fundamentalismo islâmico que nos assusta, etc., é preciso não perder de vista que nós vivemos num fundamentalismo, que é o fundamentalismo econômico, e que talvez o fundamentalismo religioso, islâmico, etc., não esteja na origem mas seja simplesmente uma resposta possível a um fundamentalismo econômico que nos envolve, e que nós talvez não percebamos.

Dr. Philips: Bem, eu acho isto muito oportuno, porque eu estou de pleno acordo com esta sua formulação, e eu acho que isto continua o tempo todo.

Quando eu consegui, uma vez, numa sessão de psicanálise com Melanie Klein, foi uma grande satisfação para mim, quando eu a vi rir. Ela tinha um riso que era como a Sherazade, começava em cima, e ia até embaixo, completamente.

Uma vez (uma pequena anedota), eu morava numa certa parte de Londres e me permitia tomar um ônibus para chegar lá, regularmente, e um dia, estava frio, estava no inverno, ou no outono, e para minha surpresa eu encontrei Melanie, diante da casa, na calçada. Ela estava recebendo o carvão, que era racionado, naturalmente, pelo sistema de leis, para as condições da vida, fora da casa, e quando eu cheguei, me disse: *Mr. Philips, will you please, do me a favour? There's no one in the house* (Eu tenho que providenciar esta questão do carvão). Você poderia entrar pela janela e me fazer o favor de abrir a porta?

Ora, ela percebeu o humor da situação. Eu era um pouco mais atlético, naquele tempo, do que agora, e subi pela trepadeira que subia na casa dela, entrei pela janela, passei pelo piano que ela tinha na entrada e pela sala, que era, aliás, a sala que eu conhecia tão bem.

Aquilo foi um incidente que passou, mas ocorreu outro incidente com Wilfred Bion, de uma qualidade algo semelhante, mas mostra algo daquilo que pode acontecer em psicanálise, quando a gente está humanamente presente. Eu morava, naquele período, há mais ou menos 10 minutos a pé da casa que ele estava ocupando em Londres, em Halley Street, uma rua de médicos e psicanalistas e não sei o quê, e eu cheguei lá de manhã. Ele desceu a escada para me receber, subi, deitei no divã, e alguma conversa continuou com ele e comigo. Mas de repente eu percebi que tinha vindo na hora errada. Eu disse: I'm sorry, sinto muito, mas eu penso que me enganei. Fui embora e voltei à tarde na hora certa, sem que ele dissesse nada. Bom, o costume dele era este, de não dizer nada. É diferente da sua história.* Agora, eu levantei, ele levantou, eu disse: bom, eu estarei aqui, até logo, e voltei. Aquilo foi assim. Agora, isso contraria um pouco, em psicanálise, estas coisas, mas não desfaz sua história.** Porque Wilfred Bion tinha um senso de humor fora do comum, mas em algumas ocasiões era de um jeito, e em outros momentos de outro. Vocês sabem, vocês todos sabem aquilo por que ele passou, aquela história relatada em "O longo week-end".*** Mas, a minha mistura de línguas era naturalmente entre dois analistas, que representavam para mim, e até agora eu penso que isto continua, a minha mãe e o meu pai, em sentidos bastante contrastantes, muitas diferenças, mas eu penso que, quando a gente chega numa psicanálise a poder considerar o desconhecido disto em qualquer analisando, a gente está chegando bastante longe, como sua história também revelou.****

Dr. Junqueira: O colega que interveio foi o Ignacio Gerber, que é psicanalista aqui de São Paulo. Temos mais um colega, que eu pediria que se apresentasse.

Antonio Sapienza: (da Sociedade de São Paulo). Eu apreciei bastante a sua fala, e vou me ater a algumas indagações, não no sentido de tivermos pergunta/ resposta, mas de um comentário. Se tem em mente que a proposta de desconhecido é infinita, há quem diga que definir Deus é matar Deus. Espera-se que, numa análise, haja essa busca, que o senhor freqüentemente enfatizou de diferentes maneiras, nesta palestra. Se o que prevalece numa ampliação de posição depressiva é o aumento de consideração e de amor pela realidade psíquica, vou fazer uma pergunta agora. No finzinho de *Atenção e Interpretação*, Bion destaca a importância do que ele chama de *restauration of*

---

* Alusão à piada contada por Ignacio Gerber. (N. R.)
** Idem. (N. R.)
*** Título da primeira parte de sua autobiografia, publicada em 1982 pela Fleetwood Press e onde está relatada a morte de sua esposa durante o nascimento de sua filha. (N. R.)
**** Philips refere-se aqui ao fato de ter sido analisado por Melanie Klein e Bion. (N. R.)

the other, restauração do outro, ele coloca, num certo momento, neste *other* um M na frente, um M maiúsculo, significando *Mother*. Uma vez que as análises são termináveis, eu gostaria de ouvir um pouco o senhor, afora a questão da importância da análise pessoal, a respeito de outras implicações que existem para essa preservação da sanidade nossa, de analistas, é claro, além disto que o Sr. está enfatizando como disciplina dentro do trabalho analítico.

Dr. Philips: Bom, eu vou começar com a última parte da sua menção. Eu não penso que a análise termine. Primeiro. Em segundo lugar, eu tenho muito cuidado para perceber se estou sendo tratado como se fosse um Deus, em psicanálise, quando eu faço o meu trabalho com qualquer analisando. Este é um perigo. Esta idealização de qualquer coisa é um perigo, a que o senhor está se referindo, talvez, sem ter percebido: a idealização. A idealização forma-se através das necessidades de combater a dor; e dor, como eu disse, quanto ao princípio da realidade e ao princípio do prazer, é um fato que não pode se referir a Deus. Deus foi mencionado, neste contexto, quando Jesus queixou-se, na cruz: *Thou has deserted me*, "Porque você me abandonou?", indicando, como Bion salientou, que lhe faltava a capacidade de haver reconhecido, além do amor ao pai, o ódio ao pai. Agora, os judeus criaram uma questão muito difícil para eles, e quando Pôncio Pilatos perguntou a Jesus se ele podia dizer o que era a verdade, Jesus não respondeu nada. Em psicanálise nós usamos a palavra verdade porque é essencial, como gente civilizada que somos. Mas, quanto a Deus, o que é que a gente pode falar? O que é? De que perspectiva a psicanálise tem podido investigar em profundidade? Quando Melanie trouxe as duas posições, a esquizoparanóide e a depressiva, ela estava falando num pêndulo entre os dois fatos essenciais dos quais os seres humanos nunca tinham ouvido falar, nem mesmo em psicanálise. E quando o senhor pode falar isto no seu trabalho psicanalítico, não vai precisar de mais nada, pois estará encarando o problema da dor e a terrível questão da oscilação esquizoparanóide, e a depressiva, que vem a ser a parte criativa possível para qualquer pessoa, como nós. Agora, isto não nos permite entrar em detalhes, como aquilo que eu mencionei antes em relação aos detalhes que se seguem à revelação para uma pessoa, durante as sessões, daquilo que ela não sabia que era capaz. Porque o vocabulário que a criança adquire é o vocabulário fundamental, mas que desaparece rapidamente com o crescimento a partir da primeira parte da infância, a segunda parte, a latência, a adolescência e até o adulto também. Quando a gente encontra um adulto que alega que não podia sonhar e ele percebe que está sonhando quando está falando comigo, isto para ele não vai ser uma coisa simples de considerar: ou ele se levanta do divã e diz: "eu não agüento isto", ou ele diz outras coisas bastante fortes para me colocar a par do fato de que eu estava tomando liberdades com algo que eu não podia tomar liberdades. E como eu não considero que estou falho em liberdade para comigo mesmo, penso que minha capacidade para falar freqüentemente é suficiente para ajudar, se não fico mexendo com identificações projetivas entre as duas pessoas que estão na sala.

Isto é uma questão de cada um e pode ser transformado em fatos, como por exemplo quando a gente reifica alguma coisa e a reificação se transforma de mágica em rituais. Quando os rituais já se estabelecem, não se pode chegar a uma diferença do que é ciência e aquilo que volta a ser mágica outra vez. Isto ajuda?

Dr. Junqueira: Nós já estamos com o tempo se esgotando, mas tem mais um colega que gostaria de falar. Então vamos a uma última pergunta. Depois teremos que encerrar.

Dr. Bianchedi: É simplesmente um pequeno comentário sobre minha sensibilidade ao escutar o colega, quando falou de Churchill. Porque é isso, de fato. No momento que o senhor recordou a frase terrível de Churchill, a mim o que sucedeu, hoje, foi transformar sua maneira de ouvi-lo falar. Era uma maneira de sentir uma linguagem que eu entendia completamente como se fosse familiar para mim, não sabendo se era inglês, português, italiano, francês. Só que entendi alguma coisa. Me surpreendeu o fato de recordar exatamente o momento em que eu, aos 7 anos, ouvi a frase de Churchill, traduzida do italiano fascista, que era *sangüe, sudore e lacrima*. Mas me pareceu que o senhor disse uma outra coisa.

Dr. Philips: Sim, eu me enganei naquilo.*

Dr. Bianchedi: Parece então que esta mistura de linguagem serviu para alguma coisa...

Dr. Philips: Sabe, eu sou susceptível de *splitting*, eu mesmo. Isto é inevitável devido à minha personalidade, devido a fatos que são intrínsecos a mim; eu não sofro disto, mas tenho que aceitá-lo como parte do peso de minha vida. Entende?

Splitting tem um caráter universal. Agora, a questão das palavras é tão fascinante numa psicanálise, e as verificações da nossa linguagem, ninguém tem chegado a analisar, que eu saiba. Eu duvido que mesmo um lingüista possa considerar a origem da fala, porque deve ter surgido, como eu disse, nos bebês dos hominídeos, cerca de 1 ou 2 bilhões de anos após o planeta ter sido colocado na nossa galáxia: provavelmente nunca vamos saber. Mas a mente reproduz isto. Isto é que é tão surpreendente. Porque adquire um certo valor em psicanálise, por isto eu penso que psicanálise, a meu ver, é a única ciência que deve ter a coragem de confrontar a incerteza das outras ciências, as assim chamadas ciências. Ciente em italiano é uma boa palavra. Muito boa. Ajuda?

Dr. Bianchedi: *Thank you.*

Dr. Junqueira: Bom, nós vamos então encerrar esta atividade, agradecendo mais uma vez a presença de todos e, em especial, do Dr. Philips. Obrigado.

Revisão: LUIS CARLOS UCHÔA JUNQUEIRA FILHO

---

* Dr. Philips falara "sangue, lágrima e dor". (N. R.)

PSIQUISMO PRÉ—NATAL E PÓS—NATAL: TRANSIÇÕES

JOANNA WILHEIM

*A Psicanálise é um universo em constante
expansão: a contribuição de Bion expandiu-o
em direção ao psiquismo pré-natal.*
Odilon de Mello Franco Filho
(Seminários sobre Bion)

1. INTRODUÇÃO

Vou lhes falar da presença de inscrições *pré-natais na mente* – seja do analista ou do analisando – e de suas manifestações – isto é – de sua transição para o período pós-natal.

Irei explicitar, inicialmente, a que me refiro quando falo em *psiquismo pré-natal*. Entendo que quando falamos em *psiquismo pré-natal* estamos nos referindo, por um lado, à existência de vida mental no feto e, por outro, à existência de registros de experiências pré-natais – tanto traumáticas como não traumáticas – na mente do adulto, da criança e/ou do bebê.

A presença destas inscrições é em si testemunho e evidência da existência de uma vida psíquica pré-natal, pois que para que se dêem as inscrições pressupõe-se a existência de condições. Estas condições referem-se à capacidade existente – tanto no feto como no embrião – para apreender e discernir situações de perigo, registrá-las e fixá-las numa memória, fazer o reconhecimento e a memorização de estímulos sonoros e musicais, registrar estímulos identificados como dolorosos ou prazerosos, agradáveis ou desagradáveis, contar com rudimentos ideativos, etc.

Crescentes pesquisas sobre a vida do feto(Ver bibliografia, notas 1, 2, 3, 4, 5, 6, 7 e 8), que pode agora ser observado em seu habitat natural através do ultra-som – como as que vêm sendo feitas pela psicanalista italiana Alessandra Piontelli –, dão a cada dia maior sustentação para o que antes eram meras conjecturas imaginativas, feitas apenas a partir de aproximações intuitivas oriundas da clínica analítica – permitindo que estas agora se transformem em conjecturas racionais.

2. REVISÃO DA LITERATURA

A questão da experiência psíquica pré-natal tem comparecido na literatura psicanalítica desde os primórdios da Psicanálise. Uma revisão desta literatura, desde Freud até a atualidade, nos remete aos seguintes autores que em algum momento se interessaram pelo assunto, abordando-o em seus escritos :

Freud (1900, 1917, 1926), Rank (1923), Ferenczi (1923), Winnicott (1949, 1971), Fodor (1951, 1957, 1972), Kelsey (1953), Raskovsky (1957), Jarast (1957, 1958), Bion (1967, 1975, 1977, 1979), Balint (1968), Aray (1969, 1971, 1985, 1990), Bourne (1968), Ployé (1973, 1984), Lietaert-Peerbolte (1975), Laing (1976), Groves (1980), E.Freud (1980, 1983, 1987), Mancia (1981, 1989), Wilheim (1983, 1986, 1988, 1991, 1992), Meltzer (1986), Piontelli (1987, 1988, 1989, 1992), Blazy (1991,1994,1995,1996), Paul (1981,1992), Meistermann-Seeger (1992), Bourne e Lewis (1992), Sonne (1992, 1994,1995).

Farei inicialmente um rápido apanhado desta trajetória desde Freud até os nossos dias, passando respectivamente por Rank, Raskovsky, Ployé, Ian Paul, Bion e Piontelli.

Na "Interpretação dos Sonhos" (1900), Freud se refere pela primeira vez à experiência psíquica pré-natal, mencionando a existência de fantasias relacionadas com a vida intra-uterina e com o nascimento: "Muitos sonhos, comumente acompanhados de angústia, e tendo como conteúdo temas tais como estar atravessando espaços estreitos, ou estar imerso em água, baseiam-se em fantasias da vida intra-uterina, na existência dentro do útero e no ato do nascimento" (*Standard Edition*, Vol. 5, p. 400). E em nota de rodapé acrescentada em 1909, diz: "O ato do nascimento é a primeira experiência de angústia do indivíduo, vindo a se constituir na fonte e no protótipo do afeto de ansiedade. (...) Aprendi a levar em conta fantasias e pensamentos inconscientes relacionados com a vida intra-uterina. Explicam o terror manifestado por certas pessoas de serem enterradas vivas, e justificam a crença na existência de uma vida após a morte, que é senão a projeção, no futuro, desta estranha vida antes de nascer".

Otto Rank expande as idéias, nascidas com Freud, em seu livro *O trauma do nascimento* (1923), enfatizando a importância da experiência pré-natal – à qual atribui um caráter paradisíaco – e do nascimento – que caracteriza como sendo uma experiência extremamente dolorosa que, segundo ele, daria origem às futuras configurações neuróticas.

Na década de 50, Arnaldo Raskovsky retoma e expande o assunto, publicando com um grupo de colaboradores *El psiquismo fetal* (1957). Sua formação kleiniana condiciona seu vértice de observação, resultando numa proposta teórica diferente da de Rank. Atento às manifestações de ansiedades esquizoparanóides, observou que o ego de determinados pacientes tendia a regredir para estágios aos quais chamou de fetais, quando as ansiedades paranóides tornavam-se excessivas para que o ego as pudesse manejar. Enfoca esta regressão, portanto, como sendo uma defesa a serviço do ego. Assim como Rank, Raskovsky considera a experiência intra-uterina pelo vértice da idealização, um paraíso para o qual o indivíduo tende a regredir quando as circunstâncias atuais de sua realidade psíquica configuram-se como insuportáveis.

Não será este, no entanto, o vértice que irá despertar o interesse dos psicanalistas que, lastreados em sua experiência clínica, voltaram a sua atenção para este assunto nos últimos vinte anos. Dentre estes destaco os trabalhos de Ployé, Ian Paul e Alessandra Piontelli.

Em seu trabalho, *Does prenatal mental life exist?* (1973), Philippe Ployé chama a atenção para o fato de ter a literatura psicanalítica considerado, até então, apenas a existência das boas experiências intra-uterinas e desconsiderado a possibilidade da existência das "más". Propõe que estas acontecem igualmente, ficando registradas e sendo passíveis de serem resgatadas. Conjectura a existência de *imprints* da angústia biológica experimentada pelo embrião diante das ameaças à sua vida. Recomenda que se considere que tenham de fato existido situações de ameaça em momentos muito iniciais da existência, de aborto ou tentativas de aborto, nas primeiras semanas, quando o embrião estava ainda apenas iniciando sua nidação ou encontrava-se apenas preso à parede do endométrio, antes mesmo do desenvolvimento do cordão umbilical. "Há elementos suficientes para se considerar que os momentos mais difíceis de uma gestação podem deixar *imprints* na mente, tão recuperáveis e reconhecíveis como aqueles deixados pelos bons momentos", diz ele. Conjectura que num futuro não muito distante, graças aos progressos da ciência, será possível demonstrar que a mente tem condições para formar e reter *imprints* de experiências biológicas muito iniciais, tais como, as referentes aos primórdios da formação da placenta, as de ameaças de aborto ao concepto recém-formado e outras. Propõe que a psicanálise do futuro investigue três principais tipos de *imprints*: a) os referentes à ameaça à vida do concepto, no primeiro e segundo mês de gestação; b) os *imprints* de toxemia gravídica; c) os *imprints* de ameaças à gestação nos estágios posteriores – os últimos dois meses antes do nascimento.

Este mesmo aspecto será retomado por Michael Ian Paul vinte anos mais tarde.

Em 1992, no trabalho *Implications of the recognition of foetal states of mind – A discussion with Alessandra Piontelli*, ele diz: "Possuímos agora crescente e convincente evidência de que há receptividade mental no primeiro mês do desenvolvimento embrionário. (...) Assim como há vestígios de estruturas embrionárias primitivas tais como notocordomas e quistos de fendas branquiais no adulto humano, que se manifestam na vida adulta sob formas patológicas, podem também existir estados psíquicos primitivos que são vestígios do estado mental fetal, ou de elementos do meio ambiente materno, registrados em *engramas* ou *resíduos mnêmicos*, que se apresentam com variados graus de expressividade. (...) *Em determinadas situações, estes estágios de desenvolvimento mental podem dominar a mente do adulto e estas memórias e 'interpretações' feitas pela mente fetal, encontram expressão"* (grifo meu).

A força das circunstâncias fez com que coubesse a Alessandra Piontelli tornar possível a realização do preconizado por Ployé: comprovar a existência de um elo entre o biológico e o psíquico – bem como dar sustentação ao afirmado por Paul quando disse que tínhamos hoje "crescente e convincente evidência de que existia receptividade mental no primeiro mês do desenvolvimento embrionário".

A Dr.ª Piontelli é italiana, reside e trabalha em Milão, tendo feito sua formação psicanalítica em Londres, onde também se dedicou à técnica de observação de bebês, sob orientação direta de Esther Bick. De volta à Itália, interessou-se em estender a técnica de observação de bebês ao período pré-natal.

O seu interesse pela vida fetal foi decorrente de sua experiência clínica: trabalhando com crianças pequenas e adultos psicóticos e *borderline*, teve sua atenção despertada para a freqüente incidência de fantasias referentes à vida intra-uterina bem como para o caráter concreto das mesmas: "Para algumas destas crianças mais retraídas e regredidas, estas não pareciam ser meras fantasias; de alguma maneira, para elas, viver no passado ou revivê-lo, havia se tornado um modo permanente de ser". ["Infant observation from before birth"; *Int. J. Psycho-Anal.* (1987) 68. p. 455.]

Um interesse genuíno pelas origens pré-natais levou-a a adaptar a técnica de observação de bebês à observação de fetos através de ultra-som a partir do terceiro ou quarto mês de vida intra-uterina. Suas observações, descritas em alguns trabalhos publicados (1987,1988,1989), e no livro *De feto a criança* (1992) representam valiosas contribuições para a atualização de nossos conhecimentos a respeito da formação do caráter e da personalidade, que poderão revolucionar o enfoque e o entendimento psicanalítico sobre a estruturação da mente humana.

3. A contribuição de Bion

Recorro inicialmente a fragmentos do texto de Michael Ian Paul, apresentado por ele por ocasião do *Encontro com Alessandra Piontelli* realizado em Los Angeles, em 1992:

Certa vez, Dr. Bion disse que em determinada ocasião, na sua análise com Melanie Klein, ela lhe deu a seguinte interpretação: "Você se sentiu mutilado ao emergir do ventre de sua mãe". Prosseguiu Bion: "Achei esta interpretação a mais ridícula de todas que havia ouvido até então. Mas, naquela mesma tarde, me vi dando a mesma interpretação a um analisando, que me respondeu dizendo que finalmente eu havia entendido algo com a mais perfeita precisão.

Ian Paul prossegue :

Desde meados da década de 70 até o fim de sua vida, Bion explorou as regiões da mente aludidas por Melanie Klein e pelos psicanalistas pioneiros tais como Rank, Freud, Ployé, Raskovsky e outros. Durante a década de setenta, a ultra-sonografia não estava ainda sendo empregada como instrumento de pesquisa e o conhecimento que a maioria de nós tinha, aqui em Los Angeles, limitava-se à nossa experiência obstétrica. Com a Conferência que Bion proferiu aqui na Sociedade de Psicanálise de Los Angeles em 1975 e a publicação de suas Conferências Brasileiras em 1977, começavam a surgir as primeiras referências às experiências que ele estava explorando psicanaliticamente. Muitos de nós ainda estão lembrados da extrema hostilidade com que foram recebidos os achados por ele apresentados. Embora ele estivesse muito respeitoso em relação àquilo a que chamava de "ficção psicanalítica científica", a ponto de afirmar que estas noções eram altamente teóricas e deveriam ser tratadas como conjecturas racionais, muitas pessoas mostraram-se extremamente hostis. Muitos empregaram uma linguagem mais apropriada para a sarjeta ou para o campo de batalha, do que para uma comunicação experiente e sofisticada. Quando confrontado com o fosso existente entre o conhecimento que lhe era familiar e a experiência referente ao pré-natal, a resposta do grupo foi chocantemente brutal, marcando um fenômeno importante, que não se limitava apenas às disputas – a todos nós familiares – que envolvem diferenças teóricas, mas alguma outra coisa, que parecia produzir uma resposta de dimensão maior do que a hostilidade habitual.

* * * *

Fomos privilegiados, nós, psicanalistas brasileiros, por termos podido contar com a "companhia viva" de Dr. Bion nos últimos anos de sua existência. O que ele nos trouxe por ocasião de sua última visita em abril de 1978, magistralmente apreendido por Jansy Berndt de Souza Mello, e que – segundo ela – representa sua transformação pessoal da experiência que viveu no decorrer dos Seminários Clínicos aos quais assistiu na condição de intérprete, representa – no meu modo de ver – um importante legado por ele a nós deixado, abrindo para nós a oportunidade de podermos seguir caminhando em direção a este novo pedaço do universo psicanalítico descortinado graças à sua contribuição: o universo do psiquismo pré-natal.

Reproduzo um fragmento do texto da autora:

> *Nas Conferências realizadas por Bion em 1978 em São Paulo, Bion afirmava que a palavra at-one-ment terá duas pronúncias. Para ficar um é preciso haver uma penitência, ou, em outras palavras, para casar-se consigo mesmo é necessária uma reparação. E esse casamento será tão profundo que é mais do que a união do corpo e da mente, da personalidade pré-natal à pós-natal, já que envolverá ainda casar dentro de si o óvulo e o espermatozóide que deram origem a esta vida. Mais do que propiciar o casamento das representações do pai e da mãe internos, esta reparação abrangeria algo como "fecundação".*

A respeito da contribuição de Bion referente à presença das inscrições pré-natais na mente e de suas manifestações na vida pós-natal, Meltzer nos diz[12*]: "Os esboços de um modelo para explicar o significado de distúrbios, no funcionamento somático, encontram-se espalhados nos escritos de Wilfred Bion, desde *Experiências em grupos* até o último volume de *Uma memória do futuro: A aurora do esquecimento* (...) em que sugere que *partes pré-natais da personalidade* (grifo meu) tendem a se tornar escindidas por ocasião da 'caesura do nascimento' e permanecerem em um estado de organização social primitiva sem os recursos de uma representação mental – (o 'nível somapsicótico' da vida mental, equivalente à sua formulação anterior de um 'aparelho protomental' como substrato da mentalidade do Suposto Básico)" (p. 34) (...) (...) "Este suposto básico referente à mentalidade grupal, tem suas origens num nível profundamente inconsciente, o 'aparelho protomental', cujas operações correspondem, de maneira muito próxima, à descrição de Freud do processo primário, e a seu preceito de que 'antes de mais nada, o ego é um ego corporal'. Isso parece significar que neste nível primitivo o ego não faz representações mentais das experiências emocionais, mas as apreende como estados corporais e a elas reage com estados corporais e ações (...)" (p. 35).

Prosseguindo com sua exposição referente à apreensão que fez do pensamento de Bion, Meltzer diz que Bion propõe ("Atenção e Interpretação") que: "O desenvolvimento da personalidade pode ser explicado como

---

* Cap. III: "A Kleinian-Bion model for evaluating psychosomatic states".

decorrendo de uma série de saltos para a frente pressionados por uma 'idéia nova' geradora de 'angústia catastrófica', devido à necessidade de se ter que rever e reorganizar toda a experiência anterior à luz das novas contribuições. Enquanto este processo de desenvolvimento pode ser retardado pelos processos de pensamento aos quais a psicanálise se refere como 'mecanismos de defesa' que modificam a angústia, áreas inteiras da personalidade podem ser mantidas fora da integração no desenvolvimento pelos processos que evadem a angústia (mentiras, ilusões) (...)" E, mais adiante (*A aurora do esquecimento*), que "estes últimos (processos) que se encontram fora dos limites do pensamento onírico e da racionalidade, estão sediados naquelas partes da personalidade formadas durante o *período final da gestação, as partes pré-natais que formam a parte somapsicótica da personalidade*" (grifo do autor). A fim de introduzir um significado nestes processos e desse modo propiciar sua passagem para a área de formação de símbolos, pensamento, julgamento e decisão, é necessário que o terapeuta perfaça a função alfa da qual o paciente não é capaz nesta área particular de experiência. E, para tal, ele deverá ser capaz de realizar *uma excursão de pensamento imaginativo, ou pensamento onírico, que abarca a experiência intra-uterina, como um 'mundo' bem diferente do universo da identificação projetiva* (grifo do autor). É este 'mundo' que Bion tentou transformar em uma linguagem de diálogo *entre os 'pré-natais' e os 'pós-natais'* (grifo meu) em determinadas partes deste livro surpreendente" (p. 36). Mais adiante,* dirá ainda Meltzer: "...Aplicando o que ele (Bion) havia então descoberto a respeito de grupos ao que mais tarde aprendera a respeito da estrutura da mente do indivíduo, foi capaz de formular, na sua obra de ficção, 'Uma memória de futuro', uma conceituação da existência de uma vida grupal dentro do indivíduo como um nível de funcionamento mental distinto, associado a uma organização narcísica, porém não idêntica a ela. (...) Bion parece sugerir que devemos pensar nos estágios do desenvolvimento corporal, incluindo até mesmo os estágios embrionários e certamente os meses e semanas pré-natais, como tendo uma representação mental distinta na estrutura do self"(p. 38) (grifos meus).

4. Ilustrações clínicas

Após estas considerações teóricas, proponho-me agora – através de material clínico que tomei emprestado do livro *De feto a criança*, de Alessandra Piontelli –, a ilustrar a transição do psiquismo pré-natal para o pós-natal.

Vou lhes falar primeiramente do menino Jacob, uma criança de dezoito meses, trazida pelos pais à consulta com Piontelli porque não dormia e era muito agitado.

---

* Cap. IV: "O aparelho protomental e os fenômenos somapsicóticos".

Na primeira entrevista, enquanto os pais relatam as dificuldades de Jacob, Piontelli observa-o movimentando-se agitadamente pela sala, como se estivesse obcecado procurando algo em todos os cantos, sem conseguir encontrar. De vez em quando detinha-se em um objeto da sala, que passava a sacudir como se estivesse querendo ressuscitá-lo.

Os pais comentam que é exatamente assim que Jacob se comporta dia e noite. Dizem ainda que cada passo de seu desenvolvimento – como sentar, engatinhar, andar, pronunciar as primeiras palavras – veio sempre acompanhado de intensa angústia e dor, como se estivesse com medo de "estar deixando alguma coisa para trás".

Dirigindo-se então ao menino, Piontelli lhe diz que ele parecia estar procurando alguma coisa perdida que nunca encontrava em lugar algum.

Jacob pára e olha para ela com muita intensidade.

Ela prossegue dizendo que através deste sacudir os objetos, ele parecia estar tentando trazê-los de volta à vida, como se temesse que a sua imobilidade significasse morte.

Neste momento, os pais ficam muito emocionados e contam que Jacob de fato havia tido um gêmeo, que iria se chamar Tino e que morrera duas semanas antes do nascimento. Jacob, portanto, passara duas semanas ao lado do gêmeo morto, que evidentemente não reagia.

A simples percepção disso, relata Piontelli, bem como a verbalização referente aos seus temores de que cada passo para frente no seu desenvolvimento – a começar pelos primeiros sinais de seu iminente nascimento – pudesse vir acompanhado da morte de um ente querido por quem ele se sentia responsável, resultou numa mudança incrível no seu comportamento. A identificação da situação traumática e a verbalização de seu significado permitiram a retomada do processo de desenvolvimento psico-afetivo desta criança que ficara aprisionada nas engrenagens de um drama fetal.

Pina começou a ser observada na décima sexta semana gestacional. Era um feto muito vivo e muito ativo, que se movimentava muito, alternando com grande rapidez as suas variadas atividades.

Consta a seguinte anotação referente à primeira observação: "Coça a orelha, boceja, bate com a cabeça contra a parede do útero; engole, mexe os braços, cruza os dedos, coloca as mãos no rosto, segura o queixo, puxa as pernas para junto do rosto, coça o peito, o rosto, chuta a parede do útero e, aproximando as mãos da placenta, começa a manipulá-la, puxando-a em sua direção, tentando despreendê-la..." Neste momento, o obstetra que acompanhava a observação comenta que tais movimentos costumam ser empregados quando há necessidade de proceder a um descolamento manual da placenta.

O ultra-sonografista intervém, dirigindo-se ao feto:

"Pina! Cuidado! Pare com isso! É perigoso o que você está fazendo. Você pode descolar a placenta!".

Pina, no entanto, continua com a manipulação.

Poucos dias após esta observação, a mãe começa a apresentar forte sangramento. É constatado início de descolamento de placenta. Um aborto espontâneo parece iminente. A mãe é colocada em repouso absoluto e medicada com altas doses de drogas tocolíticas.

O efeito disso sobre Pina foi dramático. Durante toda a observação seguinte perdera a vivacidade e toda a movimentação. Colocou-se em posição transversal, imóvel, encolhida e enfiada em um canto do útero. Manteve-se assim em todas as observações subseqüentes até o fim da gravidez.

O parto foi por cesariana devido à posição podálica; foi difícil tirá-la de dentro do útero, por estar tão encolhida e enfiada em um canto do mesmo.

Continuando com as observações de Pina após o nascimento, aos dois meses de idade, Piontelli encontra uma criança que a surpreende pela vivacidade e precocidade. Seu olhar é vivo e curioso. Revela prazer em explorar o mundo a sua volta; parece, no entanto, muito assustada. Mostra-se extremamente insegura no colo de quem a estiver segurando, como se estivesse sempre temendo cair. Apresenta problemas com a alimentação.

Aos 3 anos, é uma criança ousada e inteligente. Sua mãe nota que continua a ter pesadelos e que temores – originários de um passado distante – continuam a aflorar. Tem muito medo do mar: fica em pânico, temendo que as ondas possam levá-la. Através de um desenho e da verbalização sobre o mesmo, revela que sabia que quase havia sido levada por uma correnteza – isso se refere à forte hemorragia com ameaça de aborto espontâneo, após sua experiência de manipular a placenta. A mãe, muito sensível, relaciona a sua quase anorexia com as drogas tocolíticas que havia tomado durante a gestação e que, segundo ela, "teriam feito Pina sentir que estava sendo envenenada".

Com o que acabei de expor, penso ter podido evidenciar quão genial foi Freud quando em 1926 propôs que: *"há muito mais continuidade entre a vida intra-uterina e a primeira infância do que a impressionante cesura do ato do nascimento nos permite saber"*, o que hoje vemos confirmado pelas constribuições da Dra. Piontelli.

REFERÊNCIAS BIBLIOGRÁFICAS

1. CHAMBERLAIN, David. (1989). "Life at birth and before." Trabalho apresentado no 10.º Congresso da ABENEPI. São Paulo, 1989.
2. _____. (1989). "The expanding boundaries of memory." Trabalho apresentado no 4.º Congresso Internacional da PPPANA. Amherst, Massachusetts, 1989.
3. _____. (1989). "Foundations of sex, love and relationships: from conception to birth." Trabalho apresentado na Reunião Anual da PPPANA. Marina Del Rey,1989.
4. _____. (1991). "The psychology of the foetus." *In: Traité de Psychiatrie de L'Enfant et de l'adolescent*, Presse Universitaire de France. Paris, 1991.

5. _____. (1991). "Prenatal intelligence." *In: Prenatal learning*. Thomas Blum Ed., Berlim, 1992.

6. _____. (1991). "Is there intelligence before birth?" Trabalho apresentado no 5.º Congresso. Internacional da PPPANA. Atlanta, 1991.

7. _____. (1993). "Intelligence of babies before birth". Trabalho apresentado no I Congresso Mundial sobre Educação Pré-natal. Granada, Espanha. Junho, 1993.

8. _____. (1994). "Intelligence before birth: ethical implications for birth professionals. *Journal reproductive and infant Psychology*. Londres, 1994.

9. FREUD, Sigmund. (1900). "The interpretation of dreams". *Standard Edition*. The Hogarth Press, Londres, 1968, vol. V.

10. _____. (1926). "Inhibitions, symptoms and anxiety". *Standard Edition*. The Hogarth Press, Londres, 1968, vol. XX.

11. MELLO, Jansy Berndt de Souza. (1980). "Dois Triângulos". *In: Alter*. vol. X, n.º 2.

12. MELTZER, Donald. (1986). *Studies in extended metapsychology*. Clunie Press, Londres.

13. PAUL, Michael Ian. (1992). "Implications of the recognition of foetal states of mind-A discussion with Dr. Alessandra Piontelli." Monografia. UCLA, Neuro-Psychiatric Institute, 1992.

14. PIONTELLI, Alessandra. (1987). "Infant observation from before birth." *Int. J. Psych*. Londres, 68: 453-464.

15. _____. (1988). "Prenatal life and birth as reflected in the analysis of a two-years-old psychotic girl." *Int. J. Psychoan*. Londres, 15:73-81.

16. _____. (1989). "A study of twins before and after birth." *Int. J. Psychoan*. Londres, 16:413-426.

17. _____. (1992). *From foetus to child*. Tavistock/Routledge. Londres e Nova York.

18. PLOYE, Philippe. (1973). "Does prenatal mental life exist?". *Int. J. Psychoan*. Londres.

19. RANK, Otto. (1961). *El trauma del nacimiento*. Paidós, Buenos Aires.

20. RASKOVSKY, Arnaldo. (1960). *El psiquismo fetal*. Paidós, Buenos Aires.

21. WILHEIM, Joanna. (1983). "Anatomia". Trabalho apresentado em Reunião Científica da SBPSP. Novembro.

22. _____. (1988). *A caminho do nascimento – Uma ponte entre o biológico e o psíquico*. Editora Imago, Rio de Janeiro.

23. _____. (1992). "The emergence of early prenatal traumatic imprints in psychoanalytical pratice – from preconception to birth." In: X World Congress of Prenatal and Perinatal Psychology and Medicine, Cracow.

24. _____. (1992). *O que é psicologia pré-natal*. Editora Brasiliense. São Paulo.

A EXPERIÊNCIA PSÍQUICA DA FORMA E DO VAZIO

Laertes moura Ferrão*

Desenvolverei o tema – experiência das formas e do vazio – segundo uma abordagem clínica. O método empregado nessa abordagem foi a observação. A psicanálise, segundo Freud, é uma ciência de observação e teoria e pode ser incluída entre as ciências naturais. Em "Novas conferências introdutórias à psicanálise", em 1933, escreveu:

> *A psicanálise afirma que a única fonte de conhecimento do Universo é a elaboração intelectual de observações cuidadosamente examinadas, ou seja, o que chamamos de investigação, e que a psicanálise nega toda a possibilidade de conhecimento por revelação, intuição, ou adivinha-ção". (...) O intelecto e a mente são objetos da investigação científica exatamente do mesmo modo que quaisquer outras coisas alheias ao homem"..." Sua contribuição à ciência consiste precisamente na extensão da investigação ao terreno psíquico.*

A psicanálise partiu de uma teoria para dar sentido à histeria, e do desenvolvimento de técnicas para operar a partir dessa teoria. Naturalmente surgiram dificuldades técnicas e as soluções propostas contribuíram para o

---

* Membro da SBPSP.

desenvolvimento da teoria e este para o aprimoramento da técnica, que assim se realimentaram num círculo fechado de influências recíprocas. Creio que quando Freud falava de observações cuidadosas, referia-se ao exame dos sonhos, das associações livres, despertadas pelos elementos isolados do conteúdo manifesto do sonho, às observações das cadeias associativas da livre associação e dos fenômenos psicoafetivos que emergiam na relação analista-analisando, e com o uso do método interpretativo e de técnicas apropriadas os conteúdos inconscientes eram descobertos.

Poderei citar também uma passagem de Melanie Klein, na qual salienta a importância da investigação e da exploração indagatória na situação analítica. Disse em seu trabalho *As origens da transferência*, o seguinte:

> *A manutenção do conteúdo deste meu trabalho, eu discuti aqui, predominantemente, as precoces experiências, situações e emoções das quais salta a transferência. Sobre estas bases, no entanto, são construídas as posteriores relações de objetos e os desenvolvimentos emocional e intelectual que necessitam a atenção do analista, não menos que as mais precoces; em outros termos, nosso campo da investigação cobre tudo o que está situado entre a situação corrente e as experiências precoces. Na verdade, não é possível encontrar acesso a emoções precoces e às precoces relações de objeto, senão examinando suas vicissitudes à luz de desenvolvimentos posteriores. É através de repetidas ligações de posteriores experiências com as precoces (e isto significa trabalho duro e paciente), e vice-versa, é somente através da consistente exploração de seu interjogo que o presente e o passado podem se juntar na mente do paciente. Isto é um aspecto do processo de integração que, com o progresso da análise, engloba a totalidade da vida mental do paciente.*

E mais adiante: "Estou tocando aqui as diferenças – contrastadas com as similaridades – entre transferência e primeiras relações de objeto. Estas diferenças são a medida do efeito curativo do procedimento analítico".

Nos últimos anos os psicanalistas, cada vez mais, têm se voltado para observar cuidadosamente os eventos que emergem na situação analítica, especialmente na relação intersubjetiva analista ↔ analisando. W. R. Bion, com seus trabalhos na área da observação e crítica à psicanálise, contribuiu muito neste terreno. Sua proposta era ter uma "disciplina de afastar desejos, memórias e compreensão (teorias psicanalíticas)", e no seu sentido mais amplo, afastar a técnica e a teoria da técnica psicanalítica, visando, entre outras coisas, evitar a estagnação pela aplicação sistemática das teorias estabelecidas e pela tomada de consciência de desejos, especialmente o de cura, em suas diversas derivações, o que não seria possível senão se usasse esta disciplina. Estes, quando não conscientes, certamente levam o analista a atuar, seguir o seu destino – curar ou ensinar – no lugar de conhecer. Colabora também na tarefa dele desintoxicarse do acúmulo de teorias não realizadas na prática, que obscurece e estreita o campo de observação e impede que o analista esteja mais livre e receptivo para observar, sonhar e pensar sobre os conteúdos emergentes da realidade do paciente.

Tenho tentado desenvolver, há décadas, uma abordagem do ponto de vista científico para o estudo do fenômeno psíquico em seus aspectos conscientes e inconscientes (realidade). O campo da observação é o espaço comum, em sua totalidade entre o analista e o analisando, onde emergem os fenômenos que podem ser observados ou aqueles que estão presentes, mas não são observados pela dupla. Este campo de observação comum não se limita ao *setting* analítico, mas pode estender-se ao infinito, embora grande parte dos fenômenos inconscientes apareçam na relação analista-analisando que, como sabemos, é muito turbulenta emocionalmente.

Observar, aos menos avisados, parece ser tarefa simples – basta dirigir, se o objeto pertencer à realidade externa, os órgãos sensoriais em sua direção e realizar cuidadoso exame. Em verdade, não é bem assim – a tarefa já é árdua, difícil, no que se refere à observação sensorial especialmente das emoções, dos sentimentos, da dinâmica das relações psicoafetivas do encontro de pessoas, dos traços de personalidade, etc. Imagine então a dificuldade de observar os dados de consciência que refletem o mundo interno – a realidade psíquica. Escreveu Freud em "Interpretação dos sonhos", 1900: "O inconsciente é a verdadeira realidade – em sua natureza mais íntima ele nos é tão desconhecido quanto a realidade do mundo externo, e é tão incompletamente apresentado pelos dados de consciência quanto o mundo externo pelas comunicações de nossos órgãos sensoriais".

Há um interjogo constante da realidade interna e externa: a interna influenciando na pseudo-apreensão da realidade externa e os elementos do mundo externo funcionando como despertadores do mundo psíquico e também sendo usados como agentes estruturantes e organizadores mentais dos conteúdos psíquicos inconscientes.

Observar é uma função da personalidade. Não pode ser ensinada, mas é desenvolvida, quando se tem potencialidade, pela prática continuada da observação. É um processo em marcha que depende do progresso da indagação a dois; no caso da análise, do crescimento psicoemocional do analista, fruto do seu aprender da experiência, do desenvolvimento de sua capacidade para observar, nomear e pensar o sensorial e o psíquico, conseguidos através de sua experiência analítica e da investigação observacional da riqueza dos fenômenos psíquicos que se passam no processo analítico. Com respeito ao analisando, seria desejável que nós, analistas, tivéssemos receptividade suficiente para acolher a caminhada ou não caminhada do seu desenvolvimento cognitivo-emocional conseqüente à evolução do seu aprendizado da experiência analítica.

A capacidade de aprender da experiência depende da maior tolerância à frustração, à ansiedade do desconhecido, da intensidade inata das pulsões ao poder e da qualidade da relação mãe-bebê. Quanto maior a tolerância à frustração, ao desconhecido e menor o poder, a criancinha poderá enfrentar a experiência e aprender dela caso a relação mãe-bebê seja adequada. Caso contrário, afasta-se, e o aprender da experiência cede lugar à onipotência, às alucinações e distúrbios do desenvolvimento psíquico.

Com o prosseguir do trabalho analítico, ambos, o analista e o analisando, vão observando; de início, o último acompanhando as observações do primeiro, para logo depois contribuir com suas próprias observações, à medida que sua capacidade de observar se desenvolver. O trabalho se faz através de trocas. Os progressos do processo indagatório estimulam as potencialidades e as observações aumentam de conteúdo. Paulatinamente desenvolve-se um aparelho para observar os dados sensoriais do mundo externo, quer em seus aspectos físicos, quer em suas qualidades psicoemocionais, a partir "da consciência, órgão sensorial para perceber as qualidades psíquicas" (Freud) e do crescimento da "função alfa", um outro aparelho para indagar sobre os conteúdos da realidade psíquica.

A realidade é investigada em sua relação com o mundo externo, levando ainda em conta que os fenômenos alucinatórios e os processos defensivos, desde o início da vida, causam paradas e dificuldades no aprendizado da experiência e distúrbios do pensamento e da percepção, que emergem na situação analítica e podem ser observados e pensados, agora numa nova situação, e com a colaboração da personalidade não comprometida do paciente.

O objetivo do trabalho de investigação não é tornar consciente o inconsciente, ou recuperar o bebê-psíquico dissociado, ou ainda intuir desejos e fantasias inconscientes, que estariam contribuindo para uma estruturação específica manifesta, mas tentar observar, conhecer, isto é, elaborar criativamente sonhos e idéias (teorias) que dariam coerência e significado aos dados observados, dispersos, colhidos na seqüência do processo indagatório. Não se trata de descobrir o inconsciente, mas de elaborar teorias sobre o inconsciente e suas conseqüências.

Penso que o investigador não está em busca da verdade desconhecida e incognoscível. A busca da verdade está mais ligada ao poder humano e à into-lerância à incerteza, e relaciona-se com as religiões. O investigador está mais voltado para ampliar o conteúdo, na maioria das vezes pouco forte, das idéias científicas. A teoria científica é uma hipótese transitória, que uma vez formula-da pode ser concebida como uma preconcepção para facilitar seu enriquecimen-to. Acredito que o desenvolvimento de uma ciência está estreitamente relacionado com o aperfeiçoamento de sua metodologia e o talento de seus in-vestigadores. O crescimento da ciência pode ser acumulativo ou por ruptura do paradigma que governa a ciência, quer dizer, por uma revolução científica.

Os múltiplos fenômenos que emergem na situação analítica se estendem além dos limites da teoria da transferência e contratransferência. Freud elabo-rou a teoria da transferência e, logo depois, ele e nós, analistas, passamos a chamar a relação analítica de transferência. É um exemplo de como a teoria passou a ser a coisa em si mesma, desconhecida e incognoscível. Uma teoria científica muito boa, em certo momento da evolução de uma ciência, em virtude de sua aplicabilidade, dificulta a continuidade da investigação e pode vir a ser obstrutiva. Acredito que foi o que aconteceu com a teoria da transferência.

Poderíamos dizer que durante a vigência dos fenômenos relacionais, aos quais a teoria da transferência procura dar significado, que o analista é reconhecido fisicamente, mas não é percebido como pessoa, desde que confundido com "as imagos" ou "objetos idealizados e, perseguidores" que retêm suas características fantásticas. Ao ser privilegiado o espaço comum observacional no trabalho, surgem na relação analítica fenômenos psíquicos semelhantes aos descritos por Melanie Klein como 'Transferências totais", ligados a emoções, defesas, ansiedades e relações objetais que correspondem a estados mentais iniciais da vida psíquica, configurados no que ela chamou de posição esquizoparanóide. Seria desejável, em minha opinião, que o analista se aproximasse pela sua experiência clínica dessas situações, tão bem descritas por Melanie Klein, mas ainda se dedicasse à tarefa de investigar, na situação analítica, como se formaram essas relações objetais iniciais e os distúrbios do aprendizado da experiência, do pensamento, da percepção e do desenvolvimento cognitivo-emocional relacionados aos estados iniciais da vida psíquica.

As alucinações, por exemplo, muito freqüentes, na relação analista ↔analisando e que resultam de repetições de experiências emocionais que não puderam ser tratadas pela "função alfa"; se a "função alfa" está perturbada, não se formam os "elementos alfa", que são propensos para o uso dos pensamentos oníricos e conscientes e, assim sendo, as impressões sensoriais e emocionais permanecem imodificadas e são experimentadas como "coisa-em-si-mesma" e evacuadas. O fracasso da "função alfa" significa que o paciente não pode sonhar e, portanto, não pode dormir e nem despertar. Este estado peculiar se manifesta clinicamente no trabalho com psicóticos e pela operatividade da personalidade psicótica em pacientes menos graves. A "função alfa" ao operar com êxito converte as impressões emocionais e sensoriais da experiência emocional em "elementos alfa", que são sentidos e tratados como fenômenos e propensos para o uso dos pensamentos oníricos e pensamentos conscientes. Desenvolve-se a possibilidade de estar desperto ou ficar adormecido; de estar consciente ou inconsciente. Bion, em, *Aprendendo da Experiência* (l962), considera como fatores da "função alfa": a consciência, "como órgão sensorial para a percepção das qualidades psíquicas" (Freud, 1900); os aspectos descritos por Freud (l9ll) ao se instituir o princípio da realidade; as teorias sobre a formação de símbolos (Klein, 1930), *splitting*, a identificação projetiva, a transição da posição EP para a posição PD e vice-versa (Klein, 1946).

As dificuldades maiores dos analisandos, na minha experiência clínica, são para se aproximar dos conteúdos inconscientes que não foram digeridos e que foram evacuados e, portanto, presentificados; em outros termos, esses conteúdos inconscientes são experimentados como fatuais, presentes e externos e prejudicam a percepção dos dados sensoriais pelos órgãos dos sentidos. Na clínica, manifestam-se em pacientes não graves por microepisódios psicóticos. Em outros momentos da análise, quando não está em operatividade a personalidade psicótica, uma imagem do analista vai-se formando apoiada em dados sensoriais, imagem esta que não é estável, pois as alucinações podem repetir-se. O ter consciência da realidade é o que contribui para se ter consciência de uma realidade externa; embora também o reconhecimento mais eficaz da realidade externa abra caminho à consciência do mundo psíquico. O progresso do trabalho analítico e o desenvolvimento cognitivo e emocional do analisando penso que estão relacionados ao desenvolvimento da "função alfa", o qual está na dependência dos fatores descritos por Bion e já citados anteriormente.

Tendo-se em conta, que os aparelhos sensoriais desenvolvem-se biologicamente a partir dos últimos meses da gestação, até precocemente após o nascimento, poderia conjeturar que a percepção de dados da realidade externa poderia ser usada na tentativa de uma precária organização mental.

Esta introdução teórica anterior à apresentação do material clínico tem por finalidade dar uma idéia de como pratico a psicanálise.

O inconsciente se expressa de diversas formas, que foram profundamente estudadas, tais como: os sintomas neuróticos, os distúrbios psicóticos e o caráter.

Apreciarei neste trabalho materiais clínicos, para cujo significado elaborei teorias sobre estados mentais muito iniciais, relacionados à vida pre-natal e perinatal que relato a seguir e que podem vir a ser uma contribuição da psicanálise para o estudo de estados mentais muito precoces. Penso que o aprofundamento das observações sobre as alucinações levaria a isso. A alucinação está sempre presente, não só nos portadores de distúrbios psíquicos, mas também nas pessoas sãs, e para ser mais bem estudada é mister que sejam considerados outros fenômenos, que podem ocultá-la ou camuflá-la.

Relatarei, em seguida, trechos de uma sessão analítica. O paciente adiantou-se à hora marcada. Quando passei pela sala de espera, observei que estava muito angustiado e que subiu para a sala de trabalho, que ficava no andar superior de um sobrado, onde estava meu consultório. Ao chegar à sala, observo-o aterrorizado, perseguido, dizendo-me ter ficado surpreso com o que viveu, minutos atrás, e que passou a me contar: "Tenho tomado Stelapar para dormir e pensado em ir para uma casa de repouso". Parecia-me que falava mais em tom de relato do que de queixa. Continuava ali na sessão inseguro e aterrorizado, mas colaborador. "Vou entrar em colapso", falou com pavor. Conta-me que "durante os minutos que me esperava, experimentou uma sensação de que ia morrer sufocado, sem ar, e então levantou-se para abrir a porta-janela que dá para a rua, da sala de trabalho, em busca de ar e claridade, mas não conseguiu abri-la, forçou-a, mas ela não se abriu, estava fechada e aí ficou em pânico". Falava-me muito angustiado e um pouco constrangido. Disse-lhe que a porta-janela estava com defeito e não fechava e que a porta da sala estava aberta e a sala estava cheia de ar. (Após a sessão, pois isso foi comentado durante a mesma, foi verificar e abriu com facilidade a porta-janela e notou que não fechava.) Continua relatando que, desesperadamente, abriu a porta do banheiro que pertence à sala e através da janela procurava claridade e ar, mas ela, quando aberta, proporcionava pouco espaço e ficou mais aflito. Automaticamente voltou correndo e saiu pela porta da sala, que estava aberta, em direção ao corredor e entrou no outro banheiro, em busca de ar, repetindo a mesma operação, mas aconteceu a mesma coisa que no banheiro anterior. Novamente saiu do banheiro para o corredor e voltou para a sala desde que percebeu que eu estava subindo as escadas. Ao entrar na sala, encontrei-o sentado no divã; estava pálido, encolhido e logo deitou-se. Após a narrativa anterior, disse-me: "Vou lhe contar uma coisa, sofro de claustrofobia há muito tempo". Com a minha chegada diminuiu sua ansiedade. Falei-lhe que estávamos fechados agora na sala e que me parecia mais calmo e que quando sofrera a experiência que acabara de descrever a porta da sala estava aberta e que a porta-janela não estava fechada.

Pensei, como hipótese preliminar, que pudesse abrir caminho para a indagação do ocorrido, que o fato de ter ficado sozinho na sala, por instantes, funcionou como um "gatilho" para disparar os fenômenos descritos e que experiências semelhantes poderiam ter sido desencadeadas, conforme descreveu o paciente, outras vezes, quando esteve em lugares fechados, como sendo claustrofobia. A experiência de horrível terror, sufocação, pânico e iminência de morte que havia vivido e descrevido como claustrofobia, não me parecia ser este fenômeno. A sua explicação claustrofóbica seria uma tentativa de ordenar mentalmente, por uma elaboração secundária lógica e coerente a experiência que viveu de uma forma tão vívida, presente, externa e como real. Segundo minha hipótese, os conteúdos da realidade psíquica evacuados tomavam de um modo automático e involuntário o paciente e faziam-no sofrer e atuar, e pareciam ser desencadeados por elementos despertadores do mundo externo. Um modelo que talvez ajudasse a dar um pouco de significado à seqüência dos fenômenos mentais ocorridos seria o da possessão espírita, no qual a personalidade momentaneamente seria possuída e substituída pelo espírito enquanto durasse o episódio da possessão. O espírito seria no modelo o equivalente aos conteúdos psíquicos que estavam dissociados da consciência: estados mentais iniciais, não digeridos, nos quais as impressões sensoriais e emocionais da experiência original permaneceram imodificadas e foram experimentadas como "coisas-em-si-mesmas" e evacuadas. Na minha teoria, os registros da experiência original foram despertados por desencadeadores do mundo externo – a sensação de que estava só e fechado dentro da sala – e voltaram a ocupar o espaço da consciência como alucinação. O deflagrar da alucinação pelos gatilhos causa uma pseudopercepção dos dados sensoriais da realidade externa, dando lugar a um produto híbrido constituído de dados sensoriais e componentes da alucinação.

Procuramos, na seqüência das sessões, ampliar a semiologia do episódio, aproveitando também sua repetição sob a forma de terror sem nome, acompanhado de pânico e eminência de morte por sufocação, por falta de ar. Por vezes queixava-se de "sensação de esfacelamento mental" (sic). No desenvolvimento de minha hipótese significativa, pareciam-me alucinações de registros de experiências originadas durante o nascimento por ocasião das contrações uterinas na fase de expulsão, e que provavelmente no prénascimento deveria ter sofrido o estado de hipoxia com grande excitação psíquica, que não podia ser elaborada pelo ego incipiente e rudimentar. E, portanto, foram vividas como "coisas-em-si-mesmas"

Como os registros são constituídos de sensações e impressões emocionais que foram vividas como "coisas-em-si-mesmas", quando despertados, não são contidos no espaço da consciência, mas vividos pelo paciente como sensopercepções de experiências atuais de terror, etc., e não podem ser reconhecidos como memórias. O estado de sofrimento por hipoxia e suas conseqüências psíquicas, que segundo minha hipótese acometeu o paciente durante o seu nascimento, seguramente desapareceu quando começou a respirar ao nascer. Entretanto, as conseqüências da hipoxia ficaram registradas, e em determinadas condições podem retornar à consciência sob a forma de alucinações e caracterizadas como o quadro psíquico descrito pelo analisando. Ao nascer e respirar deve ter sofrido um grande alívio, além de ter tido contato com a luz e o espaço aberto como acontece nos finais de suas crises, quando busca "espaço livre, luz e ar". É como se vivesse alucinatoriamente um filme de momentos parciais do seu nascimento, tanto os episódios de influência de morte, como os de alívio e luz após começar a respirar. É de se notar que aprecia muito presenciar o nascer do dia e que se sente tranqüilo e satisfeito em grandes espaços abertos como no campo.

A minha formulação o surpreendeu e nos envolveu em um clima de curiosidade e mistério. Interessou-se alegre e surpreso pela formulação e parecia-me viver uma experiência de alguém cuja mente estava sendo aberta para algo novo.

Freud disse que nas psicoses o afastamento da realidade se dá de duas maneiras distintas: ou tonￊa força preponderante o inconsciente reprimido e subjuga o consciente, ligado à realidade, ou a realidade tornou-se tão penosa que o ego ameaçado rebela-se e se lança aos braços do instinto inconsciente. A regressão a mecanismos primitivos torna possível que a satisfação alucinatória do instinto seja vivida como presente. As pessoas que têm passado por graves traumas psíquicos são transportadas de novo pelo sonho às situações traumáticas. Diz também que a angústia neurótica tem-se transformado em nossas mãos em angústia real, emￊangústia diante de determinadas situações de perigo exteriores.

Perguntamo-nos o que é realmente perigoso e temido na situação de perigo. Não é o dano à pessoa que pode carecer de todo significado psicológico, senão o que o dano pode produzir na vida anímica. O nascimento, por exemplo, nosso protótipo do estado de angústia, não pode apenas ser considerado em si como dano, ainda que implique perigo. O essencial no nascimento, como em toda situação de perigo, é que provoca na vida anímica um estado de grande excitação que é sentido como desprazer, e não pode ser dominado pela descarga. A este estado, no qual fracassam os esforços do princípio do prazer, a que damos o nome de instante traumático e que temos chegado, através da série angústia neurótica, angústia real, situação de perigo, à seguinte conclusão: o temido, o objeto da angústia é o aparecimento de um instante traumático, que não pode ser tratado segundo as normas do princípio do prazer. Freud não vê objeção alguma contra a dupla origem da angústia: uma, do próprio instante traumático, e outra, como um sinal que ameaça a repetição de tal instante.

Para Melanie Klein, a ansiedade deriva do instinto de morte e um dos fatores que ocasionam a repetição compulsiva é a pressão exercida pelas precoces situações de ansiedade. "A primeira forma da ansiedade é de natureza persecutória. A fermentação do instinto de morte, interiormente – o qual segundo Freud é dirigido contra o organismo – dá nascimento ao medo de aniquilação e esta é a causa primordial da ansiedade persecutória." E mais adiante: "Portanto, as sensações experimentadas pela criança no nascimento e as dificuldades de adaptar-se ela mesma a condições inteiramente novas, dão nascimento à ansiedade persecutória" (*Origens da transferência*).

Freud, em "Moisés e a religião monoteísta" (1938), ao falar sobre os traumas precoces da infância, aponta que o fato de uma vivência despertar reações patológicas sempre obedece à demanda que traz ao psiquismo e refere-se às impressões de índole sexual e agressiva, mas também, "sem dúvida alguma, há danos sofridos precocemente pelo ego (ofensas narcísicas)". Diz, ainda, que o reprimido conserva sua tendência a irromper na consciência, alcançando seu objetivo sobre três condições: 1) quando a resistência é diminuída por processos patológicos que afetam o ego ou pela redistribuição das energias catéticas no ego, como sucede ao dormir, 2) quando a energia instintiva, anexa ao reprimido, experimenta um reforço particular, como na puberdade; 3) quando entre as vivências atuais aparecem, em algum momento, impressões ou sucessos tão semelhantes ao reprimido, que são capazes de reanimá-lo; nesse caso, o material recente é reforçado pela energia latente do reprimido, de modo que o material reprimido torna-se efetivo, sob a capa do recente e com a ajuda deste.

É o que estou descrevendo como gatilhos ou despertadores.

Citarei um outro analisando acometido de crises de "terror horrível, um desespero como se fosse rebentar por dentro do peito, acompanhado de sensação de sufocação e de iminência de morte". As crises são repetidas levando-se em consideração o aspecto particular de cada grupo delas, mas seu conteúdo mental é sempre o mesmo e a mente do paciente está ocupada só por elas, junto ao esforço desesperador para encontrar uma saída e livrar-se dessa situação de intenso sofrimento, por si mesmo. Ele mesmo e só ele poderá encontrar a saída. Não há uma relação idealizada com o analista durante as crises, mas esta relação se estabelece nos intervalos entre as crises. O paciente age de um modo automático, como se já conhecesse o desfecho – é como se existisse o negativo de um filme que seria reanimado pelas alucinações. E isso fala a favor de registros de experiências pré-natais e perinatais, cujas impressões sensoriais e emocionais permaneceram imodificadas, como coisas-em-si-mesmas. Este caso é interessante pelo estudo dos gatilhos que foram sendo mais bem observados durante o trabalho de investigação, tais como: 1) Lugares fechados escuros; na infância sofreu de terror quando no quarto escuro. Afastava-se do escuro e dizia ter fobias do escuro, evitando o gatilho, mas quando não podia se livrar, procurava uma réstia de luz ou acendia a lâmpada e vinha uma sensação de alívio. Ao nascer, a mãe lhe deu à luz segundo a expressão popular, foi que respirou, sendo afastado o estado psicoemocional resultante da hipoxia, que havia começado na cavidade uterina percebida já como lugar escuro e fechado. 2) Ao fazer viagens aéreas indispensáveis, "o balanço do avião principalmente quando há turbulência" deixa-o em pânico e automaticamente quer encontrar a porta para sair, que está fechada, e então anda desesperado pelos corredores. Fiz a hipótese de reação psíquica ante a hipoxia durante as contrações uterinas e início da expulsão no trabalho de parto. 3) Anda de metrô quando vazio, mas quando este está lotado e é levado e espremido na porta de desembarque, que já está aberta, vem a crise de pânico. O mesmo acontece às saídas de cinema e espetáculos, quando lotados. Naturalmente procura evitar e fugir dessas situações. Foi feita a mesma hipótese que no item anterior. 4) Não pode se aproximar da margem de lugares altos, desde que irrompe na sua consciência, acompanhado de indescritível angústia que põe em perigo a sua sobrevivência física, prenúncio da crise – "é como se o chão fosse ceder e ele despencar, possuído de uma angústia crescente e insuportável e morrer". Procura afastar-se do gatilho não se aproximando da margem. A hipótese feita foi de que a hipoxia, e sua demanda sobre o seu psiquismo, continuava ainda ao nascer. O modelo que poderia ser usado para ampliar a investigação seria o da passagem da emanação à possessão espírita, equivalendo o espírito aos estados mentais do início da vida, com as características acima descritas e, de início, contidos na consciência, como sonhos traumáticos em vigília, para depois serem vividos como alucinações, correndo o risco de atuar. 5) A visão, na televisão ou em atlas, de cenas do parto ou de gêiser (fonte quente com erupções periódicas) e a audição de barulho de batidas no corpo com a mão ou de tinido metálico ou, ainda, quando está tudo calmo e nos momentos de espera, a mesma angústia horrível aparece juntamente com o prenúncio das crises.

O mesmo paciente também se queixa de crises de enxaqueca: a cabeça fica dolorida e queimando na superfície e por dentro, lateja e os vasos sangüíneos batem, segundo sua descrição. Ao ser perguntado sobre a localização da dor, colocou as mãos espalmadas sobre as regiões frontais e parietais da cabeça, o que me despertou a lembrança da localização das colheres do fórceps na extração do nascituro. Comuniquei-lhe esta minha memória-sonho. Não havia ouvido falar sobre o seu nascimento. Esse episódio e o fato de termos elaborado algumas teorias sobre o seu nascimento suscitaram sua curiosidade e soube, por informação da mãe, que havia nascido a fórceps, de um parto demorado, no qual sofreu um leve afundamento do osso frontal que deixou uma seqüela. Só dorme em decúbito dorsal e sem travesseiro; fica insone e angustiado em decúbito lateral e de corpo encolhido. Como tentativa de melhorar a enxaqueca deita-se na cama em decúbito dorsal e sem travesseiro, ou no assoalho de uma sala vazia, quando no escritório. De outro lado, experimenta bem-estar e calma em espaços abertos, como no campo, e especialmente ao amanhecer. Tem o costume de fazer uma fantasia oniróide de ser pendurado pelos pés de cabeça para baixo para tentar se aliviar do estado ansioso. O mesmo analisando sofreu crises de cansaço crônico, horas e horas de cansaço, durante meses, que o incapacitava para o trabalho e mesmo para a vida cotidiana. Descrevia o cansaço como uma moleza geral, sem qualquer força para executar um movimento voluntário ou mudar de posição; ficava largado como estava, e na mente só a consciência desse cansaço. Os especialistas consultados não encontraram nada que justificasse o quadro.

O caso nos permitiu (a mim e ao paciente) que investigássemos as diferenças entre o cansaço sensorial (presente, externo, fatual e percebido pelos órgãos dos sentidos) e o cansaço que chamei de psíquico – o retorno alucinatório do registro de um cansaço que o analisando viveu, quando recém-nascido, logo após o parto. Ficou trabalhando demais durante o parto e ficou cansado. A sabedoria popular define muito bem – nasceu cansado.

Não vou me alongar muito, por falta de tempo e porque isso será tema de um futuro trabalho a ser publicado.

Usando-se em uma construção as teorias que criei para dar significado aos fenômenos que foram investigados, no seguimento do processo indagatório, isto é, cisões de estados mentais pré-natais e perinatais, que se manifestaram como alucinações, poder-se-iam reconstruir alguns aspectos psíquicos do nascimento do paciente. Entrou em hipoxia, segundo minha hipótese, ainda dentro da cavidade uterina, no período de expulsão de um parto difícil e demorado, durante o qual a mãe provavelmente entrou em estresse, e esta hipoxia perdurou até respirar após o nascimento. Este estado de hipoxia repercutiu intensamente no incipiente aparelho psíquico, levando ao incremento da excitação sem possibilidade de descarga.

Postulo a existência de uma organização psíquica incipiente e rudimentar pré-natal, na qual os órgãos dos sentidos estão relativamente mais desenvolvidos que a possibilidade de o aparelho anímico tratar as impressões sensoriais e emocionais da experiência para produzir elementos alfas propensos para o uso dos pensamentos oníricos.

Para terminar, farei referências sumárias sobre os momentos na análise nos quais o paciente diz não ter nada na mente, que está vazia, não há presença de elementos verbais e não se trata de processos defensivos para evitar a ansiedade. Em uma dessas ocasiões, perguntei ao paciente se poderia descrever o que estava no espaço de sua consciência. Respondeu-me que era uma escuridão que ia muito distante e que parecia terminar em círculo. Perguntado se era como no planetário, no escuro antes de aparecer as estrelas, disse-me que poderia ser. É interessante, pois observei que quando o paciente procurava constatar o conteúdo da consciência, fazia isso com os olhos, movimentando-os para cima. Outros analisandos descreveram: "um branco", "um cinzento", "um bloqueio", "uma massa" meio sólida, acompanhados de tensão e estranheza. A consciência é ocupada parcial ou totalmente por estes estados, sem haver possibilidade de pensar. O conteúdo mental, por vezes, é descrito como tendo qualidades sensoriais desde que nestes estados mentais iniciais o que deveria vir a ser uma representação sensorial é confundida com "a coisa-em si-mesma". Relativamente à esfera afetiva, podemos citar: tensão ansiosa, estranheza e afetos primitivos e indiferenciados anteriores às relações de objeto. Como esses estados compulsivamente se repetem e são vividos como alucinações, isto é, como presentes, fatuais e externos, os pacientes passam por episódios psicóticos cuja gravidade é variável. Esses estados são descritos como perdas ou transformações da personalidade, desde que têm como ponto de referência o estado atual do desenvolvimento psíquico e emocional do paciente, em que os sentimentos e emoções já são mais diferenciados e em que há também outras aquisições da personalidade.

Esta hipótese foi criada para dar significado à seguinte ocorrência de uma paciente, há anos em análise com resultados satisfatórios e que já havia desenvolvido uma relação estável com o analista e objetos, e um conhecimento razoável sobre si mesma; queixava-se de não ter emoções, não ter afeto em relação ao marido e aos filhos; de ter uma sensação de vazio e indiferença afetiva. Dizia não saber o que desejava da vida, não se conhecia e não tinha identidade. A consciência estava ocupada por esse desagradável e ansioso estado. Surgiram sentimentos de culpa secundários à situação. O processo indagatório e o desenvolvimento cognitivo da paciente já haviam evoluído, de modo que, ao final da sessão, pode ter consciência de seu vínculo afetivo comigo, com os filhos e com o marido e se aproximar da realidade .

REFERÊNCIAS BIBLIOGRÁFICAS

BION, W. R. (1962). *Learning from experience*. Medical Book limited, Londres.
FREUD, S. (1900). La interpretación de los sueños. *Obras completas*. Ed. Biblioteca Nueva, Madri, 1973.

_____. (1933) Nuevas direcciones introductorias al Psicoanalisis. *Obras completas*. Ed. Biblioteca Nueva, Madri, 1973.

_____. (1938). Moisés y Ia Religión Monoteista. *Obras completas*. Ed. Biblioteca Nueva Madri, 1973.

KLEIN, M. (1961). *As origens da transferência*. Separata traduzida pela SBPSP.

KUHN, T. S. (1972). *A estrutura das revoluções científicas*. Ed. Perspectiva S.A., São Paulo.

ELOGIO DA FILEIRA C: A PSICANÁLISE COMO FORMA PARTICULAR DE LITERATURA

Antonino Ferro*

A fileira C da grade é aquela do sonho, do mito, das narrações com características visuais, diria também a coluna da "poesia". Nela, a seqüência de elementos α adquire uma estrutura compositiva, seja em se tratando do sonho α, do sonho, do mito, seja do mito privado do par analítico ou do paciente. É a coluna na qual o elemento α não está isolado, mas está em relação com outros elementos α.

A principal característica é a de remeter ao "sensual" visual, mas por outros vértices poderia remeter à sensualidade acústica ou cinestésica remetendo assim à música ou à dança. Para simplificar, considerarei apenas o aspecto visual.

Outra característica é aquela da *não saturação* exatamente porque o visual e seus derivados narrativos abrem para infinitos sentidos possíveis.

Permanecer com o paciente ao longo da fileira C significa não fazer operações de tradução interpretativa, de transliteração de um dialeto a outro, mas operar continuamente na área original e criativa do encontro, da conjugação do elemento β com a função α na qual ganha vida o elemento α, até a sua articulação narrativa com outros elementos α.

É pois o lugar da criação da imagem e portanto da barreira de contato.

Elementos β, fatos não-digeridos, urgem e pressionam para entrar no campo e aí serem *transformados* em α, em sonho α, em sonho.

A decodificação interpretativa é operação diametralmente oposta que se coloca, de qualquer forma, na melhor das hipóteses como "tradução simultânea"

---

* Analista Didata da Sociedade Psicanalítica Italiana.

num dialeto para nós mais adequado, na pior como -K que é um ataque à função α do paciente e à criatividade, cena primária do par, no lugar-instante do encontro entre β e a função α.

O analista faz uma *transformação narrativa* toda vez que, assumindo elementos β, consegue dar-lhes uma construção interpretativa original, colocando em narração o quanto urgia na forma de turbulência emocional, de evacuação de elementos β, em uma forma qualquer na qual isso pode acontecer.

O analista, juntamente com o paciente, deve dar vida a uma cena teatral que represente as emoções do campo em um crescendo não saturado de aberturas dos sentidos, dar vida ao *feuilleton*, para usar uma expressão de Luzés (1995).

Uma paciente muito angustiada pretende, com ar muito bravo, uma resposta imediata à própria pergunta: "Aquele rapaz que eu vi descer as escadas enquanto eu subia estava aqui?"[1] "Não, era Qua!" "Ainda bem que não era Quo!", acrescenta a paciente com ar sorridente, preparando-se para um bom início, em relação àquilo que poderia ter sido o início de uma péssima sessão.

A imagem visual, fruto da transformação acústico-visual qui → Qua, permitiu o reconhecimento da raiz infantil da própria pergunta, a evocação dos almanaques do Pato Donald e a não-significação da pergunta ao nível adulto: é indiferente e não se pode distinguir Qui, Quo, Qua.

Não só, mas isso permite à paciente uma retomada criativa ao responder "ainda bem que não era Quo". Criou-se uma tira de Walt Disney que é também o início de uma trama de emoções que permitem o desenvolvimento de $\female$ e portanto um pré-requisito para o desenvolvimento de $\male$. É em uma cultura de "capacidades negativas" que surge a possibilidade de um conteúdo narrativo que seja transformador de β.

Após uma sessão que eu precisei cancelar, Carlo chega muito bravo. Carlo não tolera nenhuma interpretação direta de transferência que o faz, literalmente, sangrar ("meu filho sofre de déficit de um fator da coagulação e por isso mesmo o menor trauma o faz sangrar e lhe causa derrames articulares de sangue que o paralisam por dias"). Conta logo a grave ofensa vivida pelo filho, do qual um colega terrivelmente safado "tirou uma caneta".[2] O menino transformou isso numa tragédia, ao passo que a esposa não deu muita importância, fazendo com que ele chorasse mais ainda.

A minha *rêverie* imediata é aquela de um pintinho do qual foi tirada uma pena e sinto que para um outro paciente eu poderia propor essa imagem, associando-a com a sessão que eu lhe arranquei, mas sinto que essa interpretação, mesmo sendo fruto de *rêverie* e fornecendo um elemento α, faria sangrar Carlo. Tenho então que recorrer a uma construção em C, que dilua o impacto com o elemento em uma seqüência narrativa menos intensa e lhe digo

---

1. Jogo de palavras entre "era qui" (estava aqui) e "era Qui" (era Qui - um dos três sobrinhos do Pato Donald em italiano chamados Qui, Quo Qua). (N. do T.)
2. "Penna" – pode significar tanto pena quanto caneta. (N. do T.)

que me vinha à mente uma cena na qual um companheiro safado tinha arrancado uma pena de um menino que brincava contente de índio, orgulhoso das suas penas, estragando-lhe a festa: é claro que o menino fez uma tragédia, era uma grave afronta!

Após um momento de pausa: "Porém devo dizer que depois a minha esposa mostrou para o menino um desenho animado. Carletto tranqüilizou-se e depois, à noite, numa festa de amigos, quando eu menos esperava, minha mulher me envolveu numa dança que reavivou toda a paixão que eu sempre senti por ela".

Acredito que essa *função narrativa* derive do funcionamento sinérgico da função α e do aparelho para pensar os pensamentos ($♀♂$ e PS ↔ PD) e creio que o fim último de uma análise seja a introjeção estável de tal "narrador" que permita, nas várias emergências emotivas, operar transformações emotivas de β em direção a α.

Um paciente, já próximo do fim da análise, tinha adquirido o hábito, quando havia algo que o preocupava ou angustiava, de escrever um conto como articulação extrema de quanto o afligia. Isso lhe dava possibilidade tanto de tornar pensável aquilo que o perturbava, quanto de, depois, tomar distância daquilo que tinha escrito, não o considerando mais realístico, assim como de tentar uma interpretação mais profunda do sentido que poderia ter aquele medo que havia originado o conto.

Naturalmente nesta minha colocação está em jogo uma conceitualização profundamente diferente do inconsciente, em relação ao freudiano e kleiniano.

Penso, naturalmente com Bion, o inconsciente como algo que está na base do encontro entre o elemento β e a função α, algo em constante formação e em constante transformação, que não espera ser decodificado, mas continuamente transformado e enriquecido a partir, dos acúmulos de "fatos não-digeridos" (Bion, 1962): os vários promotores de cada narração.

Neste meu trabalho não pretendo me referir às capacidades que a literatura tem de nos contar fatos psicanalíticos freqüentemente melhor do que qualquer teoria psicanalítica. Isto é, não pretendo aprofundar como a literatura seja passível de uma categorização na fileira C de fatos psicanalíticos: todas as temáticas da teoria psicanalítica encontram, ao longo da fileira C, uma modalidade de expressão aberta, criativa, não-saturada mais do que qualquer possível explicitação.

Mas como eu dizia não é esse o vértice que prevalece no meu trabalho, o vértice do qual parto é a *necessidade* de o analista funcionar na sessão como *co-narrador* permitindo o desenvolvimento contínuo do "campo que está sendo investigado" e o desenvolvimento de $♀♂$, de $♀$, de $♂$.

Bion nos *Seminários Clínicos* (1987) conta como, diante das comunicações de um paciente, ele se indaga sobre "qual história poderia lhe contar" para ser entendido e acrescenta que a interpretação tem de ser adequada às capacidades de assimilação e de digestão do paciente, como precisamos, diante de um recém-nascido, encontrar a maneira adequada de falar com ele.

O SUCESSO DA NARRAÇÃO

a) As barreiras arquitetônicas de Davide

Marina é uma paciente grave, mas, ao mesmo tempo, um daqueles pacientes que melhor correspondem ao postulado de Bion do "paciente melhor colega".

Ela sofre de ataques de pânico e recebeu de mim a chave do portãozinho do prédio onde eu tenho consultório para que a usasse somente em caso de "emergência". No início de uma sessão (na qual ela havia finalmente comunicado que se deitaria no divã) insiste em poder abrir o portãozinho sempre com a chave. Referindo-me ao que havia aparecido na sessão anterior, digo-lhe que se por um lado aceita deitar-se, por outro a "adolescente rebelde" quer as chaves de casa.

Diz que não é assim e que abrir o portãozinho serve para evitar o desconforto, aquela perturbação que a invade na espera lá embaixo e que lhe estraga a possibilidade de uma sessão boa e construtiva. Pergunta em seguida se na sessão fumo também com os outros pacientes. É uma pergunta que "exige" uma resposta; sinto que estamos caminhando para uma sessão de incompreensão total que terá o efeito de angustiá-la e me fazer sentir desiludido e frustrado.

Pergunto-me: "E se eu tentasse mudar esse vértice, talvez superegóico e decodificatório (talvez em -K), e tentasse, ao contrário, ir em direção a ela?" E digo: "Ocorre-me que é como se me pedisse para derrubar as barreiras arquitetônicas que existem entre nós antes do encontro". Somente após ter formulado essa interpretação me lembro que na sessão anterior havia me mostrado a fotografia de um amigo em cadeira de rodas, um amigo com tumor no cérebro, cujo sofrimento, que agora lhe parecia possível ser enfrentado, antes lhe havia causado horror e terror; assim, acrescento que talvez a derrubada das barreiras arquitetônicas serve para permitir que "Davide" (esse é o nome do amigo) possa entrar na sala, onde não deve haver nem o estreitamento da espera, nem o meu silêncio às suas perguntas.

Responde perguntando se é possível, como teme, que ela, por sua vez, tenha um tumor no cérebro. Digo a ela que esse é o testemunho de que "Davide" – o seu aspecto paralisado – realmente entrou em análise, ainda que necessite, por enquanto, de cuidados especiais para chegar até nós.

b) As Grutas de Postumia de Gabriella

Gabriella, em seu terceiro ano de análise, é uma jovem pesquisadora universitária, que foi muito atingida por experiências traumáticas ligadas ao luto e à perda dos pais em idade muito precoce.

Plenamente realizada no âmbito profissional, congelou suas capacidades afetivas até chegar a se descrever como um vegetal. Desde o início da análise esse aspecto defensivo vai se diluindo progressivamente o que é assinalado por alguns sonhos: primeiro há um "enorme rabanete em forma de coração do qual ela cuida"; depois, num ninho aparecem passarinhos nos quais está se formando o coração, até o sonho de uma operação "a coração aberto".

Passo a passo, aparecem personagens com os quais se tecem acenos a histórias afetivas e sucessivas referências a "Didimo Chierico" e sua filosofia de um pleno controle das emoções e a "Jacopo Ortis" com a sua turbulência emocional.[3]

Não é difícil estabelecer um paralelo entre essas vicissitudes aparentemente externas e os movimentos na sala de análise.

Progressivamente vai se formando a história de "uma amiga, de seu jovem amante e do marido Stefano" que torna-se cada vez mais central. Marcella tem sua idade, é sua melhor amiga, muito atraente e sensual, tem com o marido uma relação de hábito e frieza, somente concentrados na criação do único filho, quando se acende, de maneira exponencial, uma paixão entre Marcella e Fabrizio, jovem sem cabeça.

Marcella lança-se nessa relação sem reservas, os dois têm cada vez mais uma história, não só erótica, mas também cada vez mais intensa de um ponto de vista afetivo, enquanto o marido parece não perceber nada. Repetidas vezes tento propor uma chave interpretativa qualquer que se refira à análise e ao acender de emoções fortes e envolventes, mas sem nenhum resultado, tanto mais a "história contada" é envolvente e cada dia com novos e inesperados desdobramentos.

Até que Marcella fica grávida de Fabrízio e esse fato desencadeia uma turbulência emocional em todos: Stefano não suporta a idéia de "ficar com o bastardo"... os pais de Marcella não vêem outro caminho senão abortar, Fabrizio por sua vez se exime de qualquer responsabilidade; a única a se sentir desesperada com a idéia de perder esse filho é Marcella, amparada e apoiada por Gabriella. Parece não haver nenhum espaço possível para esse filho *ilegítimo*... como colocá-lo ao lado de Emanuele, o filho legítimo do casal... Nesse meio tempo se acendem raivas, ciúmes, brigas, choques...

Só então, após terem passado pelo menos dois meses nos quais compartilhamos, apaixonando-nos, dia após dia, tais acontecimentos, Gabriella aceita a interpretação que agora é extensível ao campo do "sentido, do mito e da paixão" (Bion, 1963): por longo tempo temeu que na sala de análise fossem legítimos os afetos, o cuidar, o querer bem; temeu que não pudessem ser reconhecidas e aceitas as paixões positivas e negativas que nasciam do nosso encontro, como a raiva e o ódio que agora recorda que sentia quando criança, toda vez que era deixada sozinha, como também o interesse sexual e erótico.

A essa minha interpretação, segue um sonho no qual ela adotava o menino de Marcella e começava ao mesmo tempo a aceitar e reconhecer o próprio

---

3. Personagens de Ugo Foscolo (autor do romantismo italiano).

envolvimento passional em relação a um colega, e a reconhecer fantasias agressivas e sensuais, que sempre havia negado, em relação a mim. Assim o "relato de Marcella" sai de cena e Gabriella pode olhar para o mundo das paixões como aparecem num sonho que lhe dá acesso ao "misterioso mundo das grupas de Postumia". Gabriella, que nunca quis me tocar, diz que agora ela pode me dar a mão quando nos encontramos e separamos, sem ter mais vergonha de tal contato.

c) Carletto

Carletto vem para a sessão trazendo um pote e um caderno.

Cumprimenta-me afável e pega umas fichas (os POG, que têm um lado com uma figura e um lado cinza) que ele empilha e começa a acertar com outras fichinhas mais pesadas. Cada vez que uma ficha vira aparecem os lados coloridos que mostram especialmente pulgas, caveiras e um crocodilo ("destes eu tenho dois", acrescenta). Percebo que ele está me dizendo que gostaria de ser ajudado a descobrir as cartas como está descobrindo as fichas e penso que muitas das minhas perguntas poderiam ser as fichinhas mais pesadas que, acertando, revelam o que há escondido embaixo; assim eu lhe pergunto (utilizando também o ar pensativo que parece ter): "Há muitas coisas que preocupam?" "Sim, a escola e os colegas".

O que acontece na escola?

(Nesse meio tempo ele muda de brincadeira e faz um mapa de uma cidade que me diz ser Topolinia).[4]

Há colegas terríveis, especialmente o Albertini, que queria que ele sempre roubasse coisas, é mesmo prepotente e seu inimigo.

"Parece João Bafo-de-Onça" digo. Ele sorri e eu acrescento: "E parece não haver nenhum coronel Cintra em condições de contê-lo". "É assim mesmo", responde e me descreve todos os malfeitos nos quais "Bafo-de-Onça" gostaria de enredá-lo, mas agora ele sabe resistir, embora quando pequeno não conseguisse evitar.

Eu digo: "Bem, você faz um pouco o papel do Mickey sempre lutando contra o João Bafo-de-Onça e a sua quadrilha".

"Quero lhe fazer um desenho", e com muita precisão desenha uma casa, um gramado e montanhas.

---

4. Topolinia – a cidade de Topolino (Mickey Mouse). (N. do T.)

Logo lembro de uma paisagem vista através da boca de um crocodilo com os dentes no centro...

Imagino Carletto, nesse ponto, em parte em luta com o crocodilo – João Bafo-de-Onça – do qual está progressivamente ganhando distância para entrar num mundo com menos avidez e necessidade de apropriação.

Digo que é muito bonita essa paisagem com gramado e montanha.

"Sabe", ele me responde, "é este o trabalho que eu quero fazer quando crescer... um trabalho no bosque... guarda florestal... dar comida aos animais e protegê-los dos caçadores".

Nesse ponto penso que ele está mesmo "saindo" do medo do crocodilo em direção ao mundo novo onde poderá cuidar dos próprios afetos e necessidades, protegendo-os da própria quadrilha caracterial.

Uma nota para concluir.

Carletto é um menino adotado, com problemas de turbulência na escola, furtos no passado, cada vez mais integrado na realidade afetiva da família que o adotou graças aos cuidados que os pais, muito atentos, lhe dão.

Os pais, quando o pegaram no orfanato, levaram-no para casa com o diagnóstico de autismo. Carletto não falava, não olhava no rosto, não desenhava.

Pediram-me para acompanhá-los periodicamente e esperar que eles mesmos pudessem cuidar do Carletto, antes de pensar em uma eventual terapia.

A FALÊNCIA DA NARRATIVA E O -K

Múltiplas são as situações nas quais há uma falência das possibilidades transformativas, seja por um congestionamento das capacidades narrativas em virtude de uma abundância de emoções que acabam por fechar o campo, seja por uma não disponibilidade emocional do analista.

Percebo, por exemplo, que quando eu estou cansado a minha tendência é muito mais a de "interpretar" as comunicações do paciente, sem conseguir brincar com elas de forma transformadora.

Se de um lado há pacientes que toleram por bastante tempo tal modalidade (ou situações nas quais tais modalidades são necessárias), para outros, aquilo que provém de uma só mente sobre eles é intolerável (Riolo, 1989).

Com Stefano, num desses momentos, decodifico suas comunicações na transferência.

Na sessão sucessiva chega sombrio e abatido: brigou o tempo todo com a mulher, não quer mais saber dela, é uma mulher impossível, quer ter sempre a última palavra. Em casa repreendeu a filha, que se trancou no quarto soluçando, ele teria desejado ajudá-la, mas a filha só "ela" pode ajudá-la, pensou até em bater na mulher...

Não penso nem por um segundo em interpretar tudo isso como uma resposta à minha superdosagem na sessão passada, e introduzo no campo uma solução tampão, que dilua essa acidez do campo com intervenções narrativas, não saturadas, que captem o esforço que ele tem que fazer com uma esposa às vezes tão insuportável.

O clima se ameniza e ele me conta que à noite, com a esposa, fizeram as pazes e ela até preparou o seu prato predileto.

APÊNDICE

Gostaria de retornar brevemente ao que eu dizia no início a respeito das capacidades da literatura, isto é, de obras de narrativa (ou de poesia, ou de outras formas literárias), de exprimir, ao longo da fileira C da grade, "fatos psicanalíticos" de forma muitas vezes mais clara e rica que qualquer teorização psicanalítica.

Essa operação, naturalmente, já foi feita por Freud (Édipo) por Bion (Babel, Ur, Palinuro) e é continuamente feita pelo par analítico no trabalho, nas contínuas construções dos mitos privados do mesmo.

Para esclarecer a contribuição possível da fileira C, gostaria de refletir a respeito do problema da oscilação necessária entre a "capacidade negativa do analista" e o luto do "fato selecionado" para ativar histórias possíveis, que sejam transformadoras dos "fatos não digeridos" à espera de pensabilidade.

As capacidades negativas do analista compreendem um saber permanecer na dúvida (um PS, como precisa Bion, sem a característica da persecutoriedade; o que permite a abertura de infinitas histórias) e opção do fato selecionado, que compreende a escolha forte de uma hipótese interpretativa, que nasce de uma emoção e a ela agregue o quanto estava disperso em PS, em uma *gestalt* que feche todos os sentidos possíveis em favor de um sentido prevalente, que reorganiza de uma forma unívoca, a partir de um determinado vértice, quanto tinha se formado no campo: operação que acontece em D e compreende um luto por aquilo que não é.

Em narratologia isso é definido com os conceitos de "obra aberta" e de "narcotização" de histórias possíveis para possibilitar o desenvolvimento de uma história e é mostrado de forma operativa por Diderot no seu *Jacques, Le Fataliste* (Ferro, 1992).

Vemos como uma infinita abertura de sentido levaria àquela situação descrita por Borges no extraordinário conto *O Jardim dos Caminhos que se Bifurcam*, cuja leitura não pode deixar de despertar no início uma desorientação e uma ânsia agorafóbica pela ausência de limites:

> *"Em todas as obras narrativas"*, cito a partir do conto, *"cada vez que estamos diante de diferentes alternativas nos decidimos por uma e eliminamos as outras; nas [...] de Ts'ui Pên, decidimos, simultaneamente, por todas. CRIAM-SE assim diversos futuros, diversos tempos que por sua vez proliferam e se bifurcam [...] Fang [...] tem um segredo, um desconhecido bate à sua porta. Fang decide matá-lo. Naturalmente há várias saídas possíveis: Fang pode matar o intruso, o intruso pode matar Fang, ambos podem se salvar, ambos podem ser mortos, etc. Na obra de Ts'ui Pên essas saídas existem todas e cada uma é um ponto de partida para outras bifurcações [que determinam] infinitas seriações de tempo em uma rede crescente e vertiginosa de tempos divergentes, convergentes e paralelos".*

De certa forma esse conto nos leva às *exercitações* que, fora da sessão, podemos fazer em cima da grade de Bion, que permanece indefinidamente aberta e utilizável, como os exercícios que um músico realiza fora do concerto.

É aí que o conto de Borges, num certo ponto, se "fecha": "Esta trama dos tempos que se aproximam, se bifurcam, se cortam ou se ignoram por séculos engloba todas as possibilidades".

Caímos nesse momento exatamente no oposto especular em relação àquilo que o conto parecia prometer, isto é, na claustrofobia do tudo previsto: que é o que Borges, sempre de forma admirável, nos oferece através do outro conto *A Biblioteca de Babel*: uma biblioteca total, cujas

> *"prateleiras registram todas as combinações possíveis dos vinte e cinco símbolos ortográficos [...] isto é, tudo aquilo que é possível exprimir em todas as línguas [até] o catálogo fiel da Biblioteca, milhares e milhares de catálogos falsos, a demonstração da falsidade desses catálogos, a demonstração da falsidade do catálogo autêntico [...] as interpolações de cada livro em todos os livros".*

Ou, no círculo claustrofóbico e estéril das teorias saturadas do "Freud já disse", ou de qualquer forma de texto que espera só decodificações transliterativas como aquelas da fantasia corpórea kleiniana.

Retornemos agora a *Jacques, le Fataliste* que, como vocês devem se lembrar, é "a história de amor de Jacques por Denise", história que o empregado, a pedido do patrão, começa a contar a partir da segunda página do livro, sem nunca conseguir terminá-la... Cada vez que começa a contar a história é interrompido por um acidente, uma digressão que o patrão pede, ou por um interlocutor que quer tomar a palavra. Após o encontro com uma nova personagem feminina, o Autor interrompe o relato para se dirigir ao leitor:

> *"O que não se tornaria essa aventura nas minhas mãos, se eu decidisse fazê-los desesperar! Daria importância a essa mulher; faria dela a sobrinha do pároco de uma aldeia vizinha; faria insurgir os camponeses da aldeia; colocaria aí lutas e amores; porque afinal essa camponesa era bonita sob a sua roupa de baixo, Jacques e o seu patrão tinham-no notado; e nem sempre o amor esperou uma ocasião tão sedutora. Por que Jacques não haveria de se apaixonar uma segunda vez? Por que não haveria de ser pela segunda vez o rival, e mesmo o rival preferido de seu patrão? 'Este caso já não havia lhe acontecido?' Sempre perguntas. Portanto não queres que Jacques continue o relato dos seus amores? Uma vez por todas, explicai-vos; isso vos deixará ou não contentes, coloquemos novamente a camponesa na garupa do seu condutor, deixemo-los ir e voltemos aos nossos dois viajantes".*

O Autor, portanto, renuncia a todas as histórias possíveis em favor da história que clama para ser narrada e que pressupõe a perda de outras possibilidades narrativas, entretanto o romance acaba com três possíveis conclusões, que o leitor pode escolher a seu gosto.

Quer dizer, a abertura e o fechamento de sentido deverão estar em contínua oscilação mútua, justamente como PS ↔ D na teorização de Bion.

Jacques, le Fataliste coloca-se assim como canal transitável entre as Caribdes das infinitas aberturas de sentido e a Cila do todo já saturado, predeterminado, previsto.

Voltemos, pois, ao campo e à necessidade de que nele existam "aberturas imprevisíveis" e "fechamentos necessários" de sentido.

Nessa ótica o encadeamento dos "fatos selecionados" permite o desenvolvimento da história do par em um dos dialetos do mesmo: aquele da história, do mundo interno, da relação e do campo.

O limite das histórias possíveis é que nasçam, na maior medida possível, da transferência (entendida como repetição e projeção de fantasmatizações) e das emoções (ou protoemoções), o elemento β do paciente, que caminhem na direção β → α e que não sirvam, portanto, para confirmar teorias do analista.

Estas, se usadas ativamente na sessão, determinam fenômenos de *microtransformações em alucinose* nas quais (Bion, 1965) pervertemos a comunicação do paciente "lendo-a" forçadamente através das nossas teorias: a colonização interpretativa cria o domínio do não-existente; aquilo que é evitado é a dolorosa experiência da frustração diante do vazio, do não-saber, da dúvida, do permanecer em PS.

Tradução: MARTA PETRICCIANI

DO NÃO SENTIDO E DO SEM SENTIDO

ENI PUCCINELLI ORLANDI*

> *que o silêncio restitua uma temporali-*
> *dade da palavra que não estamos mais*
> *podendo acolher* (E. Orlandi,1993).

INTRODUÇÃO

Partimos da noção de discurso que se constrói a partir de um quadro teórico preciso.

No final do século XIX, há um conjunto de deslocamentos importantes: o da noção de homem para a de sujeito, o da transparência para a opacidade da linguagem e a não-transparência da história. São essas as contribuições do Marxismo, da Psicanálise e da Lingüística. O real da língua e o real da história colocam-se em cena. Nessa conjuntura, a Análise de Discurso, como a concebo, pode ser considerada como o sintoma de uma crise das noções de sujeito e de linguagem, produzida no cerne das Ciências Humanas, de um lado, e, de outro, da noção de língua – sujeita a falhas – no domínio da Lingüística.

Os princípios de base que identificam essa forma de análise do discurso são:

a. A descentração da noção de sujeito: a consideração da posição-sujeito que faz intervir o inconsciente e a ideologia.

---

* Professor de Análise do Discurso no Departamento de Lingüística da Unicamp.

b. A determinação histórica do sentido que dá lugar à noção de forma material: relação entre o real da língua e o real da história.

c. A relação necessária entre texto e exterioridade, desembocando na análise do funcionamento discursivo: faz irrupção a noção de historicidade, de interdiscurso.

Assim, meu objetivo nessa introdução é indicar que os estudiosos são afetados pelo que eu chamaria de uma ilusão em seus objetos de estudo já que não é com a língua concebida pela lingüística que trabalham os que – psicanalistas, psicólogos, antropólogos etc. – consideram a linguagem em seu funcionamento (o homem falando ou o sujeito que fala, o significante), mas com a noção de língua pensada em sua discursividade, ou seja, como *discurso*, como o definiremos mais adiante. Não tomar essa distinção em consideração – o que é língua e o que é discurso – tem produzido um custo teórico e analítico que eu gostaria de pôr aqui em questão.

Esta minha afirmação faz problema às elaborações em torno do que diz Lacan sobre o inconsciente ser estruturado como uma linguagem. Estas elaborações, em geral, prendem-se ou se remetem explicitamente à noção (pre)estruturalista de língua, sistema formal, abstrato, acabado. Numa posição discursiva, pós-estruturalista, não pensamos a estrutura sem o acontecimento, sendo o atravessamento de um pelo outro justamente o ponto nodal em que se situa a definição de discurso. Daí que nossa formulação, pensando o deslocamento homem/sujeito, é a de que a subjetividade é o acontecimento da estrutura significante no homem, ou seja, é como a língua – sujeita a equívoco – acontece no homem. Isto é: discurso. Isto é: sujeito. Se, de uma perspectiva lingüística, se pode trabalhar a língua sem sujeito, não se pode no entanto trabalhar o sujeito sem o discurso. Desse modo, compreender o sujeito é compreender como a língua funciona. E aí estão três noções básicas para a análise de discurso a que me filio: funcionamento, estrutura e acontecimento. Deixam-se, nessa filiação, as oposições estritas como as que existem entre língua e fala, entre o individual e o social, a sincronia e a história, a causa e o efeito, para se trabalharem as relações, o equívoco, os efeitos, as indistinções, a historicidade, os processos de constituição.

A QUESTÃO

Do ponto de vista discursivo, uma formulação, para mim, fundamental, é a de que os sentidos são feitos de silêncio. Não há assim oposição, mas *solidariedade* entre silêncio e palavra.

Silêncios do " a não dizer", silêncios do "não dizer", silêncios do não-sentido. Daí poder afirmar que as palavras são carregadas de silêncio, elas percorrem a espessura material significativa do silêncio, elas produzem silêncio.

Aqui me interessam particularmente os silêncios do não-sentido. E para melhor compreender esse silêncio vou fazer ainda uma distinção, a que existe entre o não-sentido e o sem-sentido, como veremos adiante. Sentido que se põe em silêncio. Sentido posto em silêncio.

Também a ideologia é motivo de minha reflexão. Considerando que há uma relação material entre ideologia e inconsciente, sendo a *língua* o lugar dela, sustento uma posição que me permite compreender os efeitos dessa relação, tendo como objeto específico de análise o *discurso*.

Vou assim situar três noções no desenvolvimento dessa reflexão: a de discurso, a de incompletude e a de interpretação. Elas devem nos servir para deslocar o que se tem pensado de ideologia. Esse deslocamento visa sobretudo trabalhar a noção de ideologia, não com categorias sociológicas, mas de linguagem. Em uma palavra, com categorias discursivas, vendo aí os efeitos da relação entre os processos de constituição dos sentidos e dos sujeitos.

A Noção de Discurso como Noção Fundadora

Pressupondo a ordem própria da língua, a análise do discurso vai trabalhar com a noção de discurso como "efeitos de sentidos entre locutores" (M. Pêcheux,1969). Esse deslocamento em relação às dicotomias propostas desde Saussure permite incluir o sujeito e a situação sem perder de vista o real da língua e o real da história. A linguagem, nessa perspectiva, como dissemos, não é transparente, sendo necessário considerar o processo de constituição do sujeito e a espessura material do sentido. Sentido e sujeito se constituem ao mesmo tempo: ao significar, o sujeito se significa. A particularidade dessa conjunção está em que os sentidos, por sua vez, não são conteúdos.

A linguagem não é transparente, os sentidos não são conteúdos e é no corpo a corpo com a linguagem, é não a atravessando para ficar nas evidências produzidas pela ideologia que o sujeito trabalha seus processos de identificação, trabalha os "seus" sentidos, trabalha a sua memória, seu "saber" discursivo.

Aí intervém a situação de que falamos mais acima. Esta não se refere aos contextos empíricos em que se dá a fala, mas à exterioridade do discurso, o interdiscurso, ou seja, a memória do dizer. A situação empírica imediata está determinada em sua significância, pelo interdiscurso, ou o que chamamos contexto histórico-ideológico discursivo. É em relação a essa memória que os sentidos podem fazer sentido para o sujeito. Como essa memória se constitui pela relação que o sujeito vai estabelecendo ao longo de sua vida entre língua e historicidade, ou seja, pela maneira como nele a língua significa inscrevendo-se na história, no modo em que é afetado pela ideologia, ele não tem controle sobre seu funcionamento.

O interdiscurso, a memória discursiva, sustenta o dizer em uma estratificação de formulações já feitas, mas esquecidas e que vão construindo uma história de sentidos. O saber discursivo, a memória do dizer sobre a qual não temos controle, compreende o que foi e é dito a respeito de um assunto qualquer, mas que, ao longo do uso, esquecemos que foi dito, por quem, em que circunstâncias e que fica como um já-dito sobre o qual nossos sentidos se constroem, dando-nos a impressão de saber do que estamos falando. Toda fala resulta assim de um efeito de sustentação no já-dito que funciona na medida em que as vozes que se poderiam identificar nas diferentes formulações se apagam e produzem o efeito de anonimato, de universalidade do sentido. Aí se forma a necessária ilusão de que o que eu digo, eu digo a partir de mim mesma. Esta é a condição – ideológica – de unidade e de subjetivação sem a qual o sujeito não é sujeito da linguagem na plena contradição do que é sê-lo: ser sujeito de e estar sujeito a. Este é um apagamento (diremos, como veremos mais adiante, silenciamento) necessário para que o sujeito se estabeleça um lugar possível, no movimento da identidade e dos sentidos: eles não retornam, apenas, eles se projetam em outros sentidos.

A memória é, pois, constituída pelo esquecimento. Esse esquecimento que, se de um lado permite ao sujeito o lugar de seu dizer possível, resulta também no que chamamos literalização do sentido, sua des-historicização, seu efeito de estabilização, efeito referencial de não-interpretabilidade (em outros termos, interdição à interpretação), o sentido lá. Apaga-se para o sujeito o fato de que as palavras não têm naturalmente sentido, como se ele, escolhendo as palavras, escolhesse os sentidos.

Os sentidos chegaram, vão chegando e continuam a chegar em nós em diferentes dizeres. E isso nos afeta, pelo esquecimento, como se os sentidos que foram se constituindo, nesses percursos, em outros dizeres, em outras falas, fossem absolutamente transparentes para nós, não nos afetassem em suas historicidades. No entanto, esses sentidos, que nem sabemos de onde vêm, falam em nós, em nosso dizer. Simplesmente porque, para que nossas palavras tenham (um)sentido é preciso que já tenham sentido. Nossas palavras são sócio-historicamente determinadas, embora tenhamos a ilusão de que elas nascem em nós. A ideologia funciona de tal modo, em seu apagamento da materialidade da língua, na produção das evidências, que faz com que a memória não trabalhe, para que esteja sempre já lá um "conteúdo" bloqueando o percurso dos sentidos, seu movimento, sua historicidade, seus deslocamentos possíveis, sua deriva, seus efeitos metafóricos, conteúdo este que identifica o sujeito. Todo dizer, para fazer sentido, resulta de interpretação. No entanto, isso funciona como se não houvesse interpretação. Esta é mais uma das dimensões da ideologia: a injunção à interpretação e sua negação no momento mesmo em que ela se dá.

A anulação da memória a estabelece como conteúdo, a reduz a uma sucessão de fatos com sentidos (dados) quando na realidade o que se tem são fatos que reclamam sentidos (P. Henry, 1994). É este reclamar sentidos que permitiria a historicização, a inscrição do acontecimento (com sua estrutura) na história. Resulta daí que há repetição sem memória, acontecimento sem historicidade.

Em relação à memória e ao dizer, separamos em análise de discurso dois eixos, o da verticalidade (memória, domínio da constituição do sentido) e o da horizontalidade (o da formulação). O eixo vertical determina o horizontal: o dizer-agora sempre está determinado pela historicidade do dizer. Correspondentemente, se tem a situação em sentido estrito (o outro, os interlocutores) e a situação em sentido amplo (a memória, a alteridade constitutiva, o Outro). Todo sentido se filia a uma rede de constituição. Todo discurso é, ou deveria ser, um deslocamento nessa rede. No entanto, embora na impressão de deslocamento, há a injunção à estabilização e à fixidez em relação à filiação de sentidos, o que resulta na maior parte das vezes no bloqueio da mudança, do movimento nos sentidos, pois a inscrição do sujeito no dizer, nesse caso, não atinge, não afeta o processo de historicização dos sentidos. A historicização representa justamente a possibilidade da "transferência" de sentidos, sua metaforização, sua repercussão na memória constitutiva, espaço em que sempre é possível ao sentido vir a ser outro. Quando há censura, há bloqueio dessa relação fluida com o interdiscurso, e as formulações, em um processo de repetição sem memória, se estendem sobre outras, se expandem horizontalmente, tudo se passando no domínio da formulação, sem atingir o domínio da constituição. Produz-se a variedade (a serialização) e não a mudança, o deslocamento, a interpretação que transfere, o deslizamento de sentidos. Desse modo, o sentido não flui e o sujeito não se desloca pelo movimento dos sentidos. O sujeito não se constrói, então, um lugar para fazer sentido. Ele é pego pelos lugares já estabelecidos. A repetição aí não reverbera em sua memória, estaciona. É só repetição mnemônica (lembrança) ou repetição formal (técnica, lingüístico-formal) e não repetição histórica (sujeita à incompletude e ao gesto de interpretação). Essa, a repetição histórica, trabalho da memória, é a que faz sujeito, faz sentido, faz interpretação. Presença e trabalho simbólico do equívoco no sentido e no sujeito.

Esses lugares de fazer sentido, esses sítios significantes são, como estamos procurando mostrar, função da interpretação e da incompletude. Os sujeitos não são completos, há sempre o a-dizer. O efeito de evidência, de que estamos falando, a redução dos sentidos a conteúdos, que representam a saturação dos sentidos e dos sujeitos, são produzidos pela des-historicização pelo apagamento de sua materialidade. Correspondem a processos de identificação regidos pelo imaginário e esvaziados de sua historicidade. No entanto, há sempre o incompleto, o possível pela interpretação outra.

SILÊNCIO, SILÊNCIOS

Tenho proposto pensar o silêncio em suas formas. Destacam-se duas delas: a. O silêncio fundador e b. O silenciamento, ou a política do silêncio.

O silêncio fundador está em que todo sentido tem uma relação fundamental com o silêncio, sendo este a condição mesma para que haja sentido. Há um movimento entre o silêncio e as palavras que está na base da produção de qualquer sentido. Mais ainda, a relação com o sentido é antes de tudo relação com o silêncio. Iminência , vestígio do possível, o vir a ser da linguagem, seu movimento e sua matéria primeira, o silêncio é sentido. Para o homem enquanto ser histórico (ideológico) e ser simbólico, este silêncio fundador é a marca de sua significância. O movimento do sentido, o desdobrar-se do sentido em sentido, indefinidamente, é função do silêncio fundador. Assim como também é esse silêncio que nos permite compreender o sujeito discursivo como errância, o sujeito itinerante. Porque o sentido não é um, o silêncio acolhe a experiência sensível da polaridade sujeito/sentido. O silêncio é contínuo e esse seu caráter permite ao sujeito se mover nas diferenças, percorrer sentidos.

O silenciamento é já instanciação política do significar: divisão entre o dizer e o não dizer, esse silêncio também tem suas formas.

Chamamos b.1. silêncio (silenciamento) constitutivo aquele que está na base do fato de que para dizer é preciso não dizer, ou seja, todo dizer traz em si um outro dizer, presente no primeiro por sua ausência necessária. Este é o apagamento que chamamos ideológico, é uma interdição no nível da historicidade, ou seja, da constituição do sentido. As palavras já são sempre discursos na relação com os sentidos: para significar, toda palavra tira seu sentido de formulações que se sedimentam historicamente. Toda palavra se refere ao discurso no qual significa ou significou. Uma palavra por outra, que é próprio do funcionamento discursivo, significa assim um discurso por outro. Isso é ideologia. Se essa é a condição de funcionamento da linguagem – não falamos só com nossas palavras, habitamos o equívoco necessário – a relação com o silêncio constitutivo é a relação com outros discursos inscritos nas palavras.

Chamamos b.2. silêncio (silenciamento) local, ou censura propriamente dita, aquele silêncio que resulta de uma interdição do nível da formulação do dizer. É o que se poderia dizer mas que está proibido. Nesse caso, onde há censura, há resistência, pois a interdição ao dizer atinge diretamente os processos de identificação do sujeito. Um sentido silenciado (censurado) em seu lugar próprio migra para outros objetos simbólicos. O sentido não pára, ele muda de caminho.

Temos trabalhado com todas essas diferentes formas de silêncio (E. Orlandi, 1993).

Neste presente estudo interessa-nos esta distinção – silêncio fundador/ silenciamento – em relação à questão da deriva, dos efeitos metafóricos, dos processos de interpretação.

Qualquer dizer, como temos insistido, resulta de um gesto de interpretação (cf. E. Orlandi, 1994). Quando o gesto de interpretação – não esqueçamos que o gesto é um ato no domínio simbólico e que tem sua materialidade, sua espessura semântica – mexe com a memória, ela a desloca. Por seu lado, toda interpretação é antecedida por um silêncio grave de sentidos possíveis. Este momento, parte do ritmo entre dizer e não dizer, ao se inscrever no processo significativo, é decisivo na relação entre a repetição mnemônica, a técnica e a histórica (a que desloca). Por que é aí que o sentido pode ser outro.

NÃO-SENTIDO E SEM-SENTIDO: O RETORNO DO MESMO NO DIFERENTE.

Em meus trabalhos, tenho partido do princípio de que há dois processos que sustentam a linguagem: a paráfrase e a polissemia. Relação tensa entre o mesmo e o diferente, não há delimitação visível entre esses processos. Há, pois, uma relação tensa entre o que é estabilizado e o que é sujeito a equívoco. Há um trabalho da interpretação que desloca, há o trabalho da interpretação que fixa. Não se pode, de antemão ou pelas marcas visíveis, decidir em que lado se está.

Há, além disso, em todo sujeito o desejo de um mundo semanticamente normal, como diz M. Pêcheux (1990), ao situar a dimensão pragmática do sujeito. Esse desejo faz com que haja um fechamento dos sentidos no nível pragmático. O contexto imediato, tal como é considerado na pragmática, serve para decidir sobre o sentido (conteúdos): o dizer da língua + o contexto = sentido em situação. Teoricamente, a crítica que fazemos à pragmática é que, por não trabalhar com a memória discursiva, ela não atravessa os efeitos imaginários que não deixam ver que o contexto imediato já é ele mesmo atravessado pelo interdiscurso. Em outras palavras, o que funciona na circunstância imediata da palavra já vem significado (determinado, recortado) pela memória. Em termos práticos, em relação ao sujeito pragmático (que tende para o fechamento do sentido) o que consideramos é que não é a partir dele ou de suas intenções que se deva procurar compreender os sentidos. O que interessa é como um objeto simbólico produz sentidos para o sujeito na relação que este estabelece com a linguagem.

Desse modo, embora seja essa a realidade pragmática do sujeito afetado pela ideologia (nesse caso, o fechamento), o que nos interessa é a relação necessária entre paráfrase e polissemia e o jogo de sentidos que aí se produz, entre estabilidade e equívoco.

É em relação a esse jogo que pensamos compreender a relação entre o não-sentido e o sem-sentido.

O não-sentido, tal como o estamos considerando, é da instância do interdiscurso, da relação com o Outro, domínio da memória em que há movimento possível do sujeito e dos sentidos. Esse movimento se dá a partir do silêncio fundador, grave de possíveis, onde o não-sentido é disponibilidade e não vazio.

O sem-sentido deriva do efeito imaginário, o que produz a evidência, a estabilização na relação com o outro. Sem o silêncio que é disponibilidade, aflora o silenciamento, o apagamento da margem, do possível. O vazio, aqui o sem-sentido é o imaginariamente saturado (conteúdo).

O que gostaria de mostrar aqui é que fazendo intervir a diferença entre silêncio fundador e silenciamento podemos compreender como funciona a sobreposição (ou redução) do não-sentido com o sem-sentido.

Assim como o sujeito não é a origem de si – o indivíduo é interpelado em sujeito pela ideologia – o sentido não se engendra a si próprio, mas se constitui no não-sentido. Nessa passagem é decisivo o silêncio fundador. Ele é o lugar que acolhe a indistinção, a desorganização, o contínuo e não discreto, o equívoco, o múltiplo.

Tomando um pelo outro

> *"Supporter d'ebranler la religion du sens qui disjoint le sérieux (l'utile, l'efficace, l'opératoire) du 'non-sens' réputé dan-gereux et irresponsable..."*
> (M. Pêcheux, 1980).

Falando sobre feudalismo e capitalismo e referindo-se às mudanças da forma do político, M. Pêcheux (1990) diz que é preciso "questionar de onde vêm os discursos revolucionários, como eles se constituem historicamente na sua relação com o inexistente, com a irrealidade e com o impossível".

Considerando então as práticas ideológicas como rituais com falhas, reflete sobre o fato de que "uma palavra por outra" é uma definição (um pouco restritiva) da metáfora, mas é também um ponto em que um ritual chega a se romper no lapso e no ato falho. A partir dos pontos de resistência (não entender ou entender errado, falar quando se exige silêncio, mudar, desviar, alterar os sentidos das palavras, tomar os enunciados ao pé da letra, jogar com as palavras etc.) e de revolta, ele propõe que se comece a se "despedir do sentido que reproduz o discurso da dominação, de modo que o irrealizado advenha formando sentido do interior do não-sentido". É através dessas transgressões que uma série heterogênea de efeitos individuais entra em ressonância e produz um *acontecimento histórico* rompendo o círculo da repetição, diz ainda Pêcheux. Pois bem, aí está o que referimos acima como a repetição histórica, a que afeta a memória etc.

No entanto, o que está pouco explorado em toda essa discussão é que a resistência e a revolta não bastam para que haja o outro sentido, já que esse não resulta de um gesto da vontade. Ao contrário, é "porque há o outro nas sociedades e na história, correspondente a esse outro próprio ao linguajeiro discursivo que aí pode haver ligação, identificação ou transferência, isto é, existência de uma relação abrindo a possibilidade de interpretar. E é porque há essa ligação que as filiações históricas podem se organizar em memórias e as relações sociais, em redes de significantes" (M. Pêcheux, 1990).

Pois bem, o que eu tenho procurado mostrar é que, no mesmo lugar em que há o equívoco, o outro, a interpretação, há também o trabalho ideológico da estabilização do sentido, trabalho imaginário da contenção do movimento de sentidos e dos sujeitos.

Nesse caso, a partir da relação com um outro "x" (no contexto imediato) se trabalha a relação com um outro "y", ambos determinados pelas suas relações não visíveis com o Outro (interdiscurso). Sobrepõem-se assim sentidos constituídos em relações diferentes, apagando essa diferença. O que é silenciado aí é que o "outro" x não é o "outro" y. Isso resulta em um silenciamento mais profundo na relação com o interdiscurso: aparece como se se pudesse transportar[1] memória (saber discursivo) , fazendo valer para y o sentido produzido em x. O resultado disso é que o y, apartado da memória que poderia lhe fazer sentido, fica sem-sentido e, por uma necessidade vital do sujeito que é a de tudo interpretar, se preenche com o sentido lá, o sentido do já dito, enquanto mera repetição (de x). Identificam-se assim esses processos, produzindo-se o sem-sentido no não-sentido. Essa sutura impossibilita o movimento do sujeito em seus processos de identificação. Funciona como uma censura. Pelo que estamos dizendo de silêncio e de sentido – há sentidos no silêncio e há silêncio nas palavras – podemos afirmar que o sem-sentido pode ser considerado como o silenciamento do não-sentido que, considerado em relação ao silêncio fundador (o irrealizado), poderia produzir um outro sentido.

Com efeito, é o reconhecimento do silêncio fundador que nos leva a dizer que, para que do não-sentido irrompa o sentido novo é preciso aceitar provisoriamente o não-sentido como tal, não se aderindo ao sentido (literal) aí posto, no caso, o sem-sentido. Mantendo a relação com o não-sentido e expondo o sujeito a ele, é necessário produzir processos de transferência, de deriva, de deslizes de sentidos, propiciando a errância do sujeito que, como dissemos, só é possível na relação com o silêncio fundador. É, pois, necessário saber distinguir as diferentes formas de silêncio, a que é condição de movimento e do sentido possível e a que é silenciamento.

Como, pelo silenciamento, se iguala o não-sentido com o sem-sentido, pela sua des-historização, o efeito ideológico elementar é o de se sobreporem posições de diferentes sujeitos pelo efeito (social) da intercambiabilidade: os sujeitos ocupam as mesmas posições e, em relação a elas, os sentidos se equivalem. E aí nos deparamos com o equívoco que trabalha a relação do social com a memória do sujeito, na instância da ideologia.

---

1. Temos distinguido em nossas análises os dois procedimentos: a transferência e o transporte de sentidos. Em um, a transferência, há trabalho (deslizamento, metaforização, historicização) dos sentidos e do sujeito, no outro, o transporte, há apenas sobreposição, colagem.

CONCLUSÃO

Mas aqui atingimos um outro limiar: o que estabelece uma articulação entre o sujeito e sua dimensão social, a que costumamos chamar "autoria" e que implica sua visibilidade na forma que a sociedade determina: a de sua responsabilidade pelo que diz. A intercambiabilidade entre as posições do(s) sujeito(s) se sustenta em uma forma jurídica (direitos e deveres) e lhe confere um poder dizer que já é de outra ordem e que não trataremos aqui (cf. Orlandi, E. 1998).

Ficamos pois nesse limiar.

Podemos terminar dizendo que linguagem e silêncio, quando se trata da significação, distinguem-se em suas materialidades significantes, mas partilham certamente um mesmo campo de jogo: o da inconstância, da movência, da plasticidade, ainda que pareça estarmos em um solo tão batido e seguro. É assim também que o que se diz da ideologia tem a mesma capacidade de jogo: tanto abre como fecha. Porque, afinal, no mundo dos signos, tudo é sujeito à interpretação e aos seus limites.

BIBLIOGRAFIA

P. Henry (1994) "A História Existe?" *in Gestos de Leitura*, Ed. Unicamp, Campinas, org. Eni Puccinelli Orlandi.

E. P. Orlandi (1993) *As Formas do Silêncio*, Ed. Unicamp, Campinas. Trad. francesa *Les Formes du Silence*, Eds. des Cendres, Paris, 1995.

E. P. Orlandi (1998) "Polissemia e Paráfrase" *in RUA*, n.º 4, Nudecri, Unicamp, Campinas.

M. Pêcheux (1969) *Analyse Authomatique du Discours*, Dunod, Paris.

M. Pêcheux (1990) *Discurso: Estrutura ou Acontecimento?* Ed. Pontes, Campinas, Trad. Eni Puccinelli Orlandi.

PARTHENOPE BION TALAMO E ARTHUR NESTROVSKI: UMA INTEGRAÇÃO

PAULO CESAR SANDLER*

É uma oportunidade talvez única poder estar hoje reunido com vocês e com os nossos dois palestrantes. Talvez seja oportuno apresentá-los para aqueles que ainda não os conheçam. O meu contato, já de alguns anos, com a obra escrita de Parthenope Bion Talamo e de Arthur Nestrovski, permite-me afirmar com serenidade: são pesquisadores sérios, voltados apaixonadamente aos aspectos mais profundos de seus respectivos campos de investigação.

Parthenope Bion Talamo consegue incorporar o espírito científico de seu pai, Wilfred Bion. Equivale dizer que ambos percebem que a verdade é o alimento da mente. Parthenope inclui nisso compaixão e também humor, de um modo que para mim era até então desconhecido. Arthur Nestrovski tem se notabilizado por seus artigos de divulgação para o público leigo que se constituem em apaixonadas observações sobre o fenômeno musical e alguns de seus intérpretes. Penso, que nesse sentido, Arthur criou uma espécie de serviço de utilidade pública no nosso meio, há muito não disponível, fazendo mesmo um trabalho educacional de base.

Parthenope e Arthur, sem jamais terem se conhecido antes, sequer de nome, fazem um opus muito parecido em uma série de aspectos fundamentais. São independentes de modismos, livres quanto a padrões arbitrários ou comprometimentos políticos. Parecem-me ligados aos eternos, pois belos, modos psicanalítico e musical de aproximação da realidade humana. Hoje nós

---

* Analista Didata da SBPSP. Mestre em Medicina, USP.

vamos poder ouvir e apreciar uma praticante real de psicanálise e um praticante real de crítica literária e musical, que se comunicam destituídos de tecnicalismos que geralmente transformam qualquer campo do conhecimento em uma coleção de jargões ininteligíveis, aprovados por determinados *establishments*, mais típicos de cultos iniciáticos. Parthenope e Arthur têm podido comunicar psicanálise e crítica musical de um modo acessível, vivo, e coloquial, pleno de senso comum.

Tenho a impressão de que Parthenope usufrui e desenvolve o exemplo dado justamente por Wilfred Bion e Nestrovski fazendo um trabalho que aproveita o exemplo dado por Harold Bloom. Ou seja, formidáveis técnicos que conseguiram tanto falar sobre a sua prática como fazer essa prática. Pude discutir com ambos essas minhas impressões sobre, digamos assim, a "maternidade" intelectual de seus trabalhos e ambos concordaram com a minha idéia.

Eles apresentam outras semelhanças não menos relevantes. Em minha opinião, seria injusto não colocar em relevo a felicidade da idéia do Dr. Luiz Carlos Uchôa Junqueira Filho, organizador deste encontro bienal, em nos proporcionar a reunião da Dra. Parthenope Bion Talamo, que conta com sólida formação docente em filosofia e psicanálise com o Dr. Arthur Nestrovski, professor de crítica literária e musical, além de instrumentista e maestro.

Ambos, não premeditadamente, mas coerentes com os resultados de suas pesquisas e formação, fazem um resgate do período romântico em pleno século vinte. Em outras palavras, paixões humanas, na sua relevância para a psicanálise e para a música. E de modo semelhante ainda o fazem de modo maduro, sem os exageros do romantismo. Vamos ouvir dos dois algo sobre Goethe e Hegel, autores um tanto fora das modas vigentes atualmente.

Semelhança também existe entre música e psicanálise, desenvolvimentos que não privilegiam a realidade psíquica nem tampouco a realidade material. Pois música e psicanálise dependem, como porta de entrada, de impressões sensoriais, mas conseguem transcender esse nível. Psicanálise e música compartilham de uma mesma dificuldade, como disse Bion: "*a mente é um fardo muito pesado que a besta dos sentidos não consegue carregar*".

Nessa transcendência, que Arthur e Parthenope vão fazer daqui a pouco, psicanálise e música não se intimidam ante o desconhecido, a essência da vida humana. Como nos lembra Arthur, Hegel atribuiu à música a função de "*tornar a interioridade inteligível a si mesma*", ou, em termos psicanalíticos, "*tornar consciente o inconsciente*". Música, como psicanálise, constitui um dos métodos mais potentes e cutilantemente precisos de "evolução em O" que conhecemos: em ambos se obtêm epítomes da experiência emocional.

Ouviremos dois dos mais sensíveis intérpretes da pura poesia em sua forma musical – Arthur – e da pura música em sua forma psicanalítica – Parthenope – nos falarem algo dos misteriosos, porém reais, movimentos envolvidos no paradoxo, nos fluxos duplos da presença e da ausência, da nota e da pausa, do sim e do não, do desconhecido emergindo a partir do conhecido, da forma e ausência de forma, da aparência e do além da aparência. Vamos, a partir de agora, nos nutrir da *revêrie* de Parthenope – e vou usar a definição tão precisa e clara que ela mesma nos dá em seu texto: *"uma intensa concentração em nada em particular"*. E vamos nos nutrir também da palavra de Arthur – também em uma definição original dele, até hoje não disponível, *"palavra, sempre o sinal de alguma coisa que não está ali"*.

DA AUSÊNCIA DE FORMA À FORMA
(PS ⟺ D À PÚBLICA-AÇÃO)

PARTHENOPE BION TÁLAMO*
TURIM, ITÁLIA

A Pública-ação[1] é essencial ao método científico... Caso por alguma razão [o senso comum] esteja inoperante, a pessoa em que ele não está funcionando não pode publicar, e um trabalho não publicado é um trabalho não-científico.[i]

Penso que a idéia de se fazer um "diálogo transdisciplinar" combina muito com um encontro psicanalítico. De fato, a psicanálise é, em sua própria natureza, "transdisciplinar". Não se pode ter uma psicanálise "pura"; equivaleria a se ter um vínculo sem objetos, ou objetos mentais para se vincular. Na verdade, Bion fala que esse tipo de situação ocorre apenas no caso de um paciente realmente muito doente.[ii] Basicamente, a psicanálise refere-se a toda e qualquer atividade humana que transite pela mente antes ou enquanto esteja acontecendo, e também a certas atividades que não passam pela mente, como um impacto físico não premeditado;[iii] a psicanálise também é relevante para o comportamento da musculatura lisa, quando o indivíduo tem que lidar com episódios de colites, ulcerações, taquicardias.

Neste artigo, pretendo ir do geral para o específico, de um modo que talvez

---

* Psicanalista. Membro da Sociedade Psicanalítica Italiana.
1. *Public-ation,* no original.
Notas no final do texto são da autora; nota de rodapé, do tradutor.

seja, também, cronológico; parto da experiência de ausência de forma, experiência que todo ser humano encontra em algum momento de sua vida (desde o nascimento) e da qual alguns se evadem quase que instantaneamente, passando pelas decorrências técnicas que traz para o psicanalista em seu trabalho, inerentes à transição da ausência de forma para a forma, chegando a um caso clínico específico no qual havia uma notável tendência ao bloqueio da pública-ação dos pensamentos do analisando.

O conteúdo da mente humana inconsciente, no caminho de tornar-se, pelo menos em parte, consciente, tem sido expresso sob miríades de modos diferentes, não apenas através da arte, literatura e música, mas também através da matemática, construção de pontes, descobertas da Física e da Química, assim como pelos mitos e pelas inumeráveis religiões, privadas ou públicas e assim por diante. Talvez seja digno de nota, neste contexto de ir do que é ausente de forma, ou que se encontra disperso, até a forma, de PS para D, que um recente prêmio Nobel de Física tenha vinculado o fato de ser um ativo crente de uma religião monoteísta tanto à sua crença profunda na existência de uma forma unificadora de força como à investigação desta forma.[iv]

Iniciarei minha discussão a respeito da passagem da ausência de forma à forma com exemplos da literatura e filosofia; depois, esquematizarei a teorização de Bion a respeito da oscilação PS⇔D, que penso aplicar-se aos exemplos – e iluminá-los.

Existem, tanto na literatura em geral, como em diversos tipos de literatura religiosa, descrições do sentimento de ter que se confrontar a "ausência de forma" dentro de si, antes de a pessoa ser capaz de produzir uma obra artística (ou mesmo uma comunicação científica).[v] Tomemos como exemplo uma citação de John Milton que era muito cara a Bion; nela se descreve um profundo sentimento de ansiedade ligado ao esforço necessário para "conseguir" algo a partir do "infinito vazio e destituído de forma". Prossegue Milton, no mesmo trecho:[vi]

....Com notas outras que as tuas,	*...With other notes than to th'Orphean*
[Lira Orfeônica,	*[Lyre*
Cantei o Caos e a Noite eterna,	*I sung of chaos and eternal Night,*
Pela Musa Celestial ensinado a se	*Taught by the Heavenly Muse to venture*
[arriscar	*[down*
No obscuro descenso: e de lá, depois	
[ascender	*The dark descent, and up to reacend,*
Ainda que difícil e raramente..."	*Though hard and rare:....."*

Milton indica a idéia do mergulho no interior da mente de cada pessoa como um aspecto importante da experiência pessoal de criação. Eu diria que essa é realmente uma experiência central, um dos principais aspectos que aumentam a ansiedade em todo e qualquer ato criativo; não só nos que vingam, mas também naqueles de quem tentamos nos evadir ou negar. A própria criatividade do indivíduo *eleva* os níveis de ansiedade, seja a pessoa um artista, um psicanalista, pai, mãe, dona de casa, o que você quiser. Uma prova eınpírica disso repousa no fato de que poucos de nós, seres humanos, ousam "cantar" o "Caos e a Noite eterna" e muito poucas pessoas através dos tempos foram capazes de investigar um pouco essa área, ou sentiram alguma necessidade premente de fazê-lo. Mas, na prática, esse é um problema com que todo psicanalista tem que se confrontar em algum ponto: talvez em algum ponto de toda e qualquer análise; ou em vários pontos de uma ou duas delas; sentimos a necessidade de ser capazes de enfrentar não só o caos íntimo do analisando, mas também o nosso próprio caos, *nesse exato minuto*, para podermos resgatar a dolorosa interpretação que está bruxuleando nas nubladas profundezas.

Em termos psicanalíticos, de acordo com Bion, poderíamos sugerir, sem nos afastarmos muito do caminho principal e, portanto, sem ficarmos vagando nos domínios pantanosos de psicobiografias, usar essas palavras de John Milton a partir de seu contexto, como uma descrição iluminadora da mais primeva etapa criadora, inundada por sentimentos de caos interno e pela sensação de que existe algo interior "que ainda não faz sentido". O termo operacional aqui é "ainda": o artista possui a fé de que este sentido algum dia emergirá a partir do extremamente doloroso torvelinho, e que ele será capaz de suportá-lo. Equivale a dizer: o artista é capaz de enfrentar uma área mental impregnada pela fragmentação esquizo-paranóide e até mesmo nela habitar; fé encorajada pela crença de que vai "conseguir passar por aquilo". Talvez alguns poetas sejam capazes de tolerar a contemplação de seus próprios processos "caóticos" de criação artística com uma equanimidade maior do que a de Milton, ou seja, de um modo muito menos torturado. Shakespeare, ao escrever os versos a seguir,[vii] parece ser um deles:

"E, como a imaginação"	*And, as imagination bodies forth*
Corporifica as formas do desconhecido,	*The forms of things unknown, the poet's* [pen
A pena do poeta as transforma em [sombras	*Turns them to shapes and gives to airy* [nothing
Dando ao rarefeito nada	*A local habitation and a name."*
Um lar e um nome."	

O seguinte vislumbre, que permite perceber pelos escritos o modo de pensar de Shakespeare (e sonhar em pensamento, ou pensar em sonho):[viii]

"...Somos dessa tal essência	*"...We are such stuff*
Da qual se fazem sonhos,	*As dreams are made on, and our little life*
e nossa vida pequenina	*Is rounded with a sleep"*
Fica de um sono circundada"	

pode nos dar algumas indicações da existência, em Shakespeare, de um mundo mental muito vivo dentro de si, bastante habitado por pensamentos oníricos amigáveis e produtivos que floresciam aparentemente com pouco esforço. Realmente, do ponto de vista psicanalítico, esta impressão é particularmente interessante, pois (voltando à primeira citação) Shakespeare parece mesmo partir de um passo adiante de Milton, com o sentimento de que sua imaginação "dá *corpo* às formas do desconhecido". Ou seja, parece haver uma passagem direta – ou será uma passagem inconsciente? – para a sensação de ter em mente formas potencialmente substanciais, sem a angústia de lutar pela rota de saída a partir da ausência de forma. Novamente, com o devido respeito a Shakespeare, podem-se utilizar as duas citações em justaposição, vislumbrando desse modo como um ato criativo começa inconscientemente no sono e em sonhos, e, a partir daí, aparentemente, torna-se consciente apenas no nível de formação de imagens visuais e elementos alfa. É o passo *posterior* à contemplação do caos interior, que me parece ocorrer mais em sonhos ou em um estado de vigília onírico-símile – em relação ao qual o escritor jamais torna-se consciente.

Pela escolha das palavras que Shakespeare usa na primeira citação, fica uma indicação clara de seu trabalho muito específico enquanto dramaturgo, constituindo um *insight* iluminador do modo como seus personagens tomam forma e substância através de suas falas (Seriam elas dos personagens? Ou do autor?).

Esse exemplo de Shakespeare parece mostrar uma abordagem criativa aparentemente mais serena, através de um meio específico, as palavras. Tal serenidade, que não o reconduz o tempo todo ao abismo mortífero de Milton, o cego, talvez possa estar vinculada à sua notável produtividade literária.

Hegel, na *Estética*, obra que fundamentalmente é uma descrição dos modos pelos quais o Espírito expressa sua própria evolução, através da evolução milenar da arte humana, do mais material (escultura) ao quase puramente espiritual (poesia) menciona o modo pelo qual os pintores (naquilo que seria, segundo ele, a arte do futuro) iriam utilizar apenas e tão somente *cor* para a criação da figura.

> ...*A figura é feita de sombra e luz... luz, como vimos, não existe, a menos que se relacione com algo diferente de si, particularmente ao escuro... Luz, assim perturbada e obscurecida, mas por outro lado penetrando e iluminando obscuridade, molda o princípio da cor, que é a própria essência da pintura... Forma, distância, a delimitação dos espaços, plenitude; resumindo, todas as relações espaciais e todas as nuances de manifestações no espaço são produzidas na pintura, através da cor...*[ix]

Do nosso ponto de vista, através dessa teoria que afirma algo sobre a técnica no decorrer do tempo, durante a evolução do Espírito, onde a utilização de linhas para esboçar uma figura (talvez semelhante à técnica de Botticelli) seria eliminada, Hegel parece estar teorizando (em 1826-27!) algo que tornou-se, cerca de quarenta nos depois, a base da teoria "pontilhista" da pintura; teoria que não é estranha a muitas escolas de arte moderna. Seja lá como for, com certeza ele está enfatizando a idéia de que é suficiente um meio único para "dar forma" a algo que esteja previamente na mente. Não é suficiente argumentar "os pintores pintam a partir da vida", pois isso não elimina a passagem pela mente do indivíduo. Antes de mais nada, os pintores precisam ser capazes de "ver" com o que eu denomino "olhos de pintor", de modo a poder elaborar algo mentalmente e expressá-lo através da cor, antes de factualmente fazê-lo. Também é pertinente à minha discussão a afirmação de Hegel de que a luz só pode ser vista *pelo* contraste e *dentro* do contraste com seu oposto, a escuridão. Pode-se suspeitar que aqui haja mais do que uma indicação do *"infinito vazio e destituído de forma"* que o pintor sente precisar iluminar e a partir do qual visa delinear uma figura.

Assim, temos uma situação na qual grandes poetas e um grande filósofo tendem a concordar de modo básico: existe algo muito difícil de enfrentar na criatividade, algo que é originalmente destituído, obscuro, negro, de difícil liberação, mas que luta por emergir (para Hegel, é o Espírito). Em resumo, a experiência de enfrentar a escuridão e o caos internos corresponde exatamente àquilo que Bion disse através da idéia de *contemplar* a posição esquizoparanóide, sem memória, desejo, ou compreensão imediata. Esta formulação está baseada na idéia da *rêverie* materna, com sua capacidade para tolerar e elaborar as identificações projetivas de seu bebê. Entretanto, essa função materna é totalmente inconsciente, enquanto que a *rêverie* do artista e do cientista situam-se em algum lugar entre a *rêverie* da mãe e a do analista, no que tange ao nível de inconsciência. É certo que algum tipo de *rêverie* constitui uma passagem básica e necessária em direção à produção de um pensamento genuíno sobre qualquer assunto que se considere.

O analista – e, suspeito, o artista – para exercer sua faculdade de *rêverie* "sem qualquer afobação por alcançar fatos e razões"[x] precisa convocar determinadas características pessoais em sua ajuda, tal como a "capacidade negativa", que Bion vincula imediatamente, em *"Atenção e Interpretação"*,[xi] aos conceitos de "paciência" e "segurança". Do ponto de vista do psicanalista, tais conceitos são o correspondente não-patológico das posições esquizoparanóide e depressiva.

No entanto, tolerar essa estadia na posição esquizo-paranóide não é o fim das dificuldades para o ser humano que tem uma imperiosa necessidade de emitir um pensamento; a teoria de Bion fala da depressão como conseqüência da criatividade, assim como da ansiedade esquizo-paranóide como um precursor. Elas são, realmente, componentes inescapáveis do ato artístico, inclusive do mais bem-sucedido. "Sucesso" não elimina por completo a depressão pós-parto, real e metafórica, ainda que possa aliviá-la consideravelmente.

Talvez valha a pena comparar a citação que se segue adiante com a longa e detalhada descrição que Bion faz em *Cogitações* dos resultados (em um paciente psicótico) do ato de sintetizar um fato selecionado com sua decorrente síntese de um superego assassino.[xii]

O novelista italiano Giovanni Verga, em carta a seu amigo Luigi Capuana, que também era escritor, fez uma descrição extraordinariamente clara de seus sentimentos (certamente mais normais-neuróticos do que os do analisando de Bion) quase como se ele estivesse comparando com Capuana anotações sobre algo sentido como uma experiência comum aos dois: a comunicação "pública" de uma experiência PS⇔D à qual parece terem se seguido outros PS⇔D. O que Verga escreveu, depois da publicação, em fevereiro de 1881, do livro considerado como sua *chef d'ouvre* e um marco na literatura italiana, *I Malavoglia*, pode ser tomado como expressão de uma mudança de vértice, vendo a situação a partir de outro extremo, não enfrentando mais tempestades de ansiedade e depressão antes do ato criativo, mas, em vez disso, a depressão e o desapontamento sentidos ao final do processo criativo, quando a "pena do poeta" transformou realmente a "formas das coisas desconhecidas" em silhuetas com um nome e uma localização:

> *Para te dar alguma idéia do prazer que senti quando li o que escreveste a respeito de meu trabalho, vou te contar meus sentimentos durante e após a leitura e correção das provas. Pareceu-me que talvez pudesse ter dito essas coisas de um modo mais adequado, e de uma centena de modos diversos, e fiquei realmente muito incomodado com tudo isso.* [Na frase seguinte ele fala de sua difícil relação com seu editor, que nunca está satisfeito.] *Tive muita dificuldade em deixar de fora o egoísmo do Treves, que o torna sempre insatisfeito, por ninharias, assim como fiz o mesmo com o efeito que nos causa qualquer trabalho [nosso] que nos deixa insatisfeitos e descontentes, resultado natural do encolhimento, como eu o denomino, que sofre a obra de imaginação, perdendo tudo que tinha de vago e luminoso no conceito para assumir precisão de cor e forma.*[xiii]

Pode-se ver aqui uma descrição viva da depressão e desconforto cavilantes, que Verga está tentando descontar as "ninharias", em seguida ao término de uma obra de arte, comparável à idéia de Bion a respeito da depressão se formando depois da consecução da passagem de PS para D. Mas uma das coisas mais fascinantes a respeito da descrição de Verga a respeito de si mesmo está no modo pelo qual termina a carta: *"Estou trabalhando no Mastro Don Gesualdo, de cujo plano até agora gostei tanto...."*. Isso nos fornece a idéia de que Giovanni Verga já se encontrava trabalhando em um esboço da segunda novela do ciclo *I Vinti* enquanto ainda estava engajado na primeira; e que tal fato havia, de certo modo, aliviado sua depressão pós-parto, no sentido de que a aproximação do término do trabalho da primeira novela havia estimulado uma percepção das "outras coisas que ainda estavam por ser escritas". Ou seja, à realização concreta do fato selecionado representado pelo *I Malavoglia* havia conduzido Verga a um estado de depressão moderada, causada pela sua percepção de uma fase esquizo-paranóide seguinte, e daí para a formação e crescimento de um novo fato selecionado, que estava no ponto de se tornar o *Mastro Don Gesualdo*.

Há no entanto escritores – e suponho que outros artistas também – que não se sentem capazes de aceitar o desafio de verbalizar (ou pintar ou seja lá o que for) uma experiência estética muito profunda, como escreveu Lawrence da Arábia nos *Sete Pilares da Sabedoria*:

> *Ar e luz... a cor nos penhascos e árvores e solo eram tão puras, tão vívidas, que sofríamos por um real contato com eles, sofrendo ainda pela nossa atada incapacidade de levá-los conosco.*[xiv]

Tais sentimentos de frustração e incapacidade podem tanto impulsionar o autor a tolerá-los durante um certo intervalo de tempo e ultrapassá-los, à medida que ele "encontra" o fato selecionado, ou acabar desencorajando-o do modo descrito por Lawrence, uma virtual admissão de sua percepção de que existe "algo ali", fora de si mesmo, que ele não pode colocar dentro de si de modo tal a permitir que esse algo encontrasse seus objetos internos, fosse elaborado e finalmente expresso. Receber pública-ação, na terminologia de Bion. Ele pode ter se dado conta de que a dificuldade residia no seu sentimento da inexeqüibilidade de expressar o belo através de palavras, requerendo algum outro modo, para o qual ele não era suficientemente competente.

Na citação de *Cogitações*, com a qual encabecei o presente estudo, Bion fala da pública-ação do trabalho científico, não do trabalho artístico, ligado à relação do indivíduo com o grupo e com sua necessidade de levar em consideração o "senso comum" do grupo. Penso que não há mesmo muita diferença, do ponto de vista da relação do indivíduo com o grupo, se aquilo que vai alcançar pública-ação é sentido como artístico ou científico, já que a via criativa, a passagem da escuridão à luz, segue o mesmo tipo de curso em ambos os casos. A percepção do conhecimento interno, seja lá do que for, suficientemente sofisticada a ponto de poder ser expressa, implica ter havido um longo trabalho preliminar. Em um primeiro momento essa percepção conduziu a um sentimento de posse de um "senso comum interno", ou seja, à convergência de um número significativo de sentidos levando a uma conclusão única. Para ilustrar esse conceito, em *Cogitações*,[xv] Bion fala da sensação de se tocar em veludo, algo que requer uma retaguarda dos sentidos, além do táctil, para a pessoa poder afirmar que um animal vivo está presente ou não. Os outros sentidos poderiam ser o auditivo e o olfatório, por exemplo. Caso a pessoa não tenha ouvido som algum, nem sentido nenhum odor, o "veludo" poderia, afinal de contas, ser apenas um ursinho de pelúcia lá no chão.

Mas Bion afirma também que há um senso comum *grupal* funcionando de um modo semelhante ao senso comum interno individual, através de correlação e validação, "aceitação" ou recusa da nova idéia, pintura, poema ou pensamento, pelo próprio grupo. Isso implica que a apresentação das novas idéias diante de um grupo pode tornar-se um fato muito arriscado ou pode ser sentida desse modo. Quase demanda a "permissão" do grupo. Talvez isso precise ser vinculado a algo que Bion diz em *Cogitações*[xvi] sobre o fato de o indivíduo se sentir "possuidor" de um fragmento de conhecimento, ou uma idéia etc., quase como se fosse seu dono. Segue-se daí o desejo do indivíduo de sentir que o grupo está feliz tanto com a sua oferta desse novo fragmento de conhecimento, um poema etc., como com seu ato de "tomar" uma idéia do grupo que portanto não irá puni-lo.

Como disse anteriormente, aquilo que Bion afirma a respeito de a pessoa tornar públicos os seus pensamentos me parece válido quer expressem criatividade artística, quer científica. Na realidade, talvez não exista basicamente muita diferença entre a criatividade artística e a científica, exceto que parece ser mais comum para os artistas expressarem sua experiência de busca interna. Talvez eles sejam capazes de se sentirem menos obstaculizados pelo grupo em que vivem (seria porque no grupo artístico, mais do que no científico, "aves de mesma plumagem voam juntas", e podem auxiliar-se, mutuamente, como fizeram Verga e Capuana?). A dificuldade de tornar pública a pesquisa introspectiva individual parece ter sido algo experimentado por Bion, caso consideremos as seções[xvii] de *Cogitações*, a respeito das quais ele se mantivera durante muito anos totalmente silencioso, lidando com a formação e aparição de elementos alfa, à medida que eles emergiam de seu próprio inconsciente, evocados talvez por uma questão proposta por um amigo.

Essas partes de *Cogitações*, disponibilizadas por Francesca Bion, cujo longo e meticuloso trabalho neste texto em particular, assim como em outros trabalhos póstumos, merece toda a nossa gratidão, tornaram-se disponíveis quase trinta anos depois de Bion ter publicado textos (injustamente?) difíceis como *Elementos de Psicanálise* e *Aprendendo da Experiência*. Minha impressão é que esses livros teóricos ficam muito aprimorados pelo acréscimo das seções ilustrativas e descritivas, agora publicadas em *Cogitações*. Suspeito que elas formaram o trabalho de campo original para os livros mencionados, algo que Bion parece não ter se sentido à vontade para publicar por esta época. Alguém poderia, com razão, opinar que o clima social reinante, não apenas do grupo psicanalítico, mas da sociedade em geral, mesmo o grupo educado, poderia ter sido muito hostil diante da introdução de algo que parecesse tão não-científico como tende a ser a introspecção, caso não tenha a retaguarda da experiência das outras pessoas também (novamente o senso comum grupal descrito por Bion). E também talvez ele preferisse manter a controvérsia em um nível tão baixo a ponto de permitir uma pequena chance de sobrevivência a suas obras. A despeito disso, os livros anteriores não gozaram de audiência ampla até a geração seguinte de analistas se desenvolver.

Atualmente, e de modo paradoxal, em parte graças às suas idéias, o clima talvez tenha se modificado, de tal modo e em tal extensão que poderíamos ler esses livros com mais prazer e com uma compreensão mais imediata, se conseguíssemos ver mais dos processos de pensamento do autor à medida que estes se desenvolveram em sua mente. Ou seja, se ele não houvesse retirado sua percepção dos processos mentais pessoais que subjazem às teorias. Mesmo à época de sua pública-ação,[1] essa atitude não teria sido totalmente impossível, apesar do fato de Bion querer produzir um livro que fosse incontestavelmente *científico*, como demonstrou Poincaré, ainda em 1908, com seu *Ciência e Método*, muito citado por Bion. Mas, como dissemos acima, Bion tinha uma grande necessidade de transmitir sua mensagem a seus colegas sem originar tamanha turbulência que poderia fazê-lo naufragar instantaneamente.

Afastemo-nos da especulação, no entanto, para voltar à nossa profissão: o que um analista pode fazer, do ponto de vista prático, na sessão, assim que ele tenha conseguido que essas teorias de Bion "façam sentido" para suas próprias experiências psicanalíticas? Em outras palavras, as tenha absorvido como parte de uma espécie de bagagem teórica que seja identificada, a ponto de senti-las como uma "parte de si mesmo"? Vale dizer: o analista não precisa mais ficar retornando a um canto de sua mente para checar se a teoria ainda está lá, se ele ainda a conhece; não precisa mais passar pela experiência, familiar a qualquer estudante, do apressado e quase audível folhear das páginas mentais, ocorrendo em algum lugar de sua mente, à medida que diz para si mesmo: "Bem, mas o que foi mesmo que Freud, Klein, Bion – ou algum outro utensílio doméstico – falou a respeito de.....?"

A resposta à questão de como a pessoa pode realmente utilizar as teorias da oscilação a partir da ausência de forma até a forma, PS⇔D, de *rêverie* e da identificação projetiva, normal e excessiva, parece recair dentro da área de discussão a respeito da capacidade do analista para "ouvir", "prestar atenção", "ver" e "olhar"; resumidamente, "perceber" o que está ocorrendo na sessão, de tal modo que possa "intuí-lo", ao mesmo tempo que também é sempre importante manter o conceito do grupo social do analisando (e do analista) em algum lugar, no pano de fundo de sua mente. Suponhamos que estamos agora em uma situação na qual absorvemos as percepções de Bion em tal extensão que possamos colocá-las em prática, ainda que fazê-lo possa requerer um período de rigorosa disciplina antes que possamos começar a nos sentir confortáveis.

Caso decidamos que, independentemente dos sintomas e da história pessoal do analisando, independente de ele parecer predominantemente psicótico ou predominantemente neurótico, estaremos sempre tendo que levar em conta as características que não estão naquele momento na superfície; teremos que prestar atenção ao latido do cachorro, que *jamais ocorre*.[2] (Esse é outro aspecto da teoria da *"reversão de perspectiva"*.)

_____

2. Referência a um episódio do "caso" de Sherlock Holmes, *Silver Blaze*; há várias edições

Isso significa que na sessão precisamos obter um estado de relaxada *rêverie*, contemplando nossos próprios elementos alfa à medida que eles se formam, evocados, quiçá pelo paciente ou por nós mesmos. Quando um elemento alfa verbalizável ou quase verbalizável se forma, precisamos primeiramente discriminar se ele é endógeno (referente a nós mesmos ou uma ponta visível do *iceberg* de uma contra-transferência não utilizável, inconsciente) ou se é algo que o analisando evocou, para o qual temos que prestar a maior atenção, ou pelo menos tomar nota de sua presença, pois algum dia – não necessariamente na mesma sessão – poderá vincular-se com algo dito ou feito pelo analisando, ou com a emergência de outro elemento alfa pessoal. Esses eventos futuros aparentam ter uma espécie de padrão similar ao do evento original e irão encadear-se com outros, de tal modo que após uma quantidade razoável desses elementos configurados de modo semelhante terem ocorrido, poderão servir de base para uma interpretação.

Mas em que tipo de estado mental temos que estar para sermos capazes de fazer isso? Como poderíamos descrevê-lo sem ficar apenas repetindo a palavra *rêverie*? Com toda certeza, é um estado que depende da capacidade do analista para um "senso comum" interno. A capacidade do analista para usar seu senso comum e trabalhar desse modo depende em certa medida de sua disposição para ter um grau razoável de fé em seu próprio processamento mental inconsciente do material que provém de seus sentidos. Isso nem sempre é muito fácil se você tem, por exemplo, uma alteração no olfato em função de um resfriado ou atrofia especialmente grave de algum sentido.

Nesse mesmo estudo falei de "olhos de pintor". Quando era pequena, lembro que pensava que alguns dos colegas de meu pai tinham "olhos de psicanalista". Muito embora eu não saiba hoje dizer exatamente o que pretendia com essa frase, na época ela tinha algo a ver com a percepção de um tipo de olhar bondoso, isento de julgamento, mas penetrante. Mais velha, tenho o sentimento de ter de fato tocado em algo real e significativo, que tem a haver com o analista "sentar atrás de seus olhos", por assim dizer, sem estar em um estado de reação imediata. E hoje sei também que, apesar da aparente "ausência de mente",[3] a pessoa tem mesmo que ser capaz de detectar até mesmo as mais sutis mudanças de semblante, posição no divã, modo de caminhar, e assim por diante, *ad infinitvm*, de tal modo que a observação analítica, mesmo quando é levada a cabo de um modo relaxado, semi-inconsciente, é um empreendimento notável.

---

brasileiras, sendo a mais recente, nas *Memórias de Sherlock Holmes*, denominada "O Estrela de Prata", p. 7, Ed. Melhoramentos, S. Paulo, 1981. Esta referência foi usada por Wilfred Bion em *Uma Memória do Futuro*. (Volume I, "O Sonho"; São Paulo, Martins Fontes, 1989, p. 102.) Em um local onde fazem uma investigação noturna, junto a uma tabuleta onde há o aviso, " Cuidado, cão feroz", Sherlock pergunta ao Dr. Watson: " Você ouviu o latido do cão?", ao que Watson retruca, "Não". Essa a evidência, negativa, da presença de um perigoso mastim que, silencioso, se postava logo atrás da dupla, prestes a atacar.

3. *Absence of mind*, no original.

E isso precisa ser coordenado com o uso dos "ouvidos de psicanalista", como técnica de audição, que precisa ser ampliada em seu escopo mas também ser bem afiada, o que é muito especial. No meu modo de pensar, um analista precisa "ouvir polifonicamente", ainda que possa ter um analisando que pareça notavelmente "monótono" consigo, na sala. O analista precisa ampliar sua disposição para perceber todo tipo de ruído, incluindo aqueles que uma dama ou um cavalheiro, em uma sociedade cultivada, tentariam evitar perceber, e muito menos escutar. Por exemplo, como flatos, eructações, soluços e assim por diante. Mas a pessoa precisa também estar cônscia da vibração de outras notas que possam estar presentes nas margens do monótono zumbido — em geral, não tão agradáveis como o "terceiro som", de Tartini, o harmônico que os instrumentistas de corda ouvem para afinar seus instrumentos. Enquanto se ouve, um acorde desagradável pode surgir nas margens de sua audição, como se o analisando estivesse dizendo algo com sua mente meio "relapsa". O lamento diário a respeito do marido, esposa, filha, filho e sobre a vida em geral possui algum outro subtom que pode alertar o analista a respeito de uma modificação da situação interna, mesmo que o analisando esteja fazendo o diabo para impedir o analista de sintonizar com essa mudança.

Existe também a necessidade, e ela é premente, de ser capaz de ouvir coisas que preferir-se-ia não ouvir: histórias de violência, dor, vergonha e desespero. O analista precisa em certas ocasiões fazer um esforço consciente real e não "desligar" seu aparato receptor, mas prestar atenção de modo equânime às palavras que de quase tão dolorosas não se possa suportar; e então tem que imaginar o que mais o analisando está veiculando para ele e ter a esperança de que possa haver alguma outra pista visual ou olfatória para auxiliá-lo.

Não se escreveu muito a respeito do uso que o analista possa fazer do seu olfato, possivelmente porque temos um certo constrangimento de lidar com algo que é visto como um sentido ligeiramente "não-civilizado", mas também pelo fato de que tal sentido parece se atrofiar em uma idade bastante tenra. De qualquer modo, muitos de nós talvez até não tenhamos muito olfato. E, mesmo assim, surge um problema neste instante: o que, exatamente, foi atrofiado? Se for o próprio nervo olfatório, talvez não haja nada mais a ser dito, mas se for apenas a capacidade de perceber as mensagens moleculares levadas pelo ar, talvez possamos observar também a existência de um tipo de atrofia psicológica. Afinal de contas, os seres humanos agem como se fossem influenciados por feromônios,[4] sem "serem capazes" de cheirá-los; e alguém, com quase toda certeza, reagiria fisicamente a um vazamento de gás sentindo náusea ou desmaiando, caso não pudesse sentir o odor do gás. Será que disso decorre a possibilidade de sermos afetados pelas mensagens moleculares exudadas pelo paciente, sem sermos capazes de precisá-las? O final da novela

---

4. Detectou-se em vários mamíferos a secreção de substâncias ligadas à atração sexual, cuja captação é feita pelo sistema olfatório.

de Susskind *O Perfume*[5] insinua tudo isso, podendo nos fornecer um vestígio a ser seguido.

O que estou tentando sugerir, em todo caso, é que, levando em conta que usamos pouquíssimo o sentido do tato e menos ainda o do paladar em nosso trabalho analítico, temos que tolerar sermos receptores pouco sensíveis para discriminar informações fornecidas pelos três outros sentidos, de modo que não podemos ouvir quando *não* há um som, ver quando o analisando *não* modificou sua posição, inalar quando percebemos que *poderia* haver algo no ar mesmo que não possamos sentir conscientemente o seu cheiro. Na realidade, a prática da *rêverie* conduz a uma condição na qual ficamos intensamente concentrados em nada específico. Afinal de contas, como pensamos que identificações projetivas, ou talvez alguns aspectos da projeção, são expressos de uma pessoa a outra, já que eles não são, de modo algum, verbalizados de modo conveniente? Parece-me haver boas razões para explorar as hipóteses de que existiriam microcomunicações baseadas em pequeninas mudanças de semblante, posição, nível da voz, tanto em volume como em tom,[6] modificações nos odores emitidos, tudo que é utilizado como modo de expressar identificações projetivas, todas inconscientes e todas captadas *inconscientemente* pelas antenas das outras pessoas, e talvez faríamos bem em estudar esta idéia.

Minha rápida discussão a respeito de escritores e poetas tinha a intenção de assinalar como a capacidade de contemplar o estado esquizo-paranóide da mente (perscrutando o abismos e sendo capaz de passar uma temporada lá, ainda que rápida, sem muito dano, mesmo que possamos ficar temerosos e cheios de ansiedade a respeito de nossa própria sanidade mental – na realidade, Bion refere-se a este como sendo um negócio arriscado) e como seguir as oscilações PS⇔D depende, *tanto a contemplação do estado esquizo-paranóide como o acompanhamento das oscilações PS⇔D*, de podermos manter um estado de *rêverie*.

Mas para que essa atividade observacional – na qual todos os sentidos "sintonizam-se" para verificar os dados – ter alguma serventia, seus resultados – a produção de um fato selecionado→elemento alfa que pode ser utilizado para o pensamento criativo – em qualquer campo, científico ou artístico, precisam ser feitos públicos. No caso de um artista ou cientista, pelo ato de mostrar seu trabalho a pelo menos outra pessoa; no caso de um analista, dando em primeiro

---

5. *Best-seller* de meados da década de oitenta escrito por um então jovem escritor alemão, Patrick Susskind, a respeito de um personagem imaginário, Grenouille, locado na França pós-revolucionária, que não exalava odor corpóreo.

6. No original, *pitch*. No Brasil, já faz parte do vocabulário utilizado por aqueles que lidam com música, acústicos e certos esportes de bola. Ainda não possui até hoje versão na língua portuguesa. Corresponde a um tipo de alcance obtido após um impulso violento e dotado de uma espécie de descentramento em sua trajetória, tanto de um objeto como de uma partícula ondulatória. Vocábulos como "tacada", "toque", "no ponto" e " tom" se aproximam do campo semântico de *pitch*, mas nenhum deles o descreve adequadamente.

lugar uma interpretação significativa ao analisando, e em segundo lugar, pela discussão de seu próprio trabalho com colegas, de preferência não excessivamente preconceituosos com relação ao analista, seja o preconceito favorável ou desfavorável. Este último aspecto da pública-ação significa adentrar no ciclo, tudo outra vez (como no caso de alguém escrever um caso ou preparar um estudo); não uma vez só, mas muitas vezes, ainda que talvez uma pequena parte do trabalho já tenha sido feita quando o analista estava com o analisando.

Neste ponto, gostaria de apresentar um analisando meu cujo estado psicológico no início da análise ilustrou bem as dificuldades que o sufocavam quando sentia ter que "publicar" os conteúdos de sua mente. Nos termos de Bion, quando sentiu ter que enfrentar a avaliação do senso comum grupal.

Professor V, que ensina matemática no curso colegial de uma escola voltada para aspectos técnicos (portanto, uma importante matéria básica), estava arriscado de ser demitido por manter um relacionamento extremamente ruim tanto com os estudantes como com os pais, por suas enormes dificuldades tanto de ensinar como de aprender algo novo para ensinar. Sem contar esse sintoma, apresentou outros: era incapaz de manter um relacionamento com uma namorada por um tempo mais considerável, jamais tendo pensado em se casar, apesar de estar com quarenta e poucos anos de idade; temia ser um homossexual. Em minha mente, esses problemas sexuais conectavam-se com um fato por ele relatado, em uma de suas primeiras entrevistas comigo, de ter tido contínuas sessões de carícias com sua irmã menor, que era uma vítima sua, incapaz de reclamar aos pais a respeito de tal conduta. Não cheguei a qualquer conclusão se ele violentara ou não a sua irmãzinha; o professor apresentava uma amnésia parcial a respeito dos detalhes, e suas memórias a respeito de quanto tempo teria perdurado esse abuso sexual eram confusas.

Tornaram-se rapidamente aparentes sonhos recorrentes do Professor V; plenos de desolação, ele ficava aterrorizado com tais sonhos. Tudo que podia ver neles era uma cena escura com um rio muito escuro, sombrio e triste que corria para uma espécie de fenda. Ainda que ele jamais tenha me dito isso, explicitamente, fiquei com a impressão de que a cena era subterrânea, com um teto opressivamente baixo. Essa pessoa provém, de fato, de uma região onde abundam penhascos entremeados de cavernas e rios; assim, há alguma razão para pensar que existe algum elemento de memória infantil em seu sonho. À medida que transcorria o tempo de análise, os sonhos se modificaram na quantidade de luz e na visibilidade, quase como se o dia fosse lentamente alvorecendo, até que chegamos a um ponto em que o Professor V foi capaz de ver um campo aberto ao longo do rio – que, no entanto, em sua natureza, ainda mantinha-se semelhante ao rio Styx.[7] Havia outros sonhos também; nestes, a

---

7. Styx – o rio que levava ao Hades, conduzindo os mortos. Há referência fundamental de Bion a este rio, em *Uma Memória do Futuro* (p. 63 tanto na edição em inglês da Imago, 1975, como na edição em português da Martins Fontes, 1990).

escuridão ficava "fora" de uma casa mais ou menos brilhantemente iluminada, enquanto ele ficava dentro dessa casa, olhando para fora. Em seu sonho mais recente aventurou-se na escuridão sobre um telhado plano, na parte desse telhado que ficava iluminada através da luz proveniente de uma janela francesa. Isso parecia indicar uma certa progressão a partir do "Caos e noite eterna", mas indicava estar ainda atado a uma apropriação grandiosa da "luz", (analítica?) de tal modo que essa luz ficava dentro dele, possuída por ele; e eu ficava no escuro do que realmente estava ocorrendo.

Esses problemas, como vimos por essa época da análise, pareciam ser baseados em oscilações extremamente rápidas e selvagens entre sentir que os conteúdos de sua mente eram tristes, quase obscenos, a ponto de não poderem ser expressos em voz alta [parece que nem mesmo para mim] e muito menos para uma classe de rapazes inocentes que poderiam ser machucados por tais sentimentos; sentia, ao mesmo tempo, que suas idéias matemáticas eram tão belas e preciosas que não podiam ser compartilhadas com mais ninguém, pois temia que elas lhe fossem roubadas. Descreve a situação como "porcate ai fanciulli indifesi" e também "perle ai porci", ou seja, "porcarias para os rapazinhos puros e indefesos" e também "pérolas aos porcos". O resultado dessa estrutura mental é que ele ficava substancialmente incapaz de ensinar, já que não podia expressar o que sabia nem aprender algo novo, pois isso significaria colocar esplêndidas idéias matemáticas modernas dentro de sua mente junto com o material porco e deste modo poluí-las e corrompê-las. Deu-se conta de que a situação era danosa para seus estudantes, pois ele não apenas ficou incapacitado para ensinar, como também não podia interrogá-los oralmente, nem atribuir notas ao seu trabalho escrito, pois não tolerava enfrentar tanto as mentes dos alunos, poluídas e danificadas pela sua própria mente, nem tolerar vê-los como a reflexão de seu precioso e belo conhecimento matemático, que havia sido adquirido por meio de seus ensinamentos.

Durante algum tempo, mais ou menos um ano, sua capacidade para ensinar e manter em ordem as turmas (todas masculinas) melhorou consideravelmente. Mas no início do ano escolar, em setembro, suas dificuldades retornaram, centradas agora na sua relação com a única turma nova; as turmas "antigas" não pareciam dar a ele nenhum problema.

Preciso admitir que no ano anterior, durante os primeiros meses de análise, eu havia ficado impressionada pela rápida melhora de sua técnica de ensino, mas não fiquei impressionada pela sua recaída quando enfrentou uma nova turma de alunos. Ficou bastante óbvio que o trabalho analítico, que havia penetrado de modo razoavelmente profundo em sua relação com os grupos da escola, não podia ter tocado seus problemas mais escondidos, que reemergiram assim que tiveram uma chance.

No comportamento do Professor V é possível ver uma real e dupla dificuldade em enfrentar suas turmas, que era espelhada até certo ponto pelas dificuldades com seus colegas. Sentia não poder acompanhar seu ritmo, na medida em que eles estavam explorando os domínios dos programas de computadores; não podia contribuir com nada que fosse seu para as discussões, nem aprender de seus colegas. Dava realmente a impressão de haver um bloqueio, no limiar do ato de publicação e de fazer parte de grupos. Ele é realmente uma pessoa muito solitária.

Assim, para concluir, reexaminemos rapidamente esta viagem um tanto difícil de PS⇔D até a Publicação e daquilo com que cruzamos durante o caminho. Os passos em direção à pública-ação de algo que apresenta-se como Caos, Ausência de Forma, e um abismo interno obscuro e que inclui a contemplação que o paciente faz das áreas esquizo-paranóides de sua mente, a emergência de um fato selecionado→elemento alfa, a capacidade de utilizar isso, mesmo que, com grande probabilidade, de um modo não inteiramente consciente, a formação da depressão "pós-parto" e o emergir dela. E então o todo desse processo requer um uso mais consciente da lógica aristotélica, mais do que da lógica simétrica,[xviii] que pode ser apresentado então de modo concreto ao público. Como indica a breve história do Professor V, para atingir essa última etapa é necessário se desembaraçar as identificações projetivas excessivas das mais realísticas e das fantasias de ser um livro aberto para toda e qualquer pessoa com quem se esteja conversando. O professor, orador, cientista, analista, ou seja quem for, tem que colocar ordem nas expectativas de como vai ser recebido, de tal modo que possa enfrentar o grupo em um estado de mente razoavelmente realístico.

Podemos ver desse modo como tanto os processos criativos quanto a produção de pensamentos, que são fundamentalmente o mesmo, submetem-se a um relacionamento sempre crescente com outros. Embora possamos dizer que o primeiro estágio (PS⇔D) é essencialmente privado ao próprio indivíduo, ambos possuem, em todo caso, uma origem na infância, nas idas e vindas da identificação projetiva, tanto excessiva como realística, com a pessoa que toma conta do bebê em particular. Esse estágio mais privado torna-se então gradativamente mais uma questão da relação do indivíduo com seu grupo interno, seu "senso comum" interno, e então de sua relação com seu grupo externo, que vai ou não aceitar, por meio do "senso comum" do grupo, o que o indivíduo disse, fez ou produziu: inclusive estudos escritos psicanalíticos!

Tradução: Paulo Cesar Sandler

NOTAS E REFERÊNCIAS BIBLIOGRÁFICAS

i BION, W.R. (1992). *Cogitations*. F. Bion, editora. Londres: Karnac Books, p. 24

ii BION, W. R. (1967). *Second Thoughts*. Londres, Heinemann Medical Books, pp. 38, 61, 94; também Transformations, (1965).

·iii BION, W. R. (1977). The Grid. *In Two Papers*. Londres: Karnac Books, 1989, p. 3. E também *A Memoir of the Future*, vol. II (na versão brasileira, p. 10).

iv SALAAM, A. (1979), com outros.

v BION, W. R. (1962). A Theory of Thinking. *In Second Thoughts*. Londres, Heinemann Medical Books, p. 118.

vi MILTON, J. (1674). *Paradise Lost*. Livro III, linhas 17-20.

vii SHAKESPEARE, W. (1595-6). *A Midsummernight's Dream*. Ato V Cena 1 linha 14.

viii SHAKESPEARE, W. (1611). *The Tempest*. Ato IV Cena 1 linha 148.

ix HEGEL, G.W.G. (1824-25). *Esthétique*. vol. 7, pp. 35-36, Paris, Aubier-Montaigne. Traduzido para o inglês pela autora.

x KEATS, J. (1817). *Letter to George and Thomas Keats* (21 de dezembro).

xi BION, W. R. (1970). *Attention and Interpretation*. Londres: Tavistock Publications, p. 124.

xii Para uma discussão complexa da síntese do superego intolerável, ver as páginas 35 em diante da obra citada no item XI, acima.

xiii Tradução própria de um trecho de uma carta de Giovanni Verga, citada em *Verga*, por Cattaneo, UTET, Turim, 1963: "....all'efetto che fa in noi qualquiasi lavoro, che vi lascia scontenti e insodisfatti, risultato naturale del rimpicciolimento, direi, che subisce l'opera di immaginazione perendo quel che aveva di vago e luminoso nel concetto per assumere precisione di colore e di forma".

xiv LAWRENCE, T. E. (1922) *The Seven Pillars of Wisdom*. (Página e edição irrecuperáveis).

xv BION, W. R. (1992). *Cogitations*. F. Bion, editora. Londres: Karnac Books, p. 10.

xvi BION, W.R. (1992). *Cogitations*. F. Bion, editora. Londres: Karnac Books, pp. 267, 271.

xvii BION, W.R. (1992). *Cogitations*. F. Bion, editora. Londres: Karnac Books.

xviii MATTE-BLANCO, I. (1975). *The Unconscious as Infinite Sets*. Londres: Duckworth.

N. do T. – o trecho de Hegel foi vertido para o português a partir da tradução inglesa da autora; o trecho de Verga foi vertido para o português a partir do original italiano incluído na nota xiii, acima.

AS IRONIAS DE BEETHOVEN[1]

ARTHUR NESTROVSKI*

Passagens como esta aparecem com uma certa freqüência na música de
Beethoven. Aqui, no final da introdução ao primeiro movimento da Sétima

---

1. Este texto incorpora, com alterações e acréscimos, passagens de três ensaios: "Ironia e
   Modernidade", "A Era de Beethoven" e "Quatro Fragmentos sobre Beethoven", incluídos em
   meu livro *Ironias da Modernidade. Ensaios sobre Literatura e Música* (São Paulo, Ática, no
   prelo).

Sinfonia, como também no Adágio da Sonata op. 110, ou no terceiro movimento da *Hammerklavier*, o fluxo da música se interrompe sobre uma nota, uma sonoridade especial. Ouvidos fora de contexto, esses cinco compassos poderiam fazer parte de alguma obra do compositor contemporâneo Giacinto Scelsi, conhecido por suas peças de uma nota só. Mas é precisamente o contexto que estabelece as diferenças e redobra o interesse por esses momentos de suspensão na música de Beethoven.

Nada poderia ser mais simples do que essas notas Mi, repetidas sem expressão, com intervalos de silêncio. De certa maneira, isso nem música é: é o mero material da música, apresentado em toda sua nudez. O extraordinário é precisamente o modo como a música, até este ponto plena de significado, vem agora se decompor em som bruto. No compasso seguinte, o motivo rítmico que se adivinha, apenas, na combinação de semicolcheia e semínima (♪♩), será desenvolvido com vistas a transformar, mais uma vez, o som em nota, o ruído puro em enunciação musical. Exemplos como este, de uma suspensão e posterior recuperação do sentido, dramatizando musicalmente o que Hegel descreveria mais tarde como a passagem da matéria ao espírito (*Geist*), não têm precedentes na história da composição e caracterizam a imaginação "moderna" de Beethoven.

Fazer da linguagem um instrumento de crítica da própria linguagem; desfazer as ilusões da forma e voltar à pobreza inicial do som, como instrumento de invenção; estabelecer a composição como parábase, ou comentário contínuo do autor sobre a sua música: tudo isso tem um nome. Para Beethoven, que, desta perspectiva, é muito mais um homem de Iena do que de Weimar, muito mais o contemporâneo de Schlegel e Novalis do que de Goethe e Schiller, os deslocamentos da composição correspondem ao que, desde então, se conhece por ironia.

Toda a lógica dessa música, que os musicólogos há bom tempo descrevem como a criação de um "texto" musical,[2] requerendo interpretações para além da simples audição, precisa ser pensada a partir da idéia da ironia, especialmente como elaborada pelas primeiras gerações do romantismo alemão. Nos 21 Mis repetidos da Sétima Sinfonia, como nos 29 Lás da Sonata op. 110, e como também nos famosos trinados, intermináveis, da última fase do compositor, ou nos acentos trocados que ressurgem, obsessivamente, desde o período médio, o que vem à tona não é nada menos que uma outra idéia da música. Agentes irônicos, esses trinados, acentos e sons repetidos são arautos de um novo período que ainda não acabou. Como veremos, não seria exagero

2. Ver, em particular, os estudos de Carl Dahlhaus,*Ludwig van Beethoven und seine Zeit* (Laaber: Laaber Verlag, 1987) e *Die Musik des 19 Janrhunderts* (Wiesbaden: Akademische Verlagsgesellschaft Athenaion, 1980). Trads. Ingl., Ludwig van Beethoven. Approaches to his Music (Oxford: Claredon Press, 1991) e Nineteenth-Century Music (Berkeley: University of California Press, 1989).

dizer que ainda estamos todos, musicalmente, na era de Beethoven. Musicalmente, estamos vivendo uma modernidade que se define em princípios – não fins – do século XIX. Para compreendê-la um pouco melhor, caberia então voltar atrás e estudar, agora, ainda que brevemente, as ironias de Beethoven.

1

Ironia e modernidade não são exatamente sinônimos, mas as duas palavras estão bem mais próximas do que se imagina. A ironia – aquele movimento que faz a linguagem se suspender ou se negar a si mesma – está na raiz mesmo de toda a época moderna. Acima das diferenças entre os muitos períodos que marcam a história da consciência, a partir de Kant, esse gesto de suspensão e autocancelamento da linguagem se repete, na literatura como na música, com a força de uma obrigatoriedade, como se não fosse mais possível imaginar outro modo de expressão. Na medida em que a ironia é uma qualidade de toda linguagem, quando se vê como tal, um perpétuo deslocamento que define a própria linguagem da arte, pode-se dizer que a literatura – toda literatura – é ironia. Mas na modernidade esse reconhecimento passa a ser o tema por excelência da arte, alegorizado nas mais variadas formas de narrativa.

Quando Goethe fala da Natureza como "o inatingível" (*das Unerforschliche*) está dando vazão à forma predominante de ironia no Romantismo: a consciência de um intervalo entre o homem e o mundo natural. Como ele escreve, na *Teoria das Cores*, toda percepção, toda tentativa de responder sensivelmente ao mundo, já é teoria, já é abstração, e nossa única defesa contra os abusos desta é "teorizar com autoconsciência e – para empregar um termo audacioso – com ironia". A almejada coincidência entre interioridade e exterioridade é impossível, mesmo porque nenhuma palavra é capaz de anular essa distância. Uma palavra é sempre o sinal de alguma coisa que não está ali.

De uma perspectiva filosófica, é com a obra de Kant que vêm à tona as insuficiências da linguagem como instrumento de dominação da experiência. Existe, naturalmente, uma linhagem nobre de comentários sobre o problema da representação. Isso já aparece, sob forma de pergunta, em Platão: a linguagem descreve ou cria aquilo de que fala? Mas as respostas a essa questão, numa era moderna, têm um outro caráter e provocam outro tipo de angústia. A partir de Kant e de maneira cada vez mais marcada até nossos dias, a filosofia, a poesia e a música passam a ser, acima de tudo, disciplinas da consciência.

Se com Beethoven a composição torna-se o seu próprio assunto, se na obra de Wordsworth a poesia é sobre a poesia se fazendo poesia, essas não são, contudo, obsessões puramente formais: composição e poesia representam, agora, modalidades características do pensamento, que se observam no impasse de uma divisão. A poesia moderna é uma poesia da consciência; vale dizer: uma poesia irônica.

Mas o que é, afinal, a "consciência"? Não será só uma figura, um nome para a diferença que existe entre as coisas como elas são e como poderiam ser? Será possível calcar a "consciência" nalguma coisa que não seja apenas mais uma metáfora para o indefinível? Os gregos chamavam esse intervalo de *daimon*, que nós podemos traduzir, no vocabulário de Kant, como a figura do julgamento moral. Sentir a força de um imperativo, de uma lei moral que nos impele a assumir nossa própria causalidade e, ao mesmo tempo, não sermos a causa de nós mesmos: esta é mais uma versão do mesmo dilema, estudado por Lacan em seu ensaio sobre "Ciência e Verdade".[3] Rigorosamente, não se trata, aliás, de um dilema. Difícil como soa, esta condição não se resolve meramente numa oposição binária; a topologia das ironias não se deixa representar – a não ser nos labirintos de conhecimento e ignorância, nas interferências entre verdade e erro que vão gerando as narrativas da poesia, da música, da pintura. "A consciência é um lugar delicado" (Henrique VIII).

Neste ponto, as artes e a crítica se tocam de perto. O que há de mais instigante e mais difícil nessa arte da modernidade, assim como na sua tradição crítica, tem a ver justamente com o intervalo, em si, que separa as percepções e reflexões da consciência do que um filósofo modernista como Heidegger chamaria de "fundamento" ou "chão" da existência. É nesse intervalo que se cruzam palavras e coisas, multiplicando ironias.

Exemplos de linguagem irônica podem ser encontrados virtualmente em cada texto, para não dizer cada página, parágrafo ou linha escrita nos últimos duzentos anos. Basta voltar a atenção para o que é uma palavra e todo autor desliza para os abismos da indeterminação e da ambigüidade. Os autores do século passado estavam particularmente preocupados com essa questão. "A falsidade é tão fácil, e a verdade tão difícil", escreve George Eliot no capítulo 17 de seu romance *Adam Bede* (1859), numa passagem muito conhecida, um dos credos do realismo. "Observe de perto suas palavras e você verá que, mesmo quando não se tem motivo para ser falso, é muito difícil dizer a verdade exata, até sobre os nossos sentimentos mais íntimos – bem mais difícil do que dizer alguma outra coisa, muito bem expressa, mas que não corresponde exatamente à verdade"

Anos mais tarde, em *The Mill on the Floss*, ela retornaria ao assunto, lamentando "que a inteligência só tão raramente se expresse sem metáforas" e que "nós só possamos dizer o que uma coisa é se dissermos que é alguma outra coisa" (Livro 2, cap. 1). Não existe linguagem literal para a subjetividade, dizia Hegel; não existe linguagem literal para coisa alguma, escreve George Eliot. "Nossas idéias estão enredadas em metáforas e nós todos agimos fatalmente por força delas" (*Middlemarch*, cap. 10). Cabe ao escritor encontrar as metáforas ativas do seu texto e suspendê-las, então, à luz da ironia. O ideal da "forma orgânica", que é o ideal por excelência da obra moderna – da obra que se gera

---

3. J. Lacan, "Science and Truth", *Newsletter of the Freudian Field* (Spring 1989, pp. 4-29).

a si mesma, sem formato pré-definido – não será só visível no grande desenho da forma. A mesma tensão que rege cada palavra serve de modelo para as divisões e indefinições a que se devem os pensamentos e histórias.

Isso explica, também, ao menos em parte, o interesse moderno pela memória; ou melhor, pelo mito da memória como uma espécie de núcleo da criação. As expressões máximas desse mito, na modernidade, são o *Prelúdio de Wordsworth*, o romance de Proust e *Finnegans Wake,* de Joyce. Mas as substituições entre presença e ausência caracterizam a produção do período inteiro. Para os poetas do intervalo, ou poetas da passagem, cada palavra é uma evocação e a literatura é sempre do passado.

Há diferenças importantes entre um poeta como Baudelaire, registrando o desaparecimento dos afetos na benjaminiana Paris, capital do século dezenove, e um contista como Calvino relembrando – reinventando? – memórias da luta antifascista, integrando um grupo da resistência escondido nas florestas da Toscana ("Memórias de uma Batalha", em *Strada di San Giovanni*). Mas um e outro se reconheceriam nas palavras que encerram esta história: "Tudo o que escrevi até aqui só serve para mostrar que eu não me recordo de praticamente nada daquela manhã; e ainda haveria outras páginas a serem escritas, sobre o fim da tarde e a noite. [...] Minha própria noite, procurando meus companheiros nas montanhas, para que me digam se nós ganhamos ou não. A distância que separa aquela noite desta noite, agora, quando estou escrevendo. A sensação de tudo aparecendo e desaparecendo.

Neste lusco-fusco, o que se deixa entrever ou mais precisamente escutar é a figura, ou voz da consciência, que hoje, como há duzentos anos, permanece uma aspiração central da poesia, como também da música e de todas as outras formas de ironia.

✳

"Ironia" vem do grego *eironeia* e quer dizer "dissimulação". Na comédia grega, o *eiron* é o pobre coitado que acaba triunfando sobre o valentão. Parte da sua astúcia é fazer perguntas tolas, para as quais não há respostas. Esta é também a estratégia de Sócrates, nos diálogos de Platão, e é por isso mesmo que se fala numa ironia socrática.

Já no período moderno, a ironia ganha outras conotações, tanto lingüísticas quanto teológicas. O escritor irônico é autenticamente dissimulado, se é que isso faz sentido. Numa cultura tão tardia, o peso da linguagem parece cada vez maior e todo poeta luta, sem esperança, para conciliar sua experiência da linguagem com a existência empírica. A luta é sem esperança porque, no mesmo movimento que cancela a mistificação do homem comum, o escritor só alcança, afinal, o conhecimento dessa mistificação. A linguagem irônica divide o sujeito em homem autêntico e um outro homem, cuja existência só se dá pela linguagem – uma linguagem, porém, que reconhece a sua própria inautenticidade. Como nos ensina Paul de Man, em seu grande ensaio "A Retórica da Temporalidade",[4] o autor moderno, ao reconhecer a tentação do mundo natural, não pode nunca retornar a ele, pelo contrário, permanece consciente para sempre da diferença que separa a ficção do mundo.

Presença e ausência são, como vimos, as marcas literárias da ironia. Nenhuma ambição define melhor a literatura modernista, que é a literatura moderna por excelência, do que a vontade de todo texto de coincidir consigo mesmo. A literatura modernista persegue, de inúmeras formas, a imediatez – seja pela ilusão temporal de um texto que se escreve aos nossos olhos, seja pela rejeição quase programática de toda anterioridade. A literatura moderna, quase por definição, quer fazer tábula rasa da literatura. Isso é impossível – a literatura é sempre de passado, em mais de um sentido – mas a impossibilidade será mascarada tão conscientemente na poesia como, muitas vezes, defensivamente na crítica. Toda obra de um crítico como Harold Bloom está dedicada a este grande tema, à sombra de Jorge Luís Borges.

Em nosso tempo, de forma talvez menos conscientemente irônica do que na literatura do romantismo, essa ambição de imediatez é reencenada sob as vestes de um outro impulso ancestral, que é o da procura ou criação de uma linguagem absoluta, das palavras que vão dar nome às coisas, dizer o mundo como ele é. Ironicamente, a literatura moderna, que existe em contradição com a própria idéia de uma última origem, faz por isso mesmo da origem uma de suas metáforas principais. Nessa busca da palavra essencial, os poetas acabam utilizando praticamente o que lhes cair na mão: o sol, a luz, o tempo, o espaço, a música, a melodia, a harmonia, o bem, o desejo, a vontade, o pai, a mãe, a natureza, o destino, o mar, a noite, Deus, o amor, a semente. Naquele centro que não há, cada poeta projeta a palavra literal que não existe.

Esse é um sentido recorrente na poesia de Wallace Stevens, entre tantos outros. "Desfazer-se das luzes, das definições." Diga você o que quiser do que está enxergando no escuro – só não use os velhos "nomes apodrecidos" ("The Man with the Blue Guitar",[xxxii]). O sol, para Stevens, uma de suas imagens prediletas, "não pode ter um nome", mas conservar-se "na dificuldade de ser". Para o poeta jovem (em "Notes Toward a Supreme Fiction"), ele aconselha começar "percebendo a idéia desta invenção, deste mundo inventado, a inconcebível idéia do sol". A idéia não é inconcebível: inconcebível é a palavra literal, a palavra que não seja uma metáfora das coisas, que, para uma consciência tão dividida, correm o risco, elas mesmas, de perder a materialidade.

Nenhum outro período trabalhou tão intensamente a idéia da ironia quanto o romantismo. É bem verdade que os dois maiores poetas românticos, Wordsworth e Hölderlin, chegam, a escrever num modo não irônico, mas esta é a exceção que, melhor do que qualquer outra, prova a regra. Num poema como o *Prelúdio de Wordsworth*, há certos momentos em que se vislumbra a

---

4. P. de Man, "The Rhetoric of Temporality", em *Blindness and Insight. Essays in the Rhetoric of Contemporary Criticism*. (Minneapolis: University of Minnesota Press, 1983).

possibilidade de uma literatura da pura consciência, independente de relações com o mundo. Mas são momentos passageiros que, no contexto, só fazem reforçar a condição irônica do poeta, cuja esperança é sempre a de romper com as ironias.

A ironia, como figuração de presença e ausência, acaba contaminando também o discurso religioso e filosófico, como se lê nos escritos de Schlegel e Solger. Também os contos de um Hoffmann ou Kleist, com seus autômatos e marionetes, são exemplos supremos da convergência de problemas literários e teológicos. Estamos, afinal, na era de Hegel, para quem a presença só é totalmente presente quando representada na autoconsciência. Mas o que acontece quando esta autoconsciência é posta em xeque?

No limite do que se pode pensar, existe sempre um impensável: o "segredo" de Derrida, o "real" de Lacan, o *unheimlich* de Freud. É este impensável que o sistema de Hegel se esforça para deixar de fora e é precisamente neste ponto que o seu grande sucessor e adversário, um dos mestres da ironia, Sren Kierkegaard, se propõe equilibrar seu pensamento. Kierkegaard emprega a ironia e a paródia como formas de expor o quanto de absurdo existe na pretensão hegeliana de atingir uma autoconsciência transparente e um conhecimento absoluto. Como escreve Mark Taylor num ensaio recente,[5] o que Kierkegaard faz com Hegel é semelhante ao que o pós-estruturalismo faz do estruturalismo. Vale dizer que o debate entre os dois serve, direta e indiretamente, para definir os parâmetros da análise cultural do nosso tempo.

Como já vimos, também não é só na literatura e na filosofia que a ironia vai se fazer sentir nesse início da modernidade. Na seqüência deste ensaio, vamos examinar a importância de Beethoven para toda a composição moderna, até nossos dias, e o papel que tem nela a ironia. O mesmo período que vê o estabelecimento da música instrumental, sem palavras, como forma primária da composição, vê também nascer a noção da música como elaboração de idéias – uma arte das idéias em estado gestual, sem a limitação da palavra. Para os poetas, isso faz da música a forma mais alta de poesia, e a condição à qual aspiram todas as artes. Para o compositor, representa, de um lado, a descoberta de novas possibilidades narrativas e dramáticas, atreladas à evolução da tonalidade; de outro, nada mais, nada menos que os mesmos tormentos – e a mesma salvação, quem sabe –, ironia que aflige e reinventa a arte, a cada nova obra moderna.

2

Para o ouvinte de hoje, uma obra musical está sempre acima do intérprete e acima de suas diversas interpretações. A "música" é aquele centro imaginário e calado, entre todas as suas performances. Isto é senso comum e permanece

---

5. M. Taylor, "Denegating God", em *Critical Inquiry*, v. 20/4 (Summer 1994), pp. 592-610.

assim apesar dos esforços da indústria e da mídia para concentrar toda nossa atenção sobre os intérpretes.

Essa idéia já serviria, por si só, para caracterizar a produção musical moderna do Ocidente. "Moderna" aqui se refere, especificamente, ao período depois de Beethoven; pois é só com ele que a música como idéia vem se sobrepor às contingências de cada performance. A partir de Beethoven, a música passa a ser compreendida como um texto e, assim como a literatura ou a filosofia, transforma-se num objeto de interpretação crítica. Ninguém procura um significado transcendental em Rossini, mas a "idéia" da música de Beethoven ainda é tão forte para todo ouvinte, hoje, quanto a identificação de um "motivo" ou "tema" para o especialista.

Essa dimensão silenciosa do conteúdo musical é uma qualidade inalienável da obra de Beethoven, pelo menos a partir do período médio, ou "heróico"; coincide, por outro lado, com a elaboração de uma mecânica extremamente rigorosa e autoconsciente da composição. Como escreveu Carl Dahlhaus, "o métier do compositor, no caso de Beethoven, transforma-se, enfaticamente, num modo de pensar sobre a forma".[6] Não é por acaso que tanto a crítica (Hoffmann) como a análise musical (A. B. Marx) nascem, em meados do século XIX, como maneiras de dar conta da obra de Beethoven.

A compreensão "textuar" da música só fará sentido, porém, numa era em que a forma dominante de composição passa a ser a música instrumental. E este é um período bem mais recente do que se imagina: meros 150 anos, o que parece difícil de acreditar. Para nós, hoje, a música de concerto está diretamente associada à música instrumental, a música "pura" ou sem palavras. A despeito do grande interesse pela ópera nas últimas duas ou três décadas, a música de concerto ainda é, primariamente, o domínio da sinfonia, do quarteto ou da sonata. A música sem palavras tem uma responsabilidade imaginária de zelar pelos valores mais elevados da arte; é como se, sem palavras, a música fosse mais música e tanto mais profunda quanto mais distante da compreensão verbal. Esses valores estão entranhados na nossa cultura, e dificilmente nos damos conta, portanto, do caráter especial desse repertório, no contexto mais amplo da tradição musical do Ocidente.

Dois mil anos de filosofia e teoria da música não mantiveram uma opinião muito alta sobre a composição sem palavras. Desde Platão e Aristóteles até os comentaristas do Século das Luzes, existe um consenso sobre a necessidade de a música reunir em si três domínios: harmonia, que é a relação racional entre os tons; ritmo, um sistema musical de tempo; e logos, a linguagem como expressão humana. Naturalmente, sempre houve música instrumental, em todos os períodos da história. Mas até os contemporâneos de Haydn e Mozart, em pleno classicismo, via de regra estão longe de descrever as sinfonias como

---

6. Ludwig van Beethoven. *Approaches to his Music*. p. vi.

uma linguagem compreensível em si mesma, com ambições além do mero passatempo. A própria idéia de se escutar uma obra em silêncio, com uma concentração comparável à da reflexão ou da leitura, causaria espanto às platéias de 250 anos atrás.

É importante notar a extraordinária transformação na idéia de música que se dá em fins do século XVIII. Escrevendo sobre a música – a música instrumental – numa seção da *Crítica do Juízo* (par. 53), Kant descreve essa arte como "o mero jogo das sensações", comparável aos perfumes, "mais uma questão de entretenimento do que de cultura". É da mesma época o aforismo de Samuel Johnson, de que "a música é um método de se empregar a mente sem nenhum trabalho de pensar". Já na *Estética* de Hegel (1818), a música sem palavras é descrita, pelo contrário, como "o puro jogo das formas" e por isso mesmo aquele domínio em que ela é capaz de alcançar sua própria natureza. Para Hegel, a função da música instrumental é "tornar a interioridade inteligível a si mesma" (noção recuperada há alguns anos por Susanne Langer, ao dizer, num ensaio sobre a música, em *Philosophy in a New Key*, que ela é "nosso mito da vida interior"). Em contraponto com uma linhagem de comentários que se estende dos ensaístas Tieck e Wackenroder a filósofos como F. Schlegel e outros, na primeira geração do Romantismo, Hegel vê a música sem palavras como um processo de interiorização, exprimindo "o eu em si, sem nenhum conteúdo acessório". Adverte, no entanto, que ao abandonar qualquer conteúdo definido, a música caminha para uma condição abstrata e vazia. A formalização corresponde, para ele, a uma perda real de substância. A música só chega a si num movimento que, paradoxalmente, deve conduzi-la à esterilidade.

Mais três citações podem servir de emblema para o que é, com efeito, uma nova estética musical da modernidade. A primeira está em Schopenhauer, no *Mundo como Vontade e Representação*, quando diz (par. 52) que a música pura é a expressão mais íntima do mundo, a expressão "da Vontade em si". A Segunda vem do influente tratado sobre *O Belo Musical* de Eduard Hanslick (1854),[7] no qual define a música, à maneira de Hegel, como "formas sonoras em movimento", em que "forma" não é tanto o padrão de montagem como a "idéia", o princípio potencial da composição. E, por fim, pode-se lembrar a grande frase do crítico inglês Walter Pater de que "toda arte aspira constantemente à condição de música" ("The School of Giorgione", em *A Renascença*, 1873).

Como dar conta destas mudanças? Do mero entretenimento à expressão mais íntima do mundo; de um passatempo ao mito da vida interior: como explicar uma alteração tão radical nas formas de se pensar a música? A resposta é complexa, envolvendo muitos fatores. Entre eles, estão as versões modernas da consciência religiosa e as teorias da arte como religião. Associar arte e religião pode parecer estranho numa era tão vigorosamente laica como a nossa; mas é

---

7. Já existe tradução brasileira de Hanslick: *Do Belo Musical*, trad. De Nicolino Simone Neto (Campinas: Editora da Unicamp, 1989).

raro o problema de estética que não reproduz questões teológicas. Historicamente, a equação entre romantismo, religião e música aparece repetidas vezes em Hegel, como em Hoffmann, Kierkegaard e outros importantes autores do período. "A música é religião plenamente rev-lada", escreve Tieck; e mesmo Adorno, já em nossos dias, vai construir uma teologia negativa da música como o "nome de Deus... a tentativa humana, sempre frustrada, de pronunciar o nome em si e não de multiplicar significados".[8] A palavra literal de Stevens, a palavra que não seja uma metáfora das coisas, se traduz, aqui, em linguagem musical; como se à música, e tão-somente a ela, fosse reservada a coincidência entre linguagem e verdade, perseguida figurativamente pelos poetas modernos.

Metáforas religiosas se confundem, então, com aspirações literárias e filosóficas, no momento em que a indefinição de significados na música passa a ser vista não como um defeito, mas sim como sua maior virtude. A estética moderna da música nasce de uma idéia poética e teológica da inexpressibilidade: da música como uma linguagem acima da linguagem, capaz de nomear o inominável. A estética da música, no período moderno, é uma verdadeira metafísica da música instrumental.[9]

Por outro lado, seria preciso considerar também as teorias da linguagem que surgem nos primórdios do romantismo, teorias essas que fazem da língua a criação e não apenas a reprodução do pensamento. O "espírito" se manifestando de dentro para fora da linguagem, teorema de um lingüista como Humboldt, é também o ponto de partida para a estética de Hanslick. Nenhuma dessas idéias, porém, teria tido o efeito que teve sobre a estética musical se não fosse o desenvolvimento paralelo das próprias formas da composição e o surgimento de uma lógica musical capaz de dar corpo mais que metafórico à figura da música como linguagem. Sonatas, sinfonias e quartetos têm em comum a noção da música como elaboração de idéias, de verdadeiros argumentos conduzidos em som. É a integração de temas e a descoberta de possibilidades narrativas e dramáticas da tonalidade que fazem da música de fins do século XVIII uma arte do pensamento – uma arte das idéias em estado gestual, sem a definição e limitação da palavra. Se a música instrumental moderna é, como queria Hegel, um processo de "interiorização" e corresponde, portanto, a mais

8. T. Adorno, "Fragment über Musik und Sprache", em *Quasi una Fantasia* (Suhrkamp: Frankfurt am Main, 1963 e reed.).
9. Sobre este ponto, ver C. Dahlhaus, *Die Idee der absoluten Musik* (Kassel: Bärenreiter, 1978); trad, ingl. *The Idea of Absolute Music* (Chicago: The University of Chicago Press, 1989). Ver também John Neubauer, *The Emancipation of Music form Language. Departure from Mimesis in Eighteenth-Century Aesthetics* (New Haven: Yale University Press, 1986) e os ensaios de Rose Subotnick, "The Cultural Message of Musical Semiology: Some Thoughts on Music, Language, and Criticism since the Enlightenment", *Critical Inquiry*, v. 4/4 (Summer 1978), pp. 741-68; e Robert Morgan, "Secret Language: The Roots of Musical Modernism", *Critical Inquiry*, v. 10/4 (Fall 1984), pp. 442-461.

uma etapa na história da religião, não é menos verdade que essa interiorização, no plano formal, corresponde a uma absorção da ópera e da música humana, ou vocal, em termos de música pura, inumana, "absoluta". A transformação deixa suas marcas, que se percebem até hoje. Como veremos, a música pura manifesta sempre uma certa nostalgia do canto e da voz, mesmo no mais autêntico dos compositores instrumentais.

❋

Muito sucintamente, é este o contexto em que surge a obra de Beethoven. "Surge" não é o termo mais adequado: de muitas maneiras, é a sua obra que *inventa* as formas modernas de escrever e de escutar música. Naturalmente, a despeito dos próprios mitos de originalidade, associados à figura de Beethoven, nenhum compositor surge do nada e não haveria Beethoven sem Handel, Haydn ou Mozart. Mas a verdade é que também não haveria Mozart sem Beethoven, ou pelo menos não Mozart como foi compreendido no século passado e no nosso. Todos os fatores descritos acima encontram sua realização suprema nas composições de Beethoven. Ele é o grande divisor das águas e pode-se bem dividir a história da música em dois períodos: a.B. e d.B., antes e depois de Beethoven.

Depois de Beethoven não houve, até hoje, nenhum compositor que já não estivesse, de alguma forma, contido nele. Se é difícil acompanhar a transformação nas idéias de música descritas acima, isto é justamente porque estamos todos, ainda, contidos em Beethoven, e o que é, de fato, excepcional nos parece rotineiro como um fato da natureza. A modernidade começa em Beethoven, como deve também acabar em Beethoven, naquele dia em que alguém for capaz de inventar outras formas de música – o que, no momento, é uma perspectiva insondável. Depois de Beethoven, tudo é comentário e nós vivemos na Era de Beethoven; a sua força sobre a cultura é tamanha que já não se pode mais distinguir entre os que conhecem e os que não conhecem sua música. Como Platão, como Shakespeare ou Freud, Beethoven tem força inaugural e é uma contingência tão forte a ponto de passar despercebida. Assim como nossa moral é freudiana, nossa música é beethoveniana, o que pode não ser uma benção, mas é a circunstância inalienável da nossa imaginação musical.

Visando à concisão, podemos nos deter apenas sobre três momentos, três emblemas da novidade ou modernidade de Beethoven, todos extraídos de obras bem conhecidas. O primeiro já foi referido no início: é uma passagem de dois compassos, no Adágio da Sonata op. 110, onde a música se suspende e uma nota Lá é repetida nada menos que 29 vezes [Ex. I].

Como vimos, há outras passagens similares, por exemplo, no terceiro movimento da Sonata op. 106 e no primeiro da Sétima Sinfonia. A suspensão do sentido, o descolamento entre significado e materiais da música, corresponde, nessas situações, àquelas mesmas figurações da divisão que se pode ver na poesia de Wordsworth e Coleridge, de Hölderlin e Leopardi, para ficar só nesses, sem invocar seus descendentes, diretos e indiretos, até os dias de hoje. Mas caberia, ainda, examinar mais de perto o contexto onde se dão essas cenas liminares. Pois o que se vê, no caso acima, como no exemplo da Sétima Sinfonia, é uma interrupção, pelo som exposto, de alguma coisa que, em retrospecto, assumirá funções diferentes. Este Adágio, a bem dizer, não é um Adágio: é, a princípio, um recitativo, como só fica claro mais tarde, na resolução dos Lás, quando essa nota serve de entrada para o que, mesmo sem palavras, só pode ser descrito como uma ária. (O próprio compositor indica "arioso" na partitura.) Que espécie de música é esta, então, onde o sentido e a forma de cada episódio podem se alterar, retrospectivamente, respondendo ao apelo de outros?

Outra cena marcante, da mesma espécie, é o início da sonata op. 31/2, "A Tempestade". A Sonata começa com um simples arpejo, as três notas em seqüência de um acorde de dominante [Ex II].

Mais tarde, quando se apresenta claramente o primeiro tema, percebe-se, em retrospecto, que aquele acorde não era só uma introdução, mas sim o tema [Ex. III].

Exemplo I – Trecho do Adágio, da Sonata op. 110, de Beethoven

Exemplo II – Início da Sonata op. 31/2, "A Tempestade".

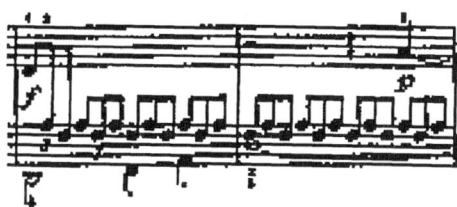

Exemplo III – Início do primeiro tema da Sonata op. 31/2, "A Tempestade".

E, por outro lado, a "exposição" funciona também como uma transição, de tal modo que as expectativas formais são revertidas. Quando o primeiro tema finalmente aparece está num contexto insólito, uma passagem harmonicamente transitória. O "tema" é uma introdução e uma transição; a exposição, por assim dizer, não existe. O tema, bem pensado, não é um tema, mas sim uma célula básica que assume as mais variadas formas e funções. A idéia musical vai além do que se apresenta na fachada; é um padrão de intervalos ou ritmos que se percebe em todo e em nenhum lugar, um modelo que só existe em suas realizações parciais, atualizações da idéia invisível. O tema, aqui, só pode ser descrito em termos do que Martin Wehnert chamava de Bezugsgestalt: uma forma-fonte, ou forma-de-referência, não só uma idéia a partir da qual se elabora um comentário, mas um elemento genérico, subjacente ao que, de certo modo, é sempre só comentário.[10] O movimento da música se torna, portanto, mais circular do que progressivo. Paradoxalmente, cada um desses temas é o instrumento para que a composição se desenvolva como um processo, nos moldes da "variação contínua" postulada cem anos mais tarde por Schoenberg. Cria-se assim, uma espécie de contraponto entre a estrutura superficial e uma outra estrutura "profunda", que organiza a obra. A música, aqui, está além da simples exposição auditiva. A partitura é um texto, com todas as implicações da palavra. O tema é apenas o objeto de um processo, onde o significado depende da superposição temporal dos elementos. É o que se chama alegoria.

Nas obras tardias, esse caráter alegórico vai se tornar preponderante, o que explica, em parte, a expressão não-irônica de composições como as *Bagatelas* ou os últimos quartetos. A alegoria, em Beethoven, poderia talvez ser concebida como a transformação em forma narrativa do que, na ironia, é sincrônico. A dificuldade de compreender Beethoven talvez tenha relação precisamente com a existência de uma trama permanente de elementos irônicos e alegóricos na composição – como se a autoconsciência constantemente revertesse a um modo ilusório de narrativa, apenas para ver a narrativa voltar-se sobre si mesma e desautorizar ilusões anteriores com a força de uma nova figura.

Ninguém fica confortável com uma descrição dessa música como uma

---

10. "Thema und Motiv", em *Die Musik in Geschichte und Gegenwart*, v. 13 (1966), col. 282.

alegoria da ironia. Nosso terceiro exemplo traz à tona uma outra questão e nos remete ao que há, talvez, de mais tangível, mas mais difícil de decifrar na escuta dessas obras. Desta vez não se trata de uma passagem, mas de um movimento inteiro: a Cavatina do Quarteto op. 130. Equivalentes se encontram em qualquer outro quarteto ou sonata do último período e também em peças como as Bagatelas op. 126; mas a Cavatina é um movimento mais amplo e supostamente a preferida, entre todas as suas obras, pelo compositor. O que é interessante, aqui, é a maneira como se integram características vocais a um idioma puramente instrumental. Recitativos e árias se sucedem na música.de Beethoven e assumem quase um caráter de citação; mas são citações transformadas, traduzidas a um outro reino. A Cavatina é música vocal, mas que voz é esta? Que espécie de voz habita, como um espectro, essa música "absoluta" e moderna?

Questões dessa ordem são melhor trabalhadas na teoria literária do que na musicologia, mas nem um grande analista da voz, como Geoffrey Hartman, tem um nome adequado para o que se dá na música de Beethoven. Segundo Adorno, é importante frisar, aqui, o contraste entre a subjetividade da voz e o papel das convenções, da música trivial ou formulaica que faz parte dessas formas mistas. A alegoria adquire, então, colorações de morte:

> A força da subjetividade, nessas últimas obras, é o gesto irado com o qual ela se despede das próprias obras. Ela rompe os limites da obra, não para se expressar, mas sim para abandonar, inexpressivamente, a própria aparência da arte. Das obras em si, o que deixa são só fragmentos.[11]

Mas esses fragmentos – convenções, figuras, frases feitas, de um lado; sons isolados, trinados, acentos e silêncios, de outro –, livres da subjetividade, retornam, mais uma vez à expressão, como se escutados da outra margem, do lado de lá da expressão. Nessas cesuras, ou cenas liminares, a obra parece calar, "expondo, do lado de fora, o que tem, por dentro, de vazio".[12]

Chegamos, então, a uma outra interpretação da natureza "textual" dessa música. Se é bem verdade, como ensina Stanley Cavell, que a música de Beethoven abandona definitivamente qualquer sugestão de improvisação – ainda possível de sustentar, de uma forma ou de outra, até este ponto[13] –, também não é menos certo que a expressão beethoveniana ganha uma fluência e uma eloqüência únicas, algo rotineiramente indicado quando musicólogos e amadores, indistintamente, referem-se aos últimos quartetos ou sonatas como

---

11. T Adorno, "Spätsil" (1934), em *Beethoven. Philosophie der Musik* (Frankfurt am Main: Suhrkamp Verlag, 1993, p. 182.
12. *Idem*, p. 184.
13. "Music discomposed", em *Must We Mean What We Say?* (Cambridge: Cambridge University Press, 1976), pp. 180-212.

obras, mais do que de gênio, de "sabedoria". E se, por um instante, nós desconsiderássemos o caráter vago do substantivo, mas tomássemos a sério a indicação, virtualmente universal, de que alguma coisa se dá nessa música que não se dá em nenhuma outra?

Mas "que deuses poderiam nos livrar de todas essas ironias?" A esta pergunta de Schlegel,[14] Beethoven parece oferecer uma resposta, sob a forma de uma superação da ironia, pela via da voz. Todo o sucesso da voz, sua capacidade de recuperação do mundo, parece expresso nessas canções abstratas da última fase, canções sem palavras enunciadas por uma voz sem dono. Talvez por isso mesmo se escute nelas uma expressão da inexpressividade final da voz, algo que Adorno interpreta como a falência das aparências, mas que nós poderíamos igualmente ver, à maneira dos trabalhos mais recentes de Cavell, como um fracasso em se fazer entender, como a expressão da ininteligibilidade, que leva esta música a um estado para além da razão, além das ironias, e confere a ela a melancolia de quem se percebe incapaz, afinal, de sustentar o mundo.[15] Se existe uma irrazoabilidade hölderliana, existe também uma inteligência negativa em Beethoven, um reconhecimento da ausência de tudo o que é interior, ao mesmo tempo que um protesto contra tudo o que nos vem de fora. Nessas últimas peças, o que se escuta, talvez, é uma descoberta repetida da incerteza sobre o estado das coisas, como destino da linguagem, mas também como condição da voz, sempre deslocada, antes e além de si.

Antes e além de nós: é deste ponto que nos chega ainda a lição de Beethoven. Da outra margem, ela reflete, em tom maior, toda a ironia e tudo o que se fez para vencer a ironia nesses quase duzentos anos de música. Estudar Beethoven é estudar a nós mesmos, e compor música é uma forma de escutar Beethoven. George Bernard Shaw não foi, com certeza, o único a reclamar, lucidamente, da força que tem Beethoven para "impor sobre nós seu temperamento avassalador". Mas reconhecia que compreender Beethoven é "compreender também o que há de mais profundo em toda música que veio depois dele".[16] Três gerações musicais mais tarde, as palavras de Shaw permanecem válidas e dão testemunho da atualidade permanente de Beethoven na nossa cultura.

✳

Naturalmente, cada um dos exemplos acima poderia servir para uma discussão bem maior. A questão da voz em Beethoven se abre para tantos outros

---

14. "Über die Unverständlichkeit", em *Kritische Ausgabe*, v. 2 (Paderborn: Ferdinand Schöningh, 1962), p. 85. *Apud* P. de Man, *op. cit.*, nota 4.
15. *A Pitch of Philosophy. Autobiographical Exercises* (Cambridge, Mass.: Harvard University Press, 1994).
16. Num ensaio para o *Radio Times*, de 1927; reeditado em Shaw on Music, ed. Eric Bentley (Nova York: Doubleday, 1955).

temas atuais da crítica, desde as convenções de gênero sexual, associadas às narrativas da tonalidade, até um exame do "trabalho do luto" e dos "fantasmas" na relação com as obras do passado, o estudo do sublime na modernidade e as discussões sobre a condição do pensamento na música e na poesia moderna.[17] Minha intenção é necessariamente mais modesta; mas tendo em vista o tema central deste livro não quero deixar de indicar um contexto maior, no qual foi pensada aqui a questão da ironia em Beethoven. O espaço é curto e o que se segue tem mais o caráter de provocação, de uma incitação para outras discussões, do que de estudo.

Já é um fato reconhecido que o modernismo, no sentido estrito de certo tipo de produção artística e intelectual do início deste século, se inaugura como "ruptura", mas vê-se em poucas décadas elevado à condição de modelo predominante ou, para ser mais claro, de ortodoxia cultural. Até aí, não há nada de mais, considerando-se a qualidade e a quantidade das grandes obras modernistas. O que é curioso é verificar a maneira como rotineiramente passam despercebidas, seja na crítica acadêmica, seja no jornalismo, as estratégias irônicas do modernismo. Em particular, a própria noção de ruptura ou a imagem de uma linguagem literal são freqüentemente aceitas como tal – como se uma e outra fossem mesmo possíveis, nos termos figurativamente empregados pelos modernistas.

Para dar apenas um exemplo, no Brasil tornou-se comum desprezar o romantismo, virtualmente inteiro, em favor de um outro cânone, mais antigo ou mais moderno. Da forma como a nossa crítica se refere, às vezes, ao romantismo, seria legítimo pensar que a música de Beethoven e Schumann, para não falar da poesia de Wordsworth, Hölderlin, Keats, Shelley, Leopardi, Byron, Coleridge e Victor Hugo, é uma experiência de alucinados ou de debutantes. Parte da intenção deste ensaio, então, é mostrar, por um lado, como a literatura e a música do século XIX (romantismo e sucessores) não é nada "romântica" nesse sentido trivial; e, por outro, como são cruciais as continuidades entre a modernidade e certas formas de pensamento e de expressão que atingem um primeiro estágio em torno à *Crítica do Juízo*, no final do século dezoito. Para compreender melhor as diferenças da nossa modernidade, caberia, antes de mais nada, temperar com ironia nossa leitura das descontinuidades, que sem dúvida existem, mas dentro de um contexto mais rico de vínculos e heranças.

---

17. Sobre esses assuntos, ver, respectivamente, Susan McClary, *Feminine Endings. Music, Gender and Sexuality* (Minneapolis: University of Minnesota Press, 1991); Mark Edmundson, *Towards Reading Freud. Self-Creation in Milton, Wordsworth, Emerson, and Sigmund Freud* (Princeton: Princeton University Press, 1990); Herman Rapaport, *Between the Sign and the Gaze* (Ithaca, NY: Cornell University Press, 1994); J-F. Lyotard, *Lições sobre a Analítica do Sublime*, trad. C. M. Cesar e L. M. Cesar (Campinas: Papyrus, 1993) e T. Weiskel, *O Sublime Romântico*, trad. P. F. da Cunha (Rio de Janeiro: Imago, 1994); e Angus Fletcher, *Colors of the Mind. Conjectures on Thinking in Literature* (Cambridge, Mass.: Harvard University Press, 1990).

No caso específico de Beethoven, o reconhecimento desses laços tem implicações no mínimo relevantes para a revisão do cânone moderno. Pois se musicalmente o romantismo são as formas como Beethoven desvirtua Haydn e Mozart (e o Bach que chega a ele através de Mozart), elaborando formas cada vez mais rigorosas de ironia, pode-se dizer que depois dele nenhum compositor foi capaz de outra coisa senão desvirtuar e se apropriar da sua música. A partir dele, a música está para sempre condenada ao desejo de escapar de si mesma – o que, para nós, hoje, é também o desejo perpetuamente adiado de esquecer Beethoven.

Reconhecer os vínculos entre romantismo e modernidade implica, contudo, reconhecer o caráter marcadamente romântico (no sentido histórico da palavra) tanto do modernismo quanto do pós-modernismo deste nosso fim de século. Nenhuma discussão sobre a ironia pode afetar a natureza da história da música, uma vez que o cânone é uma criação das próprias obras se lendo umas às outras. Mas um outro cenário pode, quem sabe, favorecer uma interpretação menos tendenciosa, menos militante, mais cautelosa da formação de uma música moderna. A "modernidade", porém, é uma das formas mais persistentes de sentimentalismo na crítica; e o modernismo, nossa tradição mais arraigada, se presta como poucos a este tratamento.

Há um sentido, no entanto, em que isso também se enquadra no projeto moderno. Quem sabe não estamos vivendo, assim, precisamente sob a injunção dos vencidos ou dos esquecidos? Na versão dominante, o modernismo é uma espécie de desmistificação do romantismo. A percepção das ironias de Beethoven serviu para mostrar que não é possível aceitar tão rápido essa interpretação. Ler o modernismo literalmente é quase tão pobre quanto metaforizar o romantismo. Mas isso afinal não é parte, também, do que foi colocado em jogo? Que o modernismo não seja compreendido ironicamente não é mais, afinal, que uma das ironias da modernidade.

A CRISE DA LÍRICA

SALETE DE ALMEIDA CARA*

> *O ruído mudo que a partir de nossa experiência onírica é desde sempre uma presença familiar ecoa quando estamos despertos a partir das manchetes dos jornais (...) Em muitas pessoas já é um descaramento dizerem "Eu".*
> (Adorno,"Frutas anãs", *Minima Moralia*)

A epígrafe acima faz parte das reflexões que Theodor Adorno escreveu sobre a extinção da esfera privada e individual no mundo administrado, como emigrado judeu nos Estados Unidos, entre 1944 e 47. Se não for forçar muito, essa é também a história da transformação de uma concepção moderna de Razão, contemporânea à "ousadia do saber" iluminista, em racionalidade impositiva do aparato tecnológico.

Para Adorno as relações tensas entre experiência individual e mundo da mercadoria e do consumo são objeto de reflexão privilegiado. Por isso a epígrafe acima pode ser tomada como mote, já que a falência da aposta na liberdade individual vem sendo exposta pelas formas artísticas de modo peculiar – processo que as teorias literárias vêm tentando ajuizar: a moderna representação lírica teve que dar conta, de modo conformista ou crítico, da convivência entre conteúdos líricos subjetivados e exposição desabusada de procedimentos formais, nesses tempos de tecnologia em alta.

---

* Professora do Departamento de Lingüística da USP.

A idéia neste texto é comentar um pouco respostas diversas de alguns poetas e teóricos à crescente perda das ilusões do sujeito num certo fuso histórico, e também sugerir, de modo breve, uma análise da obra do poeta de língua portuguesa, Fernando Pessoa.

É sabido que a certa altura do século XVIII a emancipação do homem desenhava-se possível, preparada que tinha sido pelo avanço econômico inglês e, um século depois, pela experiência revolucionária na França, para a qual os alemães cultos olharam com um misto de admiração e desdém, enfrentando a própria crise moral e social do Estado Prussiano.

Nos países que conheceram mais cedo as transformações trazidas pelo capital burguês, ficaram visíveis em primeira mão, principalmente a partir dos fins dos anos 40 na França e da Grande Depressão em meados do século passado, as tensões sociais e o abalo dos valores liberais. Nesses momentos a crise da lírica, presente de modo vigoroso em Baudelaire, é escancarada para usos e abusos variados de modernos e pós-modernos.

Por volta de 1800, quando não ia longe a aposta kantiana, não sem motivo otimista, no pressuposto lógico da liberdade do homem e suas atividades de criação e juízo estéticos, o romantismo alemão (ou romantismo de Iena ou romantismo teórico) traduziu essa aposta em termos de um sujeito criativo numa sociabilidade livre que, pelo menos no âmbito da vida intensa daquele pequeno grupo intelectual, os poetas procuraram realizar, tendo como horizonte especulativo a idéia de "lirismo puro", mais próxima do mito do que de qualquer "literatura".[1]

Aliando a valorização da criatividade e da imaginação individual à perspectiva orgânico-cultural-historicista, que vinha de Herder, e esforçando-se por dotar a teoria dos gêneros literários de uma base filosófica, substituem a classificação neoclássica dos gêneros literários pela noção de forma, com a qual pretendem apreender a estrutura orgânica da obra (sua qualidade) e chegar à capacidade de síntese ideal da própria poesia romântica. A arte é entendida como "discriminação, matéria a ser dominada, ferramentas a empregar, um projeto e leis de tratamento", para usar expressões de Schlegel ao tratar das "épocas da arte poética".[2]

O tempo do grupo de Iena não era ainda o tempo da reflexão hegeliana, terminal, sobre a longa e penosa constituição histórica da subjetividade. Tampouco nos tempos de Iena a experiência prática dessa dolorosa constituição tinha revelado que seu resultado não seria mesmo nenhuma plenitude do sujeito no melhor dos mundos. A subjetividade "absoluta e livre que, bastando-se a si própria, recusa unir-se ao objeto e ao particular", como fala Hegel tratando da época romântica, o faz às custas de uma consciência da negatividade

---

1. Cf. Ph, Lacoue-Labarthe/J.-L. Nancy, in *L'absolu littéraire*. Paris, Seuil, 1978, p. 50.
2. Cf. Friedrich Schlegel, in *Conversa sobre a poesia*. São Paulo, Iluminuras, 1994, p. 34.
3. Cf. Hegel, in *Estética (Poesia)*. Lisboa, Guimarães Editora, p. 503.

(consciência crítica) de si e dos rumos do mundo.[3]

Como enfrentar então os problemas mais gerais que as formas artísticas vão evidenciando ao longo de um processo histórico a partir da arte romântico-cristã? Uma outra noção de forma poderia fazer pensar melhor essa negatividade? É preciso reconhecer, no entanto, que a noção romântica de forma já avançava em relação às teorias normativas neoclássicas dos gêneros literários, ao distinguir um sentido substantivo de gênero (plano ideal e abstrato) de um sentido adjetivo (o plano particular das obras), tornando a classificação clássica dos gêneros mais flexível. Mas se essa flexibilidade for meramente formal, ela será suficiente para dar conta da crise da lírica?

A ambiguidade da noção de forma é a "chave de sua significação", como assinala Raymond Williams. De um lado, sustentou teorias neoclássicas que apenas descreviam regras genéricas para a épica, a lírica e a dramática, sem reconhecer o "longo e ativo processo de modelagem" dessas regras; de outro, sustentou teorias românticas que entendiam esse processo histórico como "um impulso modelador interior" e, nem por isso, deram conta da gênese histórica das formas ou dos gêneros. Para retomar uma expressão do próprio Raymond Williams, "as teorias neoclássicas hipostasiam a história, enquanto as teorias românticas a reduzem a um fluxo de momentos". Não à toa, essas duas tradições são hegemônicas ainda hoje.[4]

O que fica de fora é o sentido de tensão entre permanência, estabilização relativa, caráter mais geral desses gêneros (ou formas) literários e mobilidade, transformações, inovações mais particulares. E, afinal, a que diria respeito essa tensão? Esse é o impasse capaz de trazer à baila a crise da lírica com maior complexidade.

O uso das formas épica, lírica e dramática com sentidos substantivo e adjetivo continua sendo útil, de modos variados, aos teóricos contemporâneos, como mostram dois exemplos recentes.

Em *Conceitos Fundamentais de Poética*, Emil Staiger trata a questão dos gêneros com um corte abstrato: o instrumento teórico serve a uma vertente essencialista, que leva o crítico a aproximar Poética e Ontologia, transformando a História numa procura da "estrutura do ser-do-homem": "A meta é apaixonante, pois quanto mais asseguramo-nos da herança espiritual, melhor compreendemos que o homem no decorrer de sua longa história não titubeia desnorteado através de possibilidades, que os testemunhos do ser-do-homem não clamam gritos indevassáveis, mas sim, se sabemos como ouvir as coisas, expressam em línguas condicionadas pelo tempo mais ou menos o mesmo".[5]

É possível reconhecer aí um crítico da família das respostas metafísicas à crise de um "mundo desencantado" – passar da escuta do Ser para uma escuta do Poético – família que insiste em apostar, sem nenhuma dúvida, na autonomia, na liberdade e na capacidade de compreensão do indivíduo. Essa

---

4. Cf. Raymond Williams, in *Marxismo e Literatura*. Rio, Zahar, p. 186.
5. Cf. Emil Staiger, *in Conceitos fundamentais de poética*. Rio, Tempo Brasileiro, 1975, p. 197.

versão contemporânea, que opõe uma busca da essência à consideração da experiência atribulada da história, caminha para a eternização do mito.

De maneira diversa, e esvaziando essa idealização forte, Anatol Rosenfeld também fala de um teatro épico ou de um romance lírico no seu *O teatro épico*. Assim, as obras participariam do aspecto substantivo do gênero, levando em conta critérios gerais bem próximos daqueles usados por Aristóteles na *Retórica* (quem fala, sobre o que fala, para quem fala?), e essas mesmas obras apresentariam, quanto ao aspecto adjetivo, uma mistura dos traços estilísticos mais peculiares de cada gênero.

Sobre a poesia lírica, que é nosso assunto, Anatol afirma que "a manifestação verbal imediata de uma emoção ou de um sentimento é o ponto de partida da Lírica", e daí decorreriam seus traços estilísticos mais importantes, que podem aparecer misturados com os de outros gêneros: o poema breve, a configuração pouco nítida da figura central que se expressa, a falta de distância entre sujeito e objeto, a intensidade expressiva, a permanência da vivência na memória, o uso do ritmo e da musicalidade.[6]

A questão talvez seja mais do que a possível mistura. Pois assim como a impossível conciliação do indivíduo com seu mundo (a distância entre sujeito e objeto) e a perda da experiência compartilhada do antigo narrador (a vivência que perdura cada vez menos na memória) foram matéria de um gênero novo e problemático, o romance, também a poesia lírica enfrentou o caráter problemático desse suposto encontro do Eu com o mundo, desde os românticos – um caráter problemático que muitos poetas são capazes de expor sem nenhuma euforia.

De olho nesses poetas é que Theodor Adorno, no ensaio sobre lírica e sociedade, dirá que a manutenção de uma "aura lírica" não pode mais ser antídoto contra a crescente prepotência do mundo reificado, como já percebera Baudelaire. Ou seja, não é possível autenticar, através da sacralização do "mistério" da subjetividade, o que é alienado – a tal subjetividade não seria mais um objeto misterioso, entre outros, a ser cultuado? No máximo, por aí se escamotearia a alienação do sujeito, expressando-a por um viés subjetivo aparentemente "insuspeito", que ascende a um mundo ideal e autônomo do Poético e das Formas.

A resposta de Adorno apreende a crise da lírica no interior de sua própria forma, de sua linguagem – elemento mediador entre o sujeito lírico e o processo social, a sociedade. Portanto, para dar conta de uma realidade social antitética, nem absolutização ontológica da linguagem ou do sujeito, nem mera contradição entre sujeito monológico e sociedade, nem mera equivalência entre conteúdos individuais e sociais.

Traduzindo em miúdos, nada de acreditar na abstração de um sujeito ou de

---

6. Cf. Anatol Rosenfeld, *in O teatro épico*. São Paulo, Perspectiva, 1985, p. 23.

uma linguagem essenciais, nada de puros formalismos sem lastro na experiência, nada de acreditar que o individualismo solepsista se contrapõe, como bloco
de cimento, ao mundo social, nada de identificações brutalistas, simplistas e relações não-mediadas entre o que é individual e o que é social. Inclusive a própria
compreensão recente de lírica como imediatez (manifestação imediata de uma
emoção) se dá, não por acaso, quando já a situação da lírica se tornava cada vez
mais precária pela preponderância da "sociedade socializada" sobre o sujeito.[7]

No ensaio "A Boêmia", Walter Benjamin mostra que o lirismo de Baudelaire
já não é edificante, embora ele ainda estetize a experiência desgarrada do
homem da multidão, com quem se identifica – um *flâneur*, diz o poeta – e estetize
a cidade, modernizada por Haussmann para facilitar fins práticos com vistas à
vazão das tropas em caso de manisfestações populares.[8]

Nessa linhagem benjaminiana, o impasse histórico das formas em Flaubert
e em Baudelaire foi assunto de um crítico alemão atual, Dolf Oehler, ampliando
a idéia de Sartre que analisa a patologia dessa literatura (uma neurose ao mesmo
tempo individual e social) do ângulo da recepção das obras. Para Oehler, a dupla
inserção individual/social já se dá como princípio de composição literária das
obras – um instrumento crítico-formal, portanto.

Numa decifração alegórica cerrada de alguns poemas de *Flores do Mal*,
Oehler mostra que a forma lírica condensa e supera tanto a mera imediatez
confessional da servidão erótica quanto a mera alegoria da servidão política, e
só através desse movimento pode ter a força crítica ampla que justificaria sua
apreensão pela censura da época, mais do que os habituais argumentos
moralistas.[9]

Visto assim, o projeto heteronímico de Fernando Pessoa não teria sido um
modo de tensionar e problematizar as relações ditas "líricas", numa leitura ao
avesso daquela que o poeta fazia de si mesmo e do contexto português nos seus
ensaios? Seria justo dizer que sua poesia expõe uma modernidade problemática
ou a crise da poesia lírica?

Num texto de 1910 Fernando Pessoa, insatisfeito, julga que aos "homens
cultos", porque céticos e negativistas, é que caberia levar adiante a missão
salvacionista da cultura num país decadente. Onde se lê "homem culto", leia-
se Fernando Pessoa. Onde se lê país decadente, leia-se Portugal.[10]

Rompido com os grupos literário tradicionais e sem poder contar com o
entusiasmo futurista, construtivista e otimista da geração Orpheu, o projeto
salvacionista de Pessoa se constrói a partir dele mesmo. Uma profecia antiga

---

7. Cf. T. Adorno, "Discurso sobre lírica y sociedad", *in Notas de Literatura*. Barcelona, Ariel,
   1962.
8. Cf. Walter Benjamin, in *Charles Baudelaire. Um lírico no auge do capitalismo*. São Paulo,
   Brasiliense, 1989.
9. Cf. Dolf Oehler, "Art névrose", in *Revista Cebrap* 32, março 1992.
10. Cf. Fernando Pessoa, in *Sobre Portugal* (introdução ao problema nacional). Lisboa, Ática, 1979,
    introdução e organização de Joel Serrão, p. 81.

estaria se cumprindo e, através de cálculos cabalísticos, seria possível ver a coincidência entre a Vinda Segunda de D. Sebastião e a manhã do nascimento do poeta! Esse novo sebastianismo aposta, portanto, na ação social de um "homem de gênio" para transformar Portugal numa potência cultural.

Agitando a bandeira do nacionalismo, Pessoa busca exemplos na tradição religiosa dos romances de cavalaria, nas profecias do sapateiro Bandarra, "nome coletivo" das lendas populares, na história da ação colonialista bem-sucedida no Brasil, e na re-criação de mitos (o sonho sebastianista, o Quinto Império).

Em 1914, expõe um programa surpreendentemente explícito, com absoluto senso prático e conseqüente cinismo (ou ceticismo?), em que diz: "Há só uma espécie de propaganda com que se pode levantar o moral de uma nação – a construção ou renovação e a difusão conseqüente e multímoda de um grande mito nacional. De instinto, a humanidade odeia a verdade, porque sabe, com o mesmo instinto, que não há verdade ou que a verdade é inatingível. O mundo conduz-se por mentiras; quem quiser despertá-lo terá que mentir delirantemente, e fá-lo-á com tanto mais êxito quanto mais mentir delirantemente a si mesmo e se compenetrar da verdade da mentira que criou".[11]

Não é preciso assinalar o caráter conservador e ao mesmo tempo moderno desse texto programático, que aposta todas as fichas no lugar iluminado do poeta. No entanto, a leitura da poesia de Pessoa, sobretudo se feita com o pano de fundo do lugar social inequívoco do homem superior, vai mostrar justamente como a forma literária foi capaz de reorganizar, com sentido crítico, uma matéria já dada e interpretada. Justamente por ser um processo de mediação entre tensões sociais e representações líricas, a linguagem (forma ou gênero) pode expor a crise comum das tensões sociais e das formas de representação líricas.

Desse modo, na poesia de Fernando Pessoa, a totalidade de cada heterônimo é posta à prova por uma dramatização que ele identifica com o quarto grau (o mais elevado) da lírica – uma encenação que não dá a nenhum heterônimo (ou ortônimo) o privilégio de expor a "tese, conclusão ou filosofia do drama", distanciando-se de uma mera substituição do coro do drama antigo.[12]

As personagens dessa dramatização são todas contemporâneas entre si, do ortônimo aos heterônimos, e suas relações são movidas a tensão e movimento, assim como a negatividade que perpassa em cada conteúdo altamente subjetivado. Não é possível descansar na contemplação raciocinada da Natureza do Mestre Alberto Caeiro, sempre sobressaltada por um prosaísmo entrecortado; nem na solução clássica de Ricardo Reis (ele também, como a cultura portuguesa, seria "produto de dois séculos de falsa educação fradesca e jesuítica, seguidos de um século de pseudo-educação confusa"?); nem na exibição pública das próprias fantasias, como o modernista Álvaro de Campos (Ricardo Reis que o diga!), nem na contenção à antiga do ortônimo, que ensaia

11. *Op. cit.,* p. 255.
12. *In Páginas de Estética e de Teoria e Crítica Literária.* Lisboa, Ática, 1973, p. 146-48.

sonetos elaboradíssimos, poemas dramáticos e formas poéticas populares (Álvaro de Campos que o diga!).

O resultado é o movimento geral da encenação, que tira sua força do fôlego da consciência poética, revelado pelo conjunto. Desse modo, Fernando Pessoa se inscreve numa modernidade antilírica: se o projeto político era salvacionista, o resultado literário, explodindo seus limites conteudístico-formais, dá conta dos limites mais amplos da experiência social e literária.

O que se vê, portanto, é um "eu lírico" esgarçado, que tenta combinar um conteúdo e uma forma num contexto em crise (que é tanto do país atrasado quanto do mundo moderno) e num conjunto de formas líricas herdadas e inovadoras (mas sem nenhuma ingenuidade ou crença na suficiência de sua autonomia).

FORMA E INTERPRETAÇÃO – UMA INTRODUÇÃO

REINALDO LOBO*

> *Filosofia e Psicanálise elaboram a mesma pergunta: qual é a relação pensável entre a verdade e o vazio?*
>
> Alain Badiou**

> *Sinto, às vezes, um mal-estar quando vejo a categoria da linguagem ocupar todo o espaço.*
>
> Maurice Merleau-Ponty***

Imagine uma língua que, em lugar de designar as coisas do mundo, apenas utilizasse palavras criadas sem referência alguma. Nomes impróprios como ramúlicon, crâncala e rebimboca, para não falar *wwzh*. Um idioma parecido com aquele inventado pelo conjunto de rock Karnac, batizado pelos seus autores, numa ousadia referencial, de russo-africano arcaico. O que essas palavras designam? Nada. O conjunto de coisa alguma. É isto o puro vazio. Uma série de sinais justapostos, perdidos no papel ou na sonoridade. O que se perdeu foi o significado.

---

* *Psicanalista da SBPSP.*
** *Para uma nova teoria do sujeito* – Ed. Relume-Dumará, 1994, p. 60.
*** *L'Inconscient* – Col. De Bonneval, org. H. Ey, Desclée de Brower, 1965, p. 143.

É óbvio que estou fazendo uma caricatura, uma brincadeira, e propondo um exemplo forçado. É fácil objetar que não há língua sem significado e que o simples fato de ter sugerido esta, imaginária, tem um propósito. Além disso, é possível dizer que a arbitrariedade do signo indicada por Saussure não autoriza uma hipótese tão aleatória de linguagem, concebida afinal como um fenômeno social. Mas esse exercício de imaginação destina-se a mostrar que, apesar da extrema formalização a que chegou o estruturalismo a partir dos anos 60, levando-nos para o mundo volátil do pós-estruturalismo contemporâneo, é impossível pensar a língua sem uma referência aos objetos do mundo.

A separação e a distância entre o significante e o significado, sugeridas pelo pós-estruturalismo, e a conseqüente predominância lógica do significante, constitui uma operação que tende a aspirar a materialidade e o peso do mundo, conduzindo a teoria para a mais extrema abstração possível. Dos pontos de vista semântico e ontológico, é como se a autonomia relativa da língua fosse substituída por um fechamento absoluto, clausura da língua em si mesma. E o mundo fosse excluído. Os psicanalistas sabem por experiência o que isso pode significar: a psicose. Os filósofos também sabem que isso esconde um completo idealismo, como se houvesse uma inversão na qual o mundo das palavras é que está autorizado a criar o mundo das coisas.

A caricatura traçada, como se vê, não está longe do que propõe atualmente uma certa crítica, uma certa semiologia, uma filosofia denominada da diferença. São teorias que se pretendem críticas da visão clássica conhecida como filosofia da representação, isto é, daquela que supunha ingenuamente existir uma coerência necessária entre as faculdades do intelecto e os objetos do mundo. Essa filosofia clássica acreditava que o conhecimento se dava pela representação, na forma de idéias e de operações do Espírito. A psicanálise contribuiu muito, junto com antifilósofos como Nietzsche e Marx, para despertar a teoria de seu sono dogmático, para trazer a filosofia do céu da Consciência para a terra dos impulsos, dos enganos e dos interesses disfarçados.

Hoje é impossível pensar a relação entre o sujeito do conhecimento e o objeto conhecido em termos clássicos, não só pela crítica racional a que foram submetidos já no início do século, mas também pelas mudanças havidas na ciência, que vê descontinuidade e incoerência, conflito e paradoxo, onde antes se buscavam coerência e linearidade. Mas a pergunta inevitável que surge na atualidade é se não estamos restaurando, em nome do novo e da pluralidade, algumas da principais e velhas ilusões da era pré-psicanalítica. Será que não estamos inventando até mesmo uma psicanálise platônica e idealista, recuperando o Céu das Formas?

Tomemos o exemplo da interpretação. Já não é possível continuar a ignorar, hoje, que a interpretação psicanalítica está em crise. Há até mesmo uma dissolução do conceito, mais ou menos silenciosa. Existem vários psicanalistas que nem a utilizam mais em seu trabalho. Julgam que a palavra "interpretação" não serve atualmente para designar o que fazem e propõem termos alternativos como "formulação", "intervenção", "interferência", "proposição", "comentário" ou mesmo "conversa". Dizia Freud que começamos a ceder pelo sentido de certas palavras e, logo depois, o campo inteiro da psicanálise será outro. Mas a questão atual é se ainda resta um campo a ser defendido ou se não teria havido um processo prévio de fragmentação dos conceitos, por meio de uma reinterpretação infinita – sobretudo de alguns fundamentais, como os de inconsciente e de transferência –, que teria culminado na abolição da palavra "interpretação".

Gostaria de propor neste pequeno trabalho algumas questões, digamos, metateóricas, sobre os fundamentos da interpretação psicanalítica – questões para as quais não tenho, evidentemente, as respostas claras e definidas. Em primeiro lugar, sugiro que se reflita sobre as circunstâncias externas, aparentemente, à própria psicanálise. Uma hipótese a ser pensada: a célebre crise da psicanálise não se dá apenas a partir do seu interior, por sua fragilidade epistemológica interna, como se ela fosse uma casa roída pelos cupins e pela antiguidade. Ainda que psicanalistas possam ser agentes ativos, inocentes úteis ou não, desse esforço de demolição travado, em geral, em nome da louvável abertura para o novo, é preciso considerar a ideologia do processo mais amplo, cultural, social e até político, que atinge em cheio a psicanálise.

Os psicanalistas preferem pensar geralmente em sua disciplina como algo único cuja estrutura deva ser buscada em seu interior. Também gostam de acreditar que estão protegidos dos processos de racionalização que caracterizam a ideologia, uma vez que trabalham "com a realidade psíquica", isto é, uma instância autônoma e mediadora da realidade em geral – veja-se sobre isso os bons trabalhos de Sérvulo A. Figueira, em que é sugerido que boa parte da chamada "ciência analítica" é pura justificação de pequenos e grandes poderes.

Apesar da resistência dos analistas em saírem da "cientificidade do consultório", talvez seja interessante observar que a crise da interpretação pode estar diretamente vinculada a uma outra mais geral, mas, ao mesmo tempo, básica, que é a crise do *significado* na cultura contemporânea.

As Questões

É possível dizer que vivemos numa era de conformismo generalizado, designada como "pós-moderna". É a época de "cada um na sua, certo?". Também é possível arriscar dizer que o mundo contemporâneo é oposto ao desejo de conhecimento pela Psicanálise e pela Filosofia, que estão diretamente interessadas na investigação do significado. Neste mundo, ambas estão ameaçadas. São espécies em extinção.

Nosso mundo atual não gosta da crítica, nem da revolta, nem tampouco do desejo de universalidade, do *logos* reflexivo, que são algumas características do desejo de Filosofia.* A "revolta lógica" proposta pela Filosofia é a recusa a ficar instalado e satisfeito. A psicanálise, pelo menos na sua origem, tinha a mesma inspiração. Como diz Badiou, num pequeno ensaio instigante, ainda que discutível em alguns pontos: "Nosso mundo é um mundo que crê na gestão e na ordem natural das coisas. Desde o desmoronamento da idéia comunista, este mundo não oferece nenhuma perspectiva de revolta. Ele pede a cada um para adaptar-se. É um mundo do simples cálculo individual". Tampouco gosta da lógica nem da coerência racional. Está submetido à comunicação, às imagens; o mundo da mídia é instantâneo e incoerente. É um mundo muito rápido e sem memória. Castoriadis[2] fala do triunfo do *pensiero debole* na nossa época – o pensamento fraco, que não se interessa em sustentar firmemente uma perspectiva lógica, pois a interpretação volátil e o comentário textual dos autores substitui o pensamento. "Isso começou, diz Castoriadis, desde e segundo Heidegger e em seguida foi teorizado, de maneira aparentemente oposta, mas levando aos mesmos resultados, como "hermenêutica e 'desconstrução'."

O *pensiero debole* tem a vocação para o fragmento e o detalhe e, portanto, pode fazer-se passar por analítico. É a ideologia de um mundo que não aprecia a universalidade, ou melhor, a única universalidade que conhece é a universalidade do dinheiro, aquilo que Marx chamava de equivalente geral. Fora da universalidade do mercado e da moeda, cada um está encerrado em sua tribo. Cada um que defenda a sua particularidade.[1]

Nesse universo, a interpretação psicanalítica tinha de ser domesticada, a fim de que se reduzisse o seu potencial crítico como "revolta lógica" – expressão de Rimbaud, o poeta. Tinha de ser submetida a uma fragmentação "desconstrucionista" para produzir, ou reproduzir, a subjetividade dominante e corrente.

A interpretação não é, evidentemente, uma operação inventada por Freud, nem constitui seu monopólio desde o início do século XX. De fato, as discussões e os conflitos em torno dessa atividade têm uma história antiga no pensamento ocidental, decorrente, sobretudo, da tarefa muito importante de decifrar o significado da "palavra de Deus". A etapa mais recente dessa história remonta à hermenêutica bíblica do início do século XIX, quando se percebeu de modo sutil a importância do significado na interpretação dos textos religiosos para evitar a "morte de Deus" introduzida pela filosofia moderna, e também se refere ao valor atribuído por Dilthey, no fim daquele século, à interpretação para a explicação de todas as criações do espírito humano, considerada a base de um programa de pleno alcance da sua "Ciência do Espírito".[3]

A fase atual em que entrou a discussão geral sobre a interpretação deve-se, em grande parte, às teorias literárias inspiradas na hermenêutica e no

---

* Os quatro componentes do desejo de Filosofia, segundo o autor, são: a *revolta*, e recusa em ficar instalado e esatisfeito; a *lógica*, o desejo de uma razão coerente; o *universal*, a recusa do que é particular e fechado; a *aposta*, o gosto pelo encontro e pelo acaso, o engajamento e o risco.

desconstrucionismo, de um lado, e no pós-estruturalismo, de outro. Rótulos jornalísticos à parte, não há dúvida de que existe um movimento de hipervalorização da linguagem e das filosofias da linguagem, característico deste século XX que agora parece estar chegando ao fim. Particularmente a insistência de Saussure na arbitrariedade do signo e da relevância estruturalizante do significante na língua e na cultura, em geral, foi um ponto de partida das modas mais recentes, cujo representante mais talentoso é Derrida, que postula a instabilidade de todo significado na escrita.

Da "instabilidade de todo significado" para uma "semiótica ilimitada", foi um passo. A semiótica ilimitada, atualmente em plena moda na crítica norte-americana, propõe a interpretação interminável, quase sempre por parte do leitor ou do observador de um texto, de uma obra de arte, de um evento ou mesmo de um sintoma. É nada menos do que a interpretação sem fundo, sem limite; cada um faz a interpretação que quiser, sempre em nome do "respeito à diferença" e ao "pluralismo". Ou da "banalização" e do "tudo bem", como diz Castoriadis. Na época da "inevitável relativização de todos os valores"[2] e da recuperação da esterilidade e do pequeno comentário, o que se generalizou foi o princípio máximo do "pós-modernismo": "tudo o que funciona é válido".

Na sua versão européia a "semiótica ilimitada" tem suas fontes francesas no estruturalismo derivado de Saussure; na versão norte-americana, as fontes, nem sempre respeitadas em suas declarações originais, são autores simpáticos e interessantes como Richard Rorty, Donald Davidson e Willard Quine. Todos têm uma dívida teórica para com Wittgenstein, o austríaco da filosofia da linguagem e dos "jogos lingüísticos". Não há dúvida de que suas obras inspiram boa parte do ceticismo e do neopragmatismo lingüístico contemporâneo.

Esse tipo de visão da interpretação – na maioria das vezes, a própria palavra interpretação é evitada – desconfia profundamente da idéia de que estabelecer o "significado" de um texto ou de uma obra de arte, por exemplo, poderia ser uma meta legítima de qualquer trabalho intelectual sério. Mais do que isso, supõe que esse possa ser um empreendimento "autoritário", valendo-se inclusive das idéias de Foucault, segundo as quais, o trabalho intelectual que pretende estabelecer a verdade não está isento de um interesse em instaurar certo "poder" – verdade e poder seriam sinônimos. É possível que tenham boa parcela de razão nisso, mas ocorre que a natureza do significado, as possibilidades e limites da interpretação também precisam do benefício da dúvida ou, no mínimo, de mais investigação, e que não se parta, simplesmente, de sua negação.

Um autor que tem se preocupado com os limites e as possibilidades da interpretação tem sido Umberto Eco. Ele, que foi uma das pessoas que mais chamaram a atenção para o papel do leitor na interpretação e até na "construção" da obra, utilizando o seu famoso conceito de "obra aberta" nos anos 60, hoje está preocupado com os excessos pós-estruturalistas e neo-pragmáticos e com a emergência da interpretação "sem limites". Julga que houve uma apropriação "perversa" da idéia de "semiótica ilimitada" e numa série de ensaios recentes,[4] com o brilho habitual, desenvolve uma pesquisa histórica sobre a origem da "semiótica ilimitada" e sugere um interessante argumento de inspiração popperiana para criticar os defensores desse relativismo: mesmo admitindo, diz ele, que não seja possível identificar uma interpretação como a mais correta e verdadeira, há possibilidade, contudo, de localizar a interpretação falsa e absurda, aquela que esteja obviamente fora do lugar. A essa interpretação sem propósito ou desviante ele chama de "superinterpretação". Um exemplo: querer encontrar indícios e símbolos da maçonaria na obra *A Divina Comédia*, de Dante, é um trabalho inútil e falsificador, porque a pesquisa histórica demonstrou que Dante e a maçonaria nunca tiveram um interesse mútuo comprovado ou demonstrável. Do mesmo modo, julgar que o poema "O Corvo", de Poe, seria uma metáfora do moderno futebol, não só é absurdo, como também soa ridículo. Sabemos o que uma interpretação não pode fazer.

Já na Dissertação do Congresso Internacional Peirce, na Universidade de Harvard, em setembro de 1989, Eco procurava mostrar que mesmo assumindo-se a idéia de uma semiótica ilimitada, isto não quer dizer que se deva chegar à conclusão de que a interpretação não tem critérios. Dizia ele: "Dizer que a interpretação (enquanto característica básica da Semiótica) é potencialmente ilimitada não significa que a interpretação não tenha objeto e que ocorra por conta própria. Dizer que um texto potencialmente não tem fim não significa que todo ato de interpretação possa ter um final feliz" . Esse autor, como se vê, recusa algumas teorias da crítica atual que afirmam que a única leitura confiável de um texto é uma leitura equivocada ou que a existência de um texto só é dada pela cadeia de respostas que evoca. Evidências de verdades localizáveis não devem ser atiradas fora. Um exemplo interessante, lembrado por Eco, numa conferência na Inglaterra: "Se bem me lembro, foi aqui na Inglaterra que alguém sugeriu, anos atrás, que é possível fazer coisas com palavras.[5] Interpretar um texto significa explicar por que essas palavras podem fazer várias coisas (e não outras) através do modo pelo qual são interpretadas. Mas se Jack, o Estripador, nos dissesse que fez o que fez baseado em sua interpretação do Evangelho segundo São Lucas, suspeito que muitos críticos voltados para o leitor se inclinariam a pensar que ele havia lido São Lucas de uma forma despropositada. Os críticos não voltados para o leitor diriam que Jack, o Estripador, estava completamente louco – e confesso que, mesmo sentindo muita simpatia pelo paradigma voltado para o leitor, e mesmo tendo lido Cooper, Laing e Guattari, muito a contragosto, eu concordaria com que Jack, o Estripador, precisava de cuidados médicos".

Segredos e Mistérios

Na investigação histórica, Eco localizou a origem da atual semiótica ilimitada e da crítica voltada para o intérprete na tradição hermética do século II da Era Cristã e na gnose neoplatônica da Baixa Idade Média. A tradição hermética era irracionalista e se inspirava no deus grego Hermes (de onde vem também hermenêutica), que simbolizava a idéia de metamorfose contínua, a Forma que se esconde em verdade fugidia e secreta, a que só os indícios poderiam, talvez, ter acesso. A Forma sem *modus*, isto é, sem limite e sem fronteiras. Hermes é volátil e ambíguo, jovem e velho ao mesmo tempo, pai de todas as artes e também o deus dos ladrões. No mito de Hermes, a lógica da identidade e do terceiro excluído é negada e as cadeias causais enrolam-se sobre si mesmas, em espirais. O "depois" precede o "antes" – não há história, só formas que disfarçam e se disfarçam. O deus não conhece limites e, em diferentes formas, pode estar em diferentes lugares simultaneamente.

O hermetismo derivava do irracionalismo grego, que também tinha os seus Mistérios Eleusinos e as suas seitas secretas. Além de Platão e Aristóteles, a Grécia clássica também admirava o *Apeiron* (Infinidade). Infinidade é aquilo que não tem *modus*. De *modus*, latim, vem a expressão modo, mas também modelo, isto é, o que possui uma forma definida. Na tradição hermética, que teve seu ápice no século II, a verdade estava velada e só poderia ser descoberta, mas sempre enganosamente e por aproximação, pelos Seguidores do Véu.

É curioso lembrar que esse período da História, o século II, era espantosamente parecido com o período em que vivemos hoje. Uma época de ordem sob o Império Romano que, apesar de já estar em decadência, impõe a ordem política e a paz. Todos os povos do império estão aparentemente unidos por uma língua dominante e uma cultura comuns. A superioridade tecnológica romana e o poder político sustentam uma ordem de tal natureza que ninguém mais pode ter esperança de mudá-la por meio de qualquer forma de ação militar ou política. O universo do século II é uma mistura de línguas e raças, de povos e de idéias, na qual todos os deuses são tolerados. Uma verdadeira globalização.

A peculiaridade desse século II é que, ao contrário da Idade Média posterior, que procurou impor a todos uma única verdade religiosa, o hermetismo estava em busca de uma verdade que não conhecia, perdido em meio às imagens da verdade que se apresentavam sob a forma de inúmeros Véus. É um tempo em que muitas coisas podem ser verdadeiras ao mesmo tempo, sem que se contradigam. Se os livros se contradizem, têm opiniões diferentes, então tudo é igual, mesmo que se contradigam. Os deuses das religiões populares sob o Império, que outrora tinham um significado profundo para cada um dos povos que os cultuavam, agora que foram engolidos com seus países tiveram as suas identidades também dissolvidas: não há mais diferença entre Ísis, Astarte, Deméter, Cibele, Anaitis e Maia.

Tudo o que é dito deve ser uma alusão, uma metáfora ou uma alegoria. Tudo é, como dizem hoje os psicanalistas em sua própria língua, metaforização. Mas isso não impede que os Seguidores do Véu continuem a buscar a verdade nunca conhecida antes e uma verdade ainda secreta.[4] Ao contrário do racionalismo grego, os herméticos passaram a considerar que uma coisa verdadeira era agora, sobretudo, algo que não podia ser explicado. Talvez fosse necessário inventar uma língua particular que desse conta do inefável.

O pensamento cristão neoplatônico tentou achar, nos séculos seguintes, a solução para esse problema. Tentou explicar que não podemos definir Deus em termos muito precisos por causa da inadequação de nossa língua. O pensamento hermético afirma que nossa língua, quanto mais ambígua e polivalente (diríamos hoje polissêmica), quanto mais usa símbolos e metáforas, tanto mais é particularmente adequada para nomear a Unidade, onde ocorre a coincidência dos opostos. Ocorre porém que, onde a unidade dos opostos se dá, o princípio lógico de identidade entra em colapso. Portanto, a interpretação é indefinida. A busca do significado final inatingível leva à aceitação de uma interminável oscilação ou deslocamento do significado. Nos textos do *Corpus Hermeticum*, que surgiram na bacia do Mediterrâneo, no século II, fica claro que a saída para o conhecimento é o *Nous*, que para Aristóteles era o intelecto, mas que na tradição neo-platônica será convertido na revelação e na intuição.

Relatei aqui algumas das idéias centrais do hermetismo expostas na pesquisa de Eco para mostrar que há uma história recorrente no pensamento contemporâneo. Não é difícil reconhecer também algumas idéias psicanalíticas correntes, sobretudo aquelas que fazem um corte entre a verdade (o objeto do conhecimento) e o real (objeto da existência) – e, conseqüentemente, entre verdade (às vezes revelada pela intuição, às vezes inatingível) e objetividade.

Convém comparar os traços do hermetismo antigo com as idéias da crítica fundada numa "semiótica ilimitada" ao abordar os textos. São impressionantemente parecidas. Eis a lista dessas idéias, segundo Eco:

1. Um texto é um universo aberto no qual o intérprete pode descobrir infinitas interconexões;
2. a linguagem é incapaz de apreender um significado único e preexistente: o dever da língua é, ao contrário, mostrar que aquilo de que podemos falar é apenas a coincidência dos opostos;
3. a linguagem espelha a inadequação do pensamento: nosso ser-no-mundo nada mais é do que ser incapaz de encontrar qualquer significado transcendental;
4. qualquer texto que pretenda afirmar algo unívoco é um universo abortado, isto é, a obra de um Demiurgo desastrado (que tentou dizer que "isso é isso" e fez surgir, ao contrário, uma cadeia ininterrupta de transferências, na qual "isso" não é "isso");
5. toda pessoa (nisso, o gnosticismo atual é bem generoso), desde que ansiosa por impor a intenção do leitor sobre a intenção inatingível do autor, pode

tornar-se o super-homem que realmente entende a verdade, qual seja, que o autor não sabia realmente o que estava dizendo, porque a língua falou em seu lugar;

6. para salvar o texto – isto é, para transformá-lo de uma ilusão de significado na percepção de que o significado é infinito – o leitor deve suspeitar de que cada linha esconde um outro significado secreto; as palavras, em vez de dizer, ocultam o não dito; a glória do leitor é descobrir que os textos podem dizer tudo, exceto o que o autor queria que dissessem;

7. o leitor real é aquele que compreende que o segredo de um texto é seu vazio.

Esta também é uma caricatura das teorias da "semiótica ilimitada", alguns traços foram selecionados, mas são características centrais. O problema que persiste, tanto para críticos, lingüistas e psicanalistas, é se há – e se deve haver – critérios para limitar a interpretação. Eco pensa ter encontrado vários critérios que colocam o *modus*, a fronteira, para a crítica literária. Já apontamos um, mas ele pesquisa vários deles. Cabe aos psicanalistas formularem a mesma pergunta para sua disciplina, hoje transformada quase numa Babel teórica. Assim como "um texto não é um piquenique", citando uma maliciosa sugestão de Todorov, "onde o autor entra com as palavras e os leitores com o sentido", a interpretação psicanalítica não deve ser só uma questão de ponto de vista.

PALAVRAS E COISAS

Os psicanalistas não têm uma concepção da linguagem, ainda que trabalhem com ela e através dela. Num belo ensaio em que investiga justamente os motivos da falta dessa concepção e onde tenta formular o início de uma nova teorização, André Green chamou a atenção para isso, dizendo que "na teoria psicanalítica de Freud a linguagem nunca alcança a dignidade de um conceito".[6] Na falta dessa teoria, os psicanalistas acabaram aderindo às teorias da linguagem dos outros. Foi o que fez Lacan, na sua relação com o estruturalismo de Saussure e a antropologia estrutural de Lévy-Strauss. Nosso propósito, aqui, não é discutir Lacan; para isso remeto o leitor para um pequeno trabalho meu, anterior, intitulado "Diálogo com Lacan"[7] e, muito melhor do que isso, às objeções levantadas por Green em seu trabalho *Le Discours Vivant*[8] e em alguns outros.

O importante é assinalar que os psicanalistas precisam se interessar mais pelos problemas da semântica e mesmo da Filosofia, se não quiserem correr o risco de se aterem ao que é hoje, "epistemologicamente correto", isto é, as chamadas "filosofias da diferença" e seus derivados atomistas, que se diferenciam às vezes delas apenas por recusarem ainda mais a universalidade, entrevista por eles no conceito de estrutura (veja-se Rorty, em 4). É preciso filosofar um pouco em torno da lógica do significado, para recuperá-lo em sua dimensão, sobretudo ontológica. Dizia Merleau-Ponty[9] que "a abertura ao ser não é lingüística", mas a reflexão sobre o ser passa pela linguagem e pela própria consideração da noção de estrutura, que não precisa ser atirada fora. Em psicanálise, os fenômenos de que nos ocupamos não se reduzem obviamente à linguagem, mas sem a linguagem não chegamos às coisas. "Falar é tocar à distância", sugeria Merleau-Ponty.[9] O alcance dessa definição se refere à relação inextricável entre matéria e forma, significado e significante, sujeito e objeto, emoção e expressão, que não vamos desenvolver aqui no curto espaço que temos, mas que convém assinalar para opor à concepção particular de forma dos pós-estruturalistas.

Esta é a questão central: a concepção de forma subjacente às teorias lingüísticas da diferença. Em primeiro lugar: por que da diferença? As correntes que derivam de Saussure tentam segui-lo elaborando constantemente a noção da diferença, assim como a de vazio. Reduzem a heterogeneidade da experiência de linguagem, ou de uma relação de parentesco, às suas unidades mais simples, para análise. Cada unidade, morfema, fonema, semema, define-se pelas diferenças que mantém com as outras dentro do sistema estrutural. O estruturalismo não se limita a estabelecer um conjunto de regras diferenciais de articulação, mas busca também constituir o estatuto dessas regras.[10] Esse estatuto consiste em estabelecer o fundamento diferencial que permita, por exemplo, que sons diferentes possam ter o mesmo valor. Assim, a unidade se constitui ao se situar na conjunção de duas ordens: de um lado, das coisas dissemelhantes suscetíveis de serem trocadas por aquilo cujo valor se pretende determinar, de outro das coisas semelhantes que podem ser comparadas com aquilo que está sendo valorizado. Para estabelecer o valor de uma moeda de 5 francos é preciso saber que: 1) pode ser trocada por uma quantidade certa de pão, papel, etc.; 2) pode ser comparada com um valor similar do mesmo sistema; ou com uma moeda de um outro sistema, um dólar. A palavra e a frase vêm se enquadrar precisamente nesse esquema de inspiração econômica, o significante valendo para o significado, ao mesmo tempo que deve ser comparado com outros significantes. Ora, essa teoria do valor pressupõe que na classe de todas as respostas possíveis correspondentes nada exista de comum entre a moeda e o pão, etc. Pressuposto que no nível da linguagem aparece como o princípio da arbitrariedade do signo. Isto é, apesar de não terem nada em comum, eles precisam estar ligados, trabalho que uma noção de FORMA vem cumprir. Citemos um texto clássico de Saussure:

> Tudo o que precede equivale a dizer que na língua existem apenas diferenças. Mais ainda: uma diferença supõe em geral termos positivos entre os quais se estabelece; na língua porém há apenas diferenças sem termos positivos. Quer tomemos o significado, quer o significante, a língua não comporta nem idéia nem sons que preexistiriam ao sistema lingüístico, mas somente diferenças conceituais e diferenças fônicas

nascidas desse sistema. O que há de idéia ou de matéria fônica num signo importa menos que o que existe em torno dele em outro signos.[10]

Saussure prossegue mostrando que esse puro jogo diferencial, determinado em última instância pelo vazio, o intervalo constituído pela diferença que tudo sustenta, passa a dar origem, quando se considera o signo em sua totalidade, a uma coisa positiva, um sistema completo de valores, o núcleo da língua enquanto forma. A forma determina a matéria, "discrimina na massa informe as possibilidades de sua efetivação".[10] Ou seja, da dispersão das várias ocorrências repetidas faz-se um acordo com um centro unificador. Saussure busca uma lógica de elementos homogêneos para dar conta da complexidade dos elementos efetivos da fala e da própria língua, algo semelhante ao que Lacan iria tentar com o conceito de inconsciente, com os resultados que conhecemos.[7] Lacan dirá que o vazio é a instância determinante, como Saussure: "A hiância do inconsciente, poderíamos dizê-la pré-antológica".[7]

A interpretação saussureana da língua pressupõe a postulação de um vazio pré-ontológico, isto é, uma separação radical entre palavras e coisas, entre o objeto do conhecimento e o objeto real. O real permanece fora do campo da linguagem, que não poderá ser nunca a morada do ser. Ser e verdade se distanciam. Temos que buscar o anteparo traiçoeiro, permanentemente traiçoeiro da língua, para a elaboração da verdade, num registro específico de cruzamento de instâncias.

A concepção teórica de forma implícita no sistema saussureano é a de um princípio de ordenação de um conteúdo exterior que se achega a ela depois que esta já efetuou no vazio todas as operações para recebê-lo.[10] Ou seja, o significado fica "espremido" entre a palavra e a coisa, a fim de que a forma prevaleça e possa cumprir exatamente o seu papel de aspirar o material. Estamos em pleno exercício de ideidade sem sujeito, as idéias no vazio operante. Estamos no campo da a-historicidade, no céu platônico das formas apriorísticas.

O "kantismo sem eu transcendental" de Lévy-Strauss, em que operam pensamentos sem pensador, o "inatismo" da gramática transformacional de Chomsky e o "pós-estruturalismo" de cunho psicanalítico são apenas manifestações sintomáticas "desse pressuposto que toma a forma como função de unidade de uma multiplicidade dada sob o modo da dispersão".[10]

A cisão entre a palavra e o mundo feita por esse intervalo cortante e significante é a operação idealista fundamental que leva aos discursos ilimitados das filosofias da diferença. Fazer a crítica desses discursos passa por contrapor uma nova concepção, mais próxima da experiência psicanalítica, em que não se perca a unidade do sujeito e do objeto na sua referência no mundo. Uma concepção assim da verdade pode ser entrevista em Merleau-Ponty, na própria descrição da percepção e na crítica implicada ao criticismo kantiano. Ouçamo-lo, para talvez abrir uma investigação psicanalítica sobre a linguagem e sua situação no próprio enquadre analítico:

*O mundo não é um objeto do qual possuo comigo a lei de constituição;
ele é o meio natural e o campo de todos os meus pensamentos e de todas
as minhas percepções explícitas. A verdade não "habita" apenas o
"homem interior" (de Santo Agostinho), ou antes, não existe homem
interior, o homem está no mundo, é no mundo que ele se conhece.*[11]

CONCLUSÕES

O século XX foi marcado por notáveis avanços nos estudos sobre a
linguagem. A psicanálise, mesmo não tomando a linguagem como seu objeto,
contribuiu para esse progresso ao demonstrar que o que dizemos não é
determinado pelo que se manifesta, mas sofre de uma outra significação. Esses
avanços produziram teorias de inegável interesse para a Lingüística, a Crítica
Literária, as Ciências Sociais e a Filosofia. Surgiram a Semiótica, a Antropologia
Estrutural e a Neurolingüística, para citar apenas alguns exemplos. Mas deram
origem também a ideologias curiosas que exageraram o papel da língua, outrora
um meio, como se fosse um fim em si mesma. Essas ideologias têm influído
decisivamente na formulação de atitudes e de valores sociais, políticos e mesmo
científicos. Disciplinas que se pretendiam científicas passaram a secretar efeitos
secundários, seqüelas e corruptelas colaterais, do tipo do pós-estruturalismo,
que veio a se apresentar como uma espécie de conquista definitiva de
positividade nas ciências humanas. A crítica foi tomada de assalto por uma onda
de interpretacionismo voltado para o intérprete e sua subjetividade, remota
seqüela da hermenêutica heideggeriana e do estruturalismo, bem como da
estética da recepção, cujos autores, contudo, não se reconheceriam no a-
historicismo atual. As filosofias da linguagem como as de Wittgenstein e de
Austin, trouxeram o neopragmatismo – que deverá ser objeto de um estudo
em separado, num futuro próximo –, que é uma teoria simpática, como diz
Badiou, de cunho democrático, embebida nos valores da sociedade norte-
americana, mas que recobre um relativismo de cunho utilitarista – nos trabalhos
de Davidson e Rorty – e uma atitude conservadora, pois abdica da "revolta
lógica" própria do desejo de Filosofia e, ao meu ver, de Psicanálise. Em que
pese a boa-fé dos que a adotaram e querem vê-la misturada em boas doses com
a psicanálise, essa visão relativista conduz ao conformismo bem próprio da
etapa em que vivemos.

O que vivemos hoje é uma profunda crise da racionalidade, em que se ataca,
com razão, diga-se de passagem, a idéia de uma Razão totalista e abrangente
que se confundiria com os movimentos do real, mas se pretende colocar no lugar
dessa ilusão uma outra, talvez pior: o atomismo e a fragmentação. Ao contrário
do que propunha M.-Ponty, para quem "a tentativa de explorar o irracional e
integrá-lo numa razão ampliada (*raison élargie*) é a tarefa de nosso século".[12]
O que temos hoje é a multiplicação dos fragmentos e da busca da verdade

mística – o que não faz espantar que o povo procure as bruxas e os anjos –, faltando o espírito necessário para compreendê-los no seu sentido total. A cultura de massas foi envolvida por um romantismo conservador, sem aura, colado ao consumo sedutor. Estaremos em plena barbárie?

O traço transformador do romantismo que encontramos em Freud (que não se recusou a denunciar o mal-estar na cultura e as ilusões civilizatórias) e em Nietzsche foi apagado em benefício da unidimensionalidade passiva das massas. O individualismo modernista foi dissolvido na multidão solitária. À beira do Terceiro Milênio, decretou-se que a História acabou em 1989, com a queda da idéia comunista. Triunfam a sociedade de consumo e a dissolução da função crítica da interpretação. O significado se perdeu a tal ponto que, quando esteve em São Paulo, recentemente, o psicanalista inglês Donald Meltzer fez questão de lembrar a todos que nós, psicanalistas, ainda somos "buscadores de significado".

O convite da sociedade contemporânea não é tanto o de que nos tornemos psicóticos (isso é o que de fato acontece, sem que ninguém seja convidado), mas o de que todos sejamos normóticos, isto é, doentiamente normais e satisfeitos. Que nos comuniquemos via Internet. A Internet se comunica com tudo e com todos, menos com Deus – escreveu um conhecido sociólogo paulista (Oliveiros S. Ferreira, em *O Estado de S. Paulo*, dia 11 de novembro de 96, no artigo "O Fim da História"). É preciso dizer: A Internet nos comunica com tudo e todos e isso é bom, mas não pode se tornar nosso Deus ex-machina, e sim estar a serviço dos seres humanos.

REFERÊNCIAS BIBLIOGRÁFICAS

1. BADIOU, Alain. *Para uma Nova Teoria do Sujeito*, Relume-Dumará, 1994, p. 12,13.
2. CASTORIADIS, Cornelius. *As encruzilhadas do labirinto*, v. 3, Ed. Paz e Terra, 1992, p. 23, 25.
3. ECO, Umberto. *Interpretação e superinterpretação*, Ed. Martins Fontes, 1993, p. 6, 8 – Introdução por Stephan Collini.
4. *Op. cit.*, p. 28, 46 – texto "Interpretação e História" por Eco.
5. Referência ao filósofo J. L. Austin, autor de *Quando Dizer é Fazer, Palavra e Ação*. Ed. Artes Médicas, 1990.
6. GREEN, André. *Languages. IIes Rencontres psychicanalytiques d'Aix-en-Provence*, 1983 (pgs. 19 a 250: "Le language dans la Psychanalyse"), Ed. Les Belles Lettres, 1984.
7. LOBO, Reinaldo. "Diálogo com Lacan", *in Ide*, número 15, 1988, p. 21,26, Publicação da SBPSP.
8. GREEN, André. *Le Discours Vivant*, Ed. PUF, 1980.

9. Merleau-Ponty, Maurice. *La Prose du Monde* (escrito póstumo) Ed. Gallimard, Essais, p. 80.

10. Gianotti, J. A. *Cadernos Cebrap*, "O ardil do trabalho", *in Exercícios de Filosofia*, Ed. Cebrap, 1975, p. 107, 108, 109, 110, 134, 137.

11. Merleau-Ponty, M. *Fenomenologia da Percepção*, Ed. Martins Fontes, 1994, p. 6 e também 19, onde se lê: "O único Logos que preexiste é o mundo".

12. _____ . *Sens et Non-sens*, Ed. Nagel, 1966, p. 109.

UM PARÊNTESE PARA O OLHO: PASSAGEM A UMA OUTRA FORMA

João A. Frayse-Pereira*

Logo de início, agradeço à Comissão Organizadora dessa Bienal que me convidou para coordenar a "Apresentação Visual Interativa", realizada por José Resende, com esse belo título: "Um parêntese para o olho".

José Resende é um artista bastante conhecido. Com formação de arquiteto, é escultor, desenhista, também pintor, com participação nas principais mega-exposições internacionais como as Bienais de Veneza, São Paulo, Paris; Documenta de Kassel; mostras nos Estados Unidos e no Japão. Com Cildo Meirelles e Waltercio Caldas, principalmente, é um dos artistas responsáveis pela universalização da forma artística brasileira, desvinculando-a de qualquer compromisso regional.

Nas breves conversas que tivemos, pensando nesse encontro, pude entrar em contato com a concepção subjacente a essa apresentação visual. E compreendi que dada a natureza da proposta do artista, a atividade do coordenador, ainda que eu a reduzisse ao mínimo, introduziria inevitavelmente uma palavra, um ruído, que precisamente esse "parêntese para o olho", por uma questão de coerência projetual interna, pretendia suspender. Assim, contrariando o desígnio fenomenológico do projeto, pela própria posição ocupada por mim nesse encontro, o que procurei fazer foi uma espécie de prólogo, uma breve passagem a esse "parêntese para o olho" cuja instauração e respectivo desenvolvimento ficaram inteiramente a cargo do artista. Contudo, no momento desta publicação, o que era prólogo tornou-se posfácio, a percepção estética, lembrança...

---

* Do Instituto da SBPSP.

Assim, pensando na relação entre o artista e o psicanalista, em primeiro lugar, lembrei-me que em Freud essa relação é sugerida, no tocante à técnica, tendo em vista o modo de trabalhar do escultor.[1] Opondo radicalmente a técnica sugestiva à analítica. Freud evoca as fórmulas *"per via di porre"* e *"per via di levare"* com as quais Leonardo da Vinci distinguia a pintura e a escultura. "A pintura, diz Leonardo, trabalha *"per via di porre"*, pois deposita sobre a tela incolor particulas coloridas que antes não estavam ali. Já a escultura, ao contrário, funciona *"per via di levare"*, pois retira da pedra tudo o que encobre a superfície da estátua nela contida". e, pensa Freud, é da escultura que a Psicanálise se aproxima, pois esta "não pretende acrescentar ou introduzir nada de novo, mas antes tirar, trazer algo para fora, e para esse fim preocupa-se com a gênese dos sintomas e com a trama psíquica da idéia patogênica, cuja eliminação é sua meta (p. 244). Essa aproximação é curiosa, sobretudo se pensarmos que segundo Vasari, o fundador da História da Arte, pintura e escultura, ambas filhas do desenho, hierarquizam-se como a mente e o corpo. A pintura é, como dissera Leonardo, cosa mentale. A escultura é corpo a corpo com a matéria. O pintor é intelectual. E o escultor, para Vasari (e para Freud também), é principalmente Michelangelo – aquele que apesar de 'divino", fica coberto de pó ao extrair da matéria tudo que encobre a forma. E é pela particularidade da matéria com a qual trabalham (pedra e realidade psíquica) que escultor e psicanalista podem se aproximar. No entanto, do século XVI, quando escreveu Vasari, ao século XX, as artes plásticas se transformaram, bem como o pensamento estético que lhes dá sustentação teórica. E, no decurso dessa transformação, pode-se ainda manter aquela aproximação?

Sabe-se que entre os contemporâneos é Merleau-Ponty o pensador que mais radicalmente interroga o Olho e o Espírito.[2] E que a partir dessa interrogação, como acontece ao artista (sobretudo ao pintor e ao escultor), pode-se dizer que o psicanalista *vê* uma coisa e *olha* outra, vê o sensível e olha a realidade psíquica. Ver e olhar, nesse caso, são manifestações de uma experiência única, a experiência da visão. Mas, o que é a visão?

Para Merleau-Ponty, muito resumidamente, a experiência da visão é advento da reflexão entre o vidente e o visível, pólos reversíveis e constitutivos de um mesmo campo, graças ao invisível que misteriosamente os fundamenta e nutre. Mas, nesse processo, que significação possui o olho do artista? Novamente diz Merleau-Ponty: "Instrumento que se move por si mesmo, meio que inventa seus próprios fins, o olho é aquilo que foi comovido por um certo impacto do mundo, e que o restitui ao visível pelos traços da mão" (p. 281). Ora, nessa direção, a forma gerada pelas artes plásticas só pode ser interrogativa. Aliás, como é a forma sensível-conceitual dos trabalhos de Resende: uma forma outra.

---

1. Freud, S. Sobre a psicoterapia (1905). *ESB*. RJ: Imago, Ed. 1989.
2. Merleau-Ponty, M. , L'oeil et l'esprit. Paris, Gallimard, 1964.

Com efeito, como comenta Ronaldo Brito, enquanto práticas do olhar, trabalhos como os de Resende resistem a toda tentativa de resgate verbal. Dificilmente seria possível traduzir em outra linguagem que não a perceptiva a visualidade inquietante que esses trabalhos tramam. "Afinal ficamos sem saber o que significam, embora saibamos que significam e não param de significar. Pensando neles, repetimos compulsivamente a dessincronia – intuímos um todo, analisamos as partes, mas não achamos relação entre as duas operações. O que as liga talvez seja uma precisa separação, uma calculada margem. Um intervalo esquizo vem a ser, propriamente, o tempo do trabalho. Irredutível ao Tempo da Produção e ao Tempo da Contemplação. Nem trabalho produtivo, nem Arte, como são reconhecidos e instituídos na sociedade do Capital, assim se coloca este problema: o trabalho de arte contemporâneo".[3] Mas, ai é que está o nó da questão. Na maioria das vezes, o que esses trabalhos sem nome pedem é um olhar de passagem, sem memória, uma percepção errática, diríamos nós da Psicanálise, uma atenção flutuante. Assim, o que uma peça de Resende parece exigir do espectador é que a experiencie como presente, à maneira de Proust[4] relacionar-se com o passado, isto é, "para além dos esforços de nossa inteligência (...) fora de seu domínio e do seu alcance, oculto nalgum objeto material (na sensação que nos daria esse objeto material) que nós nem suspeitamos. Esse objeto, só do acaso depende que nós o encontremos antes de morrer ou que não o encontremos nunca" (p. 31).

Ora, o que "um parêntese para o olho" pode significar é a ocasião para uma experiência concreta da alteridade, um momento artístico em que os objetos, por um lado, "exigem de nós criação para deles termos experiência" (Merleau-Ponty) e, por outro lado, suscitam em nós "a estranha certeza de não sabermos bem que somos" (Ronaldo Brito). Em suma, prenhe de implicações emocionais e cognitivas, esse "parêntese" pode ter-se cumprido, junto ao público visitante dessa Bienal, como intervalo silencioso para uma reflexão através da qual poderá ter emergido, ou não, a misteriosa forma do Outro.

---

3. Brito, R. Certeza Estranha. *Espaço de Arte Brasileira*. Contemporânea. R. Janeiro: Funarte, 16-12-80 a 31-01-81, s/p.
4. Proust, M. *No caminho de Swann*, São Paulo: Abril Cultural, 1979.

SILÊNCIO E LUZES SOBRE A EXPERIÊNCIA DO VAZIO E DA FORMA

José Resende

Foi numa noite calmosa
Que te vi mulher formosa
E te amei...
E fiquei embriagado
Com o sorriso perfumado
Que alcancei

Cambaleando por momentos,
Decidi-me a passos lentos,
Junto a ti.

E me encontrei em um lugar etéreo, sem formas definidas, onde tudo era bruma, iluminado por uma luz difusa e uniforme. O ar denso tinha consistência. Nenhuma sensação cutânea de umidade, ao contrário, tudo era muito seco e suavemente quente. A força da gravidade fora neutralizada. O corpo se encontrava em equilíbrio perfeito, embora fosse possível se mover e, ao fazê-lo, a densidade era tal, que este invólucro atritava a pele como um carinho.

No silêncio, para o olho que vagava, tudo era nada.
Entretanto o olho, esse instrumento perverso, ainda que errante e vago, começa a distinguir pequenas diferenças nessa topografia incerta.

Mesmo com a luz tênue, por milionésimos de segundo o olho retém formas de sombras. Fixá-las é uma atração irresistível. Um desejo de delas se apropriar.

Com a intensidade de um trovão, um verdadeiro estrondo para o olho, o que era branco vira preto. Na realidade, estávamos diante do "Algodão negativo" de Waltércio Caldas.

Vazio do cheio, cheio do vazio, forma sem forma, sem cheiro, sem cor. Afinal, embora preto, era algodão.

Foi numa noite calmosa.
Que te vi mulher formosa
E te amei...
E fiquei embriagado
Com o sorriso perfumado
Que alcancei
Cambaleando por momentos,
Decidi-me a passos lentos,
Junto a ti.

Foi aí que ouvi dizer:
Ninguém ama sem sofrer
E eu sofri ...

Um foco de luz aparece. Na verdade apenas sua direção, pois desta luz intensa apenas se vê o que dela reverbera sobre um anteparo branco que a oculta. Mas, assim mesmo, exerce urna enorme atração. Com a acomodação da íris, vislumbra-se que à direita, na penumbra, um acesso iluminado. Aproximando-se, vê-se um corredor e nele, à esquerda, no seu final, uma intensa réstia de luz, que constrói nas pareces frontais a figura de um "Espaço Virtual" do Cildo Meireles. Entretanto, o corredor é tão estreito, que não permite a passagem, mas a associação é boa e o olhar se volta para o outro lado do corredor, e, de fato, se percebe na parede oposta a sombra da lâmpada. Sem dúvida estávamos em frente à "Obscura luz", um outro trabalho do mesmo Cildo. E, lá dentro do espaço iluminado e inacessível, certamente dele também o "Fiat Lux": fósforo, lixa, fogo, espelhos quebrados, perigo, a repressão nos anos 70.

Quem acha vive se perdendo
Por isso agora vou me defendendo
Da dor tão cruel desta saudade

Que por infelicidade
Meu próprio peito invade.

A memória não é estática. Tem um movimento contínuo. É como na topologia onde as coisas estão sempre em relação e só existem na medida em que se compreende seu processo formativo, sabendo que o mesmo não dará nunca conta da evidência que esta forma tem por si só. Algo semelhante à formação de um toro: uma circunferência, que gira em torno de um ponto, que pertence a um segmento, que contém um de seus diâmetros, embora este ponto necessariamente esteja fora do intervalo desse segmento que contém este seu diâmetro. A circunvolução compõe esta figura no espaço, cujo centro está no vazio que contém no seu interior, que é necessariamente exterior a ela mesma. Um monumento a este espaço, cujo centro formador não lhe pertence, é o "Toro no Interior da Montanha", que Tunga realizou no Morro Dois Irmãos.

Não por acaso um morro siamês.

No espírito mercúrio uma imagem narcísica. Vejo-me como que flutuando na intersecção que separa dois líquidos não miscíveis, totalmente transparentes. E meu olho está como o aquário de Waltércio Caldas.

Foi numa noite calmosa.
Que te vi mulher formosa
E te amei ...
E fiquei embriagado
Com o sorriso perfumado
Que alcancei
Cambaleante por momento,
Decidi-me a passos lentos,
Junto a ti.

Foi aí que ouvi dizer:
Ninguém ama sem sofrer
E eu sofri ...

Fotos: Rômulo Fialdini

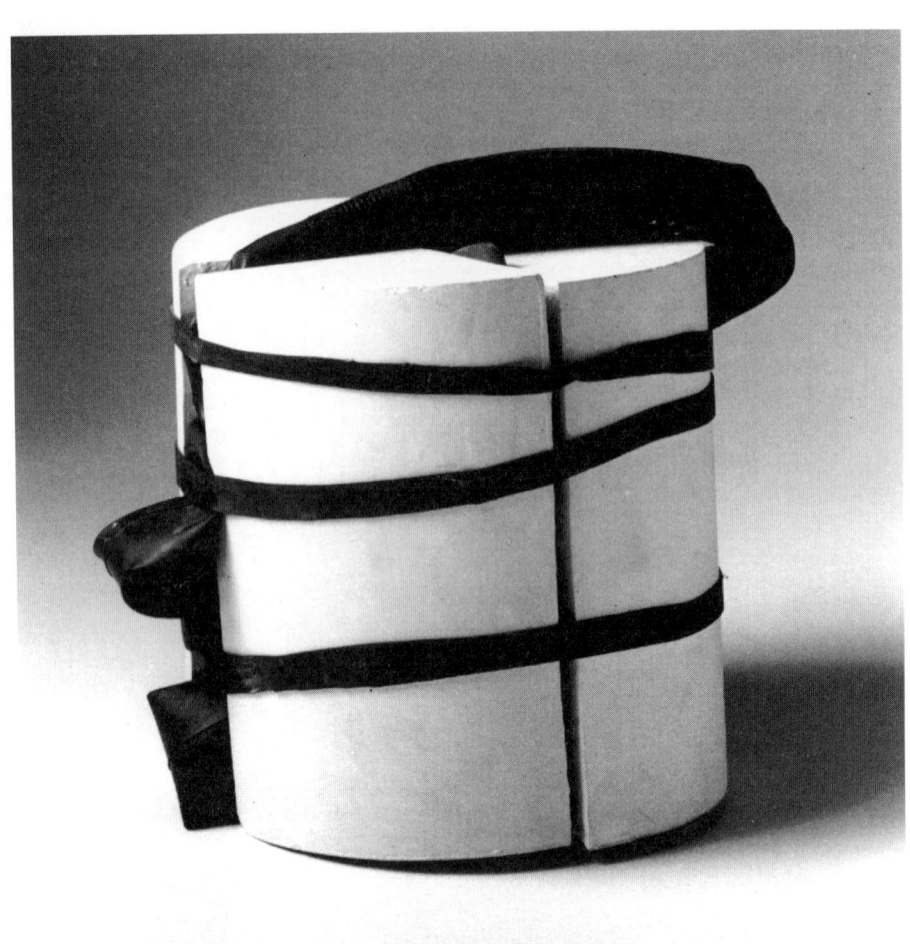

POESIA É RISCO
UMA APRESENTAÇÃO VERBIVOCOVISUAL

AUGUSTO DE CAMPOS*

Poesia é risco, o espetáculo apresentado no III Encontro Bienal da Sociedade Brasileira de Psicanálise de São Paulo, em 16 de novembro de 1997, foi concebido como uma apresentação multimídia que repropõe, em novas bases, a prática da leitura de poemas, a partir do CD de mesmo nome de minha autoria e de Cid Campos, editado pela PolyGram em 1995. Eu interpreto poemas meus e de autores como Rimbaud, Blake, Joyce e Cummings em diálogo com Cid (composições musicais, tratamento eletrônico de sons e vozes em playback, baixo e guitarra computadorizada ao vivo) e com Walter Silveira, que responde pela direção de vídeos e slides.

Com 50 minutos de duração, o evento busca a interação entre música, palavra e imagem. A intenção é fugir tanto do acompanhamento passivo, em termos de música e imagem, quanto da simples ilustração de poemas. Trata-se, em suma, de uma performance verbivocovisual, expressão do jargão joyceano que define a ênfase na materialidade da palavra, visual e sonora – um dos lemas da poesia concreta, que privilegia a oralidade e a visualidade do texto.

Em simultaneidade com a atuação do poeta e do músico, são projetadas em tela central imagens editadas pelo videoartista Walter Silveira, incorporando trechos do filme *Limite*, de Mário Peixoto (em diálogo com o poema "Barco Bêbado" de Rimbaud) e outras citações e incluindo vários vídeos de poemas-animados de minha autoria, alguns criados por mim (*SOS e Bomba*, com apoio da equipe da Universidade de São Paulo, e *O Verme e a Estrela*); outros pela

---

* Ensaísta e poeta.

equipe de arte da TV Cultura (para o documentário *Poetas de Campos e Espaços*, de Cristina Fonseca), outros ainda pelo próprio Walter. Essas imagens, por sua vez, dialogam com projeções laterais de slides, formando um tríptico visual em contraponto com a leitura e a música.

No programa que acompanha este texto se alinham os títulos das composições, o roteiro básico, as citações e os créditos. Para dar uma idéia do espetáculo, aqui vão alguns fotogramas do clip-poema SOS – uma versão em vídeo da animação digital, realizada no Laboratório de Sistemas Integráveis da Escola Politécnica da USP (as cópias foram feitas a partir do *site* respectivo – *www.lsi.usp.br* – onde podem ser vistas mais imagens da animação). Na apresentação, o vídeo do poema ocupa o telão central. Com a sala escura, as imagens ganham dimensão pregnante, acentuada pela música poderosa de Cid Campos, os círculos concêntricos girando em sentidos horários opostos, mas sempre sincronizados com a leitura e os sons. Anexo também as duas leituras do fragmento ("queda") extraído do *Finnegans Wake* de James Joyce, que interpreto. Como esclareço na pequena introdução que os precede, fiz duas traduções do mesmo trecho, com intervalo de cerca de 10 anos, e as soluções associativas se multiplicaram e se enriqueceram. Pareceu-me que as duas "Quedas" do *Finnegans Wake*, com seus elaborados trocadilhos palimpsésticos, que evocam as especulações sobre a associação de palavras ("familionário!") desenvolvidas por Freud em seu esplêndido tratado *O Chiste e sua Relação com o Inconsciente* (1905), "cairiam" como luva na Bienal da Sociedade Brasileira de Psicanálise, no bojo de uma apresentação artística cujo título, *Poesia é Risco*, jogando com a dupla leitura da palavra "risco", já é um convite para as aventuras da mente. Quem sabe, também, o poema SOS, com sua temática de angústia cósmica, sugerindo uma leitura fragmentária de fora para dentro, a partir da linha exterior (a palavra "eu" em vários idiomas, começando com "ego") numa viagem circular concêntrica do EGO ao SOS, terá contribuido com mais alguns silêncios e luzes para as reflexões sobre a experiência psíquica do vazio e da forma – o *leit-motif* da reunião.

No terceiro parágrafo do *Finnegans Wake* de James Joyce aparece pela primeira vez a voz do trovão (um polissílabo onomatopaico de 100 letras que se associa, no universo simbólico de Joyce, ao fim de um ciclo vital e ao começo de um outro, e a diversas quedas da história e da mitologia humanas como a queda de Adão, a queda do gigante Finn McCool, herói guerreiro da Irlanda, que espalha os fragmentos do seu corpo pela paisagem de Dublin, o colapso de Wall Street, a queda de Humpty-Dumpty, o homem-ovo das Aventuras de Alice, ou do Ovo Cósmico, que se rompe anunciando uma nova era para a Humanidade, a queda do pedreiro-livre Finnegan diante do seu amor primal, Ana Lívia. Eu fiz duas traduções do mesmo fragmento, com 15 anos de diferença. A areia movediça das palavras-valise de Joyce multiplica as reverberações do texto em português: *um venereável negaciante* vira um *wallstreito patriarcaico; os recantores da cristã idade* se convertem na *cristória humanicômica*; a *grande queda do ovalto*, na *grande queda do primovo*; o *primoamor que ao diablin levou lívia*, num *diabolino que primoamou lívia*. Do *Finnegans Wake*, de James Joyce, um caleidoscópio, ou um *colidouescapo* do *panaroma de todos as flores da fala*:

A QUEDA (1)

A queda (bababadalgharaghtakamminarronkonnbronntonner-ronntuonnthunntrovarrhounawns awntoohoohoordenenthumukl) de um ex venereável negociante é recontada cedo na cama e logo na fama por todos os recantores da cristã idade. A grande queda do ovalto do muro acarretou em tão pouco lapso o pftjschute de Finnegan, outrora sólido ovarão, que a humptyhaltesta dele prumptamente manda uma testamunha para oeste à cata de suas tumptytumtunhas: e o retrospicopontoepouso delas repouso em pés no parque onde oranjos mofam sobre o verde desde que o primoamor ao diablin levou lívia.

A QUEDA (2)

A queda (bababadalgharaghtakamminarronkonnbronntonnerronntuonn-thunntrovarrhounawns awntoohoohoordenenthumukl) de um outrora wallstreito patriarcaico é recontada a partir da cama e a seguir na fama por toda a cristória humanicômica. A grande queda do primovo muro prepucitou de tal forte a pftjsqueda de Finnegan, dantes excéltico ferrabraço, que a sua humptytopetesta envia presto um ininspeturista para o oeste em questa de seus tumpytumtarsos: e seus pèspontacabeçabaixos estão no baque do parque onde os loranjos se enferrojam no verde desde que um debolino primoamou lívia.

POESIA É RISCO

uma apresentação verbivocovisual
poesia **(augusto de campos)** música **(cid campos)**

poemix

tudo está dito
corsom
quasar
poesia é risco

ao vivo

poesia é risco
bestiário
lygia fingers
tensão
caracol

videopoesia

tvgrama 1
tvgrama 2
sos
pós-tudo
cançãonoturnadabaleia

ao vivo

o barco bêbado (rimbaud)
o verme e a estrela (kilkerry)
vogais (rimbaud)
cocheiro bêbado (rimbaud)
o tygre (blake)
a quéda (joyce)
gafanhoto (cummings)
tudo está dito

videopoesia ao vivo

poema bomba
cidade city cité

créditos

vídeos: **tvgrama 2, pós-tudo, cançãonoturnadabaleia, o tygre**
tv cultura ("poetas de campos e espaços" de cristina fonseca,
clips: cristina fonseca, flávia soledade e paulo rebesco
o verme e a estrela, sos e poema bomba: augusto de campos
citações: "limite" (filme de mário peixoto) no **barco bêbado**
"poema-cidade" (filme de chico cesar e tata amaral) em **cidade city cité**
"canti di capricornio" (melodia de giacinto scelsi, voz: michiko hirayama) na
música de **cançãonoturnadabaleia**
"profilograma rimbaud wave" (valloton/hokusai)
augusto de campos e arnaldo antunes
computação gráfica: **lygia fingers / tvgrama 1 / gafanhoto** (richieri)
slides: augusto de campos/ fernando laszlo
direção/videoarte: **walter silveira**

SOS (1983 – animação digital, 1992)
Poema de Augusto de Campos

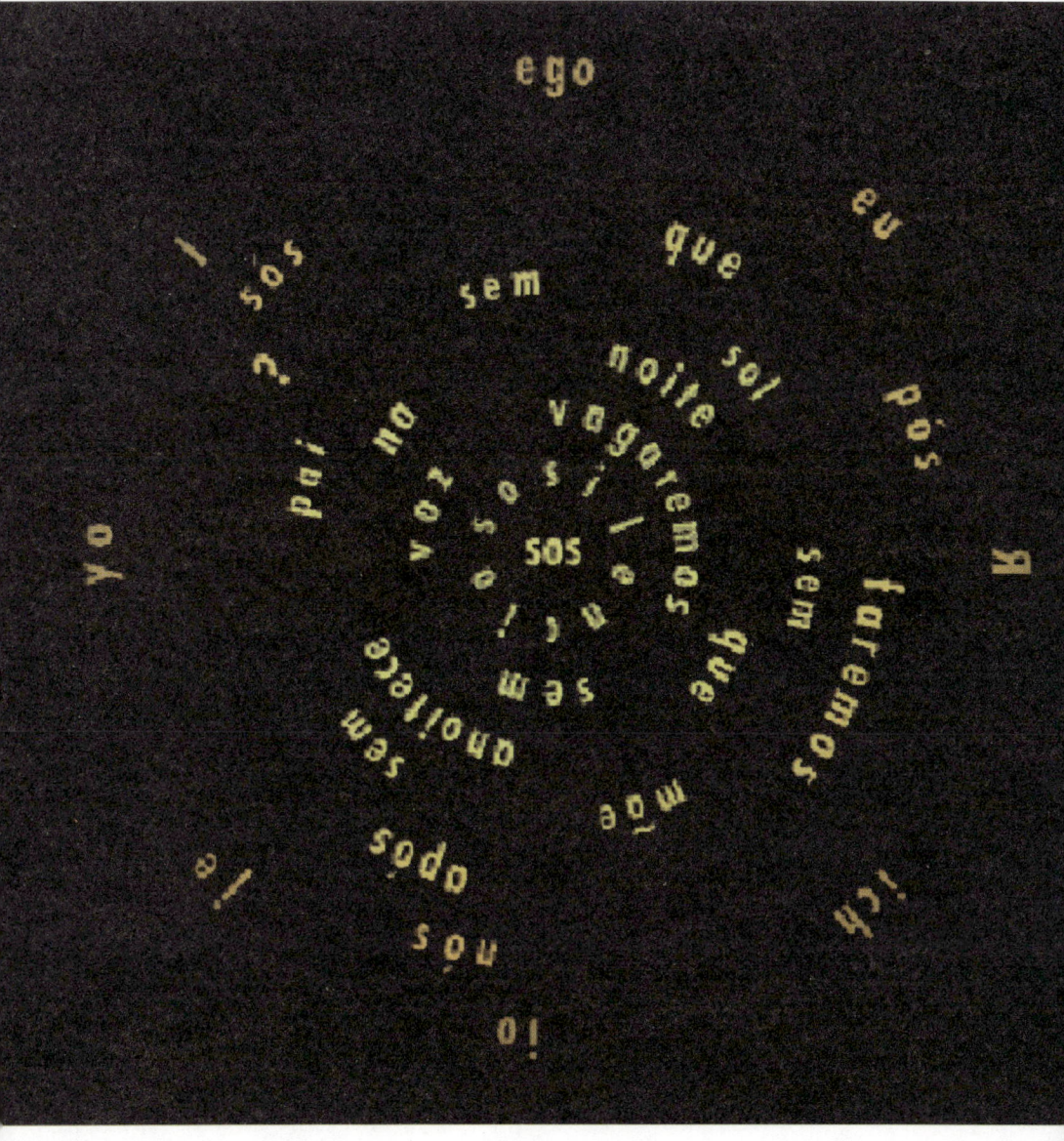

SOBRE UMA EXPERIÊNCIA PSÍQUICA DO VAZIO COMO FORMA – MIRA SCHENDEL

SONIA SALZSTEIN*

Ainda hoje é pouco reconhecido o papel que a produção artística veio desempenhando desde os anos 20 à atualidade no debate cultural brasileiro, no sentido de renová-lo e dinamizá-lo. De resto, são notórias as dificuldades de acesso de um público mais amplo às contribuições da arte brasileira, em geral, e especialmente à produção contemporânea, que a partir dos anos 50 ia dando provas de sua originalidade e vocação experimental no contexto internacional da arte, ainda que não pudesse se desenvolver senão em posição marginal.

Mira Schendel (Zurique, 1919 – São Paulo, 1988) é uma dessas presenças inaugurais na renovação do pensamento artístico brasileiro, alguém que nesse período crucial que vai da década de 50 ao início dos anos 60 – de desprovincianização cultural e ruptura com velhos modelos – realiza uma experiência de liberdade artística e intelectual tão contundente quanto a dos artistas do movimento neoconcreto. Como é de se imaginar, seu nome acabou se tornando mais conhecido do que o próprio trabalho, sendo mesmo um tanto recentes as tentativas de examinar tal trabalho de uma perspectiva mais geral.

Mas descontadas as lacunas de uma história da arte brasileira, que ainda está em vias de se constituir e na qual ainda cabe dimensionar a inserção da artista, é preciso reconhecer que um dos traços essenciais da obra é sua obliqüidade, o silêncio sóbrio e interminável ao qual Mira sempre se recolheria depois de fases de produção frenética e, afinal, a matéria rala e evanescente na qual ela constituiria seu trabalho. Nesse percurso, aliás, o aspecto mais intrigante é que uma experiência de plenitude e otimismo existencial deveria desenvolver-se em íntima correlação com a abdicação progressiva dos materiais e com a

---

* Crítica de arte.

Sem título, 1985. Têmpera acrílica, gesso e folha de ouro sobre madeira, 89 x 159 cm. Col. Raquel Arnaud, São Paulo.

abreviação cada vez mais notável dos gestos, ao mesmo tempo em que o trabalho ia ganhando extraordinária expressividade.

Vale dizer: a trajetória de Mira iria assinalar o desinteresse paulatino da artista pelos problemas estritos da forma, um descaso pela construção do estilo pessoal e, simetricamente, o envolvimento radiante do trabalho com a noção de vazio. A partir daí, a artista deixar-se-ia levar numa trilha exploratória – que já não era estritamente aquela indicada pela tradição ou a história da arte. O trabalho parecia encaminhar-se para uma excursão filosófica autodidata e descomprometida de qualquer objeto específico, que apenas teria encontrado nos produtos enigmáticos da arte um campo propício à especulação interior. Dessa maneira, a artista formulava uma noção bastante lábil da forma, e aproximava-se da experiência do trabalho como um vazio ativo.

Mas antes de chegar a este ponto, Mira tinha se defrontado com uma série de percalços estéticos e intelectuais, que vale a pena recapitular. A artista só começaria a dedicar-se seriamente à arte aqui no Brasil, para onde viera em 1949, depois de viver a saga migratória de uma Europa em guerra. Tinha passado a maior parte da infância e adolescência em Milão, onde tinha freqüentado curso de arte e, por dois anos, uma escola de filosofia.

As pinturas que faria em meados da década de 50 já insinuavam que seu interesse pela arte seria sempre impelido por forte vocação reflexiva; são telas de superfícies rasas, com uma figuração simplificada, tons baixos, sobressaindo-se mais a busca da expressividade dos materiais e texturas do que os valores da cor. São, enfim, obras que sugerem um jogo de oposições entre permanência e transitoriedade, entre a ordem abstrata dos elementos visuais e a natureza corpórea e instável da matéria pictórica. Além disso, esses elementos visuais introduziam-se no campo da pintura ambiguamente: ora tendiam a despreender-se do fundo, preservando apenas seu caráter iconográfico, de signos, ora pareciam prestes a deixar-se incorporar na matéria espessa da superfície.

Os primeiros anos da década de 60 radicalizariam o dado corpóreo da pintura de Mira, prenunciando assim a superação dos problemas compositivos da pintura em direção a uma compreensão mais indeterminada do espaço. As telas adquiririam impressionante materialidade (com o acréscimo de materiais diversos à mistura das tintas) e os elementos visuais iriam se reduzir a um mínimo – linhas horizontais e verticais, ou passagens quase imperceptíveis de tons e texturas. É como se doravante Mira tivesse deixado de ver a pintura como o lugar de uma ordem imutável e prévia da visão; com a irrupção das qualidades empíricas da matéria, ela colocava em jogo um fator imprevisível e contingente que excedia o campo perceptivo. Os trabalhos, por sua vez, iam adquirindo uma dimensão processual, de objetos inacabados.

A essa altura, e até o princípio dos anos 70, elaborava-se o caráter essencial da obra da artista. Mira deixava de lado as preocupações pictóricas anteriores, centradas sobretudo nas ambigüidades figura/fundo (ou na oscilação da percepção, ora dando a ver signos, ora a evidência material da superfície) para empregar-se com agitação num conjunto heterogêneo de novas séries de trabalhos. O fato de sua obra ter buscado uma espécie de des-especialização redundava numa relação nova com o campo da arte, uma atitude estética aberta e heterodoxa, rebelde a toda tentativa de categorização.

Começariam então a surgir algumas das expressões mais originais no universo da arte contemporânea. Foi entre 1964 e 1966 que Mira produziria perto de dois mil desenhos em tinta a óleo sobre finíssimo papel de arroz, suas conhecidas monotipias. O suporte frágil do papel tendia quase a esvoaçar, e os traços vibravam com notável presença física, como se a artista os tivesse desenhado imediatamente no espaço. Ela parecia empenhada em romper a mediação do objeto artístico, em infundir a seus trabalhos a vitalidade e a fluidez do pensamento, num estágio em que este ainda seria uma pura possibilidade reflexiva, em que ainda não teria sido apreendido numa convenção de linguagem. A obra se dispersava numa multiplicidade de encaminhamentos e demonstrava crescente simplicidade e despojamento no uso de materiais.

Datam também do ano de 1966 – quando, ao que tudo indica, Mira tinha colocado a pintura de lado – suas *Droguinhas* e *Trenzinhos*, espécies de "esculturas de ar", que constituíam o momento límpido de conquista daquela noção de vazio, crucial para a obra que se desdobraria daí em diante. As *Droguinhas* eram feitas de tiras de papel de arroz enroladas em cordões e tramadas em nós, resultando em volumes informes, como se mimetizassem movimentos corporais gratuitos. Os *Trenzinhos* consistiam numa seqüência de folhas de papel de arroz penduradas uma após a outra em longos "varais", sensíveis às menores modulações de ar. Ambos expressavam com humor sua condição de avesso da escultura: não tinham volume, não tinham interioridade, não tinham centro, não reclamavam os privilégios da visão – eram trabalhos que recusavam objetivar-se.

Mas tal redução do objeto de arte a um quase-nada não teria, em Mira, nada da assepsia intelectual dos conceitos, reportando, ao contrário, aos movimentos imprevisíveis e lúdicos de um pensamento que queria ao mesmo tempo anteceder e projetar-se além das obras que provisoriamente presentificava. Logo em seguida, entre fins dos anos 60 e princípios dos 70, viriam os *Discos* e *Objetos Gráficos*, obras que utilizavam o acrílico, pendendo livremente do teto, trazendo constelações de letras e signos gráficos. A impressão que se tem diante delas é de nuvens ou espirais de letras flutuando imediatamente no espaço.

A experiência de uma forma sem limites muito precisos, que se revolvia como aquela espécie de vazio ativo, manifestava-se também num segmento pouco conhecido da obra de Mira, que parece fornecer, mais que nenhum outro, a imagem abrangente do universo das preocupações estéticas e intelectuais da artista. São seus cadernos, produzidos nos anos de 1970 e 1971. Trata-se do segmento que talvez realize de maneira mais explícita a idéia da obra inteira como uma fenomenologia do pensamento, sem objetos e em trabalho permanente, impossível de ser fixada nesta ou naquela obra. Muitos desses cadernos traziam seqüências de onze pranchas, numeradas de 0 a 11, da transparência à opacidade, do vazio ao pleno, do vazio ao um indivizível, reiterado e potencializado sob a forma do 11 – que é também o duplo um, o particular que nunca se deixará subsumir na totalidade.

A questão central desses cadernos era o tempo, a dimensão processual e experimental da linguagem. Se desafiar a convenção da linguagem constituía o enfrentamento maior da reflexão de Mira, a injunção dessa espessura temporal nos trabalhos era algo que dilatava, adiava e subvertia esta convenção. Num dos raros depoimentos sobre sua obra (fragmento de texto datilografado, inédito), Mira fazia considerações cruciais sobre a importância da escrita e das noções de transparência e temporalidade em sua obra: "Os trabalhos ora apresentados são resultado de uma tentativa até agora frustrada de surpreender o discurso no momento de sua origem. O que me preocupa é captar a passagem da vivência imediata, com toda sua força empírica, para o símbolo, com sua memorabilidade e relativa eternidade. Sei que se trata, no fundo, do seguinte problema: a vida imediata, aquela que sofro, e dentro da qual ajo, é minha, incomunicável, e portanto sem sentido e finalidade. O reino dos símbolos, que

Sem título, 1954. Técnica mista sobre madeira, 51 x 66 cm. Col. Leirner, São Paulo.

procuram captar essa vida (e que é o reino das linguagens) é, pelo contrário, antivida, no sentido de ser intersubjetivo, comum, esvaziado de emoções e sofrimentos. Se eu pudesse fazer coincidir esses dois reinos, teria articulado a riqueza da vivência na relativa imortalidade do símbolo. Reformulando, é esta minha obra a tentativa de imortalizar o fugaz e dar sentido ao efêmero. Para poder fazê-lo, é óbvio que devo fixar o próprio instante, no qual a vivência se derrama para o símbolo, no caso, para a letra".

Num ritmo geral bastante irregular de produção, em que à prodigalidade de certos momentos se sucederiam longos períodos de introspecção, a obra chegava aos anos 80 revelando profunda sedimentação de questões essenciais. De meados da década em diante pode-se mesmo dizer que o elã produtivo de Mira tornava-se mais comedido, concentrado, como se o pensamento da obra não residisse mais numa espontaneidade expressiva que tivesse de gerar sem parar seus objetos, mas numa espécie de contundência intelectual e sensível, não manifestando senão o absolutamente necessário.

A artista realizou entre 1985 e 1987 um conjunto de têmperas brancas e negras, de superfícies porosas e aveludadas, atravessadas por discretas inserções de folhas de ouro ou por formas lineares em relevo (círculos, linhas horizontais). Estas, quase imperceptíveis, eram tomadas a distância como elementos desenhados; de perto, percebia-se que resultavam dos desníveis do suporte de madeira: a conhecida reimersão dos signos no campo empírico da matéria... Algumas das têmperas negras traziam linhas também negras, mas de uma materialidade brilhante e gordurosa, que nem se destacava nem desaparecia totalmente contra o fundo opaco. Além dessas, Mira produzia os Sarrafos, série de 12 têmperas com vigorosos sarrafos negros recortando superfícies branquíssimas, onde o que seria o elemento virtual – a linha – convertia-se à materialidade impositiva do sarrafo. Os Sarrafos introduziam-se, no conjunto da obra, como a expressão mais aguda de um pensamento que buscava sempre a efetividade do real: eles liquidavam o espaço virtual que se formava no cruzamento de duas linhas e restituíam uma efetividade espacial à linha — esta agora se projetava materialmente no espaço e assim o modificava de maneira definitiva.

Da atitude essencialmente experimental de Mira resultaram trabalhos heterogêneos, dificilmente assimiláveis às características de constância de estilo, de continuidade e sedimentação da tradição, que habitualmente se associam à noção de obra. A descontinuidade formal que marca os trabalhos da artista – e que expressa entretanto uma unicidade conceitual profunda – é um traço distintivo de sua obra, é o problema com o qual ela se defrontou ao longo da carreira.

Ao se dispersar em múltiplas direções, Mira Schendel colocava em jogo precisamente uma certa modalidade fluida do pensamento, que jamais poderia se adequar à idéia de sistema, de previsibilidade e derivação formal que a noção de obra pressupõe. Ao contrário, Mira parecia buscar na arte a possibilidade da contínua improvisação de idéias, o jogo de rebatimentos entre as intuições e os conceitos, e sobretudo a liberdade de permanentemente desmanchar e brincar com os limites do próprio trabalho. O vazio como forma, afinal.

Foi essa experiência da forma instável, sem objeto privilegiado, confundindo-se com um exercício especulativo e gratuito do pensamento, que a artista aportou ao universo de questões da arte brasileira. Resta apreender mais com a obra, especialmente esse dado elementar, revelando-nos que o trabalho de arte, antes de se pôr materialmente como objeto "positivo", diz respeito a uma atitude, e no caso de Mira, a uma atitude de construção individual.

ENTRE O VAZIO E O ESQUECIMENTO: UMA ESTÉTICA DA ANGÚSTIA NA OBRA DE J. F. CHEVAL*

SONIA NOVAES DE REZENDE**

> *Alguém que é mais que* naïf *é o tradutor de uma linguagem secular. Sua infância sem fim faz apelo aos mais velhos sonhos do mundo.*
> (André Malraux[1])

É difícil falar de um homem que se conhece apenas por sua obra, seus escritos e algumas indicações biográficas. Joseph Ferdinand Cheval foi um homem tão fascinante quanto sua obra. Alguns eventos de sua vida merecem destaque:

1836 – 19 de abril, Cheval nasce de pais camponeses, em Charmes-sur-L´Herbasse, no Vale de Herbasse, na região do Drôme, na França, relativamente perto de Lyon.

1842-1848 – Escolaridade primária em Charmes.

---

* Meu primeiro trabalho sobre J. F. Cheval foi apresentado na forma de uma conferência audiovisual, no Simpósio Arte-Dor, em maio de 1994, na USP. O presente texto é uma versão modificada daquele trabalho.

** Psicanalista e professora da Faculdade de Ciências Médicas da da UNICAMP.

1. André Malraux foi, em 1970, um dos defensores do tombamento do Palácio de Joseph Ferdinand Cheval como patrimônio artístico da França (ver bibliografia).

	– Aos 11 anos de idade fica órfão de mãe.
	– Aos 18 anos perde seu pai.
	– Dos 19 aos 30, exerce a função de padeiro. Nesse período, viveu em várias cidadezinhas da região do Drôme
1858	– Casa-se pela primeira vez, em Hauterives, com Rosalie.
	– Nasce seu primeiro filho, Victorin-Joseph-Ferdinand que vive apenas vinte dias.
1866	– Nascimento de seu segundo filho, Ferdinand-Cyrille.
1867	– J. F. Cheval é investido das funções de carteiro postal, que exerce até 1896. Nesse período, devido a sua atividade como carteiro, novamente habita em várias aldeias da região até 1878, quando se muda definitivamente para Hauterives.
1873	– Morre sua esposa Rosalie. Separa-se então de seu filho Cyrille que, aos 7 anos, é confiado aos padrinhos.
1878	– Segundo casamento com Marie-Philomène-Claire Richaud.
1879	– Em janeiro, adquire uma área no bairro do Moinho, em Hauterives.
	– Em 19 de abril, dia de seu aniversário, ao completar 43 anos, encontra o que ele chama *la pierre d´achoppement*. *Achoppement* significa tropeço, dificuldade, imprevisto, obstáculo. Ele a interpreta como um sinal para que dê início à construção de seu palácio, para "tornar o sonho realidade".
	– Procura pedras especiais e começa a cavar uma bacia no jardim da propriedade que adquiriu. Nesse mesmo ano, inicia sua primeira construção: a fonte da vida. Todas as demais etapas do palácio serão realizadas até 1912.
1879	– Nascimento de Alice, terceira filha de J. F. Cheval.
1893	– Morre Alice-Marie aos 15 anos.
1896	– J. F. Cheval se aposenta aos 60 anos de idade.
	– Seu castelo é fotografado, são feitos cartões-postais e visitantes vêm de longe para conhecer sua obra.
1897	– Primeira biografia escrita.
1904	– Início de uma importante correspondência com jornalistas da França e do exterior. Seu monumento é nomeado então o Palácio Ideal.
1905	– Segunda versão de sua biografia que será escrita desde então em cadernos, num total de cinco versões.
1912	– Cyrille Cheval, seu segundo filho, morre tuberculoso em Hauterives.
1913	– Data oficial do término do seu Palácio Ideal.
1914	– Aquisição de um jazigo perpétuo no cemitério de Hauterives. Início da construção do *Túmulo do silêncio e do repouso sem fim*.

          – Nesse mesmo ano morre Marie-Philomène, sua segunda esposa.

1922   – Término da construção de seu túmulo.

1924   – 19 de agosto, aos 88 anos, morre em sua casa edificada ao lado do monumento e é enterrado no túmulo, por ele mesmo construído.

I

Ir ao encontro do carteiro Cheval será tentar nos colocar no centro de sua caminhada e de seu próprio olhar. No entremeio de um tecido documentário de datas, fatos de sua vida, inscrições, referências culturais e ao mesmo tempo para além disso, no interior do processo de criação, numa oscilação entre aquilo que pode ser visto e tocado e aquilo que "os olhos não podem ver e as mãos não podem tocar" (Paulinho da Viola).

Procuro mostrar como os temas trabalham, insistem e convergem em vários jogos de metáforas, desdobramentos, idas e vindas. Busco reencontrar a linguagem específica desse homem, a dimensão do inconsciente no qual ela está profundamente enraizada, a ordem do desejo e do imaginário, tentando fazer emergir alguns sentidos possíveis que, em vez de fechar significações únicas e saturadas (Bion, 1970), abre perspectivas e nos convida a percorrer os caminhos de seus sonhos.

Diante da questão "o que é a vida", Cheval responde: é a realização de um sonho de eternidade e a encenação do desejo de imortalidade. O Palácio Ideal toma forma enquanto espaço existencial para colocar fim ao vazio entre a realidade e o sonho. Cria o lugar onde "o sonho tornou-se realidade", através de uma arquitetura poética singular: constrói um monumento inabitável, de sublime inutilidade, mas essencial à sua vida, lugar de um movimento violento contra a dor da morte, do esquecimento e da obscuridade; um gesto subversivo contra a banalidade da vida, mas também homenagem à natureza e submissão ao seu destino.

Cheval cobriu o seu palácio com 135 inscrições, nomes, provérbios, citações, pensamentos próprios, poemas, pequenos relatos, afirmando, por um jogo de identidades, o surgimento de seu pensamento mítico. Percorro, neste texto, inúmeros labirintos, grutas, fachadas, terraços, fontes, esculturas e corredores onde essas inscrições se encontram. Apesar de insuficientes, as ilustrações que acompanham este texto dão uma idéia do esforço colossal feito por Cheval para construir um lugar para se dizer, buscando deixar sua subjetividade aí representada.

Segundo ele mesmo, a natureza lhe deu o "gosto da arquitetura e da arte". Esse é o fermento e a justificação do seu esforço. Mas sua criação procede igualmente de sua cultura, de sua vida e das estreitas relações entre seu mundo externo e interno.

Sua obra é uma espécie de Babel unificada: palácio, templo da natureza, templo hindu, mesquita, gruta, túmulo, sonho do atemporal, espaço sagrado, fechando dentro de si os labirintos do desejo. Como um demiurgo, coloca continuamente seu desejo em movimento contra toda a inércia, tentando reproduzir e perpetuar suas fantasias inconscientes. Nutre-se de uma prática operatória e uma perseverança compulsiva contra as duras provas do tempo e da norma. Cheval substitui a onipotência da morte, última lei e real obstáculo, pela lei de seu desejo e de sua linguagem.

No labirinto sul da Galeria de seu palácio, ele inscreve: "Lembra-te, homem, tu que és pó, somente tua alma é imortal". Por tentar pôr em cena seu desejo de imortalidade, torna presente e desafia "a mão devastadora da morte".[2]

Combateu sua angústia de morte e aniquilamento com as forças subjacentes ao seu impulso criativo. Graças às suas capacidades, seu inconsciente cria uma nova realidade: sua obra. Esta vive uma relação muito estreita com o mundo pulsional. Freud (Freud, S., 1915) nomeou "pulsões" nossos seres míticos primeiros, núcleos do sonho. Suas fantasias de imortalidade, de fusão infinita, de retorno ao ventre materno e de renascimento são as desembocaduras da onipotência do desejo, manifestando uma exigência vital: dominar a angústia do vazio pelo redobramento narcísico de si mesmo no espaço.

> *O sulco cavado pelo meu trabalho*
> *Permanecerá gravado no glorioso passado de minha vida*
> *E no Infinito, eu viverei ainda, após meu último suspiro.*
>
> (fachada oeste do Palácio[3])

A questão da morte se torna a questão de sua vida. O sagrado não é uma ilusão, mas coincide com o real. A fantasia de imortalidade se encarna nesta possibilidade do impossível: seu monumento.

No dicionário latino de Gaffiot (F., 1968) lemos: *monumentum* vem de *moneo* e significa tudo aquilo que lembra alguém ou algo; aquilo que perpetua e consagra a lembrança; sinal de reconhecimento. *Moneo, ere*, é um verbo transitivo e significa fazer lembrar, exortar, dar inspiração, fazer sonhar ou pensar em alguém ou em alguma coisa. Seu monumento tem pois uma função metalingüística, pois nos lembra da lembrança, nos lembra que, através dele, alguém está ao mesmo tempo presente e ausente.

O monumento é o seu duplo imortal, o substituto de si mesmo, o espaço para lembrar aquele que seria esquecido, lugar da separação e da morte,

---

2. *Ces pierres qu'avec goût assembla ton caprice, des siècles défieront la main dévastatrice.* Poema de Théodore Deckert anotado em seu Caderno de 1911.
3. A tradução desta e das demais inscrições aqui mencionadas, bem como as passagens de sua autobiografia, foram retiradas de várias fontes, mas principalmente do levantamento documental amplo e rigoroso feito por Jean-Pierre Jouve e os irmãos Claude e Clóvis Prévost.

negados e afirmados, intensa luta contra o vazio do esquecimento. Toma a forma de um espaço que tenta garantir a resolução simbólica de seus mais profundos conflitos e desejos.

Cheval reproduz na estrutura de sua obra a dinâmica dos contrários que caracteriza a própria função do monumento. Mito, fantasia e desejo se tornam inseparáveis anulando todas as oposições: real/imaginário, nascimento/morte, espaço/tempo, dentro/fora, alto/baixo, esquecido/lembrado, espectador/autor, religando passado, presente e futuro em um movimento circular e reversível, qual seja, o tempo do inconsciente e do sonho. Um tempo sem rupturas nem contradições que não cessa nunca de remontar em direção à origem, ao útero, à infância, à mãe, à natureza onde tudo isso se eqüivale, constituindo-se na pedra inspiradora, chave de seu destino e fonte de sua paixão.

II

No meio do caminho tinha uma pedra
Tinha uma pedra no meio do caminho.
Carlos Drummond de Andrade

Seus cadernos intitulados *História do Palácio Ideal*, com as cinco versões biográficas, são, em suas diferenças, o único traço de um discurso que tenta ir se ajustando à sua própria descoberta dos sentidos e finalidades de sua criação. É uma espécie de fio de Ariadne estendido por Cheval para percorrermos os labirintos de seu Palácio. Lemos em seu caderno de 1911:

...para distrair os meus pensamentos, eu construí em sonho um palácio feérico ultrapassando a imaginação, tudo o que o gênio de um humilde pode conceber (...). No entanto, meu sonho assim concebido tornava-se para mim quase irrealizável; do sonho à realidade o vazio é grande (...) Eu havia já ultrapassado em três anos o grande equinócio da vida que se chama a quarentena. Essa idade não é mais a idade de empreendimentos loucos (...). Ora, no momento onde o meu sonho perecia pouco a pouco nas brumas do esquecimento, um incidente de repente o reavivou: meu pé esbarra em uma pedra que me faz cair. Eu quis ver de perto a minha pedra de tropeço.

Declínio da idade e do sonho, resignação e esquecimento, anunciada sem ser nomeada, a presença da morte no caminho da vida, a única queda que com certeza ocorrerá. Diante dessa pedra de obstáculo, Cheval obstina-se contra a imagem da morte de seus sonhos, contra o obstáculo de sua própria morte. E assim, apoiado num espaço de falta, num quase nada, Cheval inicia seu gigar.tesco trabalho.

O poder de dar vida e significação ao mundo, a partir de um signo* cravado na paisagem, e de suas similitudes e diferenças, é uma arte intuitiva de Ferdinand Cheval, trabalhada pela memória e pela emoção. Como as crianças, é dominado por uma causalidade mágica e total livre associação. Nesta fase de início da construção do palácio, há um predomínio dos movimentos metonímicos que só mais tarde, através da construção de sua obra e de suas autobiografias, serão metaforizados.

> *Fiquei muito surpreso ao ver que tinha feito sair da terra uma espécie de pedra com uma forma tão bizarra e ao mesmo tempo tão pitoresca, que olhei ao meu redor. Vi que ela não estava só* (Carta de 1897).

Força de um "fazer sair" e de um "ver". A fascinação que exerce sobre Cheval a pedra em que tropeçou se prende à revelação súbita que esta opera, de uma relação oculta entre um sonho insensato que o habita e o lugar que o cerca. O carteiro se vê então cercado pelo pitoresco, pelo bizarro – a inquietante estranheza de que nos fala Freud no *Umheimlich* (Freud, S. 1919[4]) – o sonho é percebido como realidade e a realidade que nutre o sonho parece, por sua vez, prolongá-lo.

Tocado pela estranha coincidência entre a pedra e o sonho, Cheval tenta fazê-las coincidir. Vai reuni-las no lugar da revelação e as faz reaparecer, brotar de novo sob a forma de um castelo. Dominado pelas injunções da matéria, Cheval faz aí a experiência do gesto criador que faz aparecer – desaparecer – e se encontra na equivalência entre o "brincar" e o "fazer", como nos lembra Winnicott (Winnicot, D.W., 1971). O jogo de reunir pedrinhas esboça e inaugura todo um movimento gerador de sua obra e de seu processo de criação.

Juntar as pedras, religá-las com uma massa de argila e água é religar os pedaços de si mesmo numa tentativa de integração do que em si estava fragmentado. Estes fragmentos substituem à realidade sua própria dimensão simbólica, garantindo o retorno de formas, crenças e significações pessoais e culturais recalcadas.

> *É uma pedra macia. Trabalhada pelas águas e endurecida pela força do tempo, ela se torna tão dura quanto um rochedo* (Carta de 15 de março de 1905).

A solidez e a dureza impregnaram a pedra assim como a perseverança de Cheval que modelará sua identidade na própria imagem da pedra. Na facha-

---

* Do ponto de vista psicanalítico, vários processos utilizados por Cheval correspondem àquilo que W. R. Bion chama de "transformação em alucinose".

4. Neste notável trabalho de Freud de 1919 traduzido como *O Estranho*, a marca do inconsciente surge diante de tudo aquilo que aparentemente é familiar mas que *a posteriori* causa um inquietante efeito de estranheza.

da, ele inscreve: "Trabalho de um só homem", e na Galeria, "Minha vontade foi tão forte quanto este rochedo".

Identificado à potência laboriosa dos tempos cósmicos, Cheval se deixa impregnar pela energia de uma pedra que vai arrancá-lo de sua miséria, de sua pequenez, de seu anonimato, da degradação física e do escoamento do tempo, graças ao *kairós* oportuno que lhe revela este duplo que o iluminará. "Criando este rochedo, eu quis provar o que pode a vontade humana" (Interior do labirinto norte). É a revelação de seu eu, no contato com os elementos primeiros, na busca de reconciliação com o tempo das origens. Cheval irá, neste período, do duro desejo de durar à certeza de vir a pertencer à eternidade.

Na metáfora da pedra, pode-se ler não somente a tenacidade de um labor que nada detém, mas também a resistência, a dureza necessária para sustentar a anulação de toda separação temporal e permitir o acesso ao imutável. Diante do informe, através de uma obsessiva prática operatória, ele tenta, na pedra, dar soma, dar corpo, ao mesmo informe, e preencher um grande vazio, suporte de todas as projeções.

A "pedra trabalhada pelas águas" vai engendrar por sua vez a fonte da vida. E a água tornar-se-á, com a cascata petrificada, o tema nutridor do palácio, seu eixo e seu centro petrificante. Tudo vai poder se gravar aí, em uma espécie de mitologia imediata: o fortuito, o banal, o legendário, as tradições culturais, as leituras, os encontros. Por via análoga, as pedras passarão pelas mais ricas transmutações. Tudo se tornará signo e convergirá, tudo será espelho e sujeito, em uma perturbadora telescopagem (Jouve, J.-P., 1981).

Cheval combina materiais tão diversos como a água e a pedra, a extrema mobilidade e a extrema imobilidade, para com eles criar grutas, torres, túmulos e labirintos, unindo sonho e realidade. Recorre ao jogo da simetria em espelho, inspirada na bilateralidade do corpo, tomando a si mesmo como coordenada espacial. A figuração do sonho aparece na projeção de imagens do mundo animal, mineral e vegetal, seja em miniaturização, seja em gigantização. A água é o elemento primeiro de sua obra. Água mãe de seu sonho e de sua pedra de obstáculo.

A água dá ao seu palácio a fluidez do desejo, opondo-se ao peso das pedras. A imagem da fonte do nascimento da vida remete à imagem da infância, estado de inocência que encarna o casal primordial, modelado em cimento por Cheval em duas pequenas figurinhas colocadas sob uma palmeira de conchas de ostras, em uma paisagem rochosa onde a fonte da vida adquire sua origem. Um casal mítico dando-se as mãos emoldura a fonte da vida e reúne o mundo da natureza e o mundo humano. "Amar uma imagem é encontrar sem saber uma metáfora nova para um amor antigo" (Bachelard, G., 1963). Esta água é a mãe das origens, é a sua mãe, tão cedo perdida – fonte da vida, porta da morte, rainha do mundo, eterna e soberanamente presente.

No mito de Narciso, não é por acaso que sua própria imagem lhe é dada através da superfície brilhante de uma fonte. Nela estava escrito o enigma de suas origens, filho que era da ninfa das águas. Seu fascínio aparece na ilusão de que o que vê no espelho das águas é a imagem de um outro.

O Palácio Ideal é uma heresia e uma esperança, uma busca ética e metafísica de um homem que recusou o conformismo, subvertendo pelo seu desejo a ordem estabelecida do meio em que vivia. Construiu seu palácio sozinho, sem ajuda de ninguém. Pelo contrário, enfrentou grandes dificuldades. Uma das maiores foi ter-se tornado escandaloso em seu meio ambiente:

> *Eles estavam tão espantados que eu passava por um louco* (Carta de janeiro de 1905). *(...) Pensava-se e acreditava-se que aquilo resultava de uma imaginação doentia. Riam de mim, censuravam-me, criticavam-me, mas como este gênero de alienação não era nem contagioso, nem perigoso, não foi necessário ir buscar um médico para alienados mentais, e eu pude então me entregar à minha paixão, em liberdade, apesar das zombarias do povo; eu sempre soube que a multidão desprezou e mesmo perseguiu os homens que ela não podia compreender* (Caderno, 1905).

Cheval convida sua aldeia à tolerância e os ajuda a mudarem de vértice:

> *Hoje, as coisas não são mais as mesmas, porque eles vêem onde pode chegar o trabalho e a vontade. No mês de agosto tivemos mais de 700 visitantes cujos nomes estão inscritos em um registro. É a recompensa após o trabalho* (Caderno, 1911).

Cheval enfrenta inúmeras dificuldades além da hostilidade dos seus. Nem a falta de dinheiro, de materiais, nem a pouca instrução ou instrumentação técnica, nem a adversidade da natureza o detêm. A metáfora de "carregar pedra", que literalmente viveu, expressa a materialização de uma dor psíquica, deslocamento do trabalho físico num trabalho expiatório, preço pago pela realização de seus desejos.

Por esse poder que exerce o seu "fazer", Cheval acede a uma nova percepção do mundo, a um novo sentimento de si mesmo e de sua pessoa. Descobre a si próprio através de suas lutas, e sua obra lhe dá, gradativamente, a intuição de si mesmo. Pouco a pouco, ao longo de sua vida, pode-se perceber como o imaginário vai ganhando curiosas formas de simbolização. Enquanto trabalha sua obra, ele é por ela trabalhado.

Em muitos momentos, Cheval se equivale e se identifica com a figura de um herói. Dos heróis esculpiu as figuras míticas principais de seu monumento, por ele mesmo também chamado de "Panteon de um herói obscuro" (Galeria). Vê-se como o representante heróico dos pobres, dos que não têm um lugar ao sol. Refere-se a seu palácio como à "Epopéia do humildes".

No fim do século XIX, o sentimento de um sagrado natural, de uma realidade mítica primordial, desaparecia ocultado pelo advento da máquina.

Cheval garante o retorno de um paraíso primordial e o materializa, num ato poético que pratica um verdadeiro culto da natureza e propõe uma outra maneira de ler o mundo e de vivê-lo. É a afirmação de sua liberdade, de sua subjetividade e de um possível outro modo de existir. Nesse sentido, seu trabalho é escandaloso e subversivo. Plasticamente, "exprime a transgressão das imagens do mundo apresentadas pela cultura" (Dubuffet, J., 1971).

Em sua geografia mítica, procura reunir, abolindo rupturas espaciais e temporais, Adão e Eva, elementos antidiluvianos, mesquita árabe, torre bárbara, Idade Média, os romanos, os gregos, os gauleses, Arquimedes e Sócrates, a Índia, os faraós e as múmias egípcias, Inês de Castro, Velleda, a druida e o Reino de Trebisonda. Cheval faz apelo ao mito por ser uma linguagem que para ele é transparente, agindo como uma espécie de ferramenta lógica com a função de revelar à fantasia esta face noturna interior ao desejo. Permite dizer o que não se diz, dar um sentido às formas cujas significações poderiam permanecer flutuantes, pois se referem a uma origem conquistada e tornada presente na obra. A nomeação atribui anterioridade e manifesta seu nascimento procedente da fantasia: "Ela narra a passagem de um outro mundo em direção ao mito", promovendo, pelo efeito da obra de arte, a reunificação de um passado designado e de um futuro exemplar (Jouve, J.-P., 1981).

A construção do palácio, feita sob o primado do processo primário, do paradigma do trabalho do sonho, ganha uma importante dimensão a partir de toda a escrita de Cheval. Quando escreve sobre sua obra e sua vida, ele ressignifica e ressimboliza seus mitos, mais ou menos como na função do relato de um sonho, que é diferente da função de sonhar, abrindo uma perspectiva poética e situando-se num mundo simbólico.[5]

III

Salve ó tu, mausoléu de misericórdia,
tu, cujos muros são a sombra do céu.
(Texto de um poema do *Corão*)

Anteriormente à construção de seu túmulo, no interior do Palácio Ideal, está a Tumba Egípcia, prenúncio mítico de seu próprio túmulo no cemitério de Hauterives. Ao realizá-la, aprofunda as fundações de seu palácio e cava a cripta encantada de uma morte ideal: "Eu queria dormir aqui". Uma das atividades

---

5. O significativo diálogo com Antonio Muniz de Rezende (vide bibliografia), Rachel Vilela Fávero (vide bibliografia) e Maria Fausta T. de Castro (autora de um dos artigos deste livro) me foi precioso no desenvolvimento de questões contidas neste parágrafo. A eles meus agradecimentos.

necessárias para a realização desta etapa de sua obra foi o ato de cavar. Cavar é um verbo ativo e de energia, ao mesmo tempo que um verbo de sofrimento e provação. "Cavar a sua própria sepultura" figura o difícil movimento de uma "catábasis", descida em direção a uma matéria, uma memória e uma verdade fundamental – a terra.

Em sua origem, as palavras "mãe, mater e matéria" tinham a mesma raiz. No ariano, o prefixo *ma* significa medir, construir, edificar. É esta a região da terra-mãe, mãe que sustenta e suporta, parte estável e imutável do mundo, lugar de todas as germinações, edificações e de todos os retornos; espaço do sono subterrâneo e de todos os renascimentos.

Como no mecanismo de negação, *Verneinung*, amplamente estudado por Freud (Freud, S., 1925), Cheval negando a morte, a afirmava o tempo todo. Aí, no retorno ao profundo, na descida ao obscuro, no seio do caos, no gérmen da solidão, Cheval apazigua com sua arte seu desamparo ante a lei inexorável da morte, interiorizando-a e incorporando-a à imagem do túmulo. Constrói dentro de uma espécie de rochedo, matéria primordial feita para encerrar a imagem do corpo morto. O rochedo é a extensão de sua "pedra de tropeço". Equivalência do "cavar" com "fazer brotar" e do "morrer" com "renascer". Aqui se repete a busca em direção a um segundo nascimento guiado pelo inconsciente que fala: "Um dia este rochedo dirá muitas coisas" (inscrição na Fachada Norte).

Na idade de 86 anos, em 1922, dois anos antes de sua morte, ele escreve em sua quinta biografia:

> *Depois de ter terminado o meu palácio de sonho, na idade de 77 anos, e após 33 anos de trabalho diário e tenaz, me encontrava ainda bastante corajoso para fazer meu túmulo no cemitério da paróquia. Aí ainda trabalhei oito anos de dura labuta, tendo tido a felicidade de ter saúde para acabar esse túmulo chamado* O túmulo do silêncio e do repouso sem fim.

Lembremo-nos de que Freud caracteriza o inconsciente dentre outras coisas pela ausência de negação e pela impenetrabilidade à representação de nossa própria morte... Cheval, nos extremos da nomeação de seu túmulo, realiza a mágica de fazer aparecer e desaparecer a morte, como no jogo do carretel, no FORT-DA* mencionado por Freud em "Além do princípio do prazer" (Freud, S., 1920).

Na capela funerária, a primeira citação refere-se à perda de sua filha Alice, antes dos quinze anos e amargamente sentida. A partir dessa morte, redescobre imagens perdidas de sua própria infância. Busca em seus gestos a imagem de sua mãe que tão cedo desapareceu, e assim redescobre ao mesmo tempo seu desamparo de criança e a lembrança dolorosa de outras privações, de outras separações, de outras mortes: a de seu pai, a de seu primeiro filho, a de Rosalie sua primeira

---

* São expressões que se referem à alternativa de presença e ausência.

mulher, sua separação forçada pela miséria, Cyrille seu segundo filho, criado em sua ausência. "O grão de cada dia esconde as dores mais cruéis", escreve ele.

Em alguns momentos, seu trabalho lembra a famosa Capela do Ossos na Espanha. Muito da iconografia de Cheval, para mim, representa seus mortos. Em outros momentos, os castelos de areia da infância me evocam o monumento de Cheval dando forma à fugacidade tanto da infância quanto da vida.

Cheval procura apoio contra o fluxo de todos os seus sofrimentos passados. Figura e imobiliza a imagem da morte na imagem de seu túmulo. Domina e conjura assim a dor e a angústia, no entanto, sempre presentes. Aos 78 anos, fazer um túmulo onde abrigará sua família e a si próprio é um ato simbólico, poético e concreto, pelo qual Cheval põe fim à irreversibilidade da separação.

Em *O Futuro de uma ilusão*, Freud (Freud, S., 1927) nos diz que a arte oferece satisfações substitutivas para as mais profundas e antigas renúncias pulsionais e, por esse motivo, serve como nenhuma outra coisa para reconciliar o homem com sacrifícios que tem de fazer em benefício da civilização. Por outro lado, as criações da arte elevam seus sentimentos de identificação, de que toda cultura tanto carece, proporcionando ocasião para o compartilhamento de experiências emocionais altamente valorizadas. Quando essas criações retratam as realizações de sua cultura específica, bem como de seus ideais, elas contribuem também para sua satisfação narcísica. Estas são, a meu ver, funções que o trabalho de Cheval possui.

O desamparo humano possui um protótipo infantil do qual na realidade é somente a continuação. "Já uma vez antes nos encontramos em semelhante estado de desamparo: como crianças de tenra idade em relação aos nossos pais" (*Op. cit.*, p. 28). Esse protótipo não é apenas infantil, mas também filogenético. O desamparo do homem permanece sempre com ele, acompanhado de anseios por amparo e proteção. "Estes mantêm sua tríplice missão de exorcizar os terrores da natureza, reconciliar os homens com a crueldade do destino, particularmente a que é demonstrada na morte, e compensá-los pelos sofrimentos e privações que uma vida civilizada em comum lhes impôs" (*Op. cit.*, p. 29).

Foi assim, para Freud, que "se criou um cabedal de idéias, nascido da necessidade que o homem tem de tornar tolerável o seu desamparo, construído com o material das lembranças do desamparo de sua própria infância e da infância do gênero humano. Pode-se perceber claramente que essas idéias o protegem em dois sentidos: contra os perigos da natureza e do destino, e contra os danos que o ameaçam por parte da própria sociedade humana" (*Op. cit.*, p. 30).

Cheval se submete amargamente à sentença de morte, lei inexorável da condição humana. Esta sentença domina todas as inscrições do palácio:

Eu sou a morte, eu sou cruel, eu ceifo sem cessar e ceifarei eternamente... Sobre essa terra, como sombra, nós passamos. Saídos do pó, nós a ele retornaremos...

Enquanto gradativamente vai elaborando a questão das perdas, da falta e da morte, observamos em seu trabalho *movimentos de reunificação dos opostos*, de sua reconciliação, de pacificação de forças internas, de eterna luta para encontrar um sentido para sua vida e para o mundo. Seu monumento bem como seu túmulo designam a impossível simetria transversal que faz refletir o alto e o baixo, segundo as palavras dos arcanos do sábio Hermes, mencionado em sua biografia.

> *É verdade, é certo, é real que aquilo que está embaixo é como aquilo que está no alto, e que aquilo que está no alto é como aquilo que está embaixo: para que se cumpram as maravilhas da coisa única. O fora é como o dentro das coisas; o pequeno é como o grande; há apenas uma lei e aquele que trabalha é um. Nada é pequeno, nada é grande na economia divina (...) Os deuses são homens imortais e os homens são deuses mortais.*[6]

Cheval sentiu a imperiosa necessidade de construir seu túmulo afirmando e liberando, até o fim de seus dias, a força e a emoção criadora de seu desejo de infinito. Seu objetivo foi menos criar uma obra bonita do que elaborar sua salvação (Fry, R., 1924).

Na grande Galeria, vemos inscrições que apesar de estarem lado a lado são profundamente contraditórias:

> *Da fonte da vida eu fiz sair meu gênio.*
>
> *e*
>
> *Eis aqui a última morada.*

> *O túmulo guarda o segredo, o homem não o conhecerá jamais.*
>
> *e*
>
> *Esse rochedo dirá um dia muitas coisas.*

Cheval se coloca entre afirmações e negações. Projeções defensivas e não defensivas completam-se e não cessam de se inverter e se opor.

São igualmente leis constantes de sua construção, cruzamentos e alternâncias de imagens paradisíacas com figuras evocativas do mal: mulher em cruz, envolta em serpentes de olhos faiscantes, polvo de tentáculos mortais, animais marinhos dos rochedos e profundidades escondidas, hidra desacorrentada, aranha voraz, górgona de cabeleira de serpentes, medusa petrificante. Melanie Klein (Klein, M., 1946), em sua vasta obra, expõe como o ser humano, na experiência primitiva com sua mãe, guarda em si objetos parciais, fragmentados e terroríficos. Tentando integrar no espaço arquitetônico

---

6. Cheval era leitor assíduo da revista *Le Magazin Pittoresque* em que se encontra esta belíssima passagem, transcrita por Cheval em sua biografia.

estes seres míticos bons e maus, Cheval os coloca como guardas de suas tumbas para iniciar quem os contempla nos mistérios do amor, da morte e do tempo.

A forma de junção e entrelaçamento das serpentes e das pombas colocadas no alto da Fonte da Sabedoria é bastante reveladora de seu modo próprio de buscar a integração.

IV

A vontade de lutar contra o vazio, de se situar em algum lugar, faz Cheval construir um monumento onde se pode penetrar e em cujo interior se pode ficar. No entanto, em vez de possuir o espaço, é por ele possuído, para ser por ele trabalhado. Gera e é gerado por seus labirintos e grutas internas, expressando seu profundo desejo de ser envolvido, de estar dentro, num movimento de regressão e de volta à cavidade perfeita da origem, à imagem primordial, geradora de todas as outras imagens de seu Palácio dos Sonhos.

Assim se dá um jogo de inclusões e encaixes de espaços contínuos através dos quais a arquitetura labiríntica do interior do monumento revela seu desejo de incorporação à obra. O espaço que se aprofunda e se ordena simetricamente figura o caminho "entre duas mortes" onde se opera um trabalho de metamorfose por um lento e longo processo físico e psíquico de transformação da matéria e de elaboração interior. Grutas e túmulos, labirintos e catacumbas, imagens da maternidade e da morte, são o lugar e o vínculo de um corte essencial, a porta estreita entre um dentro e um fora, entre nascer e morrer. A vontade de habitar aí, de permanecer num lugar fechado, revela a busca do estado indiferenciado original, da vida intra-uterina, oferecendo ao visitante de seu Palácio a oportunidade de um retorno ao interior do corpo materno. Desse interior, nascem vários corredores horizontais e verticais marcando múltiplas entradas e saídas, tanto para o nascimento quanto para a morte, revelando a circularidade de uma origem e de um fim, tanto de sua vida quanto de sua obra.

O esquema do percurso é de certa forma iniciático, isto é, ao mesmo tempo simbólico e operatório, figurando um caminho a seguir. Suas etapas são aquelas do caminho da vida. O Palácio dos Sonhos se torna um lugar de passagem e de mediação que provoca o olhar e a reflexão, iniciando quem o percorre em uma ética do desejo. Quando o visitante partir com seus próprios passos, realizando os movimentos de caminhar, entrar e sair, subir e descer, parar e recomeçar, pode pensar poeticamente no que está fazendo, dar-se conta de que através desse espaço lhe serão revelados os mesmos ensinamentos que Cheval aprendeu ao longo da construção de seu monumento. Cheval deseja que cada visitante, por mais humilde que seja, se sinta concernido por uma certa clarividência, harmonizando-se com o mundo e consigo próprio.

O trabalho de Cheval organiza o espaço em torno dele para acolher o encontro e o olhar, a aprovação e o reconhecimento. Em 1906 incorpora ao conjunto um relógio solar a que chama o relógio da vida, paradoxalmente orientado na direção do ocaso e acompanhado de inscrições que evocam o aniquilamento de todas as coisas e a fuga inelutável do tempo:

> *Cada vez que tu me olhas tu vês tua vida que se vai. Não é o tempo que passa, mas nós.*

É o fantasma da falta de sua própria eternidade, do medo de seu próprio fim, contra os quais erigiu um lugar de meditação. Sua obra não deixa de ser também um empenho para construir para si e para a humanidade uma estética da angústia, uma tentativa de dar forma ao informe e uma luta contra o horror do vazio e do nada.

Entretanto, a profusão ornamental tanto do palácio quanto do túmulo é a contrapartida desta angústia do vazio e o suporte para as defesas em relação à fantasia: multiplicar, redobrar, simetrizar, condensar... Edifica, sem parar para se defender de um perigo interior e exterior, o fim dos sonhos, o fim de toda representação e linguagem. Em sua excessiva realidade, a obra engendra algo para além da aparência da matéria em que Cheval se contempla e se sente contemplado. Ele a oferece para a contemplação da humanidade: "Cada vez que tu me olhas tu vês tua vida que se vai".

A arte bruta, a arte do carteiro Cheval é fruto do sofrimento, da solidão e de um autêntico impulso criativo. Tem a força de um instinto, sendo, em muitos sentidos, mais preciosa que as produções profissionais.[7]

Apesar de inúmeras críticas, inclusive a de que deixou de viver devido à solidão que exigia seu trabalho criador que o reteve tantos anos junto de sua obra, Ferdinand Cheval recebeu encorajamento e aprovação, a tempo de poder afirmar-se como construtor. O palácio é uma força de atração, uma palavra dirigida ao outro, um pedido de comunicação, uma luta pelo reconhecimento através do jogo dialético do desejo e de seu vazio.

A 18 de setembro de 1980, a Associação para a salvaguarda da obra do *facteur* Cheval foi fundada, em Paris, respondendo por ela, jurídica e administrativamente, juntamente com o Ministério da Cultura do qual o escritor André Malraux era então ministro.

V

Freud (Freud, S., 1916) em suas "Conferências introdutórias sobre Psicanálise", nos lembra que "a elaboração do sonho, onde quer que se produza,

---

7. João A. Frayse Pereira, profundo estudioso da Arte Bruta, em seus textos desenvolve, entre outras, reflexões sobre o olhar do espectador diante dos trabalhos de artistas como J. F. Cheval. (Vide bibliografia.)

transforma as relações temporais em relações espaciais fazendo-as aparecer sob esta última forma". Percorrendo o monumento, verificamos como a problemática vida e morte, finito e infinito é transportada progressivamente em linguagem espacial, exprimindo nas formas e no espaço a problemática existencial relativa ao tempo. São expressões do "duro desejo de durar" em que o tempo e o espaço se materializam em conexão contínua. São percursos, encruzilhadas, lugares de encontro onde se erige a mais fundamental das arquiteturas: a que dá guarida ao mito e ao sagrado.

Vista geral do palácio, vendo-se, ao alto, Cheval em seu uniforme de Carteiro Rural. Postal de 1912.
Foto proveniente dos arquivos do Palácio Ideal (Hauterives-Drôme).

A famosa *Pedra de tropeço*, inserida no conjunto arquitetônico do Palácio do Sonho.
Foto: J. P. Jouve

Um casal mítico emoldura a fonte do nascimento.
Foto: J. P. Jouve

No ângulo leste do Palácio, vêem-se: os três gigantes, a *Torre Bárbara*, a *Entrada para o Templo Hindu* (à direita) e o *Acesso ao Labirinto e às Galerias*.
Foto: J. P. Jouve

Entrada da *Tumba Egípcia*, "Eu queria dormir aqui".
Foto: André Novaes de Rezende

O túmulo do silêncio e do repouso sem fim, no cemitério de Hauterives.
Foto: J. P. Jouve

Imagens evocativas das *Forças terroríficas e destruidoras.*
Foto: J. P. Jouve

Vista parcial da *Grande Galeria*.
Foto: J. P. Jouve

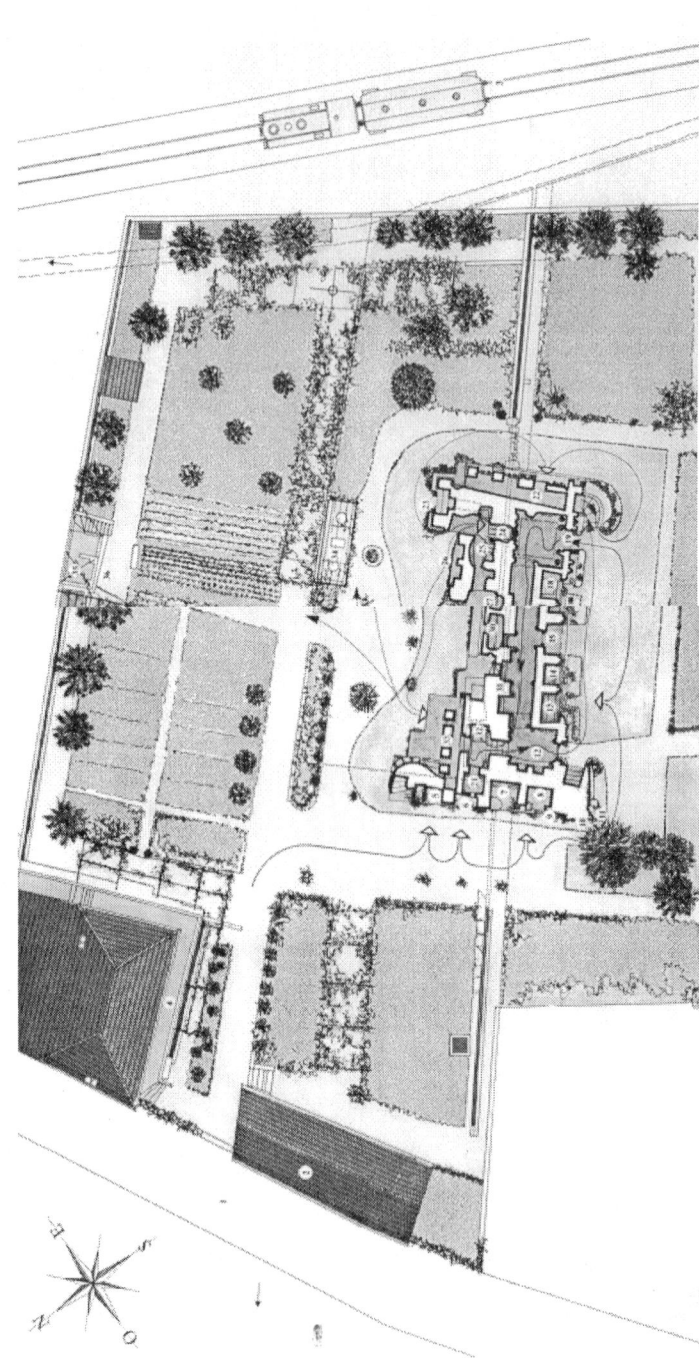

Panorama geral. Ao centro se vê o monumento principal. À esquerda, no alto, o telhado da residência de Cheval. As flechas indicam o trajeto sugerido ao visitante.

Documento: J. P. Jouve

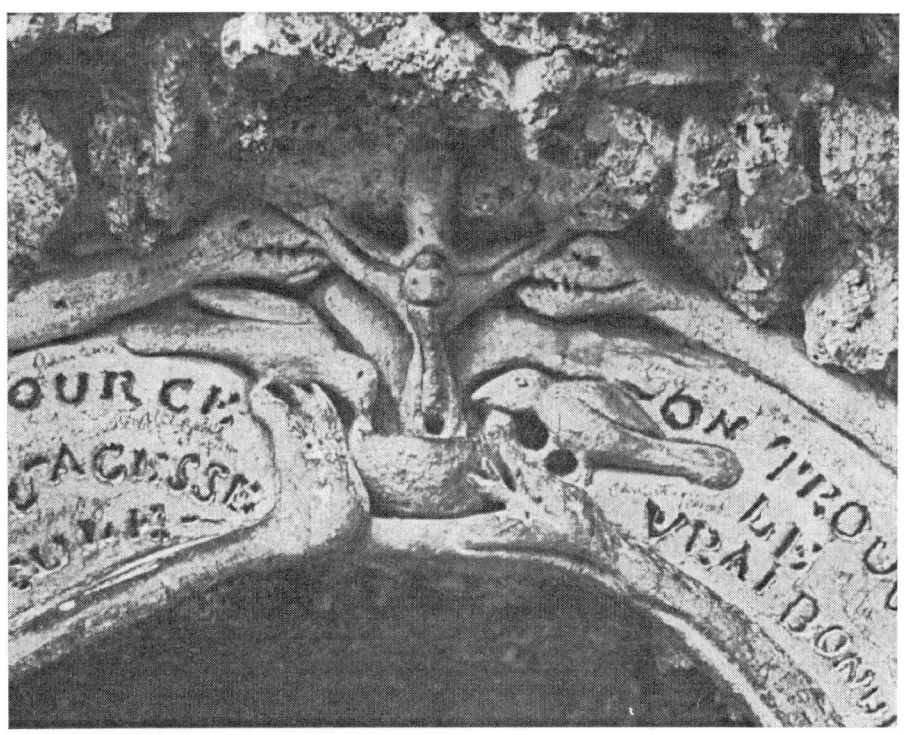

Pomba e serpente se confraternizam. "Somente na Fonte da Sabedoria se encontra a verdadeira felicidade."
Foto: J. P. Jouve

O *Relógio da Vida*. "Cada vez que tu me olhas tu vês tua vida que se vai. Não é o tempo que passa, mas nós."
Foto: J. P. Jouve

REFERÊNCIAS BIBLIOGRÁFICAS

BACHELARD, G. *L´Eau et les Rêves*. Ed. Corti, Paris, 1963, p. 157.
BERGER, John. "New eye on the south", in *The Sunday Times Magazine*, 6 junho, 1965, pp. 8-16.
BION, W. R. *Attention and interpretation*. Tavistock Publications, London, 1970.
BRANDET, J.-B. "How built my dream palace", *in The Wide World Magazine*, janeiro 1919, pp. 244-250.
BRUNIUS, Jacques. "L´oeuvre inimaginable d´un facteur rural", *in Archicteture Review*, outubro 1937, n.º 449, pp. 1247-1250. Fotos de D. Bellon.
CHAUSSOIS, Robert. "Le palais idéal du facteur cheval", *in História*, julho 1969, n.º 213, pp. 10-15.
CHEVAL, J.-F. Le "Cahier n.º 4", datado de fevereiro de 1914, *in l´Anthologie de la Poésie Naturelle*. K. Editeur, Paris-Drôme, 1949, pp. 36-56.
DUBUFFET, J. *Cultura Asfixiante*. Ed. Dom Quixote, Lisboa, 1971, p. 105.
FÁVERO, R. V. "Aspectos sensoriais e não-sensoriais da mente e o desenvolvimento integrado da personalidade", *SBPSP*, São Paulo, 1991, p. 24.
FREUD, S. (1914) "Sobre o narcisismo: uma introdução", *Ed. Standard Brasileira*. Rio de Janeiro, Imago, 1976, vol. XIV, pp. 89-120.
_____ . (1915). "Os instintos e suas vississitudes". *Ed. Standard Brasileiras*. Rio de Janeiro, Imago, 1976, vol. XIX, pp. 137-167.
_____ . (1916). "Conferências introdutórias sobre Psicanálise". *Ed. Standard Brasileira*. Rio de Janeiro, Imago, 1976, vol. XV, parte II.
_____ . (1919) "O estranho". *Ed. Standard Brasileira*. Rio de Janeiro, Imago, 1976, vol. XVII, pp. 275-315.
_____ . (1920). "Além do princípio de prazer". *Ed. Standard Brasileira*. Rio de Janeiro, Imago, 1976, vol. XVII, pp. 23-24.
_____ . (1925). "A negação". *Ed. Standard Brasileira*. Rio de Janeiro, Imago, 1976, vol. XIX, pp. 295-308.
_____ . (1927). "O futuro de uma ilusão". Ed. Standard Brasileira. Rio de Janeiro, Imago, 1976, vol. XXI, pp. 18-36.
FRY, R. *The artist and psichoanalysis*. Londres, 1924, Hogarth
FRAYSE PEREIRA, J. A. "Arte de inconsciente", *in Revista IDE*, 15:50-3, 1988.
_____ . *Olho d´Água*. Escuta- Fapesp. São Paulo, 1995.
GAFFIOT, F. *Dictionnaire Latin-Français*. Ed. Hachette, Paris, 1968, p. 993.
JOUVE, J.-P. et PRÉVOST, C. *Le palais idéal du facteur Cheval*. Ed. Du Moniteur, Paris, 1971.
KLEIN, M. "Nota sobre algunos mecanismos esquizoides", *in Obras Completas de Melanie Klein*. Ed. Paidós-Horme, Buenos Aires, vol. III, 1980, pp. 256-275.
LEVY-STRAUSS, C. *La pensée sauvage*. Ed. Plon, Paris, 1962, pp. 26-27.

Malraux, A. *Le monnaire de l'absolu*. Ed. Skira, Paris, 1950, p. 66.

Rezende, A. M. *Bion e o futuro da psicanálise*. Ed. Papirus, Campinas, SP, 1993.

Schuit, M., Elffers, J. e Collins, G. R. *Fantastic architecture – Personal and eccentric visions*. Ed. Harry N. Abrams, Nova York, 1980, pp. 66 a 69.

THEVOZ, Michel. "Le Palais du Facteur Cheval", *in L´Art brut*, Editions Skira, Paris, 1975, pp. 31-35.

Vérillon, M. "Le palais idéal du facteur Cheval", ensaio biográfico, *in La Gazette des Beaux Arts*, 1970, pp. 159-184. Fotografias de Lucien Hervé.

Winnicott, D. W. *O brincar & a realidade*. Imago, Rio de Janeiro, 1975.

DA HARMONIA DO ESCUTAR À MELODIA DO INTERPRETAR
BI-ESCUTA / BI-INTERPRETAÇÃO DO INSTRUMENTO PSICANALÍTICO

Dr. Marcelo Bianchedi*
Dra. Elizabeth T. Bianchedi**

Nesta apresentação faremos uso de um modelo musical[1] para descrever/ transmitir nossa idéia acerca da tarefa analítica nos seus elementos essenciais. Em trabalhos anteriores (Bianchedi, E.T., 1900; Bianchedi, M. e outros, 1992) expressamos nossa convicção sobre o método e o trabalho psicanalítico: acreditamos que toda mudança psíquica durante o trabalho psicoterapêutico é um processo que necessariamente deve se dar em ambos os membros da dupla analítica. Neste trabalho vamos nos referir ao problema da escuta e da interpretação denominando-as de "bi-escuta" e "bi-interpretação", para acentuar a equivalência de ambos participantes da dupla em relação a estes fenômenos.

Vamos também utilizar o conceito bioniano de *at-one-ment* (Bion, 1970) para nos referirmos ao marco mental em que se deve/pode estar para ser receptivo ao "verdadeiro" da personalidade – própria ou alheia. O *at-one-ment* se diferencia da identificação projetiva ou da empatia e se assemelha mais a uma "com-união", "ser-um-com" ou a "estar em uníssono com" si mesmo ou o outro. Queremos recordar que este termo foi utilizado por Bion a partir da teologia,

---

 * Psicanalista da Associação Psicanalítica Argentina.
** Psicanalista da Associação Psicanalítica Argentina.
1. Ao dizer "modelo musical" estamos utilizando a palavra modelo não como modelo didático nem somente analógico: cremos, como se verá ao longo do trabalho, que os elementos musicais são fundamentais na constituição do ser humano.

para aplicá-lo por analogia ao estado de "vir a ser um", realidade última incognoscível da experiência emocional, também na situação analítica. Pensamos que somente nesse estado (emocional e não racional) é possível a escuta – ou a bi-escuta, como a chamaremos – tolerando, como os participantes, estar em uníssono ¨sem memória, sem desejo e sem compreensão¨ (Bion, 1967b).

Acreditamos que um modelo musical pode ser apropriado para descrever e transmitir nossas idéias. Pensamos que na escuta (em estado de atenção flutuante do paciente e/ou analista) durante a sessão psicanalítica se detectam harmonias ou desarmonias, que podem logo ressoar como uma melodia que se transmite/interpreta em uma formulação, seja esta um modelo, uma interpretação e/ou uma construção psicanalítica. Achamos que tudo isso se dá segundo um referencial: o de "continente-conteúdo em K" (Bianchedi, E. T., 1995).

O escutar, o associar, o compor/criar e o formular-interpretar são elementos fundamentais e constitutivos do vir-a-ser na díade psicanalítica, entendendo por díade psicanalítica a modulação interativa que se realiza entre os membros envolvidos. O diálogo psicanalítico apresenta variações nos papéis, nos tons, nas claves, nos modos e/ou nas execuções.

Vamos também enfocar este problema a partir da convicção operativa de que a "vitalidade" se manifesta como resultado de um equilíbrio dinâmico entre forças antagônicas em permanente contra-posição (contraponto?), e que na situação psicanalítica isso pode se observar/interpretar nas oscilações antagônicas dessas forças onde o analista é (ou deveria ser) um *fiel* receptor-transmissor-intérprete das vitalidades em jogo, expostas nessas oscilações.

Entendemos que a abertura de uma situação psicanalítica se inicia com a interrupção transitória do *continuum* vital constituído pelo conjunto de fenômenos que se realizam nas práticas habituais da "realidade cotidiana". Acreditamos que esta abertura pode produzir encontros com a "realidade psíquica": como quando se liga um aparelho de alta fidelidade. Conforme essa analogia, o "ruído de sintonização", que se escuta ao ligá-lo, equivale ao "ruído de imaginação" que supomos ser gerado quando analista e analisando se dispõem a escutar-se mutuamente. Acreditamos que a disposição a esse tipo de escutar-se "sonorizando imagens/imaginando sons", permitirá a ambos encontrar dimensões espaço-temporais novas e portanto mutuamente desconhecidas. Esta situação é facilitada pelas sucessivas confirmações práticas e teóricas acumuladas nas diversas combinações clínicas que se realizam durante o transcurso do processo psicanalítico. Cremos também que simultaneamente o tempo do *continuum* pessoal comunitário-universal segue seu curso evolutivo sem interrupções. Pensamos, sem dúvida, que a partir dessa abertura, e em ambos os participantes, podem e devem potencializar-se\ampliar-se múltiplas concepções do sentido do "tempo psíquico". Consideramos a "escuta analítica" como um método que implica uma série de funcionamentos disciplinados que tornam possível a "realidade" dessa escuta;

não é somente uma disponibilidade acústica que atende e entende os componentes sonoros ou silenciosos de uma linguagem (qualquer que seja a forma de expressão: frases, palavras, sussurros, ruídos, suspiros, silêncios...), mas também uma disposição que tende a abarcar a totalidade da senso-percepção em seus distintos níveis e qualidades fonoaudiovisuais entendidas como transformações.

Abrindo um parêntese, queremos dizer que é necessário que por parte de pelo menos um dos dois integrantes da dupla analítica o funcionamento mental esteja no nível do que Bion chamou de "função alfa" (Bion, 1962a) – ou, em suas notas póstumas, em *Cogitations* (Bion, 1990), "trabalho onírico alfa". Esta função permite transformar o que é percebido (tanto externamente, ouvido, visto, ou lido, etc., como internamente – as diversas emoções) em dados que poderiam ser armazenados ou guardados para sua utilização posterior em forma de fantasias, mitos, criações, sonhos, etc. A personalidade não desenvolvida, a primitiva, ou a severamente perturbada, falando em termos psicopatológicos, tem carência desta função/capacidade. A capacidade sensoperceptiva do analisando, ou, às vezes, do analista, pode não contar plenamente com esta função para uma transformação em compreensão/melodia do que é percebido fonoaudiovisualmente.

O funcionamento da integração fonoaudiovisual cria componentes aptos para o trabalho psicanalítico. Quando a díade psicanalítica está em ressonância bi-equivalente, a realidade psíquica desse momento se revela pelo esforço de integração sensoperceptiva que se realiza em comum.

Na intimidade psicanalítica, esta atitude de abertura à integração da realidade psíquica permite que o privado se torne público e que o público se torne privado. Quando coexiste esse esforço comprometido de escutar analiticamente, um pensamento ininteligível pode transformar-se em inteligível,[2] isto é, pode deixar de residir e circular exclusivamente num espaço autogerado para um outro que, especialmente através do aqui e agora, vai garantir e validar sua difusão e inteligibilidade potencial.

Achamos que depois desse instante a harmonia se faz melodia. Em outras palavras, acreditamos que, no contexto de trabalho psicanalítico, a harmonia de um pensamento é conseguida pelo âmbito criativo construído em comum e pelo ritmo de freqüências e intensidades com que se escuta e interpreta sua melodia.

Música é um conjunto de sons, ruídos, e silêncios em ritmos que harmonizam melodias. A natureza musical pode ser concebida como um conjunto de ritmos, sons, ruídos e silêncios que a dotam de uma tonalidade permanente.[3]

---

2. Inteligível: diz-se do que é matéria de puro conhecimento, sem intervenção dos sentidos. Definição do *Diccionario de la Real Academia*, 1956.
3. Nas grandes concentrações urbanas, como diz Murray Schafer(1967), vive-se em uma "cloaca sonora", dificultando a sintonização- entonação entre seus habitantes.

No Ser Humano sustenta-se que a noção de ritmo inscreve-se a partir do contato de pele com pele e que o significado desse contato se origina do primeiro movimento/ritmo entre o protoplasma e suas membranas.[4]

Para "entrar" naquilo que supomos poderiam ser as origens dos processos mentais, seguiremos utilizando a metáfora biológica.

Imaginemos o protoplasma como um estado organicamente amorfo que, através de um poliritmo constantemente expansivo, consegue um equilíbrio formal, dinâmico e temporalmente estável que se contém, por uma membrana, em cada uma de suas diferenciações possíveis.

Com relação a isso, serviria uma simplificação imaginativa derivada de uma idéia kantiana: "A matéria sem uma forma é cega, e a forma sem a matéria é vazia", o que se poderia entender como um processo dinâmico em permanente interdependência; também Bion (1962), ao esquematizar sua concepção da relação "continente-conteúdo", apresenta uma idéia correlata. Se continuássemos imaginando e tomássemos como continente-conteúdo a membrana-protoplasma, poderíamos imaginá-los, em seus contatos de relação recíproca, dizendo: "quero crescer", por um lado, e "espera um pouco", por outro; assim também poderíamos supor que a mãe e o feto falariam se pudessem, nessa relação, falar com formalidades idiomáticas.

Se aplicarmos este esquema para simplificar o funcionamento da mente, podemos tomar a "consciência" como parte do "protoplasma" capaz de "membranizar-se", isto é de produzir a "protomentalização": assim como o protoplasma se diferencia e se organiza, a protofantasia, ao formalizar-se/organizar-se, prolifera possibilidades de difundir-se e diferenciar-se incessantemente.

No nosso entender, um dos maiores esforços da humanidade é possibilitar que os pensamentos se nutram em uma ativa liberdade crescente, isto é, com garantias de uma vitalidade de renovação constante, que Bion (*ib.*) denomina "conjunto-crescente-continente-conteúdo".

Imaginamos o método psicanalítico como uma espécie de membrana de contenção psíquica que faz proliferar a difusão e a diferenciação de pensamentos; estes, ao adquirir novas perspectivas e dimensões de "tempo" e "espaço"[5] até este momento não reconhecidos, passam a fazer parte da comunidade de pensamentos novos. Supomos também que estes se originam por estímulos e

---

4. Marcel Beaufils, em seu livro *Musique du son, musique du verbe*, diz: "A percepção sonora deve ter sido ser para o homem nos seus primórdios a plenitude de um estado de consciência; tudo se passava como se nosso corpo não fosse no início, mais que um dectetor vivo, por isso mesmo criador de uma sensibilidade e de uma eficiência maravilhosa, situado no meio de um fluido que precederia o ser". Isto foi citado por A. Aberastury (1972) em seu trabalho *La voz como música en la temprana comunicación madre y hijo.*

5. O tempo em psicanálise é equivalente ao "tempo" na música? O "temperamento", que é a identidade dessa música, que é seu *per sonare*, é uma faceta a mais da per-sonalidade em análise?

contatos com outros pensamentos e evoluem pela freqüência e intensidade (rit-mo) de suas interinfluências. Uma vez consolidada a noção de um pensamento novo, analogamente ao que ocorre no fenômeno da mitose da proliferação celu-lar, surge a possibilidade de poder re-conhecer, re-produzir e diferenciar pen-samentos similares. Logo, por sucessivos contatos, cria-se a necessidade de construir símbolos que serão utilizados para substituí-los. Estes símbolos forma-rão uma trama intersticial que habilitará espaços e funções capazes de alojar novas combinações de pensamentos e assim sucessivamente.[6]

A trama mental está constituída por uma rede de pensamentos que através de seus símbolos intercambiam seus valores. O contexto desta trama psicológica, onde se move habitualmente a psicanálise, confere a quem a pratica, uma certa liberdade pessoal que o convida a construir conjecturas imaginativas sobre o que existe.

É óbvio que o psicológico se refere a algo que tem a ver com a co-existência das inter-relações entre os seres humanos e que a realidade funcional da psicanálise se desenvolve predominantemente por meio dos vínculos interpessoais, que Freud denominou de "transferência". A partir desse ponto de vista, todas as diferentes indicações técnicas desenvolvidas na disciplina psicanalítica têm algo em comum. Sem dúvida, entre as teorias psicanalíticas, também coexistem inquietantes concepções que convidam a "des-antropomorfizar-se" de suas tendências conceituais: "pensamentos sem pensador" (Bion, 1967a) seria uma dessas perturbadoras concepções.

Acreditamos que a interrupção momentânea do *continuum* vital, habitual-mente concebido como realidade externa, provavelmente corresponda à sugestão técnica que Bion (1976b) nos deixou ao nos convidar a estarmos "sem memória, sem desejo e sem compreensão". A partir desta perspectiva, a melodia viria a ser uma construção psicanalítica no interior do aqui e agora da sessão – aquilo que já não é re-construção senão criatividade nascente.[7]

Voltando ao nosso tema inicial, já dissemos que há muitos modelos possíveis para se referir à escuta do analista, ao que ocorre em sua mente quando entra em contato com essa outra mente que é "seu paciente". A fonte de compreensão é a dualidade psicanalítica, de duas mentes interatuando; o binômio mãe-filho ou protoplasma-membrana pode ser sua origem, sendo estas, novamente, conjecturas imaginativas acerca da mente em evolução. Interessa-nos propor outro modelo que inclua uma possibilidade a mais de indagar os acontecimentos psíquicos em seu estado original – *in status nascendi*.

A interpretação amadurece quando a "parte melódica" da experiência psicanalítica expressa-se no vínculo. Sua capacidade musical foi entoada

---

6. Ao introduzir Prigogine a noção de "estruturas dissipativas" no espaço-tempo evolutivos do Universo, propôs novas perspectivas de indagação sobre o microcosmos da mente humana.
7. Os novos critérios musicais de Murray Schafer entusiasmam a músicos como Yehudi Menuhim(ver\ouvir o Vídeo: *Historia de la música*). Os critérios contrastantes de Feyerabend,

satisfatoriamente e por isso se "escuta" o "evocado". A alta-fidelidade da interpretação é a parte do contato que foi possível pelo ritmo das re-sonâncias seletivamente harmonizadas. Conjunção constante dos fatos selecionados diria Bion (1962b). Aí entra toda a variedade de gêneros possíveis de serem escutados, desde um adágio a um alegreto, uma valsa ou um *rock*. No momento do amadurecimento interpretativo está se realizando o ato de seleção natural do que se "captou" na escuta e está se aproximando da criação, que vai se realizar nesse instante do sentir comum.

A melodia que nesse momento se escuta é uma fantasia, que se pro-cria por suas ressonâncias. A coloração, a cor musical, seu temperamento, correspondem a um momento já vivido que agora está por ser escutado novamente. Esta seria a condição ideal de um momento psicanalítico conquistado (o *insight*): "realizar" uma "bi-escuta sintonizada",[8] capaz de sonorizar/imaginar, em reciprocidade audiofonovisual. Esta conquista provavelmente se corresponde ao que Meltzer (1973) denomina como interpretação inspirada e Bion como situação de *at-One-ment* com "O" maiúsculo e transformação em linguagem de êxito (Bion, 1970).

Contato, poesia, invólucro musical, expressos em um "re-soar-arrulhar" materno – a interpretação, neste sentido, poderia ser concebida como um "personare-mamãe-símbolo" que, através de suas ressonâncias, detém e contém as fúrias dos violentos desesperos infantis,[9] que não puderam ser contidas em ressonâncias prévias. É como imaginar um ponto eqüidistante de onde partem e ao mesmo tempo chegam as fantasias.; fantasia e emoção apareceriam colocadas nesse ponto numa equivalência espaço-temporal: "ligar" o aparelho de som é como "ligar-se" a uma fantasia que está por ser evocada.

A melodia é uma fantasia, que se percebe como uma perturbação. Origina-se num espaço que lhe é dado por consenso. Consensualmente se diz que isto é vermelho, ou que aquele está triste ou alegre. As margens de segurança de "vermelhidão", ou de "alegria" ou "tristeza" de uma melodia, pertencem ao mundo das criações da fantasia; isto não equivale a dizer que a melodia, por pertencer ao terreno da fantasia, é inexistente, pelo contrário, existe justamente

---

discordando dos de um Lakatos ou um Popper, não harmonizam em termos epistemológicos e, sem dúvida, tanto em uma situação como em outra, por dissonâncias e contrastes estão se aproximando da música no primeiro caso e da ciência no segundo.

8. Em uma recente experiência\investigação compartilhada com uma musicóloga, chegou-se à conclusão que as escalas universalmente mais difundidas na entonação humana se realizam em "terceira menor descendente" e "quarta justa ascendente".

9. O leigo geralmente associa a perturbação mental a graves alterações de comportamento, que podem variar em uma gama ampla de possibilidades expressivas, desde o extremo silêncio catatônico ou de estupor melancólico à violência física de um paranóico ou esquizofrênico. Conceber a perturbação mental como a existência de um conflito entre duas fantasias antípodas, que querem expressar-se simultaneamente num mesmo ponto, é um fato que somente pode ser observado e co-validado através do processo psicanalítico.

porque mobiliza e transforma quantidades imensas de opções a serem pensadas.[10]

No contexto da interpretação psicanalítica, é importante que uma forma vaga de pensar tenha opção de se fazer coerentemente pensável. A intuição e a sensibilidade fazem amadurecer as razões que lançam para que um pensamento seja "pensado-parido"; este se faz coerente, quando se deseja harmonizar a maioria dos fatores que estão intervindo. A realidade psicanalítica se sustenta na harmonização multi-fono-audio-visual capaz de se alcançar nesse preciso instante.

O aspecto narrativo de uma descrição analítica, como seu estilo interpretativo, não parece depender tanto da dicção e fonação de como se verbaliza, senão de como está entoando-sintonizando o momento do *at-one-ment* bioniano , como nos referimos no início. Na interpretação intervém modulações, inflexões, sincopas, pausas e ritmos, próprios dessa díade de intercomunicação pessoalmente falada. Com o alcance e profundidade da experiência de uma situação analítica, é provável que se vá criando um "dialeto psicanalítico particularizado" pessoal. No geral esta instalação desse dialeto só é benéfica para ambos os participantes, ainda que, às vezes, custe re-conhecer que instrumentos psicanalíticos estão sendo utilizados nessa situação interpretativa particular. Qual é a função que, na mente do analista ou do paciente, é capaz de transformar todas estas imprecisões(perceptivas, intuitivas, de conhecimentos prévios), na melodia presentificada, que surge naturalmente, sem pensar, e interpretá-la de modo que a "escuta imaginativa comum" seja capaz de percebê-la?

Misteriosa função, da qual estamos dotados sem saber e que faz brotar em nós o comentário, a associação, a "interpretação". Às vezes dissonante, outras vezes contrapontística; a polifonia dos objetos internos presentes e ausentes que se con-gregam nas tonalidades do con-certo in-certo e dão diferentes colorações aos tons das vozes. Seremos compreendidos? Importa isso? Há um correlato entre essa polifonia e a polissemia possível de nossas palavras? Por outro lado autores destacados, como por exemplo F. Fornari, também advertiram sobre o perigo da polissemia semântica. Será 'realmente' perigosa?

No aqui e agora da sessão psicanalítica, o virtuosismo lingüístico, o conhecimento da métrica-literária, da prosa-poética, ou da capacidade de decifrar códigos não são os únicos ingredientes indispensáveis para o entendimento e a compreensão global do drama que é gerado nesse contexto. Trata-se mais de uma partitura polifônica-nascente que exige uma entonação

---

10. Isto pertence à área de problemas metalingüísticos, de onde também o ciinético e o para-lingüista intervêm no componente estilístico a que estamos nos referindo. Um bocejo, um suspiro, uma gargalhada, um sorriso, um fato qualquer "quase-vegetativo" podem ser indícios às vezes úteis para serem interpretados como vestígios de realidades transferenciais e contratransferenciais re-presentificados no "aqui e agora".

particular e que se interpreta na clave da rapsódia desse dialeto. E se realiza o con-certo. Às vezes há aplausos, fora do tempo. Às vezes, assobios, ou tosses em momentos inadequados. Quase sempre é uma "sinfonia inacabada", que continuará – continuará? – na sessão de amanhã. Mas, outras vezes, a bi-escuta e a bi-interpretação simultâneas farão sentir em ambos os membros da experiência uma emoção única e quiçá intransmissível (não se pode "gravá-la", ainda que, às vezes, um dos dois tente fazê-lo...) e, que por mais que se queira, não se pode repetir do mesmo modo. Sem "bis", ainda que às vezes fora do programa, se agregue um olhar, um tom, um gesto, um sorriso ou uma lágrima ao despedir-se, "até a próxima..."

Tradução: MARIA CECÍLIA PEREIRA DA SILVA

SILÊNCIO E LUZES NA APREENSÃO ESTÉTICA

Luiz Tatit*

Entre o encanto da matéria tratada pelas linguagens artísticas e a eficácia da comunicação praticada nas linguagens utilitárias modulam-se os afetos subjetivos e os efeitos objetivos que imprimem maior ou menor profundidade em nossa existência. Paul Valéry já estudou, em célebre ensaio no qual compara poesia e prosa, a força de recomposição da primeira em contraste com a tendência dissolutiva da última. "O poema é feito expressamente para renascer de suas cinzas – diz o poeta – e tornar-se indefinidamente o que acabou de ser". Já a forma da prosa "não se conserva, não sobrevive à compreensão, dissolve-se na clareza".[1]

Neste simples confronto entre *conservação* e *dissolução* estão implicados – e daí o interesse maior do texto citado – os princípios temporais que sempre nortearam o pensamento de Valéry. O tratamento da matéria (plástica, somática, sonora, etc.) nas linguagens artísticas tem como objetivo primordial sua própria *perenização*, enquanto que o desprezo por esse tratamento nas linguagens utilitárias responde ao imperativo de *transitoriedade* das práticas cotidianas. De fato, neste último caso, a eficácia da transmissão comunicativa pode ser aferida pela rapidez com que o suporte – sonoro ou caligráfico, se pensarmos na linguagem verbal – converte-se em elementos cognitivos abstratos e se desfaz enquanto estímulo sensorial.

A conservação da matéria nas artes e a dissolução da mesma nas linguagens

---

* Professor da FFLCH-USP.

1. Paul Valéry, "Poésie et Pensée Abstraite" In: Oeuvres, Tomo I, Paris, Gallimard/La Pléiade, 1957, p. 1326. Embora a tradução deste ensaio já esteja disponível no volume Variedades, São Paulo, Iluminuras, 1991, a solução em português do trecho citado não contribui para nossos fins.

funcionais atualizam, portanto, os valores *continuidade* e *descontinuidade* respectivamente. E surgem, mais uma vez, as conseqüências temporais, agora sob a forma musical do andamento. Para deflagrar a conservação, no sentido de continuar a ser (ou a ter), temos os procedimentos de desaceleração que, na arte poética por exemplo, correspondem ao emprego de aliterações, ressonâncias e toda sorte de ritmos cujas recorrências e interdependências fônicas auxiliam na fixação da matéria sonora. Para favorecer a dissolução da sonoridade nas comunicações orais do dia-a-dia – afinal não haveria nem tempo nem espaço mental para gravar os sons da fala ao lado das mensagens transmitidas – contamos com as funções instantâneas da enunciação que, em condição normal, limitam-se ao *aqui-agora*, indispensável à sintonia *eu-tu*, e instituem a rapidez de transformação do significante em significado como parâmetro de eficácia comunicativa.

Nesses termos, enquanto as linguagens utilitárias precisam ser ágeis e dissolutivas em sua materialidade gráfica, sonora ou somática (além da "prosa", Valéry destaca nossa atividade de "fala" e de gestos cotidianos, como o próprio "andar"), concentrando sua força informativa no instante da enunciação, as linguagens artísticas (pensemos com o poeta francês na "poesia", na "canção" e na "dança") dependem de um tratamento da matéria que justifique sua conservação. Tudo ocorre como se o artista precisasse eternizar sua enunciação, transformando o *aqui* em *toda parte* e o *agora* em *sempre*. Parece muito, mas uma obra concluída, consolidada em matéria, significa, antes de tudo, a superação do caráter pontual e efêmero da enunciação. Ela ocupa uma extensão espacial e engendra necessariamente uma duração. Numa canção, por exemplo, o aqui-agora enunciativo se refaz a cada execução e dura enquanto soar a voz do intérprete em nossos ouvidos. É essa materialidade que nos entretém numa espécie de cumplicidade estética corpo a corpo[2] para que os demais estímulos possam fluir da forma mais contínua possível.

APREENSÃO ESTÉTICA

A apreensão estética depende dessa espessura enunciativa ocasionada pela extensão do sujeito artístico, e de seu presente, no significante da obra, pois que isso representa uma interrupção das trocas instantâneas que caracterizam nosso cotidiano intelectivo e pragmático e, simultaneamente, a criação de um tempo de convivência tanto com o objeto criado como com o ato criador (a enunciação que dura o tempo da obra). De fato, o que mantém a funcionalidade de nossas

---

2. Referimo-nos à relação entre a materialidade da obra e as faculdades sensoriais envolvidas na apreensão estética. Tratamos especificamente deste tema no artigo "Corpo na semiótica e nas artes", capítulo do livro, organizado por Ignácio Assis Silva, intitulado *Corpo e sentido: a escuta do sensível*, Araraquara, Editora da UNESP, 1996.

comunicações do dia-a-dia é sem dúvida o controle que o sujeito da enunciação (enunciador e enunciatário) exerce sobre o objeto enunciado. Sem maior preo-cupação com a sonoridade em si, mas zelando pela boa formulação gramatical e lexical de seu discurso, para que a informação seja rapidamente transmitida, esse sujeito investe num estado de atenção cognitiva que o mantém unificado (senhor de si) diante de um objeto passivo e transitório. No caso da produção artística, como vimos, as operações de conservação da matéria suspendem a passagem instantânea do significante ao significado e, conseqüentemente, pro-longam e estabilizam o gesto enunciativo. Temos, então, o que Greimas cha-maria de fratura do cotidiano e de sua programação monótona,[3] e o sujeito, nesta oportunidade, é levado a trocar o instante pela duração enunciativa o que, em si, já constitui um fator de surpresa a sua atividade rotineira. A surpresa con-funde o sujeito, causa-lhe divisões internas (afinal ele se sente num tempo em que ainda não deveria estar) e torna-o suscetível aos efeitos do objeto artístico. Em outras palavras, a surpresa prepara o terreno para a inversão dos papéis: o objeto emociona o sujeito, passivando-o numa repentina troca de funções.

Um trecho de letra da famosa canção de Paulinho da Viola, *Foi um rio que passou em minha vida*, retrata, de maneira exemplar, a inversão de papéis decorrente do estímulo estético:

...
Há um caso diferente
Que marcou num breve tempo
Meu coração para sempre
Era dia de carnaval
Carregava uma tristeza
Não pensava em novo amor
Quando alguém que não me lembro anunciou
Portela, Portela!
O samba trazendo a Alvorada
Meu coração conquistou
Ah! Minha Portela!
Quando vi você passar
Senti meu coração apressado
Todo o meu corpo tomado
Minha alegria voltar
Não posso definir aquele azul
Não era do céu, não era do mar
Foi um rio que passou em minha vida
E meu coração se deixou levar

---

3. Cf. Algirdas Julien Greimas, *De l'imperfection*, Périgueux, Pierre Fanlac, 1987.

Os traços ativos do objeto (a "Portela") são incontestáveis, mas isso não significa que a apreensão estética dependa sempre dessa inversão. O mais freqüente – e fundamental – é a flexibilização das funções subjetais e objetais, de tal modo que, por um "breve tempo", se estabeleça uma influência bilateral entre os afetos e os efeitos. Parafraseando uma formulação de Claude Zilberberg, diríamos que "o [efeito] tende a objetivar o afeto na exata medida em que o afeto subjetiva o [efeito].[4]

Escolhemos "Foi um rio que passou na minha vida" não apenas por ser uma canção consagrada e, como tal, constituir um caso de comprovada conservação e ampliação do instante enunciativo em sua materialidade sonora (tanto na melodia como na ordenação fônica dos versos), mas, sobretudo, por reproduzir internamente os efeitos e os afetos implicados numa apreensão estética, ou seja, por relatar uma cena inesperada de materialização, neste caso visual e auditiva, de um desfile de escola de samba cuja propagação do agora enunciativo arrebata o "coração" desprevenido do sujeito (o narrador), passivando-o. De qualquer forma, as duas dimensões (ouvinte/canção e narrador/Portela) são indispensáveis para que a fruição ganhe maior completude: a canção deve ser um objeto atraente, e até certo ponto ativo, para que os conteúdos da letra possam de fato convencer.

Não pretendemos abordar, neste trabalho, os recursos melódicos que asseguram a conservação cancional e prolongam sua duração enunciativa – já vimos que o agora permanece inscrito no significante –, num tempo suficiente para conquistar a adesão do ouvinte.[5] Não podemos deixar de sublinhar, porém, que desde essa fase de primeiro contato já estão em jogo os valores juntivos (maior ou menor apego do ouvinte à canção) que vão determinar, nas etapas seguintes, o grau de envolvimento do sujeito com o conteúdo da letra.

APEGO E DESAPEGO

As variações afetivas são, de fato, tributárias dos valores juntivos. Nossos desejos são mobilizados por um sentimento de falta (a disjunção) na mesma proporção em que nossas tensões emotivas são atenuadas pelo sentimento de plenitude (a conjunção). Entre esses estados, que não passam de referências metodológicas para a reflexão, transcorrem as infinitas modulações de nossa vida passional que apresentam como dimensão reguladora mais visível a temporalidade, a começar do chamado tempo cinemático (o andamento mais

---

4 Cf. Claude Zilberberg, "Análise discoursive et énonciation" In: Sémiotique & Bible, Lyon, Centre pour l'Analyse du Discours Réligieux, no. 69, mars 1993, p. 28. Em vez da palavra "efeito" o texto original emprega "valor".

5. Assunto amplamente tratado em nosso trabalho Semiótica da canção: melodia e letra, São Paulo, Escuta, 1994.

rápido ou mais lento). Se tomarmos algumas noções que manifestam os valores juntivos em nossa cultura, como apego e desapego por exemplo, veremos que ambas contêm representações concentradas (intensas) e representações expandidas (extensas), traduzindo os instantes e as durações que regem nossa história pessoal. A união e a ruptura são formas rápidas, instantâneas, que definem, respectivamente, apego e desapego. A aproximação e o distanciamento são formas lentas, gradativas, que concorrem à mesma definição.[6]

	rápido	lento
apego	união	aproximação
desapego	ruptura	distanciamento

Mesmo no interior dos estados acelerados, não podemos deixar de considerar algumas modulações de velocidade que atribuem um estatuto pouco mais duradouro às situações limites. Tudo ocorre como se a desaceleração fosse necessária para dar tempo ao sujeito, um tempo de desfrute do objeto ou de elaboração de sua perda. Assim, quando a união atinge o auge da velocidade, dizemos que o sujeito está em êxtase. Com o passar do tempo, se a união permanece, certamente perderá sua intensidade inicial e diremos então que o sujeito é *feliz*. As diferenças lingüísticas aqui representam nossas necessidades culturais de configuração das nuanças afetivas. A felicidade é mais lenta que o êxtase. Do mesmo modo, a ruptura, em sua aceleração máxima, pode representar um sujeito *liqüidado*. Entretanto, sabemos que é bem mais freqüente a forma desacelerada do sujeito *deprimido, prostrado, abatido*, etc.

Embora essas formas limites sejam importantes como balizas teóricas no campo da reflexão, não há dúvida que as etapas privilegiadas da pesquisa estão dispostas, ou superpostas, nas extensões gradativas onde atua um sujeito passional – ao mesmo tempo esperançoso e inquieto – que busca a distância (ou duração) "ideal" para se situar em relação a seu objeto.[7] A união plena e extática é por demais efêmera para constituir um projeto de vida.[8] A idéia de uma ruptura absoluta, por sua vez, contradiz a própria noção de afetividade que depende dos valores juntivos para se manifestar. A procura de uma duração satisfatória, ou de uma distância ideal do objeto, constitui, no nosso entender,

---

6. Esses arranjos nos foram sugeridos por C. Zilberberg no artigo "Plaidoyer pour le tempo" *In: Le devenir*, organização de J. Fontanille, Limoges, Pulim, 1995.

7. Distância e duração são dimensões, espacial e temporal respectivamente, que se alteram com uniformidade sob a influência do andamento. Se este acelera, diminuem a distância e a duração até os limites do ponto e do instante. Se desacelera, a distância aumenta progressivamente até o que entendemos por "infinito", enquanto a duração se desfaz na "eternidade".

8. A conjunção perfeita de sujeito e objeto é uma utopia harmoniosa mas sem sentido, não apenas pela impossibilidade de realização, mas, sobretudo, pela falta de direção implicada em qualquer processo histórico (incluindo a história de vida do indivíduo). O afastamento do objeto é um imperativo para a caracterização do sujeito como alguém que segue uma direção (a direção do objeto) e, portanto, compromete-se com um sentido.

a pedra de toque da configuração do ser passional, ou seja, do ser completo que se sente mobilizado emocionalmente diante dos objetos de desejo – incluindo, evidentemente, os objetos artísticos. Daí a importância dos processos de sucessão, sincronização, antecipação e retardamento; todos contribuem para definir a posição espaço-temporal-afetiva do sujeito.

SURPRESA E ESPERA

A essa altura, podemos nos valer novamente das intuições de P. Valéry para estabelecer algumas demarcações na continuidade temporal que podem servir de base ao estudo do afeto. Diz o poeta, de forma um tanto enigmática:

> *Noção dos atrasos.*
> *O que (já) é não é (ainda) – eis a Surpresa*
> *O que não é (ainda) (já) é – eis a espera*[9]

Trata-se de uma verdadeira esquematização das relações entre tempo veloz e tempo lento na interface das funções de sujeito e objeto:

	função objetal	função subjetal
surpresa	o que já é	não é ainda
espera	o que não é ainda	já é

Tudo ocorre como se nossa vida afetiva fosse do *já* ao *não ainda* – ou vice-versa – modulando os adiantamentos e os atrasos de acordo com a capacidade do sujeito de tolerar o inesperado e programar a espera. Note-se que ambas as noções (a surpresa e a espera), mesmo em suas disposições extremas, pressupõem um certo equilíbrio das funções de sujeito e de objeto. Se este for rápido demais, a ponto de ultrapassar a esfera daquilo que conhecemos como surpresa, acaba perdendo seus contornos de identificação e, conseqüentemente, o objeto escapa do sujeito. Podemos nos limitar ao exemplo de algumas formas de manifestação da vanguarda artística, em que o produto estético, de tão novo e imprevisível, nem chega a ingressar no campo de percepção do espectador: é a instalação que sequer foi notada no salão de artes plásticas ou a música que não se ouviu. Em outras palavras, para além da surpresa, o excesso de instantaneidade confunde os limites de identificação do objeto de tal maneira que adentramos repentinamente na escuridão e no silêncio.

---

9. Cf. P. Valéry, Cahiers, Tomo I, Paris, Gallimard/La Pléiade, 1973, p. 1290. Propusemos uma tradução livre da passagem: *Notion des retards. Ce qui est (déjà) n'est pas (encore) – voici la surprise. Ce qui n'est pas (encore) est (déjà) – voilà l'attente.* Hesitamos entre "atrasos" e "demoras" para *retards*.

Se o objeto, ao contrário, for lento demais, a ponto de dispersar a atenção do sujeito num vazio (ou contínuo) equivalente à eternidade, as saliências (os limites, os contornos) se apagam e, desta vez, é o sujeito que escapa do objeto. Todos os fenômenos de extrema redundância, tanto no mundo artístico como na vida cotidiana, ilustram bem essa tendência, mas talvez possamos recordar uma peça teatral, encenada há pelo menos duas décadas em São Paulo, em que seu criador, Bob Wilson, levou ao extremo a experiência com a desaceleração. O movimento dos atores, de tão lento, era quase imperceptível e a peça, que iniciava à noite, só findava ao amanhecer do dia seguinte. Os espectadores que não desertavam da sessão tinham então, como um dos grandes desafios, não adormecer durante o espetáculo. Enfim, com o objeto lento demais, toda a nossa programação de espera vai sendo desativada até atingir novamente, desta vez de forma progressiva, a escuridão e o silêncio. E nesse caso, como já dissemos, é o sujeito quem se desliga do objeto.

O silêncio é o nada, forjado pelo excesso de velocidade e pela confusão total dos limites, mas é também o tudo, proveniente de uma duração interminável que consome o sentido de progresso e cria a sensação de que o tempo parou.

VELOCIDADE DOS AFETOS

Mas voltando ao plano dos sons e das luzes, entre a surpresa e a espera, consideramos como extremamente oportunos os estudos que incidem sobre os afetos (ou emoções) pontuais – aqueles que já possuem um estatuto lingüístico-cultural definido – e que vão iluminando, pouco a pouco, as etapas do continuum passional.[10]

Ao examinar de perto as variações subjetivas mobilizadas no campo da surpresa, o semioticista Claude Zilberberg distinguiu, com nitidez, pelo menos duas reações decorrentes da alta velocidade envolvida nesta disposição afetiva.[11] Se a velocidade realmente verificada define-se como maior que a velocidade suposta, teremos o estado típico do sujeito *confuso*. Se, ainda dentro do quadro da surpresa, a velocidade verificada se iguala à velocidade suposta, podemos ter a figura do sujeito *sangue-frio*, aquele que não perde o controle da situação.

---

10 Referimo-nos aos afetos já dicionarizados cujas definições, por pouco rigorosas que sejam, oferecem quase sempre alguma orientação sobre a temporalidade implicada no conceito. A definição de angústia, por exemplo, pode aparecer com a seguinte formulação: "mal psíquico ou físico, nascido do sentimento da iminência de um perigo". Além do sentido prospectivo, esta abordagem registra também a presença do regime acelerado ("iminência") no interior da noção. Podemos encontrar ainda as vizinhanças afetivas que também auxiliam na continuidade da pesquisa: "...é um mal caracterizado por um *temor* difuso podendo ir da *inquietude* ao *pânico*..." – grifo nosso.

11 Cf. C. Zilberberg, "Remarques sur la profondeur du temps", xerocópia de trabalho ainda não publicado.

A canção popular nos fornece, a esse respeito, um outro exemplo interessante. A letra da famigerada "Nervos de aço", de Lupicínio Rodrigues, descreve uma situação característica do sentimento de surpresa:

> *Você sabe o que é ter um amor, meu senhor*
> *Ter loucura por uma mulher*
> *E depois encontrar esse amor, meu senhor*
> *Nos braços de um outro qualquer...*

A superioridade da velocidade verificada sobre a velocidade suposta – que elimina qualquer regime de espera – determina com muita clareza a constituição do sujeito confuso, aquele que mal consegue delinear os contornos de seus estados emocionais:

> *...*
> *Eu não sei se o que trago no peito*
> *É ciúme, despeito, amizade ou horror...*

E para valorizar ainda mais sua condição de vítima aturdida, convoca o único personagem que poderia, presumivelmente, equilibrar a velocidade verificada com a velocidade suposta:

> *...*
> *Há pessoas com nervos de aço*
> *Sem sangue nas veias e sem coração...*

Entretanto, mesmo este sujeito sangue-frio, ao se deparar com semelhante situação, perderia, ao ver do narrador, o controle e as funções ativas em decorrência do impacto da cena:

> *...*
> *Mas não sei se passando o que eu passo*
> *Talvez não lhes venha qualquer reação...*

Para a análise da espera, Zilberberg aplica os mesmos critérios e extrai as noções de sujeito *paciente*, aquele que é capaz de criar uma equivalência entre velocidade verificada e velocidade suposta, e de sujeito *impaciente*, aquele para o qual a velocidade suposta é bem superior à velocidade de fato verificada. "A noite do meu bem", de Dolores Duran, retrata, delicadamente, os dois estados subjetivos:

> *Hoje, eu quero a rosa mais linda que houver*
> *E a primeira estrela que vier*

Para enfeitar a noite do meu bem
Hoje, eu quero paz de criança dormindo
E abandono de flores se abrindo
Para enfeitar a noite do meu bem...

De início, o sujeito constrói pacientemente a espera, como se, para tanto, precisasse justamente entrar em fase com o tempo lento. O processo de decoração ("enfeitar"), que figurativiza a espera, corresponde ao estabelecimento de um percurso contínuo para favorecer o fluxo transitivo entre sujeito e objeto.

Ao final, porém, de modo quase imperceptível pois que a melodia não se altera, o sujeito demonstra uma indisfarçável inquietude com a desaceleração que, a esta altura, já dá sinal de se afastar demais da velocidade suposta. É a paciência se convertendo, suavemente, em impaciência:

...
Ah! Como esse bem demorou a chegar!
Eu já nem sei se terei no olhar
Toda a pureza que quero lhe dar

Podemos ter, em sentido totalmente inverso, o esforço do sujeito em prolongar seu tempo de convívio com o objeto. Nesse caso, a grande aliada é a duração, o tempo do *não ainda*. Essa expressão indica que, apesar da permanência de um determinado estado, este caminha inexoravelmente para sua própria extinção. No entanto, enquanto durar, carrega o sabor de eternidade típico dos momentos de plenitude, em que sujeito e objeto tornam-se, concomitantemente, ativos e passivos, numa relação transitiva despida de embaraços. A imagem da apreensão estética como um instante sublime, que se destaca das imperfeições do cotidiano, ilustra bem o encanto dessas pequenas durações e não deixa de revelar também o esforço do sujeito em prolongá-las. A letra da canção *Olê, olá*, de Chico Buarque, aborda com nitidez surpreendente a temporalidade que subjaz ao universo afetivo do sujeito, do estágio *não ainda* à demarcação do *já*.

Não chore ainda não
Que eu tenho um violão
E nós vamos cantar

...
E você minha amiga
Já pode chorar[12]

12. A letra na íntegra: Não chore ainda não / Que eu tenho um violão / E nós vamos cantar / Felicidade aqui pode passar e ouvir / E se ela for de samba / Há de querer ficar / Seu padre,

Toda a argumentação desenvolvida no texto vem no sentido de poder ela-borar a espera do objeto (o "samba") diante da constante ameaça do tempo cro-nológico, cuja sucessão, muito veloz, pode se antecipar e impedir a conjunção do sujeito com o objeto. A alternância do dia e da noite é um pressuposto cíclico, fartamente adotado pela canção brasileira em geral como um ritmo entre valo-res do *bem* (do dever coletivo, da labuta diurna) e valores do *bom* (do querer individual, da boêmia noturna), que assegura um fundo de determinismo tem-poral, contra o qual o sujeito se insurge na tentativa de retirar o máximo pro-veito do período reservado ao prazer. Daí então o seu forte comprometimento com a desaceleração, como se esta pudesse interromper o ciclo ou, ao menos, prolongar, significativamente, a fase noturna. Algumas imagens enfatizam o caráter incipiente do período ("A noite é *criança* / O samba é *menino*") em con-traste com a idade avançada e já condenada do desprazer ("E a dor é tão *velha* / Que pode morrer"). Outras clamam pela prudência no sentido de evitar a repentina mudança de ciclo ("Mas muito cuidado / Não vale chorar"). Trata-se sempre de cultivar a duração e a espera, impedindo, assim, os movimentos bruscos que caracterizam a velocidade da surpresa ("Luar espere um pouco / Que é pra meu samba poder chegar"). Essa empresa poética atinge o apogeu quando a cumplicidade com o tempo é revelada num nível quase conceitual:

...
É um samba tão imenso
Que eu às vezes penso
Que o próprio tempo
Vai parar pra ouvir...

Ou, considerando que a noite constitui – e isso já pertence à tradição temática da canção – uma *parada* da rotina imposta pelo cotidiano, o alvorecer representaria necessariamente a *parada da parada*,[13] ou seja, a retomada da

---

toca o sino / Que é pra todo mundo saber / Que a noite é criança / Que o samba é menino / Que a dor é tão velha / Que pode morrer / Olê olê olê olá / Tem samba de sobra / Quem sabe sambar / Que entre na roda / Que mostre o gingado / Mas muito cuidado / Não vale chorar / Não chore ainda não / Que eu tenho uma razão / Pra você não chorar / Amiga me perdoa / Se eu insisto à toa / Mas a vida é boa / Para quem cantar / Meu pinho toca forte / Que é pra todo mundo acordar / Não fale da vida / Nem fale da morte / Tem dó da menina / Não deixa chorar / Olê olê olê olá / Tem samba de sobra / Quem sabe sambar / Que entre na roda / Que mostre o gingado / Mas muito cuidado / Não vale chorar / Não chore ainda não / Que eu tenho a impressão / Que o samba vem aí / É um samba tão imenso / Que eu às vezes penso / Que o próprio tempo / Vai parar pra ouvir / Luar espere um pouco / Que é pro meu samba poder chegar / Eu sei que o violão / Está fraco, está rouco / Mas a minha voz / Não cansou de chamar / Olê olê olê olá / Tem samba de sobra / Ninguém quer sambar / Não há mais quem cante / Nem há mais lugar / O sol chegou antes / Do samba chegar / Quem passa nem liga / Já vai trabalhar / E você, minha amiga / Já pode chorar.
13 A *parada da parada* esclarece que a continuidade só pode ser concebida como decorrência da

continuidade diária e, ao mesmo tempo, a negação do período cuidadosamente preservado pelo sujeito. Por isso, sem qualquer intenção de fazer trocadilhos, podemos afirmar que, no trecho citado, o sujeito investe na *continuação da parada*, no *não ainda*, tentando adiar, o máximo possível, a solução de continuidade inscrita no *já*.

Entretanto, por mais que o sujeito invoque todas as suas resistências em prolongar o tempo de espera do samba ("Eu sei que o violão / Está fraco está rouco / Mas a minha voz / Não cansou de chamar"), a sucessão cíclica é implacável e, no interior de seu universo afetivo, a chegada do dia é suficientemente veloz para se antecipar ao samba e frustrar a espera tão cultivada:

> ...
> *O sol chegou antes*
> *Do samba chegar...*

Não se trata apenas de constatar a inevitabilidade da ruptura _ representada, aqui, pelo já ("Você minha amiga / Já pode chorar") _ como destino natural de qualquer duração, mas, sobretudo, de identificar as qualidades afetivas normalmente impregnadas no andamento temporal. Em *Olê, olá*, a precipitação da chegada do dia (antes do samba) traduz uma velocidade indesejável para o sujeito que depositou todos os valores positivos na desaceleração. Se retomarmos a letra de *Foi um rio que passou em minha vida*, veremos que, ao contrário, o fato inesperado ("Quando alguém que não me lembro anunciou: Portela, Portela!") vem libertar o sujeito de sua continuidade massacrante ("Carregava uma tristeza / Não pensava em novo amor..."), e isso equivale a dizer que os valores eufóricos foram, nesse caso, investidos na aceleração.

CONSIDERAÇÕES FINAIS

Nossa vida afetiva tem necessidade de formas descontínuas para produzir as transformações súbitas de estado, sobretudo se este já decorre de longa e excessiva duração. Do mesmo modo, quando em meio a mudanças desenfreadas, nosso desejo se volta para as formas contínuas e desaceleradas que nos proporcionam um tempo de convívio com o objeto. Os discursos verbais e não-verbais manifestam com clareza esse verdadeiro ritmo de nosso imaginário. A espera e a surpresa valerianas, com suas inúmeras modulações de velocidade – que podem certamente ir bem além das tratadas aqui –,

---

própria descontinuidade, dado que nossas narrativas ou histórias de vida dependem visceralmente dos episódios tensivos. A continuidade enquanto termo positivo, ou relaxamento absoluto, equivale à noção de morte.

oferecem uma possibilidade concreta de elaboração sintáxica (leia-se um mínimo de relações de determinação e de previsibilidade) dos campos afetivos, na medida em que reintroduzem o tempo no coração da teoria, não somente como indagação filosófica, mas, acima de tudo, como tensão que se acirra e se descontrai de acordo com as variações de andamento. E o tempo é a medida do afet o.

Acelerando e desacelerando seu tempo interno, o homem "equilibra" seus afetos e os projeta em discurso. Com os mesmos procedimentos, mas alimentando mais um lado que outro, o homem "desequilibra" seus afetos e também os projeta em discurso. As artes são beneficiárias históricas dessas duas tendências. Entretanto, como já vimos, tanto a aceleração como a desaceleração podem assumir um paroxismo tal que os objetos não mais "afetam" o sujeito. É quando não há mais discurso. Apagam-se as luzes e reina o silêncio.

A NOITE DE CRUZ E SOUZA

DAVI ARRIGUCCI JR.*

> *Escondia mais do que a noite.*
> João Antônio

OLHOS DO SONHO
(Jan 1897)

Certa noite soturna, solitária,
vi uns olhos estranhos que surgiam
do fundo horror da terra funerária
onde visões sonâmbulas dormiam...

5.   *Nunca tais olhos divisei acaso*
com meus olhos mortais, alucinados...
Nunca da terra neste leito raso
outros olhos eu vi transfigurados.

A luz que os revestia e alimentava
10.   *tinha o fulgor das ardentias vagas,*
um demônio noctâmbulo espiava
de dentro deles como de ígneas plagas.

---

* Professor de Teoria Literária e Literatura Comparada da FFLCH da USP.

E os olhos caminhavam pela treva
maravilhosos e fosforescentes...
15.   *Enquanto eu ia como um ser que leva*
pesadelos fantásticos, trementes...

Na treva só os olhos, muito abertos,
seguiam para mim com majestade,
um sentimento de cruéis desertos
20.   *me apunhalava com atrocidade.*

Só os olhos eu via, só os olhos
nas cavernas da treva destacando:
faróis de augúrio nos ferais escolhos,
sempre, tenazes, para mim olhando...

25.   *Sempre tenazes para mim, tenazes,*
sem pavor e sem medo, resolutos,
olhos de tigres e chacais vorazes
no instante dos assaltos mais astutos.

Só os olhos eu via! – o corpo todo
30.   *se confundia com o negror em volta...*
Ó alucinações fundas do lodo
carnal, surgindo em tenebrosa escolta!

E os olhos me seguiam sem descanso,
numa perseguição de atras voragens,
35.   *nos narcotismos dos venenos mansos,*
como dois mudos e sinistros pajens.

E nessa noite, em todo meu percurso,
nas voltas vagas, vãs e vacilantes
do meu caminho, esses dois olhos de urso
40.   *lá estavam tenazes e constantes.*

Lá estavam eles, fixamente eles,
quietos, tranqüilos, calmos e medonhos...
Ah! quem jamais penetrará naqueles
olhos estranhos dos eternos sonhos![1]

---

1. Cf. João da Cruz e Sousa – *Faróis*. Em sua: *Obra completa*. Org. de Andrade Muricy. Atualização e notas de Alexei Bueno. Rio de Janeiro, Nova Aguilar, 1995, pp. 127-128. Na edição Muricy de 1961 e noutras que se seguiram, a segunda estrofe vem com versos invertidos:
       Nunca da terra neste leito raso
       Com meus olhos mortais, alucinados...
       Nunca tais olhos divisei acaso
       outros olhos eu vi transfigurados.
Preferi a lição corrigida de Alexei Bueno, na nova edição acima citada, que retoma, aliás, a primeira edição de Nestor Victor (Rio de Janeiro, Anuário do Brasil, 1923, vol. I, p. 196).

Este poema de Cruz e Sousa aparece, em linhas gerais, como o relato de uma visão no âmago da noite. Desde logo, não se pode deixar de atribuir um sentido forte ao termo, pois o poeta dá enorme ênfase ao ato de ver e aos olhos, sem fazer qualquer referência à realidade banal de todo dia, ou mesmo a uma realidade determinada, como se tivesse alijado a experiência real e o tempo comum, para se internar numa paisagem de sonho, num outro mundo noturno, estranho e à parte. Penetramos no reino de um visionário.

A impressão inicial é ainda a que causa, por seu gosto pelo insólito, o vago e o indefinido, boa parte do Simbolismo, de que Cruz e Sousa, como se sabe, foi o introdutor na literatura brasileira. Um crítico que o percebeu em profundidade, Roger Bastide, também parece ter se surpreendido com o fato, acentuado ainda mais pelo contraste com o contexto biográfico e histórico-social do poeta: era filho de escravos e vítima do mais atroz preconceito racial em nosso meio, sem falar nos desastres de sua breve existência, atormentada pela loucura da mulher, a extrema miséria e, por fim, a tuberculose fatal. Estranha, pois, sua inesperada adesão a "uma poesia essencialmente nórdica", a "uma arte preciosa, requintada, difícil, cheia de matizes e delicadezas, que se dirige a uma pequena elite e classifica conseqüentemente o seu adepto no recesso de uma aristocracia da aristocracia".[2] Isto não impediu, porém, que Bastide prestasse atenção na poesia diferente de um poeta muito distante dos focos de irradiação de um movimento que, em princípio, nada tinha a ver com a realidade brasileira ou com as expectativas de um sociólogo francês, vivendo em nosso país. Ao contrário, procura então compreender e explicar a presença oblíqua da realidade ausente no interior dos poemas, reconhecendo nela um dos móveis profundos da própria adesão do poeta ao Simbolismo.

Hoje, contudo, sua explicação crítica nos parece pouco convincente: tal adesão teria dependido de um pretenso "inconsciente racial", com o poder de revelar, pela nostalgia do branco, espelhada em inúmeros versos, um desejo profundo de se tornar ariano e mudar mentalmente de cor. Além disso, muito de sua leitura do poeta, sempre sagaz no detalhe e com vasto e sólido conhecimento do movimento simbolista internacional, sobretudo do francês, se mostra prejudicada pelo reducionismo sociológico, nem sempre capaz de demonstrar a pertinência estética do social para a compreensão da estrutura poética. É inegável, porém, que ela resiste apesar disso, em sua parte substancial, como a interpretação mais penetrante e completa que se fez de Cruz e Sousa, revelando o que sua poesia tem de fundamental, particular e original no quadro desse movimento, decisivo para os rumos que tomaria nossa lírica moderna, como se pode comprovar pela linha de continuidade que, partindo dele, vai dar em Augusto dos Anjos e, mais tarde, em Manuel Bandeira.

---

2. Ver Bastide, R. – "Quatro estudos sobre Cruz e Sousa". Em sua: *A poesia afro-brasileira*. S. Paulo, Martins, 1943. Reproduzido em: Coutinho, Afrânio (Org.) – Cruz e Sousa. Rio, Civilização Brasileira, 1979, pp. 157-189. O trechos citados se encontram, respectivamente, à p. 158 e 159.

A força crítica de Bastide reponta precisamente no esforço de compreensão para mostrar a particularidade, a diferença específica da poesia simbolista de Cruz e Sousa em seu contexto e na extraordinária transformação que o poeta imprimiu aos temas, ao imaginário, a toda a herança que recebeu de fora, transfundindo-lhe sangue novo e sobretudo imprimindo-lhe uma nova visão poética, extremamente pessoal e entranhada na realidade verbal de suas insólitas imagens.

Assinala, nesse sentido, primeiro as diferenças dele em relação ao repositório de temas e estilemas vindos da tradição moderna, sobretudo de Baudelaire que o Simbolismo incorporou e de que ele também decerto se impregnou. Depois, em relação a Mallarmé, de cujo espiritualismo platonizante, o mundo transcendente de Cruz e Souza, muito peculiar, traduzido nos ritmos e imagens de sua personalidade "fremente e dolorosa", igualmente se afasta. A explicitação disto se acha no quarto e último dos estudos de Bastide, preparado em vários aspectos pelos anteriores, mas desvinculado, até certo ponto, da questão étnica predominante nos demais, de modo a considerar o poeta só enquanto poeta e poder buscar, com relativa autonomia, o segredo de sua arte e sua posição no quadro do Simbolismo.

Ali, após assinalar a semelhança entre a formação de Cruz e Sousa e a de Mallarmé, ambos no princípio parnasianos e igualmente atraídos pela carnadura concreta e material da linguagem, o crítico procura mostrar a educação distinta de nosso poeta, marcada pela admiração da filosofia alemã de cunho materialista e pessimista (Haeckel, Büchner, Schopenhauer), em contraposição ao platonismo de Mallarmé. Este, siderado pela música e a beleza formal das palavras, mas ao mesmo tempo um platônico, aspirava ao mundo do puro ideal e se empenhou no projeto impossível que era a tradução verbal do inefável. E o fez em muitas tentativas diferentes, mas sempre por meio de uma arte ambígua, enredada de sugestões rumo às fugidias Idéias que não se deixam jamais exprimir, num céu de ausências, contra o qual todo o esforço verbal como que soa vão, roçando o silêncio ou a esterilidade. No limite, as palavras, libertadas de seu sentido corrente e da lógica habitual, lançadas no branco da página, buscam ao acaso constelar as intangíveis Idéias estelares.

Mais patético que o de Mallarmé, o drama de Cruz e Sousa seria outro, em larga medida duplicado por sua educação embebida da filosofia materialista alemã, por via sobretudo de Schopenhauer, com sua mística oriental do aniquilamento, do desejo de extinção na grande "noite búdica".[3] O fundo materialista que, em princípio, deveria afastá-lo da estética simbolista, voltada para a esfera ideal das Essências, apenas superado, volta para fazê-lo enfrentar os mesmos obstáculos, sempre renascentes, deixando-o derrotado, sofrido, "emparedado", como disse o próprio poeta, frente ao alvo impossível do desejo transcendental. Buscará, por isso, saídas desesperadas ora pelo prazer dos

---

3. A expressão é de Cruz e Souza.

sentidos, ora pela negação da forma perfeita, por meio da fealdade, mergulhando, por fim, com grande originalidade, no mundo da noite e do sonho, onde a dissolução dos limites e contornos sugere, por entre nebulosidades, uma realidade diferente: a entrevista realidade essencial.

A noite surge assim como uma mediação para o espiritual, um caminho para a buscada transcendência. Depois de ter valorizado a poesia noturna, com insistência talvez excessiva no seu substrato de herança africana, esta feliz intuição crítica de Bastide leva-o ao centro vivo da poesia de Cruz e Sousa, ao foco de sua *experiência simbólica* e a um poema fundamental como "Olhos do sonho", em cujo limiar, no entanto, se detém.

É que isso parece bastar para que o crítico reconheça (com exagero, diga-se de passagem) a novidade do poeta frente a grandes figuras como Mallarmé ou Stefan George, mas ainda uma vez sua explicação parece ficar aquém do objeto, lançando mão de fatores externos à obra para explicá-la. O desejo de transcendentalismo de Cruz e Sousa, que o conduz a experimentar a viagem, o dinamismo do arremesso, diferentemente do Mallarmé contemplativo, seria uma metamorfose da saudade brasileira ou ainda vinda de mais além, da origem africana, "de uma raça essencialmente sentimental". O poeta atormentado, vivendo sua experiência simbólica, encontraria os símbolos na espontaneidade da busca, pelo mecanismo associativo do sentimento, como um "produto do alambique do sonho e da saudade".[4]

Entre as imagens simbólicas, ligadas à experiência central, estaria a "imagem-mãe" do Olho. Por ela, em novos desdobramentos simbólicos ambivalentes – o do olhar alucinante que persegue o poeta em meio à treva, como em "Olhos do sonho", e a ausência do olhar, como em "Caveira" –, Cruz e Sousa reencontraria a via mística, a experiência vivida e sofrida do símbolo, que o aparta do platonismo puro e do trabalho de inteligência de Mallarmé. Experiência decisiva que ele buscará traduzir pela cristalização da forma em cuja transparência poderá brilhar, quem sabe, em sua completa pureza, o ideal da Forma eterna.

Como se vê, a leitura de Bastide reconhece a decisiva importância da imagem central de "Olhos do sonho", ligando-a coerentemente à matriz da experiência simbólica de Cruz e Sousa. Não avança mais, porém. Vale a pena retomar a leitura do poema e ensaiar uma interpretação da complexa experiência do olhar e da noite de que aí se trata, pois por ela talvez se possa compreender melhor o lugar assinalado por Cruz e Sousa para o poeta, num dos momentos mais altos de sua obra.

*

O poema apresenta onze estrofes regulares, quadras formadas por decassílabos com rimas alternadas (abab). O aspecto culto e requintado da cons-

---

4. Op. cit., p. 187.

trução em quadras clássicas vem associado a outros traços similares da linguagem, traindo desde logo a formação rigorosamente parnasiana de Cruz e Sousa, que não se desvencilhou dela mesmo nos poemas de clara vertente simbolista, como este, dos *Faróis*.[5] Nesta obra póstuma se encontra sua melhor poesia, muito mais madura que a dos *Broquéis*, infinitamente superior à dos poemas em prosa, quase ilegíveis hoje, e liberta da sina parnasiana do soneto. Não é o que ocorre, decerto, com os *Últimos sonetos*, também póstumos e várias vezes extraordinários pela fatura e o alcance, mas obrigados ao espartilho da forma fixa dominante, rendendo culto a um acabamento artesanal desviado dos fins de sua obra mais ambiciosa.

Não é difícil rastrear, contudo, mesmo neste poema de sua melhor safra, as marcas dominantes da formação parnasiana, visíveis desde logo nos traços retóricos de que dispõe sua força verbal, mas já muito misturados a tendências da nova estética. Assim, à primeira vista, o vocabulário escolhido a dedo, culto também e por vezes raro, busca a palavra exata, como se vê por *ardentias*[6] ou pelos olhos sempre tenazes. A expressão tende à frase lapidar (à maneira de Baudelaire que tanto orientou a precisão parnasiana), como na extraordinária imagem, referida aos olhos, dos *dois mudos e sinistros pajens*, ou no verso em que a exatidão descritiva e plástica se ajusta à sonoridade cinzelada sob medida, feita de aliterações simétricas e timbres vocálicos contrastantes: *faróis de augúrio nos ferais escolhos*. Em alguns momentos, se nota ainda o gosto classicizante, perceptível nos latinismos da adjetivação, como em *ígneas plagas* ou *atras voragens*; por fim, a sintaxe vem marcada pela figura reiterativa da anáfora e por algumas inversões, como a anástrofe da *terra neste leito raso*. Tudo parece acentuar o pendor para o estilo elevado, com insistência nos aspectos exteriores da forma, burilada ainda à maneira parnasiana como objeto de fino lavor, para dizê-lo com a palavra que então se diria.

Entretanto, como no caso de Baudelaire – o principal farol para os simbolistas –, o lastro de padrões técnicos conservadores não impede o avanço artístico de Cruz e Sousa, que transforma a herança parnasiana, buscando outros fins. Caminha não decerto no sentido da arte como pesquisa dos realistas e impressionistas, voltados para o mundo sensível e os efeitos óticos da luz, mas no da exploração da transcendência simbolista, de uma realidade nova, descoberta por imagens insólitas, realidade que parece entremostrar-se para além da consciência aferrada à clareza da forma exata. A superação da técnica parnasiana é também uma exigência interna da nova matéria que o artista tem diante dos olhos e se dá em articulação com a sondagem de esferas enigmáticas

---

5.　Creio que tem toda a razão Massaud Moisés, quando afirma que "não é demais enxergar em *Faróis* e *Evocações* resquícios da formação parnasiana e naturalista, mas harmonicamente ajustados às características simbolistas". Ver desse autor – *História da literatura brasileira. O Simbolismo*. S. Paulo, Cultrix/Edusp, 1985, p. 34.

6.　O termo atraiu também Alberto de Oliveira: "Lembrando o lucilar das ardentias/Pelas noites do mar." Cf. "Praia longínqua". Em suas: *Poesias. 2.ª série*. Rio, Garnier, 1906, p. 84.

da realidade, que ampliam o campo da percepção estética e geram uma nova sensibilidade.

O fato é que esses procedimentos se combinam aqui num mesmo efeito *sugestivo* que rompe com as exigências da exatidão escultórica, mas epidérmica dos parnasianos, reforçado pela adjetivação abundante, as reiteradas reticências e um vasto leque de imagens, abertas para um mundo fora dos limites da consciência. Demonstram, assim, uma nova concepção da forma artística que não representa propriamente, mas sugere por signos uma realidade além, cuja estranheza, pelas marcas da experiência onírica, já nada tem a ver com o Parnasianismo. Muito pelo contrário; a noite e o sonho impõem desde o início suas sombras e indeterminações, de modo que a forma exterior, exata e nítida, cede espaço a mundos vagos, obscuros e ilimitados, antes indevassáveis, onde imagens com força simbólica se enraízam na mais profunda interioridade humana e ressurgem confundidas numa paisagem de sonho.

Uma poderosa harmonia advém dessa cerrada confluência de tantos traços lingüísticos diversos convertidos ao mesmo rumo expressivo. O leitor sente de imediato o forte impacto do todo, tendo uma impressão maciça e homogênea do poema, cuja atmosfera negra, soturna e, afinal, sinistra, é apenas de vez em quando riscada pelo fulgor de fosforescências atraentes e ameaçadoras, realçadas por contraste em notável efeito plástico. Idêntico deslizamento entre a aparência da forma exterior parnasiana e o que vem depois, já se insinua talvez desde o título, com a confusão entre o subjetivo e o objetivo na expressão *olhos do sonho*. A continuidade ambígua entre sujeito e objeto só se afirma no desenrolar do poema, com a interpenetração de elementos internos e externos na paisagem sentida como experiência onírica.

É praticamente impossível dizer-se o que é dentro e o que é de fora, numa composição que fixa tanto os olhos e o ato da visão: o que em princípio pode nos projetar para fora, como o olhar, pode também constituir uma pura projeção subjetiva. O olhar é ambiguamente emissor e receptor. Quem aí vê, está sendo visto. Desse enlace surge essa realidade estranha, que é preciso analisar para se compreender.

Abre-se o texto na forma de uma *enunciação lírica*, mas como se fosse uma narrativa, pelo motivo liminar do *"Certa noite"* e um argumento tênue: conta-se a experiência de um Eu diante da visão de dois olhos estranhos, durante uma caminhada solitária, numa noite soturna. Mas o que predomina é decerto a expressão lírica, que aqui lembra o sonho, ou antes um mau sonho, com seqüência vaga, imagens fortes, repetições e misteriosas ressonâncias, sobretudo pela atmosfera absorvente e pesada que tudo impregna. Ao longo do poema se ressaltará bastante, sob essa atmosfera escura e erma, a estranheza dos olhos, recorrentes e dominadores. São, de forma ambígua, o objeto e a projeção da *visão subjetiva* e ressurgem sempre transfigurados como numa *alucinação*, tanto para atrair quanto para ameaçar o sujeito, por eles submetido a uma perseguição tenaz.

O motivo da perseguição introduz um elemento dramático no desenvolvimento da ação, ao fazer da paisagem onírica o palco de um conflito em que o sujeito, completamente isolado, se torna vítima daquilo que vê. O acossamento se casa então à opressiva atmosfera de melancolia, solidão e horror, carregada pelas tintas do negrume, do isolamento, do sentimento soturno, que tende a saturar o ambiente, pois desde o início todos os traços da subjetividade aparecem, transferidos pela figura da hipálage, à noite. Esta se adensa com gravidade sobre o sujeito errante e só, dominado pelos olhos e assim tomado pela força da própria visão, sob a ameaça desses signos de presságio fatal que assombram a paisagem de pesadelo.

A partição entre sujeito e objeto, ambiguamente atenuada e confundida pela forma dúplice da visão, ao mesmo tempo subjetiva e objetiva, se desdobra, porém, numa espécie de cena fictícia, de situação dramática, configurada pelos termos reiterados da perseguição implacável e sem justificativa. No fundo, contemplamos uma cena dramática e plástica, marcada pela *ironia trágica*: nela, o Eu solitário, paralisado sob a atmosfera de pesadelo, aparece enigmaticamente perseguido por sua própria visão.

O caráter a uma só vez inevitável e arbitrário dessa situação de ameaça fatal reverte ironicamente sobre o próprio sujeito de quem emana a visão, sobre ele que forma corpo com os olhos e o todo da noite. O seu isolamento de qualquer meio social parece completo, da mesma forma que seu encerramento no mundo noturno do sonho, reino de uma natureza agressiva e inóspita. A noite recobre o que não se diz ou não se pode dizer, como se abrigasse o mundo dos refugos do desejo, o mundo tomado pelas imagens demoníacas. A realidade parece ter se transferido para esse outro lugar, de sombras e terror. E um sentimento de profunda melancolia, equivalente ao sentimento de morte em vida, habita com naturalidade esse mundo noturno das imagens de pesadelo. Elas tomam a cena e criam o clima da ação persecutória, cuja arbitrariedade realça, no entanto, a ironia dessa situação trágica.

Os olhos que o Eu vê, excluído do mundo comum dos mortais, parecem condená-lo a uma absurda situação de sacrifício. Para entendê-la, convém seguir a caminhada por partes, acompanhando o destaque dos olhos.

A caracterização dos olhos se torna, com efeito, decisiva para a compreensão do enigma que, substituindo-se à visão banal, logo descartada (*nunca da terra neste leito raso/ outros olhos eu vi transfigurados*), atrai e paralisa o sujeito, na iminência de algo terrível. As quadras vão retomando os olhos como um motivo recorrente a cada passo, modulando-os a cada retorno dos versos, com a mesma tenacidade que lhes atribui, convertendo-os em algo cada vez menos familiar ao sujeito, num crescendo apavorante da expectativa do que não se sabe bem o que seja. Como havia frisado Poe no princípio do processo que desembocou no Simbolismo, o medo antecipa realidades que ele mesmo inventa, podendo torná-las presentes e efetivas para quem as teme, crescendo com a consciência do próprio medo. E dessa forma os olhos, deslocados para uma posição insólita, se tornam estranhos e são capazes de espelhar, atraindo-as para o ser apavorado as terríveis imagens demoníacas de uma natureza perversa: o mar traiçoeiro, o deserto cruel, as feras que espreitam a presa, as *atras voragens* e os *mudos e sinistros pajens*. Com crescente força expressiva, esses olhos saltados do corpo da noite, ubíquos e acesos no interior da treva, conduzem, como faróis demoníacos, para dentro da noite infernal.

De fato, eles logo se mostram iluminados pelo fulgor satânico de fosforescências e abertos, indo de encontro a afetos complicados do Eu, aparentemente submisso a padecimentos e crueldades sem explicação, como que expiando uma culpa obscura. Nota-se logo a marca perceptível da definição baudelairiana de uma beleza ardente e triste, ferida pelo infortúnio, assim como certo satanismo, de origem romântica, mas reativado, conforme se sabe, na tradição moderna ainda por influência de Baudelaire. O moderno tem o tom da infelicidade, e o traço satânico parece espelhar em sua identificação do negativo a negatividade real da situação social alijada pelo poeta do seu mundo sonhado. Nele também, por certo, está a marca pessoal atormentada, ao estilo de Cruz e Sousa, capaz de incorporar a tradição, e ainda moldar de novo o drama do próprio artista com imagens inéditas, convulsas, tensionadas para uma inesperada direção, cheia de complexas implicações. É preciso examinar com cuidado.

A fosforescência, luminosidade que responde pela maravilha com que os olhos enigmaticamente atraem – parece ser esse o poder das *ardentias*, com o contexto marítimo que insinuam, depois reiterado no sinal de perigo dos *ferais escolhos* –, se associa também ao fogo demoníaco que portam dentro. A ameaça diabólica vem, portanto, insidiosamente oculta dentro do fascínio, recoberta pela noite e vinculada aos brilhos fosforescentes do mar (cujo poder de atração decerto sentiu o poeta da Ilha do Desterro). Essa luz dúplice, com seu brilho intermitente contra a treva em torno, permite vislumbrar então os sentimentos complexos e ambíguos do *ser que leva pesadelos fantásticos, trementes*, em sua própria alma. É o que se pode entrever pela insólita imagem dos versos da quinta estrofe, paralela à caminhada majestática dos olhos, observados contra a escuridão da noite, na direção do Eu completamente solitário:

> *Na treva só os olhos, muito abertos,*
> *seguiam para mim com majestade,*
> *um sentimento de cruéis desertos*
> *me apunhalava com atrocidade.*

A complexidade do sentimento expresso nessa imagem de pesadelo que envolve a agrura dos desertos e se agudiza na pungência da punhalada, com sua violência e ponta sadomasoquista, parece situar de fato o sujeito, carente e só arbitrariamente exposto ao sofrimento, na posição patética de uma vítima de sacrifício. A ironia nascida da arbitrariedade da situação sonhada em relação ao real, acentuada pela ameaça de destruição inexorável do Eu, remete ao modelo arquetípico do sacrifício trágico ou da morte do deus. Descartado o mundo real pelo sonho, a ironia, que brota com a consciência realista desse descompasso, se coloca na direção de retorno ao mito.[7]

Na verdade, a posição do sujeito se identifica aqui com a do *pharmarkos*, ou seja, com a posição ambivalente do herói trágico que é ao mesmo tempo vítima do sacrifício e emissário da expiação catártica. Ele é o bode expiatório, em quem se pune uma falta não nomeada, mas determinada pela exclusão ou pela opressão social: no caso, o poder majestático dos olhos parece aludir a isso dentro do mundo à parte que é o mundo onírico do poema. O real, deslocado, se introjeta no sonho, sob a forma sublimada e abstrata do mito trágico em cujo centro está o artista reconduzido pela própria *visão* a um rito de sacrifício.

O decisivo é que, neste caso, o sujeito, vítima da perseguição, é o ser tomado pela alucinação, ao mesmo tempo que é também o emissor da visão. Com efeito, como quem aqui vê é também quem é punido, se reúnem o visionário e o bode expiatório num mesmo ser, cuja situação, *alucinada* e patética, vem dramatizada na cena de sonho.[8] Ora, esse lugar ambíguo do *pharmakos* é exatamente lugar do sujeito lírico e, por extensão, do poeta visionário, que expõe na forma da cena fingida seu próprio sacrifício. O sofrido drama do poeta excluído do mundo dos homens vem oculto na noite metafórica, cujo caráter infernal se expande mediante as imagens demoníacas do pesadelo. O poeta se vê na situação do herói trágico que padece num deserto a dor pungente da exclusão e da culpa, sob a persistente pressão dos olhos do terror.

Na verdade, aí se apresenta o doloroso drama do artista, a sua condição de assinalado, como dirá Cruz e Sousa noutro poema, para designar o ser condenado à loucura e ao infortúnio que seria o poeta, capaz, no entanto, de povoar de belezas eternas o mundo despovoado. Serão, por isso, imortais seus espasmos de louco, juntando mais uma vez o patético da dor à eternidade liberadora e catártica do seu canto alucinado.

A *alucinação* parece situar-se na raiz da teoria poética de Cruz e Souza e se liga de forma paradoxal, mas coerente, à dimensão visionária de sua poesia.

---

7. Como aponta Northrop Frye, será esta uma dimensão importante da literatura moderna, como se vê em Kafka e Joyce. Basta pensar, no caso do primeiro, nas evocações do Livro de Jó e nos típicos personagens da ironia trágica moderna como o judeu, o artista, o homem comum, o *clown* chaplinesco. Cf. desse autor – *Anatomia da crítica*. Trad. Péricles Eugênio da Silva Ramos. S. Paulo, Cultrix, 1973, pp. 47-48.
8. Sobre a identificação entre o visionário e o bode expiatório, num contexto vinculado às drogas, observa José Miguel Wisnik que: "(...) a relação entre o ambíguo papel social do visionário e a sua vinculação com as drogas tem um outro aspecto subjacente. Acontece que enquanto canalizador (e formulador) da angústia e da violência social, que o visionário assinala e sublima, ele se identifica com a figura do bode expiatório, ao mesmo tempo vítima sacrificial e veículo de purificação. Agente catártico mitificado e marginalizado, o visionário é sintoma e remédio da doença social". Ver suas: "Iluminações profanas (poetas, profetas e drogados)". *In*: Novaes, Adauto – *O olhar*. S. Paulo, Companhia das Letras, 1988, pp. 283-300. A citação se acha à p. 285.

Em seu visionarismo poético a transfiguração da realidade em imagem (como a que se vê dramaticamente exposta na cena deste poema) é considerada de fato como um processo delirante que se estende ao espetáculo dramático de todo o cosmo. Ante o olhar desse visionário marcado na origem pelo materialismo pessimista e o senso do extermínio de tudo no nada, a visão alucinada exprime as crispações de uma realidade que lembra as convulsões do mar, o turbilhão inumerável e caótico do universo apocalipticamente tragado pelo vazio de um Nirvana aniquilador. Por imagens como essa, Cruz e Sousa prepara e antecipa os temas e a linguagem de vasto setor de nossa lírica moderna. Basta pensar em Murilo Mendes.

De fato, só muito mais tarde o Surrealismo insistiria em imagens assim, com raiz no inconsciente e frondosa copa simbólica, sob a qual até a realidade histórica pode vir se abrigar. A correspondência entre a interioridade e o exterior, pela qual o mundo afetivo se enlaça plasticamente ao quadro da paisagem, num passo a dois ritmado e atroz, demonstra a união íntima e indivisível entre o ser e a circunstância, de modo que as imagens isoladas tendem a unificar-se numa superimagem ou símbolo comum pelo qual se sugere uma experiência que raia o indizível. Os olhos resumem uma totalidade não nomeável diretamente; por eles fala a realidade ausente, inscrita de forma oblíqua nas marcas de melancolia e dor da paisagem onírica.

Os olhos são ainda, por outro lado, animalescamente ameaçadores: vêm associados a tigres, chacais e ao urso, todos eles feras predadoras com uma agressividade prestes a dar o bote. O mesmo caráter negativo e insidioso do espaço físico, com suas *ardentias e ferais escolhos*, se reproduz no reino animal. Por outro lado, a mescla desarmônica que confunde o humano com outros reinos da natureza – olhos como feras – implica o *grotesco*, saído do fundo da terra, da caverna, conforme vem indicado na primeira estrofe e reiterado mais tarde. O mundo inferior assoma à vista: *do fundo horror da terra funerária* brotam os olhos e as imagens de pesadelo que vêm povoar o mundo desarranjado que é o mundo do poema. O olhar visionário capta um mundo em desordem, desagregado e aberto ao abismo, às *atras voragens*, ao caos, ao sinistro: o mundo em que irrompe o grotesco.

O vínculo que faz retornar ao mundo da gruta (onde, como se sabe, primeiro se encontraram os antigos ornamentos chamados de *grotescos*, termo derivado do italiano *grotta*), reata a ligação com o mundo ínfero e baixo que se estampa para nosso espanto e horror na desarmonia, nos caprichos por vezes ridículos das manifestações grotescas. A herança romântica do grotesco sério como irrupção súbita do demoníaco está, sem dúvida, presente aqui. O estremecimento que resulta da ruptura do mundo familiar, tornado de repente estranho e minado, carreando angústia e pavor, abala a paisagem de sonho dominada pela onipresença fantástica dos olhos no poema. Mas é sobretudo na direção da visão grotesca, cuja afinidade profunda com a arte moderna da primeira metade do século XX tem sido reiteradamente apontada, que o poema parece tender, ao acentuar o caráter impenetrável e impessoal da estranheza que, como força do inconsciente, emerge com os olhos obsessivos do escuro da noite.[9]

Não é à toa, portanto, que os olhos brotam aqui do fundo da terra, mas arrastam também *alucinações fundas do lodo carnal*, imagem poderosa, que envolve, em sua base naturalista transposta em deformação expressionista, a sexualidade sob a forma culpada da abjeção, como se os olhos em geral associados à alma ou à parte espiritual e superior do corpo, como em Santo Agostinho, ganhassem autonomia e se deixassem marcar agora pela agressividade animalesca e pelo baixo corporal, unido por sua vez ao elemento da degradação moral conotada em *lodo*.

A imagem que evoca decerto ainda aqui a tradição do *abjeto* introduzida por Baudelaire, em sua arte nutrida de cristianismo e de revolta anticristã, revela como a transcendência de Cruz e Sousa arranca do mais baixo da vida material, trazendo de sua origem realista e naturalista a convulsão dos tormentos, o peso de culpas irresolvidas, as quais parecem assomar muitas vezes com as imagens do fundo obscuro do inconsciente. Ao que parece, trata-se da expressão da mais íntima interioridade que vai projetar-se na tela dos sonhos e na própria consideração do universo, sob a forma crispada e por vezes expressionista da *alucinação* que lhe confere o olhar *visionário*. O efeito desse processo aparentemente de desrealização delirante é, todavia, de um terrível realismo.[10] Dele procede o sentimento de ironia trágica que ronda a paisagem onírica do poeta, pois as marcas de realidade, sublimadas, nebulosas ou obliquamente deformadas no terror do sonho, se projetam ainda com força de tremenda realidade no efeito que dão as imagens.

Esse efeito terrivelmente realista das imagens de Cruz e Sousa leva a pensar que em sua obra as nebulosidades vagas do Simbolismo, projeções alçadas ao sublime do sonho, evocam ainda o dramatismo da angústia humana, fazendo da lírica palco em que se assiste à transfiguração sacrificial do sofrimento em sublimidade poética. A arte da torre de marfim traz em sua base os espasmos da dor do ser assinalado, que, como se observou, é para ele o poeta.

Ao contexto arbitrário que antecipa as associações oníricas do Surrealismo, se combina, além disso, portanto, a *deformação* de cunho expressionista do visionário, ambas as vertentes coadunadas à visão grotesca, muito recorrente no poeta. Isso demonstra como em Cruz e Sousa, do mesmo modo que em Baudelaire, estão mescladas as matrizes das vanguardas modernas, confundidas de algum modo nessa forma de evocar por imagens com valor simbólico e de contundente realismo de efeito uma realidade não passível de transcrição direta.

---

9. Sobre as relações entre o grotesco e arte moderna, me refiro aos conhecidos estudos de Wolfgang Kayser, Gustav R. Hocke, Mikhail Bakhtin e, entre nós, Anatol Rosenfeld.

10. Para a análise do efeito semelhante em Baudelaire, veja-se: Auerbach, Erich – "Les Fleurs du Mal di Baudelaire e il sublime". Em seu: *Da Montaigne a Proust*. Trad. it. Bari, De Donato, 1970, pp. 192-221.

A evocação plástica ganha enorme eficácia e produz pelas imagens uma realidade nova, concreta e medonha, como essa dos olhos da noite, embora ela não se deixe reduzir à realidade da experiência sensível.

Por fim, os olhos se destacam do completo negror da noite, já inteiramente autônomos, personificados na escolta persecutória, de força alegórica, como *dois mudos e sinistros pajens*. É esta uma imagem emblemática e lapidar que mais uma vez nos recorda a dicção baudelairiana. Com essa *calma medonha*, que a contensão imagética potencia, permanecerão enigmáticos até a tentativa final de reconhecimento, impenetráveis figuras de sonho, ao mesmo tempo próximos e estranhos, em servil, mas velada ameaça, cristalizada em gélida imagem de terror. Por ela, o olhar visionário desemboca no invisível, no que está além do poder de penetração do Eu, naquilo que, ao desfamiliarizar-se, se converteu no absolutamente estranho e persegue na ameaça sob a forma do sinistro. Os olhos são os olhos do Outro.

O tratamento grotesco confere, portanto, autonomia a uma parte do corpo, atribuindo-lhe a substância de ser à parte. Os olhos surgem desligados do todo a que pertenciam, perdem a dimensão humana, passando a formar corpo com a noite, para dela se destacarem e se tornarem figuras imperscrutáveis. Retirados do corpo humano, são transferidos a outro contexto, o da paisagem exterior, com a qual se confundem, mas da qual também acabam por se desprender com suas fosforescências demoníacas, brilhantes contra a escuridão noturna, até encarnarem a imagem do sinistro, no limite do impenetrável.

A arte de Cruz e Sousa antecipa o frio terrível do estranhamento que sentiríamos no século seguinte ao perceber a dissociação arbitrária do contexto, a mescla grotesca do humano misturado aos animais e às coisas, o caos do mundo desintegrado à semelhança ameaçadora do pesadelo. A caracterização transfiguradora dos olhos ao longo dessa caminhada noturna culmina, portanto, no máximo estranhamento dos olhos, como se fosse em sua forma de alucinação dramática uma imagem do próprio processo de *alienação*. A questão é mais uma vez complexa e deve ser considerada em detalhe.

Em primeiro lugar, no âmbito do poema, a realidade onírica que essa arte cria, transcende, o alcance da compreensão do sujeito, vai além do Eu, como secreta experiência no bojo da noite simbolizada pela *visão* dos olhos. A palavra visão tem aqui seu sentido realçado, como se frisou desde o começo, porque designa essa realidade que vai além da consciência, embora seja objeto do olhar do sujeito. Na verdade, esse olhar desaloja a realidade empírica, para substituí-la pela paisagem onírica e estranha dos olhos deslocados; a uma só vez desfaz ainda o tempo habitual, sugerindo uma caminhada em círculos, que se perde em voltas vãs, mas faz circular a cada passo a ameaça do fim. A sombra do apocalipse ronda o mundo em desagregação que é o mundo do olhar visionário.

O processo de desmanche da realidade rotineira e do tempo comum pode ser observado na minúcia da construção poética. Assim, todo o léxico revela sua evidente sobrecarga na direção única que cria essa realidade de pesadelo;

sobretudo os adjetivos, numerosos e enfáticos, se agrupam aos pares ou em séries maiores, três e até quatro, reiterando qualidades similares ou idênticas em torno dos substantivos de significado próximo, fazendo a caminhada marcar passo, sob a atmosfera opressiva. Acúmulo e repetição trabalham no mesmo sentido, para travar o movimento e deixar espaço para a expansão das imagens. E as imagens poderosas que se irradiam da visão desses olhos, onipresentes e obsedantes como uma idéia fixa – na verdade a caminhada não progride, o percurso dá voltas vagas, vãs e vacilantes, conforme as palavras textuais –, intensificam a intenção repetida de se jogar toda a força expressiva sobre uns poucos elementos análogos, sobre o mesmo foco do significado, saturando homogeneamente a linguagem em que se exprime a experiência onírica.

Em conseqüência, um admirável efeito de plasticidade nasce dessa perseguição insólita em que o Eu, travado pela atração e pela ameaça, sucumbe ao sumi·¹ouro voraz dos olhos que o querem tragar para o interior do negrume, de onde brilham com fosforescências marítimas e sugam com força satânica. O fiapo de ação – a caminhada do Eu lírico – se esgarça, sem rumo e sem avanço efetivo, e se presta apenas ao realce das imagens reiterativas em que, como se disse, de quadra em quadra, vão se transfigurando os olhos maravilhosos, aterradores como uma aparição.

Como se pode notar, a arte de Cruz e Souza efetivamente não representa uma determinada realidade; antes, por signos reiterados ou similares, *sugere* uma realidade insólita e não se sabe até que ponto *deformada* pela subjetividade. Uma realidade que se situa, ao que parece, para além da consciência, como uma região onírica impenetrável, embora em contacto com o mundo humano, donde o contundente efeito de estranheza que provoca.

Essa abertura para os elementos inconscientes demonstra como o poeta, articulado com as sondagens mais perspicazes que se faziam no seu tempo nessa direção – o poema é datado de 1897 –, se empenhava no tratamento de temas novos e arriscados, intuídos provavelmente a partir da própria realidade terrível em que era obrigado a viver e que o oprimia por muitos lados, inextricavelmente interligados na resposta estética a que dá tratamento simbólico. A complexa experiência que o poema encerra aparece, desta forma, como a contraparte simbólica de uma realidade irredutível à síntese verbal. O poema é o símbolo de uma realidade ausente, impossível de se nomear de outro modo, se não por esse mundo transtornado da interioridade enigmática projetada como *visão*. Paradoxalmente, a realidade foge de fora para dentro dos olhos.

Quando se observa melhor, verifica-se que o distanciamento entre sujeito e objeto (entre o Eu que vê e os olhos do sonho) não só permite certa distância épica e o germe de desenvolvimento narrativo, como é inerente à atitude que caracteriza toda *enunciação* lírica, oposta, por definição, ao puro discurso lírico da canção, em que se fundem completamente sujeito e objeto. Aqui, porém, a atitude se espelha mais fundo na própria organização interna das imagens, que tanto provêm da profundeza do ser humano, no caso do sujeito lírico, quanto do exterior, onde os olhos se sobrepõem à treva em torno, mas são enigmaticamente uma extensão da interioridade. É que, como se disse, o poema delineia o traçado de um percurso no qual se encontram, em misteriosa interação, o de dentro e o de fora, formando-se a continuidade ambígua entre o mundo subjetivo e o objetivo. Essa integração propicia a síntese expressiva do símbolo como o lugar do encontro, permitindo a fusão de elementos díspares numa mesma estrutura, tensa de elementos contraditórios e ambígua pela própria abrangência com que resume a multiplicidade em unidade.

A realidade insólita, sugerida no processo, parece transcender, portanto, a experiência humana que com ela se intercomunica e pode ter-lhe dado origem, deixando-se somente entrever nas imagens oníricas que a visão do sujeito acaba por sugerir como signos do impenetrável. Até onde o sujeito está presente, embora sem consciência clara de estar ou a possibilidade de penetrar pela visão banal, é parte ainda do processo, constituindo precisamente o caráter visionário do poema pelo avanço sobre a realidade inconsciente que se situa para além do Eu, como sua parte invisível.

Se assim for, a construção toda do poema está de fato assentada num paradoxo, pois a realidade criada conforme a visão subjetiva se torna incompreensível para o próprio sujeito, ao mesmo tempo atraído e paralisado diante desse demônio interior, projetado no bojo da noite. Demônio que ele lança sobre o mundo como uma parte impenetrável dele mesmo, como algo estranho que deixasse de pertencer-lhe e passasse a ameaçá-lo.

O poema será, nesse sentido, a *visão de um processo de perda de si mesmo ou de alienação*, como um mergulho na loucura ou na própria entranha da alucinação, caminhando-se ao encontro do ponto cego da visão, onde se aninha o outro, o invisível que é também o indizível, o qual no entanto ameaça como um duplo que já estava no começo e está também no fim. A noite de Cruz e Sousa chama para profundezas nunca vistas da noite da alma, em cujo fundo sem fundo outros olhos espiam, como na parede grotesca do soneto famoso de Nerval: *Crains, dans le mur aveugle, un regard qui t'épie.*

A noite é assim o espelho negro em que o sujeito se mira para encontrar-se com o outro: os olhos contra os quais nada pode o solitário Narciso, paralisado diante do estranho fascínio. Na verdade, um mergulho na estranheza, frisada desde o primeiro verso e do primeiro adjetivo ligado aos olhos, como o reconhecimento do que era familiar e se tornou estranho para a visão do sujeito: emergência do sinistro que a imagem despojada e hirta dos pajens condensa como a aparição grotesca de um duplo ameaçador. Na fixidez, na calma medonha dessas figuras finais do sonho há algo de rígido, de mecânico, que notamos nos bonecos e autômatos em que o desgarramento da substância humana reduziu a vida ao reino das coisas. O vazio da vida escoada, determinado por esse processo de reificação, só deixa sedimentada a rigidez formal da imagem desse final sinistro.

No exame do "Homem de areia", de E. T. A. Hoffmann, Freud interpretou a emergência do sinistro, daquilo que se tornou não familiar e estranho (*Das Unheimliche*), como um retorno do reprimido.[11] Algo disto haverá aqui, pois a situação do artista projetada na paisagem de pesadelo é abismada pelos olhos esvaziados de humanidade que retornam a cada passo da caminhada onírica, até a estranheza máxima da imagem final. E com eles retornam também ao mundo onírico da visão poética os sentimentos dolorosos da exclusão e da negatividade social, ou seja, a sombra do mundo real, de que se tornou impossível falar, a não ser simbolicamente pela situação dramática da ironia trágica, que repõe o artista no papel da vítima do sacrifício ou faz dele o objeto da perseguição e da ameaça fatal.

Na verdade, a condição do artista tal qual se espelha nas imagens do sonho sombrio parece vincular-se, por sua força de realidade, a contradições fundamentais da existência e do contexto social de Cruz e Sousa. É que o poeta, tendo recebido a educação esmerada que lhe deram seus protetores,[12] tinha a cultura da classe dominante, mas foi submetido, pela condição social e o estigma da cor, no dia seguinte da Abolição, à segregação cultural de que nunca se livraram os pobres em nosso país. Esta situação conflitiva real pode ser, entre outras coisas, o que vem aparentemente alijado do texto poético e substituído pelo mundo onírico e à parte, mas retorna de algum modo na resposta simbólica com o sentimento opressivo e melancólico da perseguição em clima de pesadelo. Esse mundo onírico não se limita decerto a evocar a condição real que eventualmente podia estar em sua gênese, mas não deixa tampouco de expandi-la, pela força irradiante da imagem simbólica, que pode significar mais do que a realidade que a condicionou. Ao aderir ao Simbolismo, o poeta parecia entregar-se à imitação de um estilo de época cujas matrizes, além de estarem fora de seu contexto próprio, tendiam a afastá-lo, pela forte idealização, do dramatismo e da negatividade do mundo real. O que se observa, porém, é que foi por meio do tratamento pessoal desse estilo que conseguiu dar expressão nova, mais ampla e duradoura a contradições reais de sua existência, transpostas ao plano do símbolo, que passa a atuar depois com força própria enquanto forma estética. É importante notar que o caráter algo fantasmal do Simbolismo parece dar vazão ao caráter não menos fantasmal do sentimento da exclusão social do poeta, assim como a negatividade, tudo o que refuga o desejo, parece aninhar-se no universo à parte, grotesco e sinistro, reino do demoníaco. No fim, os fantasmas do sonho são ainda uma expressão autêntica do real. É exatamente isto o que se deixa ver como uma sugestão para além da forma exata do poema: tudo o que ali

11. Freud, S. – "Lo siniestro". Em suas: *Obras completas*. Trad. L. López-Ballesteros y Torres. 3.ª ed. Madrid, Biblioteca Nueva, 1973, pp. 2483-2505.
12. Como se sabe, Cruz e Sousa foi educado pelos antigos senhores de seus pais, escravos alforriados.

surge como impenetrável, invisível, inconsciente, está ainda referido ao real e dele faz parte, como aquilo que se confunde com a escuridão misteriosa da noite. É o que, poeticamente, surpreendem os olhos alucinados do poeta sob a forma do sonho. Como dirá, anos mais tarde, Murilo Mendes, "a existência do enigma tende a aumentar o campo da realidade".[13]

No poema, a dissociação paradoxal entre o sujeito e seu objeto, na medida em que este for produto da visão subjetiva deformadora, é 'ntão uma espécie de discórdia (de delírio persecutório ou paranóico, talvez dissesse um psicanalista) mantida em harmonia pela estrutura inclusiva e a linguagem homogeneizadora, capaz de contrabalançɛr e unificar por um feixe de procedimentos e relações a experiência conflituosa que aí se exprime. O avanço artístico de Cruz e Sousa se dá, portanto, não só na superação da herança parnasiana com outros fins, mas no da descoberta de uma nova problemática, cujos pontos principais antecipam temas importantes da psicanálise e das vanguardas deste século, tratados de forma inovadora, pela força poética da imagem.

Em resumo, a experiência visionária que aí simbolicamente se sugere fala de uma realidade intratável, do que não está, do que ainda não se sabe, por vezes se crê vagamente vislumbrar e se busca sempre saber, quando nos interrogamos sobre nós mesmos: o que jaz sem nome no fundo dos olhos, que é parte de nós e da noite, que pode ser o Outro de nós. Pelos olhos do símbolo, o poeta visionário penetra no invisível e tenta nomear o que não se pode dizer, mas assim lança a medida do impossível que, desde o Simbolismo, persegue toda grande poesia. Tanto as formas alvas quanto a noite de Cruz e Souza se arriscam a preencher esse mesmo vazio, o indizível da experiência simbólica, o oco do olho, às vezes só silêncio.

---

13. Cf. Mendes, M. – "Vieira da Silva", *Janelas verdes*. Em sua: *Poesia completa e prosa*. Ed. Org. por Luciana Stegagno Picchio. Rio de Janeiro, Nova Aguilar, 1994, p. 1443.

A ANÁLISE COMO RESGATE DA VINCULAÇÃO PRIMÁRIA

Izelinda Garcia de Barros*

Apresentação

A minha proposta neste trabalho é mostrar, através da história dos primeiros anos de vida de um menino, como foi-se configurando um hiato comunicativo importante entre seus pais e ele, levando-o à perda de funções adquiridas e a um progressivo retraimento autista.

A perda mais grave, e da qual derivam todas as outras, está ligada ao crescente desinteresse da criança pelos seus parceiros humanos. Um corolário importante disso é a impossibilidade ou grande dificuldade para a aquisição e uso da linguagem verbal.

Esse quadro clínico levou-o ao tratamento psicanalítico aos três anos de idade.

Através da descrição e comentários sobre o primeiro ano de sua análise penso poder mostrar como, a partir dela, foi sendo retomado seu interesse pelas pessoas, seu desenvolvimento global e, em especial, seu aprendizado lingüístico.

O material clínico oferece, como sempre, uma multiplicidade de leituras, estimulando vários níveis de raciocínio e debate. Procurei manter o foco no tema proposto, mas dois outros assuntos que lhe são correlatos merecem referência.

---

* Psicanalista da SBPSP.

Questões ligadas às formas mais primitivas de simbolização e sua estreita dependência com os vínculos afetivos primários do bebê ressaltam de imediato e serão tratadas no decorrer do texto, mas não as apresentarei como um tópico individualizado.

Algumas abordagens técnicas surgiram da necessidade do momento, tendo sempre como objetivo buscar e manter as possibilidades interativas com meu pequeno e apavorado paciente. Serão sempre referidas ao contexto particular da sessão ou do período da análise em que ocorreram e não devem ser entendidas como sugestões técnicas mais amplas para o tratamento psicanalítico dessas crianças.

Pedro será o nome do personagem principal deste relato.

A HISTÓRIA DE PEDRO

Pedro é o caçula da família. Tem um irmão dois anos mais velho.

A mãe fala de sua estranheza crescente com relação a Pedro desde o nascimento; o pai ouve-a silencioso.

Descreve um suceder de dificuldades : para alimentá-lo, para cuidar da sua higiene, para o banho, para fazê-lo dormir. A cada obstáculo resolvido, surgia outro, em área diferente. Apesar disso, Pedro desenvolvia-se dentro do esperado.

Com 1 ano já começava a andar e balbuciar as primeiras palavras. Notava-se enriquecimento crescente na nomeação de novos objetos, animais, partes do corpo, justificando a idéia de que falaria dentro dos prazos habituais. Neste período surgiu uma nova preocupação com ele.

Após a aplicação de uma vacina, sofreu regressão de comportamento. Passou a ter crises de birra e choro, com episódios de perda de fôlego seguidos de espasmo e perda de consciência.

Exacerbou-se o apego à mãe, aceitando apenas o pai como substituto. Outras pessoas apreciadas do ambiente familiar passaram a ser vistas com pânico. Também não se relacionava com outras crianças; parecia temê-las. Contrariado diante de limites ficava agressivo, tinha crises de birra e as temíveis perdas de fôlego. Restringiu seu cardápio. Aceitava sucos e leite se oferecidos na mamadeira. Quanto aos alimentos sólidos só buscava aqueles que fossem ácidos ou picantes como pickles, mostarda, queijos de sabor muito acentuado. Voltou a usar fraldas. Deixou de falar. O sono, que nunca chegara a ser muito regular, desorganizou-se ainda mais.

Apegou-se a objetos duros, os quais carregava sempre, onde quer que fosse. A perda deles (carrinhos de ferro, ferramentas, pinos ou parafusos) desencadeava crises de pânico seguidas de birra.

Diante de um quadro tão caótico foi encaminhado para um psiquiatra infantil.

Preocupado com a gravidade dos sintomas que sugeriam um encapsulamento autístico progressivo, o colega encaminhou-o para análise.

OS PAIS DE PEDRO

Tanto o pai como a mãe se apresentaram como pessoas muito ansiosas.

O pai, mais contido, associou alterações de sono, de apetite e o reaparecimento de antiga úlcera duodenal ao período de maior preocupação com o diagnóstico de Pedro.

A mãe expressava mais livremente sua ansiedade e recordou-se de que no fim de sua gravidez e nos primeiros meses após o parto esteve muito triste e deprimida pela morte de uma pessoa próxima.

Os pais compartilhavam uma desorientação quase que completa em relação a Pedro.

Como já observei em circunstâncias semelhantes, a insegurança, criada pela estranheza crescente com o comportamento da criança, associada a repetidos fracassos na maneira de lidar com ela, vai-se ampliando a níveis tais que se tornou difícil para eles recorrer ao apoio da experiência anterior com o filho mais velho ou, em âmbito mais amplo, à própria experiência com os seres humanos em geral.

Disso resultava a impressão de que tinham em mãos um estranho, vagamente semelhante ao filho, que já não reconheciam.

DESENVOLVIMENTO DA ANÁLISE DE PEDRO

Como já disse, Pedro iniciou sua análise aos três anos.

No horário de sua primeira consulta, ouço uma criança gritando na rua. Vejo um menininho bem constituído fisicamente, robusto, não muito alto. Esfrega furiosamente o rosto vermelho e molhado de lágrimas.

Nos primeiros meses esse foi o início de nossas sessões. Começava a gritar assim que a mãe parava o carro em frente ao consultório. Chamava a atenção seu isolamento. Apesar de aparentemente querer fugir de mim, não procurava refúgio junto à mãe (ou ao pai, que às vezes o trazia à sessão). Antes buscava abrigar-se no canto da sala de espera, atrás de um móvel ou no jardim, embaixo de uma floreira (a mãe ficava sempre na sala de espera). Depois de algumas semanas, vez ou outra, ele pulava abruptamente no colo da mãe e aí permanecia como um pacote incômodo. Em uma dessas vezes, consultando-me com os olhos, ela tomou a iniciativa de entrar na minha sala com ele e participou das sessões do filho por cerca de dois meses, já que ele não aceitava ficar só comigo.

Eu procurava estar no mesmo espaço físico que ele, fosse na sala de trabalho, na sala de espera ou no jardim. Não me aproximava demais e tomava cuidado de nunca ficar como um obstáculo entre ele e a mãe.

Sentava-me a distância, de frente para ele para olhá-lo e para que ele pudesse me ver e me ouvir bem. Eu observava seu comportamento, fazia alguma hipótese sobre ele e então usando recursos variados – os que me parecessem mais apropriados para o momento – tentava comunicar a Pedro a minha idéia a seu respeito. Usava os bonecos ou bichinhos da caixa como objetos intermediários que falavam com ele ou mesmo representavam, espelhando, suas ações.

Outras vezes, imitava com o meu corpo algum movimento que ele estivesse fazendo (movimentos do braço acompanhando a articulação de um guindaste por exemplo). Eu sempre falava acompanhando minhas ações mas a própria fala era dramatizada. O importante era, vencendo a barreira que seus gritos ou seu isolamento criavam, fazer chegar até ele algo que atraísse sua atenção.

Por poucos minutos Pedro interessava-se pela minha proposta e depois voltava a gritar. Mas estes breves instantes em que nossas atenções convergiam para um mesmo ponto de interesse foram se ampliando em um lento movimento oscilatório ao longo dos meses.

Na soma destes momentos de encontro foi-se constituindo um conjunto de fatos e pequenas histórias, cujo conhecimento era compartilhado por nós dois (e pela mãe, enquanto permaneceu na sala).

Vou relatar uma destas histórias construída a quatro mãos, que se mostrou particularmente frutífera. No primeiro ano de análise, que focalizo neste trabalho, esta história vai aparecer em mais de uma ocasião, em torno do mesmo tema e não tenho dúvidas de que Pedro a usava como uma moeda corrente entre nós.

Em sua caixa, Pedro tinha um pequeno caminhão basculante que podia ser facilmente manipulado por ele. A carroceria se destaca do cavalo mecânico e o basculante articula-se a modo de uma dobradiça.

Usando só esta parte – a do basculante – Pedro como que abocanhava com força a cadeira onde a mãe se sentava enquanto ele gritava. Chamei este basculante assim usado de boca – uma boca prendendo, segurando a cadeira da mamãe. Com as mãos imitei o movimento de abrir e fechar que ele fazia com o basculante. Isto o interessou e ele parou de gritar. Daí por diante, usei o recurso das minhas mãos "articuladas" como uma boca para ilustrar os comentários a respeito de seus gritos. Alguns dias mais tarde a mãe relatou que ele recorreu ao espremedor de alho (que é uma peça articulada como o basculante) para "morder" o irmão que brigara com ele, e assim expressar sua raiva.

Muito lentamente os períodos de choro diminuíram e em torno dos três meses de análise um bom número de suas sessões decorria em um clima calmo, Pedro muito ocupado em usar o basculante para conhecer os móveis da sala, seu perímetro, suas portas e janelas, e a pia. Com ele aproximava-se de mim, a princípio prendendo o meu braço com o dele e depois rodando o carrinho pelo meu corpo (e fazia o mesmo com a mãe). Seu rostinho era expressivo, mas Pedro era absolutamente silencioso. Não fazia ruídos, não emitia sons, não falava (notar a semelhança com os intentos do bebê que leva tudo à boca).

Mas agora reagia com grandes birras ao fim das sessões. Pensei que provavelmente entenderia se eu indicasse o fim da sessão usando a palavra "tchau" que ele usava antes da regressão de comportamento já mencionada.

Assim eu passei a usar o "tchau" para marcar não só o fim da sessão, mas também para indicar a interrupção de sua atividade com a água.

Absorto e muito envolvido com o brinquedo na água ele teve alguns acessos de birra violentíssimos quando da interrupção desse tipo de brinquedo.*

Eu ia pondo ordem na sala, conversando com ele. A princípio ele gritava quando eu falava, mas a seguir gritava quando eu parava de falar. Parece que aos poucos a minha fala contínua ia substituindo o ruído da água que tinha sido suprimida e, assim envolto, ele se acalmava e aceitava minha sugestão de levantar-se e chegar-se à mãe que trocava sua roupa para terminar a sessão.

Após uma destas crises de birra Pedro ficou vários dias sem se aproximar da pia, aparentemente esquecido e desinteressado dela.

Neste período, já íamos do meio para o fim de uma sessão quando Pedro apanhou o seu inseparável caminhão, foi para a pia com ele, abriu a torneira e passou o caminhão pela água, falou "tá" (tchau) fechou a torneira e com uma cara sorridente se afastou da pia. Dirigiu-se à mãe dizendo "úa, úa" (rua) puxando-a em direção à porta. Tchau e rua foram as primeiras palavras que ele usou na sessão. Certamente fiquei satisfeita com esta aquisição.

A este sentimento associava-se um outro: o de pena que suas primeiras palavras fossem para indicar separação. Vivi também profundo sentimento de solidão e após sua saída deixei-me permanecer sentada, quieta e imóvel por algum tempo. Relato este pequeno fragmento da minha reação contratransferencial para exemplificar a eficiência comunicativa da identificação projetiva (eu era agora o membro da dupla que estava só e abandonado) e também para mostrar a violência do impacto de suas identificações projetivas sobre mim (a solidão, a dor, a imobilidade). Estas vivências não são exceções na prática do analista e, apesar do impacto que causam, constituem matéria-prima preciosa para compreender e interpretar nossos pacientes. Voltemos ao caso.

Pedro aprendera a articular suas próprias mãos como a boca que fiz inicialmente com as minhas e reservava este gesto somente para acompanhar o "tchau" (que dizia tá, tá), a saudação do fim da sessão.

Como de hábito no trabalho com crianças – especialmente crianças pequenas –, procurava usar com Pedro um vocabulário simples, evitando constru-

---

* Apesar de, por um bom período da análise, Pedro fazer birras enormes, nas sessões nunca apresentou crises de perda de fôlego. Também em casa isto deixou de acontecer até fevereiro de 88 quando, por algumas vezes, voltou a tê-las. Naquela ocasião pude obter dos pais uma descrição mais detalhada dos pródromos da crise e fiquei muito inclinada a pensar que estas crises de fevereiro de 88 poderiam ser auto-induzidas.

ções complexas. Eu descrevia e comentava suas ações, acoplando, por assim dizer, palavras aos seus comportamentos. Ao longo das sessões, o menino dedicava-se a um pequeno número de temas; portanto meus comentários se repetiam com pequenas variações.

Com o tempo percebi que no mesmo contexto em que eu usava determinadas expressões Pedro "entoava" a melodia da frase que eu dizia, mas sem ainda colocar nelas as palavras.

Por exemplo: vendo que ele procurava, com crescente desespero, um brinquedo (o trem) que caiu fora de sua visão, eu descrevia em voz alta a cena: "O Pedro perdeu o trem, cadê o trem? O Pedro está muito aflito, e procura o trem. Cadê o trem? E quando ele o encontrava e seu rosto mudava para uma expressão mais distendida, mais alegre, eu continuava: Achou! Achou o trem! Agora o Pedro achou o trem e está calmo e alegre". Ele, sem deixar de procurar o trem, prestava atenção à minha fala. Não dava nenhum sinal de querer que eu lhe desse o trem, mas parecia sentir-se amparado, compartilhando sua aflição comigo pelo fato de eu poder identificá-la, nomeá-la e associá-la corretamente ao objeto procurado.

É claro que essa experiência repetia-se não só com o trem, mas com outros objetos em sessões subseqüentes. Percebia então Pedro entoando a melodia ascendente da interrogativa. Corroborando esta impressão Pedro entoa "Ô! Ô!" quando acha o objeto. Sua atitude não era mais de desespero, mas de alegre expectativa.

Ao usar palavras (tchau, rua, ô ô e mais tarde vãobora) ou repetir a entoação das frases, as palavras acompanhando suas ações, Pedro parecia feliz, composto, íntegro, dono de uma nova habilidade. As palavras eram veiculadoras de compreensão e um estágio intermediário entre a minha capacidade de compreender e sua própria e incipiente capacidade de se autoconter.

As birras foram ficando mais raras e Pedro sempre entrava na sessão, mas sua entrada era algo tumultuada. Vinha escondido atrás da mãe como que envergonhado. Ela se sentava no divã e ele se escondia atrás dela e de lá me espiava com uma carinha marota, esperando por uma brincadeira de esconde-esconde. Eu comentava sobre isto, mas não correspondia ao convite. Sentia que o momento de encontro comigo e da passagem da mãe para mim era delicado e não queria substituir este momento tão rico de significados por uma brincadeira excitante. Assim Pedro desistia do esconde-esconde e escorregava pelo ombro da mãe em direção ao seu colo e daí em direção à caixa que estava sempre no chão sobre o tapete. Prendia os pés nos joelhos da mãe e assim "enganchado" nela, abria sua caixa. Segurando o caminhão ou o trem (que são dois vagões engatados) se soltava da mãe e começava a se movimentar livremente pela sala e chegava-se a mim.

Deste momento em diante, eu era a pessoa à qual se dirigia, ainda que vez ou outra chamasse a atenção da mãe, a distância, para algum acontecimento particular da sessão.

Tanto a mãe como eu nos sentíamos ambivalentes com relação à permanência dela na sala. Às vezes ela me parecia uma companheira, silenciosa, na dura faina de compreender processos psicológicos tão primitivos. Outras vezes sua presença me constrangia na formulação das interpretações.

De sua parte ela dizia que era difícil observar a atividade do filho em que discernia agora muito sofrimento, mas que também aprendia, observando-o, a acudi-lo melhor, com mais paciência. Ambas concordávamos quanto à expectativa de que Pedro fizesse sua sessão sozinho enquanto a mãe o aguardaria na sala de espera. Eu sabia que esta mudança seria muito delicada e teria que ser feita no tempo certo, nem antes, nem depois. Confiava que Pedro me desse os indícios dela. Sempre me impressionou o proveito que a mãe de Pedro tirou da sua permanência na sala e a rapidez com que ela aprendeu a lidar com ele de modo muito adequado.

Vieram as férias. Tivemos um período curto de nove dias. Pouco antes delas, comecei a comentar a separação com Pedro.

Escolhi uma sessão de quarta-feira (já tínhamos trabalhado duas e teríamos mais duas pela frente) e falei da próxima separação. "Vamos trabalhar" era a expressão bem incorporada e cujo sentido compartilhávamos. Eu a usava sempre no início da sessão; eu a usava quando me opunha a comportamentos de agitação – enfim eu me sentia segura de que Pedro associava a expressão "vamos trabalhar" à situação de estar comigo, na sala, fazendo alguma atividade conjunta.

Assim tentei representar as férias como "não vamos trabalhar" (o não acompanhado com movimentos negativos de cabeça), dobrando os dedos um a um para indicar as cinco sessões que ele perderia. Pedro prestou atenção. Não de imediato, mas em conexão com o que eu dissera parecia buscar alguma coisa na sala. Repetia atividades que já fizéramos juntos, mas não se fixava em nenhuma. Estaria se despedindo? Entrou no seu canto favorito atrás da poltrona, mas saiu logo. Finalmente deitou-se sobre um gaveteiro móvel, com as pernas e os braços pendentes. Eu devia empurrar o gaveteiro e levá-lo para o colo de sua mãe. Ele aí ficava por alguns segundos e voltava para o lugar de partida. Reiniciávamos a operação.

Meus comentários diziam respeito a ele ficar mole, sem braço e perna, precisando do gaveteiro duro para fazer uma casca e para andar. Falava de uma Izelinda-tchau que ia embora e da mamãe que o pegava no colo e dava força para suas pernas e braços. No fim dessa sessão, Pedro queria levar o gaveteiro para casa. A birra foi grande e a sessão terminou atrasada, com todo mundo exausto. Saiu no colo da mãe, com a cabeça encaixada em seu ombro. O restante do corpo pendia flácido, sem tônus. Parecia um pequeno boneco desmantelado.

No dia seguinte, antes que eu retomasse o assunto, Pedro colocou o gaveteiro no centro da sala e, para minha surpresa e curiosidade, passou um bom tempo deitando-se sobre o gaveteiro de modo a pôr em contato com ele todas as partes do seu corpo : face, barriga, dorso, braços, pernas, mãos, pés, cabeça. Fazia isso com calma, concentrado, sem olhar para mim ou para sua mãe, mas com a intenção de que víssemos o que fazia. Quando deu por terminada sua tarefa soltou um fundo suspiro; repôs o gaveteiro no lugar, calçou meias e tênis (que tirava para melhor aderir-se com os pés ao móvel) e dirigiu-se para sua caixa pondo-se a brincar com os brinquedos nela contidos.* Neste trecho da sessão, podemos acompanhar o *continuum* de uma linguagem primitiva, não verbal, evoluindo para representações mais complexas e de compreensão mais fácil. Era muito claro que o menino desejava comunicar-nos seu pensamento e usou uma maneira pictórica muito eficiente para fazê-lo.

Pedro compreendeu, a meu ver, a comunicação sobre as férias. A partir disso procurou algo que o protegesse do buraco da separação. Posso supor que reeditasse na brincadeira com gaveteiro a manobra do dia anterior, de concretamente carregar com ele um objeto duro que preencheria o vazio da ausência, tão comum às crianças autistas. Diante da frustração de não poder carregar consigo a casca-gaveteiro, Pedro desenvolveu outra solução: "imprime" multissensorialmente (tato, pressão e possivelmente também por experiências proprioceptivas, vestibulares) a casca-gaveteiro no seu próprio corpo.

De uma manobra defensiva com parcas qualidades mentais (levar o móvel) avançou para imprimi-lo sobre o corpo- recurso ainda primitivo, mas que já respeita o teste de realidade. A qualidade protetora do objeto vai ser expressa em parte pelo contacto com o gaveteiro e em parte pelo colo da mãe, sentida agora como um receptáculo mais seguro de suas aflições. Sendo o gradiente de frustração tolerável para suas condições mentais, naquele momento, pôde usar os novos recursos da simbolização e do pensamento. Seu suspiro sugeriu a mim e à mãe que Pedro tinha terminado com sucesso a tarefa proposta.

Ao voltar das férias, Pedro pareceu satisfeito em me reencontrar embora eu notasse que trazia para as sessões muitos objetos de casa entre eles brinquedos volumosos e um espremedor de alho, sucedâneo das bocas que agarravam e mordiam das primeiras sessões. Não os utilizava na sessão. Pareciam acompanhá-lo trazendo as queixas e a raiva que não sabia ainda pôr em palavras, mas que não precisava mais manifestar através de birras e isolamento.

Interessava-se durante a sessão pelas fechaduras das portas, abrindo-as e fechando-as com habilidade. Colocava-se muitas vezes atrás das portas (ficando separado, portanto, de sua mãe e de mim) para reaparecer em seguida. Invertia a experiência colocando-me na sala de espera fechando as portas por alguns segundos. Coexistiam assim mecanismos eliciados pela separação:

---

* As notas, sucintas, sobre esta sessão só se referem a Pedro calçar-se novamente. Não me lembro com certeza, mas é possível que a experiência de "imprimir" o gaveteiro tivesse sido feita sobre o seu corpo nu.

- o uso moderado de objetos autísticos – umas cascas, por assim dizer, (só os utilizava para vir à sessão) como marcadores do seu sofrimento e dos seus recursos diante da separação;
- sua intenção de agarrar-se firmemente e possivelmente exprimir seu susto e raiva, através do uso do espremedor de alho durante a sessão;
- o interesse em experimentar, no âmbito restrito e seguro da sessão, afastar-se de mim e da mãe.

O interesse de Pedro pelas portas levou-me a pensar ser aquele o momento adequado para propor à mãe que ficasse na sala de espera.

Comentei com eles que íamos experimentar que a mamãe esperasse o Pedro na sala de espera. Lembrei-lhes os acontecimentos recentes sobre as portas e fechaduras, sobre o fato de que durante a sessão Pedro ficava muito ocupado com os brinquedos e histórias que fazia com a Izelinda e portanto a mamãe podia esperá-lo fora, fazendo as coisas dela, etc...

Assim cautelosamente e seguindo um pouco o humor de Pedro, a mãe foi deixando a sala. Ela o fez de modo muito adequado, mostrando estar bem sintonizada com as necessidades de Pedro, às vezes mais condescendente, outras vezes mais firme, nunca dura ou impaciente. Quando o protesto era muito forte, ela ficava um pouco mais; outras vezes se livrava dos seus abraços de urso, rindo e brincando com ele, e saía da sala.

Ele também entrou na brincadeira: a trazia até o fundo da sala depois a empurrava de volta para a poltrona da sala de espera e entrava sozinho. Uma vez na minha sala, podia permanecer lá por todo o período; ou entrava e saía, ficando por curtos períodos, ora comigo, ora com a mãe.

Acontecia ainda de Pedro ficar com a mãe, na sala de espera e "enviar-me" mensagens, quer através de ruídos, vocalizações, quer através de brinquedos, em geral carrinhos, que empurrava para dentro da sala. Às vocalizações eu respondia imitando-as, comentando-as, e os carrinhos eu devolvia modificados pois sempre acrescentava a eles algum brinquedo da caixa de Pedro. Ele esperava com expectativa, qual brinquedo iria "buscá-lo". Às vezes ficava com o carrinho e atirava de volta o elemento que eu acrescentava, outras vezes contribuía com alguma modificação.

Depois de muito trânsito de objetos, em geral atrás de algum deles, surgia lentamente sua cabecinha pela porta aberta. Coleando o corpo no chão, como um animalzinho sem pernas e braços, Pedro laboriosamente vencia a distância que o levava a sua caixa. Todos esses movimentos de aproximação eram amplamente comentados por mim à medida que se desenrolavam.

Quando Pedro já estava na sala, "recuperava" seus movimentos e "virava" um menino grande. Eu usava os bonecos para dramatizar as etapas de sua trajetória e ele tinha grande prazer nesse relato. Na seqüência, depois de alguns dias, experimentei fechar as portas sempre comentando em voz alta minha atitude.

Pedro ignorou ostensivamente minha atitude e permaneceu tranqüilo na sala. Mas sua atitude era tal que me levou a pôr uma fala nela dizendo: "Puxa, Izelinda, como você está atrasada, não vê que já cresci?". Ele me olhou concordando. Sabia abrir as portas, às vezes ia à sala de espera, mas quase sempre voltava para a sessão. A princípio tão imprevisíveis, suas sessões foram adquirindo um certo ritmo e, mais do que isto, uma certa "feição" que lhes conferia identidade, continuidade no tempo, certa previsibilidade. Isto transparecia também no significado mais constante atribuído aos brinquedos.

Conforme a dinâmica da sessão um ou outro brinquedo adquiria valor especial. É que através do uso daquele determinado brinquedo tínhamos chegado juntos à mesma compreensão: observando o seu brincar espontâneo eu me inteirava de algum movimento de seu mundo interno; eu procurava então complementá-lo, esclarecê-lo, explicitá-lo. Pedro apreciava muito esse encontro e o objeto que tinha propiciado esta satisfação se tornava especial.

Pedro estava em análise há quase um ano e próximo de completar quatro anos.

Os sintomas de alheamento, hiperatividade, medo das pessoas, agarramento excessivo à mãe, desapareceram. Adquiriu controle esfincteriano completo, regularizou o sono e melhorou seus hábitos alimentares.

Aumentou sua disponibilidade para a interação com outras pessoas.

O atraso de linguagem ainda era bastante importante, mas vocalizava bastante e usava algumas palavras-chave de modo consistente e expressivo: não, dá, bô (acabou), ontá? (onde está) oh! oh! (admiração), car – car mã (carro; carro da mãe), Ia (Izelinda), xiii (xixi), côô (cocô) eram algumas delas. Impossível acrescentar ao registro gráfico destas palavras a intensidade e a variedade de emoções que Pedro associava a elas bem como a vasta gama de vocalizações que passaram a circundar suas ações.

Começou a freqüentar a escola: logo no início das aulas, em dias subseqüentes trouxe sua lancheira, um cachorro de brinquedo e um caderno com lápis coloridos. O caderno e os lápis ele ganhou na escola; o cachorro também veio, por empréstimo, da escola. O cãozinho tinha a barriga sanfonada, emitindo latidos estridentes quando movimentado.

Trazia estes objetos para a sala; exibia-me suas características e como sempre eu os descrevia, comentando o que observava sobre eles e sobre a relação de Pedro com eles. Por exemplo: notei que a preferência de Pedro recaíra sobre o brinquedo que "falava". Valorizei então esta característica, associando-a ao seu recente interesse em expressar-se verbalmente.

Pedro, depois de esgotar o exame do objeto trazido da escola, depositava-o em algum lugar da sala e só o retomava ao sair da sessão. Eu entendia que eram representantes da nova situação, estimulante, apreciada, mas também ameaçadora, e Pedro contava comigo para digerir estas experiências.

COMENTÁRIOS

A análise de crianças, vista a princípio como uma aplicação da psicanálise na educação, ganhou estatuto próprio a partir da dialética que se estabeleceu entre os pontos de vista de Melanie Klein e Anna Freud.

Habitualmente quando nos referimos a essa controvérsia costumamos indicar como seu núcleo central a discordância entre elas sobre a possibilidade de a criança estabelecer (Klein) ou não uma relação transferencial (A. Freud).

Lendo o livro de Anna Freud, publicado em 1927 – *O tratamento psicanalítico das crianças*[1] e o posterior artigo de Melanie Klein sobre o mesmo tema intitulado "Simpósio sobre análise de crianças", (1927),[2] nota-se também que seus pontos de vista pressupõem visões diferentes sobre os processos de simbolização e do valor da linguagem no trabalho com crianças.

A. Freud entendia que o brincar era uma atividade expressiva importante, mas não representativa, isto é , não pode ser entendida como simbólica.

Seu ponto de vista apoiava-se no conceito de simbolismo vigente na época. Por muito tempo considerou-se que somente era simbolizado aquilo que tinha sido reprimido e a repressão, como se sabe, está em relação direta com a resolução do complexo de Édipo. Assim não se poderia esperar atividade simbólica em crianças de baixa idade, que não teriam vivido ainda a situação edípica.

Empiricamente, através do trabalho clínico, M. Klein se convenceu da qualidade expressiva e representativa do brincar, e fiel, como A. Freud, aos mesmos postulados sobre repressão e complexo de Édipo, vai localizar cada vez mais precocemente a ocorrência da situação edípica.

Klein mostrou também que a criança expressa o mesmo material psíquico através de vários meios – brincadeiras, desenhos, comportamento na sessão e a própria palavra. É perfeitamente possível e bastante eficiente, dizia ela, somar todas estas manifestações e a partir daí construir uma interpretação verbal que traz alívio às ansiedades da criança. Acrescentava que a importância que atribuía ao simbolismo contido nas ações da criança poderia sugerir erroneamente que ela dispensava as associações livres em análise de crianças.

Pelo contrário, acreditava que mesmo crianças muito pequenas teriam habilidade lingüística que lhes permitiria fazer associações livres e só não o faziam porque o montante de angústia, maior na criança, impedia isto. A análise favoreceria uma crescente expressão verbal da criança.

Nesse artigo, Klein faz uma afirmação que orientará para sempre seu trabalho e se tornou uma das características distintivas de sua escola: a interpretação verbal será sempre a meta a ser buscada em todo trabalho analítico, pois somente através dela é possível a ligação com a realidade consciente.

Abriu a possibilidade de se atender crianças muito pequenas e ou muito perturbadas – inclusive sem habilidade lingüística ou com uso muito limitado da linguagem – já que o comportamento dessas crianças é considerado como portador de sentido, indicação visível de interações de seu mundo interno e expressão de angústias muito primitivas, interpretadas segundo o método psicanalítico.

Há cinqüenta anos, portanto, Klein inaugurou um modo de pensar dentro da psicanálise que implica considerar formas simbólicas muito primitivas, mas suficientemente eficientes para serem apreendidas e usadas na compreensão do mundo interno do paciente.

O modelo privilegiado será o da relação afetiva mãe-bebê em que se estabelece um *continuum* entre as expressões não verbais do bebê e sua recepção pela mãe. Esta, baseada na intuição (capacidade de se ligar a fatos que não são captados pelos órgãos dos sentidos) e na observância do comportamento global do bebê, lhe dará um sentido e responderá ao filho com cuidados adequados, mantendo e estimulando o fluxo comunicativo da dupla. A matriz da atividade materna está no terreno das emoções e será acompanhada e intermediada pela palavra.

Se tomarmos linguagem na acepção mais ampla que nos autoriza o vernáculo, podemos dizer que essa interação mãe-bebê é a forma mais primitiva da linguagem, alicerce indispensável para a aquisição da linguagem verbal.

Distúrbios graves na relação mãe-bebê trazem uma quebra irreparável no fluxo comunicativo da dupla, nessa forma mais primitiva de linguagem, com danos importantes para o desenvolvimento do bebê.

A perda mais grave e da qual derivam todas as outras está ligada ao crescente desinteresse da criança pelos seus parceiros humanos. Um corolário importante é a impossibilidade ou grande dificuldade para a aquisição e uso da linguagem verbal.

A análise dessas crianças pode ajudar na recuperação do vínculo com o objeto materno e, a partir disso, restabelecer o seu progresso.

Queria relembrar algumas hipóteses, bastante conhecidas aliás, sobre o desenvolvimento inicial do psiquismo proposto por M. Klein e ampliado por seus seguidores.

Ao nascer, o bebê já é dotado de uma estrutura mental, que Bion chamou posteriormente de aparelho protomental, para enfatizar seu aspecto primitivo. O ego, pouco coeso e não-estruturado, recorre a mecanismos de cisão e projeção, para aliviar essa mente inicial das intensas angústias carreadas pela experiência do nascimento. Como sabemos, Klein entendia que angústias, sentimentos, qualidades, enfim tudo o que fosse projetado não era lançado no vazio, mas dentro de um objeto.

Esse conceito, uma expansão do conceito de projeção, foi chamado de identificação projetiva e adquiriu tal proeminência que seu uso se estendeu além dos limites da teoria kleiniana. Uma de suas funções é a de propiciar a fantasia de fusão entre sujeito e objeto.

Bion entende também que a identificação projetiva é a forma de comunicação mais primitiva. Ela inaugura a interação entre os seres humanos, mantém-se sempre como uma forma muito eficiente de comunicação e propicia o aparecimento de sua forma mais elaborada – a linguagem oral.

Como decorrência desta hipótese, tornam-se de fundamental importância as qualidades do objeto que recebe as identificações projetivas e o destino do que foi projetado.

Bion chama *rêverie* à capacidade de a mãe estar disponível para as projeções – necessidades do seu bebê.

Acredita-se que o bebê no início de sua vida, graças ao uso maciço da identificação projetiva e às qualidades de *rêverie* da mãe, vive uma ilusão de continuidade com ela. É dentro desse ambiente que se dão inicialmente as transações afetivas da dupla, o bebê valendo-se da própria identificação projetiva para comunicar-se e a mãe recolhendo e interpretando (isto é, dando sentido) o que foi projetado.

Além da função provedora, a mãe se oferece como uma mente pensante, capaz de dar sentido às rudes emoções que o bebê projeta, recebendo angústias terríveis (que muitas vezes vivemos na sala de análise) aliviando-o delas com cuidados "suficientemente bons" – o que inclui necessariamente uma sintonia afetiva muito especializada. A parte inicial dessa sintonia, apoiada na intuição, é uma experiência quase física, imediata, seguida da palavra, mas não intermediada por elas. Simultaneamente a estas vivências tão cruas, o bebê vai sendo inserido pela mãe, ela mesma um ser falante e pensante, no universo simbólico da linguagem e, se tudo correr bem na sua relação afetiva com a mãe, adquire uma crescente capacidade lingüística.

Fatores variados podem incidir disruptivamente nesta ilusão de continuidade levando o bebê, ainda não suficientemente integrado, a experimentar de um modo brusco a realidade de estar separado da mãe.

Invocando a tese da interrupção precoce da ilusão de continuidade como causa desencadeante do autismo infantil, Tustin afirma que essa experiência traumática produziu inibição maciça no desenvolvimento destas crianças. Sua vida emocional é crua e formada somente por emoções extremas de raiva, terror e grande sofrimento. Ainda segundo Tustin, esta configuração emocional elementar associada à ausência de experiências consistentes de vinculação conferem caráter único ao tratamento psicanalítico, dado que, no seu entender,

> *o psicanalista ajuda-os a adquirir o vínculo primário com uma figura nutridora que eles não tiveram na primeira infância. Sem este fator integrativo central seus ganhos serão compartimentalizados e inseguros. A relação primária os ancora. Até que esta se desenvolva não se pode dizer que haja uma transferência porque não há relação com os pais a ser transferida. Estabelecemos o vínculo primário que é então transferido para a mãe (o terapeuta deve querer propiciar isto).*[4]

Embora o quadro sintomatológico de Pedro me levasse a concordar com diagnóstico de autismo regressivo secundário, logo nas primeiras sessões fiquei convencida de que, dinamicamente, Pedro vivia um período de intenso sofrimento, que precede e anuncia uma ruptura psicótica de que nos fala M. Mahler:

O que poucas vezes observamos e que também é raramente descrito na literatura é o período de intenso sofrimento e luto que acredito precedem e anunciam uma ruptura psicótica, isto é, a retirada autística secundária.[3]

Ainda que Pedro fosse um bebê muito difícil e tenhamos a informação de um período de luto que se somou à depressão materna pós-parto, a intensidade dessas vivências não pareceria justificar a regressão de comportamento.

No seu caso parece que a soma de dificuldades que, de *per si*, não impressionavam como sintomas, determinou o aparecimento do quadro clínico. É possível que Pedro tenha tido alguma reação neurológica benigna à vacina com alterações de humor e comportamento, mas este quadro orgânico incidiu em uma estrutura mental frágil.

Na inconsistência das suas relações com a figura materna, Pedro oscilava entre apegar-se a ela no que parecia uma tentativa restitutiva desesperada e a desumanização da retirada psicótica.

Sua comunicação, que se manteve basicamente no seu modo mais primitivo, da identificação projetiva, dificultou gradativamente, ao longo do tempo, a recepção e compreensão de suas demandas afetivas, dando aos pais a impressão já mencionada de estranheza. Por isso suas respostas, quase sempre equivocadas, contribuíram para desestimular novas tentativas de comunicação e para o reforço do comportamento autista. Esse quadro é a exteriorização da linguagem perdida do título da mesa-redonda e pretendi mostrar aqui que o resgate trabalhoso dos primórdios da sua aquisição de linguagem se deu no trabalho analítico, através de uma nova experiência de vinculação – de fundamental importância como nos afirma Frances Tustin.

Acredito que foi importante ter começado a análise nesse momento, quando ainda existia em Pedro certa disponibilidade para se relacionar e antes que se configurasse uma situação psicótica mais estruturada.

Após um ano de análise, era evidente o interesse de Pedro pelas pessoas e pelo mundo que o rodeava; a riqueza do material e a mobilidade de suas sessões acompanhavam o que se encontra na análise de qualquer outra criança pequena.

Havia, porém, diferenças. Delas, certamente a mais importante era o uso de defesas psicóticas, em face das situações de angústia especialmente aquelas ligadas à separação.

Embora nesse primeiro ano de trabalho parecesse ter se estabelecido entre nós um vínculo suficientemente estável a ponto de permitir seu desenvolvimento, esse tema foi de primordial importância durante muitos anos na sua análise.

A insistência no tema da separação e as defesas psicóticas ligadas a ela são o ponto nuclear na análise das crianças autistas, só que de modo geral mais pervasivas e de modificação muito mais lenta do que aconteceu com Pedro.

ÚLTIMAS PALAVRAS

A análise de Pedro durou sete anos. Como toda análise, desen-volveu-se segundo um ritmo oscilatório, sem que ocorresse nenhum período de regressão autística.

Apesar de privilegiar a linguagem como meio de comunicação por excelência, aos poucos ficaram evidentes suas dificuldades nesta área, tanto na parte fonoarticulatória, quanto na parte de elaboração do pensamento, por dificuldades para distinguir alguns sons e dificuldades para memorizar as palavras.

O tratamento fonoaudiológico e a assistência pedagógica ajudaram-no muitíssimo, mas à medida que crescia Pedro teve que enfrentar situações dolorosas, ou porque as pessoas não o entendiam, ou porque caçoavam dele.

Chorou, brigou, bateu e apanhou, reconheceu a sua deficiência e aprendeu a viver com ela. Lutou bravamente e conseguiu ter seu lugar no mundo dos que falam.

REFERÊNCIAS BIBLIOGRÁFICAS

1. FREUD, A. (1927). A teoria da análise infantil. *In: O Tratamento Psicanalítico de Crianças*. Rio de Janeiro: Imago, 1971. p. 52-66.
2. KLEIN, M. (1927). Symposium on child-analysis. *In: Love, guilt and reparation and other works*. Londres: The Hogarth Press, 1981. p. 139-69.
3. MAHLER, M. S. (1961) On sadness and grief in infancy and childhood: loss and restoration of the symbiotic love object. *Psychoan. study child*, 16.
4. TUSTIN, F. (1983) Reflexões teóricas feitas em supervisão de material clínico (supervisão enviada por escrito).

LÍNGUA MATERNA: PALAVRA E SILÊNCIO NA AQUISIÇÃO DA LINGUAGEM*

MARIA FAUSTA PEREIRA DE CASTRO**

Les mots qui vont surgir savent de nous ce que nous ignorons encore d'eux.
René Char, *Chants de la Balandrane*

Para falar sobre a aquisição da linguagem, podemos sempre começar com palavras de todo dia, sobre um fato conhecido de todos nós: o bebê humano não fala ao nascer, mas adquire linguagem; melhor dizendo, passa a falar uma língua; aquela que costumamos chamar muito propriamente de língua materna.

Entretanto, se nosso compromisso é compreender as mudanças que a aquisição da linguagem implica, precisamos de uma teoria, uma hipótese, que a descrição mais exaustiva, o levantamento mais minucioso, a observação mais refinada não saberiam dar.

É, pois, a partir de uma teoria – o interacionismo em aquisição de linguagem – que pretendo discutir a mudança por que passa a criança, da posição de *infans* – aquele que não fala – à de ser falante, como um *efeito de linguagem*, que se dá na sua interação com o adulto.

---

* Trabalho apresentado como participação na mesa redonda: "A aquisição da linguagem e a linguagem perdida".
** Departamento de Lingüística, Instituto de Estudos da Linguagem /UNICAMP.

É ainda a partir do interacionismo em aquisição de linguagem que estenderei minha reflexão ao conceito de língua materna. Procurarei mostrar que, nesta teoria, há elementos teóricos suficientes para que se atribua à *língua materna* um lugar peculiar, para que se reconheça – com o lingüista Jean Claude Milner – a necessidade do seu deslocamento conceitual: da configuração numerável, de simples equivalente à primeira língua, para o lado que a impede, justamente, de fazer número com as outras línguas, de lhes ser acrescentada, comparada.

Dentre os fatos que sustentam esta hipótese, destacarei a heterogeneidade que a fala da criança exibe com relação à língua constituída, mostrando uma singularidade que, veremos, atesta uma articulação significante do sujeito na língua.

Para que se evite um equívoco freqüente, devo dizer que não se deve tomar "interação" como equivalente à comunicação entre parceiros ou mesmo estender esta hipótese àquela que toma a interação como processo de aprendizagem, conduzido pelo falante mais experiente.

O adulto, nos termos do interacionismo de que falo, é aquele que sabe a língua que a criança também virá a saber, mas a sua posição não é a de quem transmite linguagem, ou é capaz de transformá-la em objeto modelar para a aprendizagem. A sua característica é a de ser o lugar de funcionamento da língua constituída (cf. de Lemos, 1992), com tudo o que implica a posição de ser falante ou de se ter constituído como um ser de linguagem, dela indissociável.

Nesse sentido, estou tomando aqui "silêncio" como a metáfora do momento em que a criança ainda não fala, para considerar "palavra" – também metaforicamente – como a aquisição da linguagem. Em tal configuração, para o interacionismo, o "silêncio" põe em ação a linguagem de um outro-adulto, que submetido à ordem do simbólico, não pode não significar. É por isso que a simples presença da criança, seus movimentos, gestos, olhares, choros, sorrisos e, depois, gorjeios e balbucios – em que pese o fato de não serem propriamente fala da criança – são, ainda assim, interpretados como demanda de significação. A interação vem marcada neste momento pelo fato de a criança ser falada pelo outro, significada por ele, caracterizando-se uma relação estruturante, cujo efeito é da ordem da linguagem.

Mas a natureza desta relação, como dissemos acima, não se compara à comunicação, que supõe o acesso direto da criança às intenções e significados do adulto; supõe, enfim, o conhecimento do outro enquanto sujeito.

Não se alinha tampouco à configuração de um sujeito concebido como precedendo o próprio processo de aquisição, separado e diante da linguagem, entendida como um objeto a que se tem acesso por um processo de conhecimento. Nesta perspectiva pode-se tanto supor – com Chomsky – que o conhecimento já está dado e que o acesso às línguas naturais deva ser tratado como um problema lógico e instantâneo, quanto tomar a aquisição como um problema empírico, de construção gradativa do conhecimento.

O interacionismo nasceu na área da aquisição de linguagem para marcar uma posição epistemológica distinta do racionalismo, que sustenta a hipótese inatista e do empirismo. Inicialmente vinculada ao modelo piagetiano de desenvolvimento, a hipótese interacionista que discuto aqui – hoje tão distante do seu primeiro modelo – tem um longo percurso, que não cabe apresentar ou discutir neste momento.[1]

Contudo, poder-se-ia dizer, grosseiramente, que seus movimentos teóricos foram, pelo menos parcialmente, impulsionados por uma questão: qual o papel da fala do outro-adulto no processo de aquisição de linguagem? Diferentes conceitos de interação, concepções distintas sobre o sujeito da linguagem, sustentam as inúmeras respostas a esta questão. Deveríamos, então, até falar em interacionismos; cada um deles de raízes tão distintas quanto, por exemplo, o cognitivismo piagetiano, a psicologia da interlocução e a concepção que sustenta esse trabalho. Nesta última, a interação é definida em termos das relações materiais, estruturais, entre os enunciados do adulto e aqueles da criança. Relações que só se deixam compreender na medida em que o diálogo é recortado pela teoria como unidade de análise. É, portanto, nesse sentido que adoto o termo "interacionismo". É pelo diálogo que se caracteriza a interação mãe-criança e que se observam as mudanças da relação sujeito-língua na aquisição de linguagem.

O que o diálogo deixa ver? Quais os efeitos que a fala do outro promove no silêncio inicial da criança? Como se desdobra este movimento, que mostra a mãe tomando a criança – na imaturidade específica da espécie – como um semelhante, um ser – como ela – indissociável da linguagem?

Os processos dialógicos iniciais vêm justamente mostrar o imbricamento da fala da criança com a fala do adulto. De Lemos (1981) descreve dois processos que sustentam este início da linguagem: especularidade e complementaridade. O espelhamento mútuo – a mãe é quem começa a repetir a criança que, por sua vez, retorna um fragmento incorporado, uma curva prosódica, um pedaço da fala da mãe, dando visibilidade à alienação do bebê; ao estado daquele que pertence a um outro. E a complementaridade, processo pelo qual uma cadeia de significantes, um fragmento, vem se acrescentar ao enunciado da mãe, mostra, entre a fala desta e da criança, as primeiras relações estruturais, em que a sintaxe está no adulto, lugar de funcionamento da língua constituída.

Para avançar nas questões abertas pelo interacionismo em aquisição da língua materna, tenho procurado trabalhar as relações entre os enunciados do adulto e da criança pela noção de interpretação. Na medida em que a interação se define pelas relações materiais, estruturais, visíveis no diálogo, a interpretação

---

1. Remeto o leitor interessado em acompanhar a trajetória do *interacionismo*, apenas mencionada neste artigo, a dois trabalhos anteriores em que me detenho na análise de algumas das questões que marcaram o debate nesta teoria (Pereira de Castro, M. F. 1995 e 1996).

deve e pode ser definida pelos efeitos deste imbricamento: efeitos da fala da criança na fala do adulto e reciprocamente.

Considere-se a interpretação da mãe, quando os fragmentos incorporados, apropriados pela criança, são retomados e postos em novas relações, sofrendo conseqüente ressignificação. Desse movimento interpretativo depende tanto a permanência dos fragmentos na fala da criança, numa rede de memória, quanto suas transformações pelas novas relações que se estabelecem entre os significantes.

A atividade interpretativa da mãe dá-se em tensão entre uma identificação ou reconhecimento, na fala da criança, de um já dito, de uma língua, daquilo que lhe soa familiar, como seu, e um estranhamento pelos deslocamentos que os novos arranjos entre os significantes provocam. Esses efeitos concomitantes de semelhança e dessemelhança explicam-se ao se fazer intervir a relação estabelecida por Milner – a partir da elaboração lacaniana – entre os registros do Real, do Simbólico e do Imaginário. O lugar da mãe é, a um certo ponto, o da identificação imaginária, registro pelo qual se dá o efeito de unidade, de semelhança; tudo aquilo que faz ligação entre a fala da criança e a do adulto, por que se reconhece a reposição de um segmento. Mas, ao mesmo tempo, há um movimento da criança na linguagem, um deslocamento, que a mãe persegue na interpretação e que impede o fechamento sobre o mesmo. É no registro do simbólico que um significante pode sempre tornar-se um outro, pela ação do real, criando a tensão entre reconhecimento e estranhamento (Pereira de Castro, 1995; 1996 e no prelo). Voltaremos a este ponto na formulação do conceito de língua materna.

Se, como diz Michel Pêcheux (1988), todo enunciado é intrinsecamente suscetível de tornar-se um outro, e vem sempre marcado por pontos de deriva possíveis, oferecendo lugar à interpretação, podemos dizer que o adulto não escapa ao que Milner chama de o "equívoco da língua". Não há, nesse sentido, identificação plenamente bem-sucedida e a interpretação do adulto é assim indissociável das leis que regem o encadeamento dos significantes, na produção do sentido.

Posto desse modo, seu lugar não pode mesmo ser confundido com o de um mediador entre a criança, a linguagem e o mundo, nem tampouco como regulador da interação que vimos, não se define por uma psicologia da interlocução, mas pelas relações entre a fala do adulto e a da criança. Tais relações oferecem ao olhar do pesquisador os efeitos da contingência, que barra a previsibilidade em aquisição de linguagem: nada garante o que na fala da criança vai fazer efeito sobre o adulto, assim como não se prevê que fragmentos, que palavras, quais os enunciados ou argumentos do adulto serão incorporados pela criança. Não é a saliência perceptual, não é uma determinação cognitiva; é a própria articulação do sujeito na língua.

Nesse sentido, a aquisição da língua materna será entendida como o percurso singular de uma criança na sua relação com a linguagem.

Singularidade marcada pelo fato de os significantes do adulto, seus enunciados e argumentos, presentes na fala da criança, não se esgotarem na simples repetição dos mesmos. A aquisição da linguagem dá visibilidade tanto à incorporação quanto ao trabalho língua. São os processos metafóricos e metonímicos, concebidos como mecanismos de mudança, que, segundo De Lemos (1992; 1997), explicam os movimentos que desarticulam, desestruturam e reestruturam o já dito. Tais processos dão lugar a erros, relações imprevisíveis ou ainda desconhecidas na língua; enunciados insólitos que se aproximam do que Jean Claude Milner reconhece como do domínio da poesia e no qual o autor inclui tanto o lapso, quanto o chiste, o poético e a língua materna.

Esta última é, segundo o autor, a figuração mais perfeita de um registro que destina toda língua ao equívoco, instalando-o como fato estrutural implicado pela ordem do simbólico.

Temos assim as primeiras pistas de que o caminho trilhado por Milner pode ser deslocado para uma reflexão sobre o processo de aquisição de linguagem, na medida justamente em que as mudanças que ele implica tocam à questão da entrada do *infans* na ordem do simbólico.

No seu livro *L'amour de la Langue* (1978), a questão da língua materna é freqüentemente posta, sempre com o estatuto de uma língua particular, como já mencionei no início do trabalho. Porém, não se deve interpretar, a partir desse argumento, que a língua materna deva ser entendida fora de uma reflexão sobre as línguas ou fora da língua. É justamente aí que Milner vai encontrar as questões teóricas que determinam um lugar próprio para a língua materna.

A língua, tal como configurada pelo discurso da ciência, deve ser uma, como um todo, uma língua deve oferecer sempre a mesma fisionomia, de tal sorte que se possa distingui-la do que não é uma língua. Ela deve ser também diferenciável de uma outra língua, sempre idêntica a ela mesma, sempre inscrita na esfera da univocidade e sempre isotópica (Milner *op. cit*: 20).

Para que essas condições sejam satisfeitas, segundo o autor, é preciso que se afaste um contingente de proposições: as línguas não formam uma classe consistente, sendo incomensuráveis; uma língua é uma substância; não é idêntica a si mesma; pode deixar de ser estratificada; não é isotópica.

Contudo, nada na experiência torna estas proposições impossíveis de serem sustentadas. É por uma questão de princípio que elas são afastadas. Ainda assim, mesmo afastadas, e este é um ponto central para a hipótese que procuro desenvolver aqui, estas proposições não deixam de resistir, não deixam de "desenhar, tomadas em conjunto, um certo lugar de língua: um real que insiste em cada uma e que a lingüística ou gramática estão de acordo em denegá-lo" (Milner, *op. cit*: 21).[2]

---

2. O livro de Milner (1978) que cito neste trabalho está na versão original, em francês. Todas as citações em português são traduções minhas.

Que nome dar a este real? Como qualificar o que atravessa as cinco proposições, mas que só deixa ver a sua sombra? Como achar um nome, na teoria, que não esteja comprometido com a univocidade? Milner não quer marcar com designações unívocas o próprio lugar da equivocidade. O nome escolhido ele o toma de Lacan – *lalangue* (*alíngua*) – para designar em toda língua o registro que a destina ao equívoco: desestratificando, confundindo som e sentido, menção e uso, escritura e representado; "impedindo por este fato que um estrato possa servir de apoio para desembaraçar um outro" (Milner, *op. cit*: 22).

Este registro é nada mais nada menos do que aquilo que distingue absolutamente uma língua de qualquer outra: um modo particular de fazer equívoco; é isso o que é uma língua entre as outras. Em outras palavras, lalangue (alíngua) é aquilo que faz com que um língua não seja comparável a nenhuma outra, na medida em que justamente ela não tem outra, na medida em que também o que a torna incomparável não poderia se dizer.

Vemos, portanto, porque sua figuração mais perfeita é , para o autor, a língua materna, que não é a *la langue* (a língua), mas uma imagem recebida da sua função de excesso diante das gramáticas e teorias.

É também em torno da "função de excesso", de um registro voltado para o equívoco, que se estrutura o belo artigo de Mannoni sobre Mallarmé: "Um Mallarmé para os analistas" (1992). Para Mannoni o poeta dedicou-se à exploração de aspectos da linguagem sobre os quais não podemos dizer se são os de sua "essência mascarada" ou de seus "defeitos constitutivos". E cita Mallarmé com um aforismo que faz todo sentido para a nossa discussão: "A poesia remunera o defeito das línguas". Para Mannoni, Mallarmé tem toda razão: "a poesia remunera a imperfeição das línguas. Faz e desfaz o equívoco e resulta daí um prazer arcaico – o qual remonta à infância" (Mannoni, O. *op. cit*: 72).

A discussão de Mannoni não se limita ao poético. O autor indaga-se sobre esse registro da poesia que inclui, além do poético, o lapso, o chiste, o sonho, sempre estabelecendo relações entre esses fatos, a infância e ainda a "linguagem que assimilamos dos nossos pais" (Mannoni, O.: 68).

Não discutirei aqui como se entrelaça a sua reflexão. Meu intuito nesse momento é apenas apontar para uma convergência de pontos de vista que reconhecem, no domínio da poesia, o lugar em que a linguagem perde sua falsa transparência.[3]

Voltemos à reflexão de Milner.

É, pois, no campo da relação entre *lalangue* e língua, que o conceito de língua

---

3. Uso aqui, muito livremente, a expressão usada por Mannoni para falar de um certo momento histórico, "o ponto de emergência", ao mesmo tempo, da lingüística positiva e da poesia de Mallarmé, da obra de Lewis Carroll, O Chiste de Freud. Para o autor, Saussure chegou por último, "como para tentar salvar o que os outros punham em perigo".

materna pode trazer contribuição para a área de aquisição de linguagem, mostrando que o excesso, a heterogeneidade, a singularidade da fala da criança, são da natureza do *não-um*, mas que devem ser tratados como uma dimensão da própria língua e não como fora da sua ordem, como fatores extralingüísticos. Nem na esfera do biológico, nem na do psicológico ou do social.

As formulações de Milner sobre a relação *lalangue* (alíngua) e língua são bastante esclarecedoras. Permito-me, a esse respeito, uma citação um pouco longa.

> Aceitemos então que se nomeie língua a este núcleo que, em cada uma das línguas, suporta sua unicidade e sua distinção; ela não poderá se representar do lado da substância, indefinidamente sobrecarregada de acidentes diversos, mas somente como uma forma invariante através de suas atualizações visto que ela é definida em termos de relações. Reconhece-se aí a cisão língua/fala cuja mecânica, abertamente ou não, funciona em todas as versões comuns da lingüística. Logo, a operação é possível; mas ela não deixa de suscitar suspeitas quando observa que é sempre possível também – sem afastar-se da experiência imediata – fazer valer em toda locução uma dimensão do não-idêntico: o equívoco e tudo que o promove, homofonia, homossemia, homografia, tudo o que suporta o duplo sentido e o dizer em meias palavras, incessante tecido de nossas conversações.
>
> Pois vê-se bem que uma locução, trabalhada pelo equívoco, é ao mesmo tempo ela mesma e uma outra. Sua unicidade se refrata seguindo séries que escapam à contagem, visto que cada uma apenas nomeada – significação, sonoridade, escrita, etimologia, sintaxe, trocadilho... – se refrata por sua vez indefinidamente: não a árvore que faz cálculo deste múltiplo, mas o cristal do aleph com o qual Borges talvez metaforize o lugar não-idêntico onde todo ser falante, enquanto tal, se põe. De forma recíproca, pode-se ouvir na célebre asserção de Saussure, a "língua é uma forma e não uma substância", a fórmula que salva o idêntico, a substância da língua revelando, enfim, o que ela é: o não-idêntico a si (Milner *op. cit*: 17-18).

Mais uma vez é preciso deslocar a reflexão de Milner para o campo da aquisição de linguagem e lembrar que essa relação *lalangue*/língua, em que se reconhece uma dimensão da própria língua, que vai além da sua unidade, não poderia – neste deslocamento – receber uma leitura ontogenética, em que *lalangue* precederia a aquisição de linguagem; a aquisição de uma língua. Neste sentido ela perderia toda a sua natureza que em nada se assemelha a um "antes" da linguagem e que não cabe no eixo da temporalidade.

De fato, a relação *lalangue*/língua é toda outra. A língua suporta o não-todo da *lalangue*. Em outras palavras, esta não existe sem a primeira e reciprocamente, mas a sua relação toca justamente no ponto, segundo o autor, em que a lingüística interessa à psicanálise ou, pelo menos, em que Freud se interessou pela linguagem. O fato de existir língua tem a ver com o fato de existir inconsciente e os mecanismos da primeira repetem os mecanismos deste último e reciprocamente. É isto que Freud defende, por exemplo, na sua tese sobre os sentidos opostos das palavras primitivas.

O ponto em questão é um ponto de articulação entre o desejo inconsciente e a língua. Este ponto é o que Lacan chamou de lalangue e que para Milner não é outra coisa além do ser falante ou do ser de linguagem, isto é, o lugar em que se inscreve o sujeito da linguagem.

O que a lingüística atesta, segundo Milner, é que este ponto não deve figurar como um fluxo ao qual se impõe, por cortes, o *um*, o *todo*. Ele consiste em uma articulação significante, isto, é um lugar onde um sujeito faz sentido.

O que mais esta longa discussão pode trazer para a reflexão sobre a aquisição da língua materna? Ela sugere, penso, que esta experiência inaugural e definitiva, isto é, a passagem do lugar de *infans* ao de ser de linguagem, a aquisição da língua materna, é a figuração deste ponto em que a língua vai significar a criança, vai marcá-la por um modo de funcionamento, com o perfil de um ser falante, isto é, sempre dividido entre as posições de ser falado pela linguagem e ser autor de seus enunciados. Intérprete da sua própria fala e da fala do outro.[4] É esse o sentido da citação que fiz de René Char na epígrafe deste trabalho: "As palavras que vão surgir sabem de nós o que ainda ignoramos sobre elas" (minha tradução).

Por outro lado, pelo exposto acima, vê-se que o processo de aquisição da linguagem, inclui uma homogeneização, idealizada como presente na fala do adulto, em contraponto à heterogeneidade tão visível na fala da criança. É por isso que se pode reconhecer a divisão do sujeito falante. Homogeneidade marcada pela fala do intérprete e autor dos próprios enunciados e heterogeneidade que se deixa ver sempre que um ponto de subjetivação irrompe na cadeia.. É também essa hipótese que está presente quando, junto com Jean Claude Milner, dissemos que a língua suporta o não-todo da *lalangue* (*alíngua*) e que a primeira não existe sem esta última e reciprocamente.

A aquisição de linguagem inclui, portanto, o que De Lemos (1997) chama de uma terceira posição do sujeito na sua relação com a língua, em que a fala correta corresponde justamente à possibilidade de a criança assumir a posição de intérprete dos seus próprios enunciados. Para a autora, se é possível dizer que a criança é inicialmente interpretada pelo outro-adulto e depois pela própria

---

4. No artigo mencionado acima (no prelo) procuro mostrar as mudanças no movimento interpretativo da criança ao interpretar seus próprios enunciados e os do outro. A hipótese é de que a tensão entre reconhecimento e estranhamento, que sustenta a interpretação do adulto, surja na criança como decorrência das mudanças da sua relação com a língua materna, do próprio processo de aquisição da linguagem.

língua, sua divisão como falante mostra que ela permanece na posição de ser interpretada pela língua, da qual o intérprete seria um reflexo.

A caracterização que procurei dar à língua materna, ao longo desta apresentação, permite, se com ela estamos de acordo, que se tire uma conseqüência teórica dos argumentos desenvolvidos.

No início deste trabalho tomei o silêncio como a metáfora do momento em que a criança ainda não fala para, a partir dele, desenhar uma experiência inaugural, uma articulação significante do sujeito na língua.

Desse modo, esta "...ocupação de cada um de nós, alíngua materna, e não por nada dita assim" (Lacan, J. *Seminário* 20 [1982]: 188), pela sua incomensurabilidade, não cabe no lote comum das línguas, não faz número com elas. Por essa particularidade, por ser uma experiência estruturante e única, ela é também inesquecível, não silenciável, mesmo quando a julgamos perdida, esquecida; mesmo, enfim, quando não podemos mais reconhecê-la na superfície da fala.

São inúmeras as tentativas de abordar essa questão: seja por relatos pessoais, por casos clínicos (ver, por exemplo, Melman, C. 1992; Kristeva, J. 1995) ou por implicações teóricas, como esta aqui.

Para Melman, saber uma língua (materna) é ser falado por ela, de tal modo "que o que fala em você se enuncia por sua boca como destacado, a título de*e u* (je)". Para o autor, "conhecer" uma língua é bastante diferente daquilo que caracteriza o "saber". Conhecer uma língua (estrangeira) é, para ele, " ser capaz de traduzir mentalmente, a partir da língua que se sabe, a língua que se conhece" (Melman, *op. cit*.: 15).

Mesmo se interrogamos – e creio que seja necessário fazê-lo – esta função de "tradução", é importante considerar, a partir do que discutimos ao longo deste artigo, que a particularidade da língua materna, torna-a um elemento latente na relação com qualquer outra língua.

Revuz, C. (1992) argumenta na mesma direção: "... durante o processo de aprendizagem de uma língua estrangeira são as bases mesmas da estruturação psíquica que são solicitadas e, com elas, aquilo que é, a um mesmo tempo, o instrumento e a matéria dessa estruturação: a linguagem, a língua chamada materna" (Revuz, C.,*op. cit*.: 26, citada em Serrani-Infante, S. [1997]. Tradução desta autora).

Se o sujeito é significado pela sua língua materna, se é por ela que se define sua posição no simbólico, como imaginá-la silenciada? É ainda Revuz, C. (1987: 4) que pensa na mesma direção, quando se pergunta se não é válido considerar "que a relação com a língua estrangeira deva ser decifrada como traço da relação inconsciente com esta língua materna e com aquilo que ela carreia de decisivo para o funcionamento do sujeito" (minha tradução).

Mas, será que a partir de uma hipótese como a que acabamos de levantar, devemos também concluir, afirmando com Melman, uma outra hipótese, como esta citada abaixo? Diz o autor:

Quando falamos uma língua estrangeira, estrangeira ao que seja esta língua materna cuja sabedoria teceu nosso inconsciente, o retorno do recalcado na língua estrangeira não poderá mais ser escutado como a expressão de um desejo, mas apenas como a expressão de erros gramaticais, sintáticos, lexicais etc...? (Melman, *op. cit.*: 45).

Nossa discussão acima, tudo o que se formulou sobre a relação *lalangue*/ língua, nossa hipótese sobre a função latente da língua materna e até mesmo a citação anterior do autor não nos autorizam a concordar com esta última.[5]

Nossa hipótese está mais próxima daquela formulada por Revuz C. quando a autora comenta que:

> ... se o encontro com a língua estrangeira provoca efeitos – com os quais o sujeito é o primeiro a surpreender-se – é que ela não é pura reprodução, nem pura descoberta de um alhures, mas jogo complexo de similitudes e afastamentos no qual a relação com a língua materna acha-se – precisamente – reposta em jogo (Revuz, C. 1987:5-6. Tradução e ênfase minhas).

É nesse sentido que podemos dizer que a *língua materna é única e inesquecível*. Nunca silenciada, mesmo se não a encontramos na superfície da fala, mesmo se falamos uma língua estrangeira.

REFERÊNCIAS BIBLIOGRÁFICAS

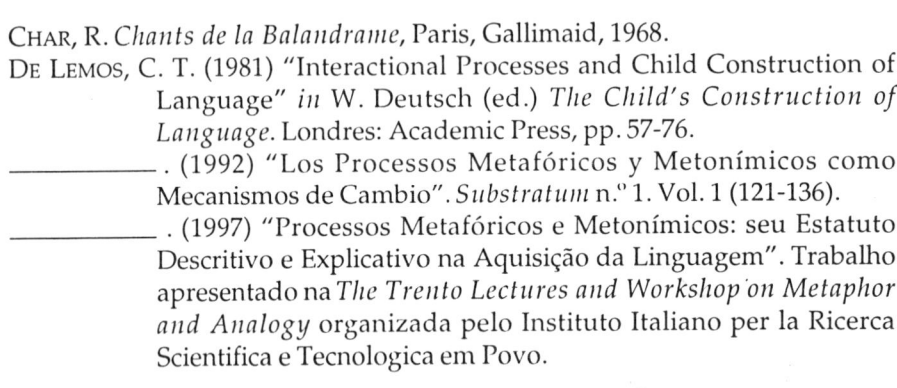

CHAR, R. *Chants de la Balandrame*, Paris, Gallimaid, 1968.
DE LEMOS, C. T. (1981) "Interactional Processes and Child Construction of Language" *in* W. Deutsch (ed.) *The Child's Construction of Language*. Londres: Academic Press, pp. 57-76.
_____ . (1992) "Los Processos Metafóricos y Metonímicos como Mecanismos de Cambio". *Substratum* n.° 1. Vol. 1 (121-136).
_____ . (1997) "Processos Metafóricos e Metonímicos: seu Estatuto Descritivo e Explicativo na Aquisição da Linguagem". Trabalho apresentado na *The Trento Lectures and Workshop on Metaphor and Analogy* organizada pelo Instituto Italiano per la Ricerca Scientifica e Tecnologica em Povo.

---

5. A primeira citação faz parte de uma conferência proferida pelo autor em 1980 e a segunda está inserida numa outra conferência, ditada em 1988, o que explica provavelmente as diferentes perspectivas por que a relação língua materna/língua estrangeira é tematizada. As duas conferências em questão e outras mais estão compiladas no mesmo livro do autor (1992).

KRISTEVA, J. (1995) "En Deuil d'une Langue?" *Autrement. Série Mutations*. n.º 128 (27-36).

LACAN, J. (1982) *Mais, ainda*. O Seminário, livro 20. Rio de Janeiro: Zahar Editores.

MANNONI, O. (1992) *Um espanto tão intenso. A vergonha, o riso, a morte*. Rio de Janeiro: Editora Campus.

MELMAN, C. (1992) *Imigrantes. Incidências subjetivas das mudanças de língua e país*. São Paulo: Escuta.

MILNER, J. C. (1978) *L'Amour de la Langue*. Paris: Seuil.

PÊCHEUX, M. (1990) *O discurso, estrutura ou acontecimento*. Campinas: Pontes.

PEREIRA DE CASTRO, M. F. (1995) "Ainda a Negação: Questões sobre a Interpretação". *Cadernos de Estudos Lingüísticos*. N.º 29 (27-38).

_____. (1996) "Interpretation and the acquisition of the mother tongue". Trabalho apresentado na *International Pragmatics Conference*. Cidade do México, 3-9 de julho de 1996.

_____. (no prelo) "A Interpretação: a Fala do Outro e a Heterogeneidade da fala da criança", *in* Sherer, A. E. e Coracini, M. J. (orgs) *L.E.T.R.A.S*. Revista do Mestrado em Letras da UFSM.

REVUZ, C. (1987) "Apprentissage d'une Langue Etrangère et Relation a La Langue Maternelle". Memorial apresentado na UNIVERSITÉ PARIS VII. D.E.S.S. de Psychologie Clinique.

SERRANI-INFANTE, S. (1997) "Formações discursivas e processos identificatórios na aquisição de línguas". *D.E.L.T.A*. Vol. 13 – n.º 1 (63-81).

O HORROR NA BELEZA: COMENTÁRIO SOBRE O FILME *O DESERTO VERMELHO*, DE MICHELANGELO ANTONIONI

LUIZ MEYER

Em consonância com o tema proposto para a Terceira Bienal, centrado na dialética entre o silêncio e o vazio, nos propusemos a comentar *O Deserto Vermelho*, filme de Michelangelo Antonioni, procurando abordá-lo segundo o viés sugerido para o encontro. Para tanto montamos alguns trechos do filme produzindo seqüências que serviam para ilustrar aquele ponto de vista; quando fizemos a apresentação, nossa fala se apoiou na exibição destes trechos, com eles se intercalando. Entretanto, tal forma de interação não é passível de ser reproduzida em um comentário escrito. Como alternativa, resolvemos então expor a idéia central que orientou nossos comentários, esperando que o leitor, tendo sua curiosidade despertada, resolva assistir ao filme (encontrável com relativa facilidade em videolocadoras), vindo a testar e discutir as hipóteses aqui avançadas.

Produzido em 1965, *O deserto vermelho* é o primeiro filme em cores de Antonioni. Esta é uma informação relevante porque o diretor vai conferir a elas uma intensa função dramática; ao longo do filme as cores sublinham e dão forma aos aspectos expressivos da trama e dos personagens. O enredo é simples: Hugo, diretor de uma indústria, recebe o amigo Zeller, que está à procura de operários especializados e equipamentos para implantar uma fábrica no sul da Argentina. Hugo apresenta Giuliana, sua esposa, a Zeller e lhe conta que ela, há alguns meses, teve um acidente de automóvel. Os ferimentos foram irrelevantes, Giuliana praticamente não se machucou, mas o acontecimento termina por causar profundas repercussões psicológicas em Giuliana. O impacto representado pela ameaça de morte, implícita no acidente, deixa como seqüela um estado de despersonalização intermitente, acompanhado de crises de angústia e desespero que desembocam em pensamentos suicidas. As relações de Giuliana com seu estado psíquico, a maneira como este é abordado por Zeller, Hugo e outros amigos e o meio socioeconômico onde esses acontecimentos ocorrem constituem o eixo narrativo em torno do qual o filme evolui.

O deserto vermelho parece-nos uma obra à parte na filmografia de Antonioni, uma vez que ela se apresenta como um filme de tese, claramente engajado. Se de um lado ele retrata a alienação e a destruição da alma humana, tomando este processo basicamente como manifestação psicóticas cuja fenomenologia é mostrada ao longo do filme, por outro este quadro é vinculado à dinâmica do capital, isto é, à sua forma de operar. O capital surge no filme com as características de uma pulsão: é natural (isto é, apresentado como fazendo *logicamente* parte da tessitura social), contínuo, incessante, alimentando-se do seu próprio movimento e tendo como meta a expressão de sua força. Nos momentos iniciais do filme é mostrada uma chaminé expelindo uma chama pulsátil, acompanhada de um som estridente, conjunto que configura para o espectador uma *força* de caráter infernal, destrutivo, onipresente.

Se aceitarmos que o silêncio e o vazio são a pré-condição de toda possibilidade de expressão (na medida em que configuram a latência para o surgimento de alguma forma e conteúdo que darão sentido a este silêncio vazio) então o capital, na concepção de Antonioni, surge como o elemento impeditivo desse momento de suspensão e espera. Ele oblitera a possibilidade de criação, substituindo a expectativa eminente por uma presença sólida, totalizante, em-si e para-si. É uma força que, preenchendo todo hiato, torna Giuliana aderida a si-mesma, contínua, sem recuo para debruçar-se sobre si própria. Tudo se passa como se o capital a empurrasse constantemente para fora de um possível vazio-pensante, de uma relação continente-contido que pudesse dar a ela a possibilidade de significar o que lhe acontece e ao mesmo tempo fosse obturando esse vazio, bloqueando-o. Ao longo do filme Giuliana vai viver e descrever a forma de ser de sua consciência vacilante: o mundo é vertiginoso, o chão cede, transforma-se em areia movediça, em plano inclinado, os quartos e as ruas tornam-se irreais e fantasmagóricos.

Sendo pulsão, o capital não é, entretanto, qualquer pulsão. Se há uma face sua geradora de riqueza (não é ele que hoje, sobrevoando o mundo, decide o destino dos países onde aterrissa?), que dá fôlego à fábrica (no filme graficamente, ela é asséptica e colorida), há também a contraface que se presentifica através da destruição que seu mero funcionamento engendra. Antonioni nos mostra o interior dessa fábrica, organizado e impoluto, mas também o que vai resultar da produção: um mundo estragado. Para o diretor, o capital é a encarnação emblemática da pulsão perversa – aquela que apresenta o mal travestido de belo e produtivo.

A devastação da natureza, fruto desse mal, uma paisagem hibernal, cinzenta, fumegante, coalhada de dejetos e debris, que atravessa todo o filme, é metáfora e espelho do mundo interno de Giuliana. Esta, no seu desespero, sentindo o desmantelamento de seu psiquismo, se volta para objetos externos (Hugo, o marido, e Zeller, o amigo deste) pedindo ajuda (basicamente uma acolhida para a perplexidade em que se vê imersa). O filme vai mostrar que, junto a eles, ela não conseguirá obtê-la. É que Hugo e Zeller expressam e representam o funcionamento do capital, são seus agentes, seus postos avançados e se relacionam com Giuliana segundo a percepção ditada pela estrutura do capital. Como diz o marido, com todas as letras, descrevendo para Zeller as conseqüências do acidente de Giuliana: "ela des-engrenou". O importante agora é que re-engrene.

Em princípio cada mal-estar de Giuliana, que assinala sua perturbação e angústia, deveria levar Hugo e Zeller a apreenderem o sofrimento que ela expressa a partir da relação que têm com Giuliana (marido e amigo). Em vez disso eles adotam uma atitude funcionalista, destinada a promover a re-engrenagem planejada. Desse modo a demanda de Giuliana é respondida através de despistamento, de verbosidade vazia (particularmente cínica é a fala de Zeller sobre sua posição política), ou de relação sexual, ministrada como medicação calmante.[1]

Há também uma outra razão que torna ineficaz a ajuda pedida: a estrutura do aparelho psíquico de Giuliana funciona ao modo do capital, produzindo dejetos a partir dos insumos que recebe. Quando externalizados, esses dejetos formam a paisagem estéril e ameaçadora que a envolve. Logo no início do filme, vemos Giuliana magnificamente bela, tomada de angústia, assustada, tendo a fábrica como pano de fundo, caminhando nessa paisagem soturna e opressiva. De um operário ela compra um sanduíche já começado, se esconde, e passa a comê-lo sofregamente, como se precisasse alimentar-se de algo puro, que tivesse o poder de despoluir seu mundo interno destruído e desorganizado. Entretanto, ao ser ingerido-digerido, o sanduíche sofre o mesmo destino dos demais insumos psíquicos: no mundo interno de Giuliana ele é canibalizado por essa mente-capital-pulsão perversa, oco-continuadamente-preenchido, o que vai exigir nova ingestão, que cria novo acúmulo de dejetos e assim por diante.

Outro momento, que descreve exemplarmente essa conjuntura, pode ser visto na cena onde Zeller e Giuliana comentam com Hugo, jocosamente, que foram comer peixe numa cidade vizinha e este tinha gosto de petróleo. Ora, a

---

1. A misoginia masculina e o isolamento da mulher são bastante evidenciados no filme, prenunciando de certa forma a necessidade (que poucos anos mais tarde seria atendida) de se criar um m﹀ovimento que viesse a repensar a condição feminina. A destruição da natureza, o ataque à mãe-terra, também é sublinhado no filme, que, dessa maneira, é também precursor das denúncias que virão a ser formuladas pelos movimentos ecológicos.

pessoa que tem fome, que se dá conta da poluição e que fala de modo brincalhão é a mesma que fabrica o veneno que está sendo jogado no mar. Todos sabem que o peixe de que falaram resulta de uma cadeia produtiva, que ele representa uma relação de causa e efeito; permanecem porém surdos ao sentido que essa cadeia veicula. Aqui a negação onipotente deságua no riso maníaco: a alienação produzida pelo capital vai toldando o olhar dos personagens para o que é humano e portanto para o significado de suas ações.[2] A greve dos operários torna-se transparente para Giuliana; os grevistas se desfocam defronte ao muro tal como o perfil das fábricas na apresentação do filme; em face do poderio do capital, a figura humana é enquadrada segundo uma escala que a torna frágil, diminuta, esmagada. Contra toda a evidência, representada pelo mundo lodoso e pelo miasma que formam a paisagem que envolve a fábrica, a força vulcânica do capital é apresentada como uma explosão controlada e controlável. A fumaça densa, veloz, ascendente, produzida pela sangria de uma caldeira, simboliza no filme esse sentimento de um poder, que seria passível de contenção e balizamento. Mas essa nuvem que, em turbilhão, se desprende da máquina, evoca evidentemente o cogumelo atômico.

Como já dissemos, a fábrica – a representação mais grosseiramente material do capital – aparece no filme como impoluta, brilhante, organizada; seu espaço interno é pintado com cores vivas, a tubulação e as máquinas formam volumes bem distribuídos, harmoniosos. Através desse conjunto Antonioni parece dar a entender que, de uma perspectiva moral, o capital não é apenas a força do mal; essa organização e formalização sofisticadas fazem igualmente dele a representação da inteligência do mal. Nessa inteligência há uma fascinação sedutora, uma grandiosidade que se apresenta como beleza e que no filme lentamente vai nos causando horror.

Uma vez que inexiste em Giuliana a possibilidade de criar e manter um vazio que possibilite a sua mente pensar o sentido de seu funcionamento, na medida em que esse espaço opera como uma fábrica de dejetos que acabam por preenchê-lo e envolvê-lo, Giuliana termina procurando alívio na criação alucinatória: irrompe no filme, à guisa de história infantil, a descrição de uma praia deserta e limpa, espaço idealizado à imagem da perfeição narcísica. É o segmento do mundo interno-externo formado pela mais absoluta pureza e beleza mas que só é passível de ser habitado e usufruído em absoluta solidão e isolamento. O mundo narcísico é, entretanto, instável: o encapsulamento que o caracteriza é desafiado pela contínua incursão de objetos misteriosos que vêm do mundo externo (pelo simples fato de esse mundo continuar a existir), tal

---

2. Na verdade o filme não apresenta nada que seja prazeroso, degustável, aprazível, que evoque um interior caloroso. Não se vê uma refeição, uma cozinha, um banheiro, não há sequer um operário sujo de graxa. A casa é mostrada sob pequenos ângulos minimalistas, espaço inteiramente impessoal, cuja função é apenas prover o sujeito de habitação, já que nesse contexto não existe a idéia de lar.

como o veleiro negro que se aproxima da praia, espreitando, vindo não só de mares longínquos, mas de um outro mundo.

É na penúltima cena, após uma série de desapontamentos e frustrações, que Giuliana alcança um certo entendimento do que está lhe acontecendo. Perambulando pelo cais da cidade, sentindo-se abandonada e incompreendida, ela consegue descrever sua situação de vida e a estranheza que a atormenta a um marinheiro desconhecido, que conversa com ela num idioma exótico que lhe é estranho. Duas pessoas, que nunca se viram, dialogam, cada uma valendo-se de sua língua, que é desconhecida para a outra: a comunicação que resulta não pode se dar então em nível semântico. Na medida em que ela acontece devemos pensá-la como ocorrendo no plano da metalinguagem: com efeito, o que emerge nesse encontro é uma fala que funciona como veiculadora da experiência emocional nela inscrita. O sentido dessa experiência poderá ser apreendido pelo sujeito que a vive, desde que sua palavra seja contraposta a uma outra, que vai funcionar como suporte. Não se trata contudo de suporte neutro, especular, nem mesmo de um suporte interpretativo: trata-se de um suporte cuja função é a contenção. Assim a fala "incompreensível" do marinheiro pode ser vivida por Giuliana como a resposta que a faz perceber que alguém a está ouvindo (é conveniente recordar que Hugo e Zeller destituíam a fala de Giuliana de todo sentido evocativo, emocional e relacional nela implicado). Agora um novo modelo é oferecido: apoiando-se na escuta do marinheiro, e através dela, Giuliana pode falar consigo mesma, pode falar-se, criando um espaço entre ela e si-mesma. É uma extraordinária figuração daquilo que deve ocorrer num processo psicanalítico.

Quando o filme termina, Giuliana poderá então dizer a seu filho que os passarinhos, com o tempo e a experiência, aprenderam a evitar as nuvens venenosas, tão amarelamente bonitas, traiçoeiramente expelidas pelas chaminés das fábricas.

Gostaríamos de terminar com uma palavra sobre a dimensão estética do filme e o envolvimento que ela provoca no espectador. Como já comentamos, Antonioni parece utilizá-la como expressão da truculência do capital, de seu aspecto mais perverso ("produtivo"). Essa truculência apresenta o horror pulsional e as sucessivas experiências de horror conjugados de modo a que o olho do espectador se centre preponderantemente naquilo que, de belo, a forma expressiva vai, forçadamente, conter. Esta opera então de modo enfático, magnético, constante, segundo uma intencionalidade claramente planejada pelo diretor. Acredito que Antonioni tenha pretendido com esse procedimento sublinhar um gênero específico de alienação: aquele que, ao focar o belo do (no)objeto, o naturaliza. Contudo esse objeto é, em última instância, evidência de que estamos diante de um produto humano, fruto do trabalho da mente e do capital.

FOLGUEDOS POPULARES BRASILEIROS: UM VAZIO NA HISTÓRIA OFICIAL

MARLYSE MEYER*

Este evento previa a palestra-espetáculo de Antonio Nóbrega, artista que já nos envolveu em tanto encantamento interpretando as peças que reuniu sob o título *Pancada do Ganzá*. Um título emprestado a Mário de Andrade, que resume as andanças do Mestre e as vivências de Toinho, em busca das manifestações festivas da cultura dita popular. Aqueles folguedos que, sob a rubrica folclore figuram como um material exótico, à margem do grande conjunto que escreve a história oficial da cultura nacional.

E, desde sempre ausentes também dos currículos escolares, ainda que tenham tido um reconhecido papel educacional, é o que verificou uma estudiosa em educação, ao cotejar livros de memórias de José Lins do Rego e de outros nordestinos com os programas oficiais de ensino da época. Pois não encontrou nestes últimos a menor referência a manifestações culturais populares inseparáveis no entanto das vivências e representações dos antigos meninos escrevendo suas memórias.

Manifestações essas que hoje não parecem nem ter ficado nas memórias dos antigos meninos que nós somos e a cuja procura fui, num processo por que passei, de redescoberta do Brasil. Pareceu-me talvez interessante, como que fornecendo as legendas do espetáculo anunciado, eu vir contar a vocês dessas festas geralmente ausentes da nossa formação, mas que estão como que num subsolo oculto da construção cultural brasileira.

Festas ricas como, atualmente, o boi-bumbá de Parintins, pobrezinhas como os guerreiros alagoanos reinterpretados no Guarujá, ou congos, comemorações que voltam anualmente, apesar de condições adversas, no tempo que é o delas, na sua beleza própria e com sua carga renovada de ressignificações.

Não duvido que, além do prazer que possam despertar no espectador, o melhor conhecimento dessas manifestações festivas, geralmente interpretadas através de códigos generalizadores que deixam escapar esses significados, evitaria muitas surpresas até para nossas classes políticas na avaliação e erros de interpretação de comportamentos e atitudes das camadas populares.

Porque tais folguedos são comemorações festivas, mas também nos propõem uma fala. Falas expressas através de toadas, ritmos, fitas coloridas. Falas que vão adquirindo novos sentidos na persistência teimosa do seu retorno anual, mas que podem teimosamente não ser ouvidas, como nem ser vista a festa apesar da beleza rutilante ou singela de seus trajes arrumados mal e mal e do estouro libertador para os brincantes, de seus ritmos e danças. Um vazio de percepção, em suma.

Uma enfermidade que não acometeu um grande mestre do teatro contemporâneo, Eugênio Barba, que viu e ouviu esses folguedos, e a eles assim se refere em entrevista recente que precedeu sua visita ao Brasil em meados de outubro:

> Acho que o grande problema do teatro no Brasil é que essa forma de espetáculo tem a concorrência de rituais incríveis, como o candomblé, o bumba-meu-boi e uma congada. É tão forte, tão elaborado, que o teatro, como foi inventado pelos europeus, parece algo anêmico, diante dessa vitalidade popular. Há algo assim nos Andes. Na Europa já não existe. (O Estado de S. Paulo, 5-10-96.)

Proponho a vocês traçar um panorama desses folguedos populares brasileiros (ou danças dramáticas, como os designava Mário de Andrade), situando-os em seu calendário e, a partir de minhas próprias vivências, evocar algumas delas, insistindo sobre sua beleza. A beleza, tal como é desejada, preparada e sentida por aqueles que põem a festa na rua, tal como é recebida e sentida por aqueles que a elas assistem e aceitam se envolver com os brincantes.

E concluirei focalizando mais de perto a festa de Nossa Senhora do Rosário de Uberlândia, de 1987, ou seja, um ano antes da grande comemoração oficial da Abolição. O que me permite mostrar como, à sua teimosa existência respondeu um vazio de olhar e escuta por parte daqueles que compartilhavam do mesmo espaço urbano onde a festa se desenrolou durante vários dias.

Diga-se de início que essas festas brasileiras, iguais e regionalmente diferentes, uma diferença que tem origem em fragmentos diversos de uma memória estilhaçada, essas festas remetem a um mundo tradicional, pré-industrial, tal como foi estudado por Varagnac, Peter Burke, Ginzburg e outros. O mundo tradicional, "com seu sistema diferente, onde dominam o intemporal, o descontínuo, o analógico, o imaginário, a causalidade moral". Uma visão de mundo que vamos reencontrar no Brasil, apesar das inversões do calendário e tantas outras mudanças em relação aos gêneros de vida nos países de origem, Europa ou África, portadores de memórias arcaicas, mescladas ou não às superimpressões do cristianismo evangelizador. Apesar – ou quem sabe, por causa – dessas radicais mudanças, o desconhecido mundo novo engendra novamente os fundamentos: reaguça e traz à tona os medos e as necessidades primordiais, no confronto com uma natureza hostil que deve ser reconquistada para conseguir o que comer; com um céu desconhecido, desertado pelos deuses costumeiros, onde os astros deram uma cambalhota, avesso de lua, o quente no frio, estrela polar virando Cruzeiro do Sul, sob os olhos marotos da Grande Ursa – Macunaíma. E por onde haverão de vagar as almas penadas e descansarão os mortos familiares nessa terra outra, já ocupada pelos espíritos nativos? Repensar em suma tudo que já fora de certo modo enfrentado e apaziguado com os mitos e rituais apropriados. Reinventar analogias a partir das antigas rememorações e sobre as daqueles que já haviam domesticado os segredos primordiais da terra que era deles. E deu nessa espantosa mistura, nessa geléia geral brasileira que vai construir um novo calendário folclórico, o qual haverá de misturar o tempo da arqueocivilização reencontrado e o tempo cristão importado.

Pode-se distribuir esse calendário em quatro grandes momentos aglutinadores de folguedos populares: ciclo natalino. Da véspera de Natal aos Santos Reis, atravessando o Bom Jesus (1.º de janeiro) e, em algumas regiões, espichando até 20 de janeiro, dia de São Sebastião – que pode já começar 31 de dezembro ou com os santos de fevereiro estender-se pela Mi-Careta e até sábado de Aleluia, carnaval de meio do ano. Festas do Divino Espírito Santo. Já foram e continuam sendo em algumas localidades em setembro/outubro, mas tendem hoje a se fixar na data oficial que é Pentecostes, o que permite reassociá-las às antigas comemorações de maio, das grandes comilanças comunitárias. Festa junina e seus festejos de cunho arcaico, fogueiras, sortes, mastros.

Acrescentem-se as festas de orago. As dos santos negros, São Benedito, muitas vezes a 13 de maio, Nossa Senhora do Rosário, geralmente na sua data oficial, em outubro. Mas ambas, como todas as outras, aliás, podendo se deslocar tanto no tempo como no espaço, uma característica do folclore de importação que é brasileiro, diz Roger Bastide .

Deveríamos incluir a grande festa de São Jorge, que se destacou de sua posição tradicional na grande procissão de *Corpus Christi*, a 23 de abril, e que, juntamente com Iemanjá, a 31 de dezembro, está constituindo um novo ritual popular brasileiro.

Força de Santa Madre: são de negros quase todos esses festejos, mas indissociáveis do calendário e da devoção católico-popular, que vem se mesclar (?), se acrescentar ao peso invisível da memória da África e do horror dos oceanos-tumbas atravessados. Mares carregando escravos, mares trazendo aventureiros portugueses. "Somos marujo do má / Marinheiro samo / Que sirvimo ao Rei Sinhô / Samo da Nau Catarineta, / Marinheiro samo / Que neste porto ancorô." /

Temos (tínhamos...) assim cheganças, barcas, guerreiros, bois, reisados pelo período natalino, precedido e atravessado pelas Folias de Reis – reencarnações caboclas daqueles tradicionais grupos de ambulatórios e pedintes europeus ligados a momentos de mudança. As mesmas folias que, sem palhaços, anunciam e pedem esmolas para as festas do Divino Espírito Santo, animadas pelas cavalhadas, cortejos de gigantes, comilanças e doces. Congos, ticumbis, cambindas, moçambiques, pontões, congadas, reinados, catopés, ligados aos santos negros. Alardos capixabas comemorando São Sebastião. E outros muitos ainda. Sem esquecer as manifestações fracas de candomblé e de Xangô, saindo no carnaval propriamente dito: os grupos de afoxé na Bahia, Rio e Fortaleza e, cada ano com força maior, os maracatus no Recife.

As alegres manifestações da devoção popular, que são quase todos os folguedos tradicionais, constituem a chamada parte profana da festa religiosa oficial. Aquelas que vêm (quando vêm mencionadas) anunciadas como nosso folclore no cartaz-programa de novena. Incorporadas ou não à procissão solene, dependendo da boa vontade do padre ou do bispo, a qual muda de ano pra ano.

É, em suma, a carnavalização da festa oficial, na acepção de Bakhtine, o que já ocorria nas festas religiosas de antanho:

> (...) na Idade Média, praticamente toda festa religiosa, Corpus Christi em particular, tinha seu momento particular de praça pública.

Configurando-se esses folguedos enquanto carnavalização em relação ao evento religioso oficial, nem por isso significa uma soltura, uma liberdade total, que fosse só limitada pelo código da dança. O grupo tem uma organização rígida, é solidamente comandado pelo mestre ou capitão – e tem uma distribuição hierárquica por patentes militares, o que confirma essa rigidez.

Mas esses folguedos apresentam ainda outro grau de coerção interna, mais impositivo que o regulamento, na medida em que seus componentes também são fiéis e devotos do santo. Subjacente ao desejo de festar, corre uma visão de mundo intrinsecamente ligada ao mistério da graça almejada e dos milagres pedidos pela intercessão dos santos e garantidos pela promessa, que obriga literalmente a botar a festa na rua. A festa, a dança, o canto, o malhar das caixas são, em suma, a forma pela qual se materializa a devoção.

Note-se, portanto, a ambivalência de uma prática que, sendo considerada como face festiva, profana, da comemoração religiosa oficial é, na verdade, motivada por uma obrigação que amarra o santo e exige que se pule para ele durante todos os anos da promessa.

Redobrando as agruras da primeira vida, a dura vida cotidiana, cabe ao chefe, ao mestre, ao capitão a reduplicada obrigação de conservar a memória do grupo, de organizá-lo e de arranjar o dinheirinho para continuar a agradar ao santo, pulando para ele na rua, porque sem o nervo da guerra não fica garantida a renovação anual da promessa, o ressuscitar carnavalesco do grupo. Não só o rutilante Beija-Flor, mas até o mais humilde dos humildes precisa pelo menos ter a farda em ordem: no mínimo dos mínimos, um ferro de engomar, um tênis trocado, uma fita renovada. Obrigação para o santo, promessa que alimenta a permanente recordação da festa passada e o pensamento na festa por vir, paradoxal e carnavalescamente são os aspectos coercitivos que vão suscitar e recriar a alegria festiva paralela.

Depois de brincar, rezar, pular, dançar, cantar, marchar, depois de feitas todas as visitas de obrigação, depois de ter acompanhado (de dentro ou como respeitoso espectador) a procissão, depois de comer e dadas as despedidas, antes de se desmanchar de vez o grupo, até pro ano, se Deus quiser, tiram-se as fardas, fica-se à vontade e é cair no samba.

Porque, no seu consubstancial ecumenismo, ao povo brasileiro não bastam os santos do *Flos Sanctorum* e sua cabocla reatualização: a estes vêm se acrescentar, em tranqüilo conluio, orixás e voduns do panteon africano, melhor dizendo, afro-brasileiro.

É tão sabidamente estreita, aliás, no universo popular, a interação santo/orixá, que não se coloca entre um e outro a relação oficial/não oficial; não há precedência de um sobre o outro, antes simultaneamente, ou melhor, simbiose entre ambas as práticas.

Assim a Folia de Reis fluminense tem a ver com Oxosse, o caçador, os caboclos e São Sebastião. Tudo misturado com a adoração ao Rei do Oriente, Jesus Cristo, e o medo do Demo, o qual encarna praticamente nos palhaços, tanto é que, numa espantosa confusão de papéis e pessoas, são eles os que mais ardorosamente cumprem com a promessa pra se livrarem do Coisa Ruim. Os palhaços – Herodes – demônios têm apelidos e guias de seus orixás, ao passo que o mestre ou responsável da folia é geralmente também dono de terreiro de umbanda, portanto, durante o giro, a bandeira também não deixa de visitar os gongás.

Mas principalmente o que espantou a sulista que sou, acostumada à quase oposição Divino – festa branca e Congos – festa negra, foi ver se desenrolar o ritual completo do Divino do catolicismo popular branco, dentro da Casa das Minas, um dos mais antigos cultos afro-brasileiros, em São Luís do Maranhão, onde a festa de Pentecostes é uma das datas de comemoração oficial da casa. Espantei-me também vendo um flamejante império do Divino numa das paredes da casa de Jorge Babalaô, ainda em São Luís (MA), ao lado dos altarezinhos de São Luís, rei de França, Santa Joana d'Arc e outros encantados.

Mas eu queria era falar da beleza dessas ignoradas festas. Começarei destacando o bumba-meu-boi. A mais estranha, original e complexa das nossas danças dramáticas. Festa exemplar, no dizer de Mário de Andrade, que inventa para ele um mito de origem em Macunaíma. Tudo se encontra nesse espetáculo completo que é o bumba-meu-boi: teatro. Canto. Música. Dança. Comicidade, burlesco, medo, riso. Criatividade e engenho na construção dos bichos. E beleza. Beleza de melodia e da interpretação da cantadeira. Graça e beleza da coreografia de pés descalços; beleza dos couros dos bois, dos capacetes de pluma do caboclo-real, do chapéu de fitas dos rajados. Beleza do boi-bumbá do Parintis, hoje amplamente divulgado com seus significados múltiplos. Esta beleza que marca o bumba tão espetacularmente no caso maranhense e amazonense, mais concentrada no caso nordestino, esta beleza vamos encontrá-la em todos os brinquedos populares que podem se distribuir ao longo do amplo arco que tento traçar.

Todos os folguedos populares têm compromisso com ela. Sair lindo na avenida; botar o brinquedo bem arrumado na rua. E se as possibilidades são poucas, vontade é o que nunca falta. É a preocupação dos mais pobres, donde uma palavra recorrente no vocabulário de todos os que conheci, a base das exigências que tiram de si próprios: o sacrifício. Vale sempre a pena fazer o sacrifício para isso ou aquilo. Para criar mais um menino que nem é deles; para fazer o tosco enxoval da filha e principalmente para a festa de casamento: sacrifício para os comes e bebes, para aquele bolo enorme que marca todas as comemorações populares. Como os bolos lindos de Genildo de Logum-edê, o jovem que se iniciou na casa de Pai Doda e a quem presto aqui minha homenagem. A alegria é sempre a prova dos nove e vale qualquer sacrifício. E o que move a levar a brincadeira de ano em ano, mais forte que a promessa, apesar das renovadas dificuldades e renovadas decisões e até juramentos de não sair que não dá mais, quem o verbaliza é uma senhora , dona de um cordão de pássaros de Belém do Pará: "É a paixão; é uma paixão que a gente tem. No ano que não bota, né... já fica triste, já fica assim".

E a paixão gera beleza. Beleza das coreografias. Beleza da indumentária. Sem farda, a festa não sai, como sem fantasia, não há escola de samba.

Inventividade e criatividade dos mais humildes na beleza singela das coloridas fitas do chapéu do congueiro, da chita quase ofuscante no seu bizarro arranjo dos palhaços de folia, ou dos molambentos mascarados dos Divinos de pobre. Estonteante beleza do veludo preto enfeitado e redobrado dos couros do boi do Maranhão. Até as horrendas caretas, os cazumbas da festa maranhense têm de sair bonitos. São renovados de ano para ano, se o dinheiro der, pelo simples prazer de inventar coisa nova, como explicou um brincante do boi.

Semelhantes a máscaras de rituais secretos africanos, tendo, como eles, ligação com os espíritos, os cazumbas também podem ser aproximados daqueles mascarados que saem, durante o carnaval, nos subúrbios do Rio, os Clóvis.

Lembremos ainda o delírio nunca repetido das gigantescas construções dos chapéus dos guerreiros de Alagoas, estapafúrdia mistura de bolas de natal, fitas, espelhos, para afugentar os espíritos, papel laminado (lembram estranhamente chapéus de comemorações de carnaval de regiões montanhosas da Suíça), de que o Brasil inteiro pôde ver uma reprodução num cartaz de turismo. Era uma das figuras do grupo de guerreiros de dona Joana Gajuru, que nada recebeu em troca, nem mesmo um retratinho, tão estimado sempre por todos. Mais ainda no caso do modelo fotografado, já que nem ele, nem seus companheiros nunca souberam de sua própria beleza, nunca tendo podido se mirar num caco de espelho que fosse; luxo que a casa deles não comporta. Armações de guerreiros, capacetes de caboclo-reais cujas espantosas dimensões nada têm a ver com a necessidade de verticalização por causa de inexistentes arquibancadas. Gratuidade e inventividade de um luxo e beleza para Joãozinho Trinta nenhum botar defeito. É a beleza dos adereços dos ricos ajaezamentos dos cavalos da grande e rica cavalhada de Pirenópolis, as flores de papel crepom dos burricos da mesma festa de São Luís do Paraitinga! Do altar do Divino chamejante no seu papel de alumínio encarnado! Desde os enormes altares do Império de Parati ou São Luís ao modesto de Anhembi e do terreiro de São Jorge em São Luís (MA)! Puro ornamento, em São Luís (MA) ainda a mesa de doces do Divino da Casa das Minas em São Luís do Maranhão, um despotismo de formas, cores e arranjos. Do altar de São João do batismo do boi aos enfeites do altar e do quintal de São Gonçalo na Freguesia do Ó em São Paulo. Os arcos e enfeites mil com bambu, sobre o qual Alceu Maynard Araújo chamava particular atenção. A inventividade renovada a cada festa de orixá, dos arranjos de flores e folhas, aquelas palmeiras desfiadas de ogum, o maruô de folha de dendezeiro, a elegância na apresentação da comida ao santo, o delírio de frutas e folhas de caboclo, sem que haja um decorador especial para criar um conjunto de beleza. O que me leva ao que é fonte de renovado espanto e renovado encantamento: o uso do espaço. As verdadeiras metamorfoses que transformam o menor quintal num espaço sagrado e festivo, dança de São Gonçalo, levantamento de mastro, festa de santo, ainda que não exista a vastidão de terreiro necessária à beleza enlouquecida do orixá dançando. Qualquer homem de teatro, da ala da erudita, poderia tomar lições no mágico metamorfosear de espaços diminutos da noite para o dia, o que significa noites não dormidas pra quem vai pro trabalho de madrugada. Espaços onde, no cotidiano, há o tanque – a máquina de lavar às vezes – o depósito de cacarecos, que já se torna feérico na véspera da festa com toda aquela roupa engomada, esticada nos varais atravessados de lado a lado. Transformação desse espaço cotidiano num recinto de festa, sagrada ou profana. Isso se encontra por todos os bairros afastados, em todas as periferias onde o santo e o samba se completam e se harmonizam.

Falar da relação com o espaço é lembrar ainda, no seu conjunto, a festa em louvor de Nossa Senhora do Rosário e São Benedito dos Homens de Cor, em Uberlândia. Ocupação em extensão da cidade toda, pela marcha batida dos seus doze "ternos" (os grupos), indo e vindo dos "quartéis", cumprindo as visitas protocolares. Ocupação concentrada na praça, alegre e descontraída no dia da festa do santo, estonteante na noite seguinte, com o arreamento dos dois mastros plantados de um lado e do outro em frente à igreja. Surgem os grupos dos lados, de trás, subitamente, na frente da gente, varando o povo se preciso for, seguindo o avanço tranqüilo e imperioso do capitão empunhando na horizontal seu bastão de comando para abrir caminho. Sucedendo-se, alternando-se, simultâneos, dançando no lugar, esperando a vez, os ternos passam e repassam diante das portas abertas da igrejinha azul. Cantam e dançam, como Davi diante da arca, saltando acrobaticamente num movimento que parece arremeter para frente os surdos, solidamente atados na cintura, e eles continuam, lá no alto, a malhar ao mesmo tempo que traçam o prodigioso arabesco. Pulam sozinhos, mas também em grupos de dois ou quatro, numa fingida luta: saltam e erguem tambor contra tambor, arqueados em curva felina. Dança graciosa das meninas da bandeira, tais alegres e fervorosos jograis de uma Nossa Senhora Africana. Vertigem de sons e ritmos que nos envolvem e fascinam no simultâneo de suas diversidades. Como dizer a batida alucinante dos enormes patagongas marcando de modo quase diabólico os pulos sonoros dos moçambiques, o troar e repeniques de bumbos e surdos do catopê, enquanto ressoa, enérgica e ritmada, a malhação das caixas dos congos. O corpo, subjugado e sacudido pelo ritmo, envolvido pelos outros corpos dançantes, tem solicitados todos os sentidos; é preciso olhar também para o suceder de chapéus bordados, fitas, espelhos, vidrinhos, capacetes de reis, saiotes e ainda o trançar do pau-de-fita, aéreo balé dos marinheiros. Tudo culminando no erguer dos diversamente enfeitados bastões dos moçambiques – é o moçambique que dá o fundamento –, no cruzar ritmado dos mastros, no seu arreamento e transporte solene e dançante dentro da igreja.

Nem bem estamos refeitos da emoção que já vem chegando nova onda de ternos, que nos envolvem, de trás, de frente, dos lados, se atropelando quase, batendo cada vez mais alucinadamente, no afã de passar mais uma vez diante das portas sempre abertas da igreja azul, pular e cantar a flor de laranjeira ou aruê Terra de Angola e do Rosário de Maria, dizendo adeus, meu senhor, adeus minha senhora, que despedida triste, está na hora de ir embora e sair correndo pela rua, desmanchando o grupo até pro ano.

Não há como não evocar os versos do poeta:

> *loucura santa,*
> *desabrochar do corpo em rosa súbita,*
> *em penacho, batuque, diabo, mico*
> *a cambalhota em si, o riso puro*
> *o puro libertar-se da prisão*
> *que cada um carrega em sua liberdade*
> *vigiada, medida, escriturada.*
>
> (Carlos Drummond de Andrade, "Ver e Ouvir, sem Brincar", *Amar se Aprende Amando*).

É sobre esta festa em particular que gostaria de deter-me, a festa em louvor de Nossa Senhora do Rosário e de São Benedito dos Homens de Cor de

Uberlândia, Minas Gerais, a que assisti em outubro de 1987, às vésperas das comemorações oficiais do Centenário da Abolição.

Ocorre, a propósito, fazer algumas observações sobre a congada – ou congos –, fulcro da festividade. E apontar para a ambigüidade da congada, tanto em relação a seus atores como a seu público eventual – no caso, a sociedade global em que ela se desenrola. A ambigüidade do discurso de sentidos múltiplos de uma festa, que, num travestimento africano, é também a grande festa negra de sujeição cristã. E de sujeição cívica, na medida em que, em algumas partes do Brasil, ao fazer coincidir São Benedito com 13 de maio também se comemora, cristãmente, a Abolição da escravidão.

A relação com Nossa Senhora do Rosário – no mês de outubro – vem de uma tradição inaugurada em Portugal pelos dominicanos, que lá fundaram a Irmandade do Rosário para os escravos negros e portugueses. Reencontra-se a devoção marial no que seria um núcleo místico que informa, em muitas regiões do Brasil, a ordenação da festa.

Lembro que essas comemorações populares da devoção cristã se constroem em geral sobre o binômio novena-procissão solene e parte lúdica. Esta última é considerada a parte profana da cerimônia, muito embora esteja consubstancialmente ligada pela devoção à comemoração religiosa oficial; ela pode, ou não, integrar a procissão solene do dia santo, dependendo da decisão, variável de ano para ano, do padre ou do bispo. E pode, ou não, penetrar na igreja, ainda que tenha sido admitida na procissão.

A parte lúdica do Rosário e de São Benedito compõe-se, quando completa – o que é cada vez menos freqüente –, de um cortejo em que desfilam, com suas "fardas" e respectivas coreografias e acompanhamentos musicais, em ordenadas seqüências, os diferentes grupos ou "ternos"; e de uma "embaixada", ou seja, uma parte representada, que se intercala ou sai das fileiras do cortejo para mimar, cantar, dançar, uma história cujo entrecho já está, muitas vezes, indecifrável. O esfacelamento das memórias, as vicissitudes econômicas, as migrações, as diferenças regionais interferiram evidentemente na ordenação, digamos canônica da congada. Não farei aqui a descrição desse desenrolar completo – permito-me remeter ao artigo meu que trata da questão e do qual esta minha fala é tirada.

O que importa assinalar (e isso vale para todas as manifestações de congada, mesmo que ela seja reduzida a um terno) é que, durante a novena, sem o rigor do desfile, próprio ao dia do santo, o cortejo vai deambulando pelas ruas, interrompe-se em momentos indicados pelo apito do mestre, fileiras se enfrentam e afrontam, "guerreando", com espadas ou bastões, enquanto os moçambiques ponteiam a ação com os guizos amarrados em seus tornozelos.

O moçambique ou "maçambique" tem particularidades interessantes. Dança que parece ter sido levada por escravos africanos às minas de ouro, por um lado é considerada pelos brincantes como a "plebe" do congado. Por outro lado detêm grande prestígio. Um prestígio explícito, associado ao culto marial que faz com que, por exemplo, nas festas do Rosário do Serro o cerimonial preveja, na madrugada do primeiro dia, uma ida do cortejo à igreja, cujas portas fechadas todos os ternos tentam abrir, ao som de um trio instrumental. Só conseguirão o feito os moçambiques. Os mesmos que abrem o desfile, que são buscados em casa e que por sua vez vão buscar os Reis. Qual o motivo desse prestígio? Aí reside o núcleo místico, cristão, associado ao culto da Virgem Maria. Encontra-se sempre a mesma história cujo enredo, com variações, diz essencialmente que estava Nossa Senhora escondida com o Menino Jesus. Foram todos os grupos buscá-la sucessivamente, mas ela se recusava a ir. Só acompanhou mesmo os mais pobres e humildes, "a plebe dos congos", que são os moçambiques. Em vários lugares, ainda que o cortejo esteja completamente estilhaçado, cabe ao terno do moçambique levar Nossa Senhora do Rosário para dentro da igreja (quando lá podem entrar).

Mas há outro aspecto, implícito, do qual o observador de fora só vai tomando conhecimento, aos poucos, e mesmo assim um conhecimento muito superficial, quando ganha a confiança dos dançantes. Uma entre tantas ambigüidades que atravessam esses folguedos. Se o jongo, com seus enigmas cantados (e cujo tambor, o caxambu, sinônimo de magia, chamava os negros da fazenda à revolta), era a explícita manifestação da resistência negra, o congo, como se disse, é uma dança de explícita devoção cristã. Ora, é precisamente no moçambique, depósito da devoção marial, que existe a "milonga", o feitiço, como me explicou um jovem congueiro de Uberlândia. Ele dirige um terno no congo, gostaria de ter um moçambique, mas é "muito pesado, perigoso até, não vai dar para segurar os dois". "É gente feiticeira", disse um congueiro de Goiás ao antropólogo Carlos Rodrigues Brandão, "quando eles querem que os outros ternos não entrem, eles fazem macumba que os homens dos outros ternos chegam a cair: eles não dançam mesmo". E poucos dias atrás, a mesma coisa nos foi dita, cautelosamente, num quase monólogo puxado por nossas perguntas, o guardião da capela do Padre Faria em Ouro Preto. Interrogado sobre a existência do congado na cidade, ele, seu Jésus (sic), da Irmandade do Rosário, nos contou a mim e a meus companheiros de passeio, que esta tinha sido retomada de uns anos para cá, a partir de suas próprias lembranças de antigo conguinho. E foi contando que, havia, sim, ao lado do comandante do terno dançante, um "guia de terreiro", que garantia a força do grupo. Uma força assim como essa da umbanda, tentou explicar ele. Aquela mesma força, disse ainda seu Jésus, que é a dos antigos, quando são respeitados pela comunidade, o que já não acontece mais, e que fez com que quando ele, mocinho, trabalhava no eito junto aos mais velhos, estes, fazendo um círculo em torno deles, os garantia contra a chuva violenta que só caía fora da roda.

Historicamente, os congos tiveram seus momentos de reconhecido esplendor. Foram, por exemplo, parte integrante das famosíssimas procissões e cortejos do Triunfo Eucarístico em Ouro Preto em meados do século XVIII e figuram na Bahia na festa de esponsais de príncipes reais, conforme uma relação de Francisco Calmon, de 1760 .

Era provavelmente ainda uma época em que a Igreja precisava consolidar a fé cristã de índios e escravos e, com isso, prestigiar as festas que ela própria suscitava. Temos belas descrições delas nos relatos de vários viajantes, e, em nossos dias ainda, bela evocação literária de memória e vivências em Hugo de Carvalho Ramos, contista goiano. E seu núcleo heróico, a peleja de cristãos e mouros, Carlos Magno contra o Almirante Balão, o cavaleiro Roldão, o pequeno Oliveiros contra o gigante Ferrabrás, estão na memória de muitos, de Osvald de Andrade e de Guimarães Rosa, por exemplo.

Com as transformações da sociedade brasileira, o empobrecimento de Minas, a Abolição, a urbanização, a grande lavoura moderna, a industrialização etc., foi-se construindo, como se sabe, a marginalização do negro brasileiro. E não é difícil até hoje, percorrendo o Estado de Minas Gerais, identificar os lugares onde moram os negros: nas lonjuras da cidade, por menor que seja. Geralmente num morro, em volta de modesta igreja, São Benedito ou Rosário, mais importante no caso de Santa Ifigênia de Ouro Preto. Observa-se o mesmo em Goiás, no Vale do Paraíba etc.

É aí, nessas comunidades afastadas, que foi ficando a memória e a prática do congado, confundindo-se com as manifestações culturais dos mais pobres, o que explica porque muito branco, tornado negro pela miséria comum, participe dela.

Mas, dada a característica de ocupação espacial inerente à congada, na época da festa, esse isolamento cessa ou parece cessar. Os diferentes ternos literalmente tomam conta da cidade inteira durante a novena que precede o grande dia da festa do santo. O ritual de promessas obriga-nos a efetuar visitas, levar a bandeira e dançar para todos aqueles que pagaram promessas. Visitas sempre recompensadas com comes e bebes, sem falar nas refeições comunitárias nas casas espalhadas pela cidade (chamados "quartéis" em Uberlândia), que os ternos percorrem em marcha batida. Para vir, no fim do dia, nas suas coloridas fardas, se concentrar na praça que a tradição lhes outorgou, em frente à igreja do Rosário ou de São Benedito, onde, incansáveis, horas a fio, batem surdo, sacolejam guizos, dançam, pulam acrobaticamente e cantam loas em homenagem ao santo.

Congos, congadas, moçambiques, marujos e catopês são um dos capítulos mais importantes dos manuais do folclore brasileiro. Vêm sendo cada vez mais reconhecidos pelas entidades turísticas, pelas secretarias de cultura, pelos presidentes brancos das irmandades, fazem parte da "memória nacional". E, ao contrário do que poderia fazer crer sua dimensão folclórica, teoricamente fadados ao desaparecimento, portanto, existem em número cada vez maior, haja vista a Federação dos Congos de Minas Gerais.

E, se todas essas danças do Rosário e de São Benedito não oferecem ao observador de fora o mesmo prazer estético que as do Serro ou de Uberlândia, não se pode ignorar o discurso que todas propõem. Parece-me imperativo, através de suas variações de grupo para grupo, de ano para ano, ao léu das suas vicissitudes cotidianas, das intromissões do poder, da memória esgarçada, tentar perceber, principalmente se nem existir forte emoção estética, aquilo que num primeiro momento soa como monótona e inexpressiva repetição. Perceber nessa monotonia não só a fidelidade repetitiva de uma tradição, mas ouvir uma teimosa insistência em ser e continuar a ser. Uma afirmação de identidade e, como tal, observar que a congada também vem cada vez mais sendo retomada pelos jovens que já foram conguinhos e marcharam atrás, copiando os maiores, e que estes estão sabendo introduzir a ambigüidade e a inquietação no discurso da fidelidade. Uma ambigüidade que se acresce àquela de origem, onde a memória da África ressoa, que se observa nos moçambiques e permanece nos versos misteriosos que se cantam.

E, no entanto, verifica-se, em relação à congada, que pode ser tão visível nas suas evoluções, que pode ser tão envolvente na diversidade de seus ritmos, um fenômeno de surdez e cegueira por grande parte da sociedade global, ainda que às vezes possa estar mobilizada na ideologia da "memória" e das "raízes" nacionais.

É o que venho observando em várias festas de São Benedito ou do Rosário, desde 1976, época em que comecei a acompanhar esse folguedo.

E foi o que reencontrei às vésperas das comemorações do Centenário da Abolição, em outubro de 1987, em Uberlândia. Encontrava-me lá por acaso, ou seja, convidada para dar um curso na universidade. No dia de minha chegada, ao entrar no hotel, vi congueiros passando; obviamente tentei assistir à festa toda. Foram dias estonteantes, entre os cursos e atrás dos ternos, acompanhando-os pelas ruas, fazendo amizade, participando das refeições nos quartéis, olhando-os na praça.

Já descrevi essa ocupação em extensão da cidade pela congada e falei da beleza de sua concentração na praça. Quero aqui insistir sobre a sua paradoxal invisibilidade para o conjunto dos habitantes dessa mesma cidade.

Na praça, com efeito, eram quase inexistentes os espectadores. Meus colegas, salvo uma ou outra exceção, ignoravam ser festa costumeira na cidade, muito embora a Igreja do Rosário esteja na zona central. Um deles, aliás encantado com o que vira, voltou em 1988. Contou-me ele que a indiferença, o vazio de um público participante, fora ainda maior. A própria festa pareceu-lhe mais melancólica, nesse aniversário pouco festivo dos cem anos da Abolição. Interroguei, em 1987, colegas, alunos, as duas alunas negras do curso, chefes e componentes dos grupos, entre os quais havia muitos jovens. Todos eram unânimes em reconhecer o real esforço e interesse da dinâmica secretária de cultura e sua equipe. "Ela tem esclarecimento", disse seu Ananias, chefe da companhia dos moçambiques. Mas, de um modo geral, a festa é ignorada pelo conjunto branco da população, porque, como me disse um congueiro, "o pessoal despreza a gente porque é coisa de negro, é coisa de senzala". Ou como explicaram minhas alunas negras: "Como aqui já foi quilombo, eles nem querem ouvir falar".

A mesma atitude, aliás, já havia sido a de muito jovem negro, no dizer do capitão do terno de moçambique Estrela do Oriente. Donde é muito positiva a progressiva volta com participação intensa e consciente dos jovens negros, muitos deles militantes no Movimento Negro Unificado, o MNU, nessa tradicional comemoração de fé cristã com dança africana. É, dizem eles, uma volta às origens brasileiras e africanas; é uma afirmação e confirmação de identidade antiga e se traduz na afirmação de uma nova consciência negra. E é, ainda, como já se disse, a única vez dos anos que podem ocupar a cidade, onde geralmente são invisíveis.

Mas, quer seja expressão de coisas de antigamente, uma fala de tradição e, por isso mesmo, anualmente repetida na data consagrada, quer decididamente assumida como uma afirmação de identidade, repensada portanto dentro da modernidade, a fala da congada ecoa no vazio, como se fora um silêncio. Não é ouvida pela sociedade dominante. Como também são invisíveis para ela as deambulações de dezenas de grupos pelas ruas e sua progressiva e forte concentração na praça (a mesma forma manhosa e sub-reptícia com que o povo foi chegando e ocupando a praça no comício das diretas no Anhangabaú, em São Paulo).

Tudo se passa na verdade como se a congada de São Benedito e do Rosário fosse a manifestação religiosa-festiva que confirma a exclusão de seus autores negros.

Poder-se-ia objetar que essa ignorância, esse não reconhecimento, tenha precisamente que ver com o aspecto tradicional, antigo, portanto ultrapassado, dessas manifestações culturais que se confundem com o folclore.

Objetar ainda que, em contraposição, a recusa do negro não se dá, em se tratando do mundo cada vez mais reconhecido e atuante na sociedade global da religião afro-brasileira. Quer na sua forma mais popular, a umbanda, ou na mais africana, o candomblé.

Como também não se dá essa recusa em relação aos reconhecidos e apropriados elementos negros, que hoje são parte integrante do carnaval brasileiro, com os quais os brancos se identificaram simbolicamente. A ponto de o carnaval revisto pelo negro ter-se transformado num símbolo nacional, diz Maria Isaura de Queiroz.

É outro símbolo, no entanto, que eu vejo no fato de a fala e a presença dos congos na cidade não ser ouvida nem vista: soa como que a proclamação da exclusão geral do negro da sociedade dominante.

E fico me perguntando se um dos motivos dessa ocultação para o ouvido e o olho do branco de uma presença anualmente tão forte na sua cidade não se ligaria precisamente à forma de ocupação do espaço, que é a marca, a natureza do congo. Uma ocupação, torno a lembrar, que envolve e abrange toda a cidade, na marcha batida de suas perambulações para as visitas rituais aos mais diferentes bairros e progressiva concentração na praça do centro, onde não cabem todos aqueles que continuam, enquanto esperam sua vez de entrar nela, evoluindo, barulhentamente, por todas as ruas adjacentes.

Nessa forte presença física de uma maioria habitualmente excluída do convívio com os outros, geralmente disseminada e invisível, não haveria algo como a ameaça velada de uma formidável força da qual o inconsciente se defende, deixando surdo e cego o resto da população?

Se eu voltar ao caso da adesão ao candomblé: ainda que venha sendo uma presença consensual na cidade (embora o terreiro esteja sempre situado nas lonjuras), com uma atuação aceita, reconhecida e escolhida até pelo branco, o candomblé é, no entanto, uma prática ritual indissociável de um espaço próprio e fechado. A rota ou terreiro é um microcosmo encerrado nas suas próprias fronteiras contendo dentro delas a natureza resumida. Mundo fechado, portanto, o que, obviamente, possibilita maior controle. O candomblé não é dono da rua, como é simbolicamente o congo no tempo que é o seu. Quando o candomblé ocupa a rua, como é o caso da anual festa pública de São Jorge Ogum, por exemplo, ou ainda, numa festa restrita a bairros cariocas, como a de São Roque Omulu, ele fica contida numa procissão codificada.

Da mesma maneira os apitos da harmonia ou a corda limitam os extravazamentos possíveis da escola de samba ou do cordão baiano.

E, numa extensão do que acontece com a congada, coisa de negro cristão pobre e excluído, tornado invisível para não atrapalhar a boa consciência e o medo, não se poderia ver o mesmo fenômeno de exclusão em relação ao negro que quiser manifestar a sua fé cristã, não mais na festa, mas exercendo o sacerdócio?

Uma exclusão traduzida em fatos e números.

Há poucos negros na hierarquia católica brasileira. Segundo dom José Maria, o "bispo Pelé", da Paraíba, um dos seis únicos bispos negros do Brasil, caso o peso desse contingente racial correspondesse aos 60 milhões de descendentes de africanos existentes no país, entre os 362 bispos católicos nacionais deveria haver pelo menos 150 negros. E calcula-se que entre os 12.500 padres brasileiros possam ser contados no máximo 200 descendentes de africanos.

Numa entrevista de 1888, Dom José Maria garante nunca ter sofrido discriminação. "Se fosse um negro comum, talvez tivesse sentido o racismo na carne", diz ele. "No Brasil, porém, quando um negro se destaca, no futebol, na economia ou na Igreja, é visto como um branco."

Dez anos depois registram-se incontestáveis mudanças.

Os negros vêm ocupando novos espaços e não só na música. Negros e negras executivos, homens e mulheres bem-sucedidos, não faltando entre eles aqueles que se assumem e se impõem como negros, ou seja, com a consciência plena do que seja o preconceito denegado da sociedade brasileira. Haja vista o Ceabra, "Coletivo de empresários e empreendedores Afro-brasileiros" em Brasília ou a bela e já bem-sucedida revista *Raça Brasil*.

Prova cabal dessa mudança, a designação bem-sucedida de um negro para prefeito da maior cidade do país.

Na figura de Celso Pitta, nas atitudes em relação a ele, na dele em relação aos negros se resumem toda a ambigüidade, toda a complexidade da relação branco/preto na sociedade brasileira. "Não se deve simplificar a imagem e ver um fantoche em Celso Pitta, pois é a oportunidade de debater a complexidade de nossas relações raciais", diz um militante do MNU.

Os diplomas de Celso Pitta, sua tecnicidade, suas belas maneiras, suas roupas de corte britânico, a racionalidade serena de sua fala tranqüilizam seus eleitores, reconhecidamente das classes de alta e média renda. Para eles, provavelmente, Pitta é visto como aquele branco a que se refere D. Pelé. Mas é negro, o que lhe garantiria votos das classes despossuídas, na maioria irmãos de cor, e também da militância negra, apesar das óbvias divergências ideológicas. Ainda que as coisas não sejam tão simples, uma vez que as últimas pesquisas de intenções de voto registraram que foi junto às classes mais pobres da periferia com maioria de negros, portanto, que se observou a maior diferença entre eleitores de Pitta e de Erundina, cerca de 39% para cada tendência. Mas a explicação não estaria em algo que se assemelha ao que aconteceu no caso de Lula? Pobre não vota em pobre, disse o eleitor que recusou Lula. E negro não vota em negro, nem que seja negro rico? Um voto que também é o da denegação: negro não existe nem para o negro?

E a atitude em campanha do branco/negro Celso Pitta em relação à questão do negro foi de uma ambígua neutralidade. Atitude que repercutiu aliás a postura de todos, jornalistas, mídia, militantes, que só ficaram na superfície da questão, vejam só, o candidato a prefeito é negro. Ponto, basta. Num estranho vazio de percepção, não se vê, não se fala que nesta pujante cidade a ser administrada sob o signo feliz do continuísmo e da não mudança, é negra a cor dominante da pobreza, a cor dos meninos de rua, a cor dos primeiros suspeitos. E que fora da área dos serviços humildes, o que reforça sua invisibilidade é a cor ausente das platéias de teatro, das mesas de restaurantes e das nossas, dos bancos das universidades e dos colóquios de sábios.

Pitta pediu seu voto à comunidade negra, deixou-se fotografar com negras cozinhando com italianas a comida da festa de Nossa Senhora da Aqueropita, prometeu explicitamente: "Se minha eleição ocorrer, como estão prevendo, vai ser um prestígio para a comunidade negra, vai estimular a auto-confiança da raça". Tudo num clima de céu sem nuvens, de mundo harmonioso e sem conflito. Celso Pitta, negro de alma branca???

E se voltássemos ao tema de minha fala? E se brincássemos de imaginar que atitude tomaria essa encarnação da modernidade, da racionalidade, da eficiência que é nosso negro prefeito naquela exuberante e invisível festa do Rosário, de Uberlândia? Tudo indica que teria compartilhado daquele vazio de percepção que acometeu seus habitantes.

Uma cegueira e surdez que poderiam ser atribuídas a uma justa rejeição da repetitiva tradição em nome da eficiência modernizadora? Ou à recusa de ouvir a fala tradicional, mas sempre em mudança das inelutáveis origens? A incômoda fala da exclusão que nem a festa esconde. Ou mais simplesmente por ignorância: o silêncio da história oficial impede qualquer pessoa medianamente informada de reconhecer manifestações culturais relegadas à categoria de folclore, portanto, só mencionadas uma vez por ano nas escolas.

A resposta não é simples, como o problema também não o é.

Mas a atualidade vai espichando esta minha fala. E temos um exemplo das nada hipotéticas surdez e cegueira, mas de um efetivo vazio de percepção no que diz respeito a uma muito atual fala de negro pobre excluído, expressa através de uma manifestação cultural que nada tem a ver com uma velha e esquecida tradição. O *Jornal do Brasil* do dia 12 de novembro, há cinco dias, traz essa grande manchete A CULTURA QUE O PODER NÃO VÊ. Refere-se (vou citando) aos "jovens que moram em comunidades carentes e que elegeram o *funk* e suas derivações, como o *rap* etc., como canal de expressão para seus problemas e carências. Só que o poder público tem prestado pouca atenção ao que esses jovens têm a dizer. Essa miopia ou surdez oficial ficou clara no 1.º turno da campanha para prefeito do Rio. Faltava pouco menos de um mês para as eleições de 3 de outubro quando Sérgio Cabral e Luís Paulo Conde tiveram uma espécie de revelação. A descoberta, feita quase ao mesmo tempo pelos dois candidatos, resultou da agenda lotada de compromissos em favelas. Os dois candidatos se espantaram com a apatia e com a falta de perspectiva desses jovens, sua incapacidade de verbalização. "O espanto dos dois candidatos seria menor se abrissem os olhos e apurassem os ouvidos para um movimento que a cada dia ganha mais corpo no Rio. O funkeiro tem o que dizer, nós é que não sabemos ouvir: "Eles não encontram um ouvido disponível", diz o arquiteto Manoel Ribeiro. Diz ele:

> *Nas músicas os jovens falam da segregação racial, das más condições de moradia, do crime, da violência policial, da dificuldade de ganhar dinheiro. Uma cultura que nasceu à margem do poder público. E não faltam entre esses jovens aqueles que participam de seminários sobre cidadania e alguns, do rap, atuam na ONG Voz Ativa, que luta pela valorização da cultura negra.*

Fim de citações.

Festa do Rosário de ontem. *Funk* e *rap* de hoje. Manifestações lúdicas e festivas. Ritmos, danças, falas, patagongos e percussões que gritam bem alto o vazio que ontem e hoje é o lugar do negro na nossa sociedade.

Vocês me desculpem as digressões. Afinal minha proposta era contar para vocês das belezas dos folguedos populares. Mas como não ouvir as questões que eles também provocam?

BIBLIOGRAFIA

MEYER, Marlyse, *Caminhos do Imaginário no Brasil*. São Paulo, Edusp, 1993.
_____ .*Maria Padilha e toda a sua Quadrilha: de Amante de um Rei de Castela a Pomba-gira de Umbanda*. São Paulo, Duas Cidades, 1993.

A RETÓRICA DO SILÊNCIO
EM CLARICE LISPECTOR

BERTA WALDMAN*

1. Em *A Madona do Futuro*, novela de Henry James, que data de 1873, o autor nos apresenta o impacto de uma experiência que marca para sempre a vida de Teobaldo, seu protagonista, um norte-americano que um dia viaja a Florença e não consegue mais voltar a seu país, preso que fica pelo encantamento miraculoso da Madonna della Seggiola, de Rafael.

A partir do momento do encontro definitivo, o protagonista começa a se equipar para vir a pintar a sua madona, decidido a jamais se deixar expressar pela imperfeição. É a um turista encontrado casualmente, também norte-americano, que Teobaldo expõe o seu labor de anos ininterruptos e afirma que o genuíno artista está sempre trabalhando, toma posse de tudo o que encontra, aprendendo segredos preciosos em cada objeto que se define na luz, vivendo um processo permanente de exaltação do olhar. E seu trabalho é duplamente árduo porque, como norte-americano, ele se sente deserdado da arte, condenado a ser superficial:

> *Um americano, para chegar à excelência, tem que aprender dez vezes mais do que um europeu. O que nos falta é o senso do profundo. Não temos nem gosto, nem tato, nem força.*[1]

Num segundo momento, Teobaldo apresenta ao turista a mulher eleita para

---

* Professor de Teoria Literária da Unicamp.
1. *Revista Imagens*, n.º 6, janeiro/abril, 1996, p. 18. Tradução de Arthur Nestrovski.

ser sua modelo, a "divina Serafina", "a mais linda, a mais doce, a mais natural que jamais floresceu nesta grande terra da Itália".[2]

A surpresa do turista se dá quando ele não vê o que Teobaldo vê e declara ao artista que ele havia perdido o seu tempo e que a mulher apresentada estava velha demais para uma madona.

Teobaldo some, perplexo, e só vai ser reencontrado, já moribundo, uma semana depois, quando o turista o visita e o vê diante de uma tela envelhecida, um tanto rachada e em branco.

Essa novela de Henry James pode ser analisada a partir de diferentes ângulos, mas o que me interessa, para os fins desta exposição, é sublinhar o paradigma do silêncio em que ela se insere, situado antes mesmo da criação. Paralisado por seu modelo, Teobaldo prepara-se para um trabalho sempre adiado, encenando uma falência determinada por sua incapacidade de se lançar numa zona de risco, onde, afastado do idealismo, ele se defrontasse, na sua própria medida, com o incondicionado e o inexplicável.

Quase cem anos depois, a relação entre o velho e o novo continente sofre uma inversão, no comentário do polêmico músico norte-americano John Cage, quando afirma do alto de sua iconoclastia que "a música européia poderia ser melhorada com um pouco de silêncio".[3] Reagindo contra o conceito de música predeterminada (Boulez e Stockhausen), ele cria, a partir de 1950, a "música indeterminada", passando a desenvolver a sua teoria da indeterminação em música, tomando como base o I Ching, o clássico livro chinês de oráculos. Mediante operações do acaso, o músico promove vários *happenings*, como o 4'33" (1952), onde um pianista entra no palco, toma a postura de quem vai tocar e não toca nada. A música é feita pela tosse, o riso e os protestos do público, incapaz de agüentar quatro minutos e trinta e três segundos de silêncio.

O silêncio sempre interessou a John Cage, sendo até mesmo o título de seu primeiro livro (*Silence*), mas ele não o concebe como o contrário do som, e sim como seu complemento: "Nenhum som teme o silêncio que o extingue e não há silêncio que não seja grávido de som".[4] Entre o romancista e o músico, um outro tipo de silêncio se instaura no quadro *Branco sobre Branco*, do pintor russo Kasimir Malevich (1878-1935). Este, por querer aludir à absoluta subjetividade, meta inalcançável pela via da representação mimética, abole objetos, figuras humanas e não humanas, paisagens, para deixar a tela no estágio do vazio branco, de modo a potenciar todos os sentidos possíveis.

Longe do patamar idealista da novela de James, do lugar construído para o sentimento do quadro de Malevich e da abolição do som musical em nome dos ruídos produzidos aleatoriamente, o silêncio, na obra de Clarice Lispector, vai-se elaborando paulatinamente à sombra da palavra. Considerando sua obra

---

2. *Idem*, p. 23.
3. Ver prefácio de Augusto de Campos do livro *John Cage*, SP, Hucitec, 1985m, p. XII.
4. *Idem*, p. XIII.

como um todo, nota-se que a autora opera na verticalidade, isto é, seus textos parecem contar sempre a mesma história, não podendo, por isso, ser divididos em fases, numa perspectiva de progressão. O que os move é uma compulsão que os faz dobrar sobre si mesmos, numa tentativa sempre frustrada de capturar algo que ainda não foi dito. Nesse sentido, a obra de C. L. pode ser vista como inconclusa, marcando, antes de tudo, uma busca de algo a que não se chega:

> *Eu escrevo por intermédio de palavras que ocultam outras – as verdadeiras. É que as verdadeiras não podem ser denominadas. Mesmo que eu não saiba quais são as 'verdadeiras palavras', eu estou sempre aludindo a elas.*[5]

Esta zona encoberta que lateja no texto e que está na origem da criação é referida em diferentes momentos da obra de Clarice Lispector, mas de modo particular em seu livro publicado postumamente. *Um Sopro de Vida*, um diálogo desarticulado entre um autor e sua personagem, Ângela Prallini, onde esse afirma:

> *Há um silêncio total dentro de mim. Assusto-me. Como explicar que esse silêncio é aquele que chamo de o Desconhecido. Tenho medo Dele. Não porque pudesse Ele infantilmente me castigar (castigo é coisa de homens). É um medo que vem do que me ultrapassa. E que é eu também. Porque é grande a minha grandeza.*[6]

Aí, o silêncio é identificado com o desconhecido, com aquilo que ultrapassa aquele que enuncia, mas que ainda é ele, fazendo-se uma clara alusão tanto ao inconsciente, quanto a Deus, ambos amplamente mencionados na obra da autora, este, como o inominável e o inatingível, e o inconsciente como "aquele que não sabe", como o lugar dos "sonhos que são o modo mais profundo de olhar".

O silêncio, na obra de C. L., é tanto um tema com o qual seus personagens estão sempre às voltas, como uma atmosfera que marca o espaço interno dessas mesmas personagens, como também algo que está no horizonte do processo de criação da autora, que sinaliza para ele quando, por exemplo, diz do romance *Um Sopro de Vida* que é "um livro que fala baixo", um "livro silencioso", ou quando atribui ao outro romance *A Hora da Estrela* a qualificação "Este livro é um silêncio". Mas as tentativas de contornar o silêncio podem ser registradas nas diferentes modalidades de textos que a autora desenvolveu. Há uma crônica incluída no livro *Onde Estivestes de Noite*, que leva o título *Silêncio*. Ela foi escrita durante o período em que a autora viveu em Berna, Suíça. Representado

---

5. *Um sopro de vida*, 8.ª. ed., Rio de Janeiro, Nova Fronteira, p. 72.
6. *Idem*, p. 129.

em tom melancólico e áspero, o silêncio ao qual aí se alude dura sem intermitências e dá a sensação, para aquele que lê, de alguém que segue por uma ponte que, de repente, interrompe e deixa o caminhante suspenso no ar, sem a lembrança dos passos já realizados. Diz a narradora num esforço de indiciá-lo: "É um silêncio que não dorme: é insone: imóvel mas insone: e sem fantasmas".[7]

Vazio e sem promessa, esse silêncio não deixa provas nem rastros e é insuportável, porque para vivenciá-lo temos de nos situar na origem, no começo soterrado pelo tempo e que retém o sentido da vida. Como está além de nossa possibilidade viver esse silêncio de forma pura e absoluta, generosamente o texto nos conduz para as modalidades nas quais ele se torna reconhecível no cotidiano.

De repente,

> Ao atravessar a rua no meio das buzinas dos carros. Entre uma gargalhada fantasmagórica e outra. Depois de uma palavra dita. Às vezes no próprio coração da palavra. Os ouvidos se assombram, o olhar se esgazeia – ei-lo. E dessa vez ele é fantasma.[8]

Ele está aí, como sombra projetada daquilo que existe e tem presença no cotidiano, entre uma buzina e outra, suspenso no avesso de uma nota musical, no rastro daquilo que a palavra não alcança dizer, porque a palavra repousa sobre uma lacuna que oculta um vazio branco do qual, entretanto, ela depende. É esse duplo do som, do ruído, da imagem gráfica, que se desdobrará e se dimensionará de diferentes maneiras na obra de Clarice Lispector, vinculado sempre a vestígios de presença que não se consumam.

O que está em jogo em sua escritura não se situa no nível fatual do que "é" no espaço e no tempo, mas do que dá a ser – se eclipsando.

Mas é esse clima de princípio-base, alicerce, raiz, que vinca a obra de C. L. como dotada de uma vocação para o abismo, uma atmosfera de Gênesis, um sabor de arqueologia:[9]

> Ele (Martim) teve um sentimento de encontro: pareceu-lhe que no grande silêncio ele estava sendo saudado por um terreno da era terciária, quando o mundo com suas madrugadas nada tinha a ver com uma pessoa e quando, o que uma pessoa poderia fazer, era olhar. O que ele fez. É verdade que seus olhos custaram a entender aquela coisa que nada mais do que: acontecia. Que mal acontecia. Apenas acontecia. O homem estava 'descortinando'.

---

7. *Onde Estivestes de Noite*, Rio de Janeiro, Artenova, 1974, p. 103.
8. *Idem*, p. 104.
9. Ver, a propósito, o ensaio de José Américo Pessanha "Clarice Lispector: O Itinerário da Paixão", em *Revista Remate de Males*, Campinas, n.º 9, 1989.

Dessa manobra interior voltada para a origem está animada a obra de C. L., que procura ser esse olhar perscrutador que, nas madrugadas do mundo, descortina o começo, "que mal acontecia". Daí resulta o não-intelectualismo da maioria das personagens, de vida psicológica rudimentar, os "pobres de espírito". Resulta também a voluntária redução psicológica buscada por outros, como Martim, levando, ainda, na obstinação pelo começo, à radical paixão segundo G. H.

2. *A Maçã no Escuro*, romance escrito em 1954, mas publicado só em 1961, apresenta um trabalho de construção: ele deve dar forma a uma vida de homem, a partir de uma perda originária da forma e da linguagem humanas.

A história começa situando o tempo "numa noite de março", mas esse registro não tem maior importância, porque o tempo é interior.

O protagonista é um homem: Martim. Tendo cometido um crime, ele foge da cidade e chega a uma fazenda, cuja proprietária é Vitória, mulher solteira, de meia-idade. Moram com ela uma prima, Ermelinda, moça e viúva, e uma cozinheira mulata. A chegada de Martim perturba o ritmo de vida das mulheres, que passa de pacato a tenso, porque sua presença põe em relevo os problemas pessoais de cada uma. Martim acaba possuindo a mulata, torna-se amante de Ermelinda, e também Vitória se apaixona pelo estranho. Mas sua forma de amor revela-se através da tortura, do suplício que impõe a ele, destinando-lhe tarefas cada vez mais cansativas, e que impõe a si, pela renúncia. É ela quem, por orgulho ou por medo de si, acaba denunciando-o à polícia. É na fazenda, em meio aos trabalhos humildes, no contato com a terra e com os animais, meditando sobre o crime e a própria vida, que Martim refaz um aprendizado a que a prisão põe termo.

Quando o livro começa, o leitor se dá conta aos poucos e de maneira confusa de que Martim assassinou ou tentou assassinar a mulher. Mas o crime não tem maior importância, seus móveis não interessam, nem interessa saber, de fato, se houve ou não um crime. Isso porque se trata de um crime abstrato, simbolizado como uma forma de alcançar o desvencilhamento de uma situação tida como negativa. O crime é conduzido, pois, não como um obstáculo, uma derrota, um delito, mas como um gesto livre, a partir do qual o protagonista poderá construir com as próprias mãos o seu destino.

Desatado de todo e qualquer compromisso, do convívio familiar, e destruída a ordem estabelecida, caberá ao protagonista a construção de uma nova ordem. Para isso, abdicará inclusive da palavra e do pensamento, de modo a refazer sua vida do ponto zero. É a partir de um estado de carência, tanto material (o estado de pobreza voluntária em que passa a viver) quanto espiritual (a falta do pensamento e da palavra), que o protagonista deverá alcançar o descortino do mundo e a compreensão do que seja o homem. A compreensão, no caso, não se fará a partir do pensamento organizado, mas através de uma visão instantânea do núcleo da existência.

O mundo da linguagem, contudo, não é fácil de recriar. Lentamente, Martim procura as primeiras e impronunciadas palavras. Mas falha sempre e acaba, aliviado, desistindo de escrever. Diante dos guardas que vêm prendê-lo, o protagonista reconhece que tentou uma aventura impossível. Será reabsorvido pela linguagem comum, e seu ato se chamará crime. Incapaz de recriar a linguagem e, através dela, o mundo, Martim acaba atolado, paradoxalmente, no clichê e no lugar comum, como se pode ver no diálogo entre o fantasma de seu pai e ele próprio, no fecho do livro. Assim, a peregrinação do protagonista imita o formato da maçã, porque se trata de uma peregrinação em círculo.

Martim, com seu crime, havia ousado o ato total, assim como G. H. tinha querido realizar o ato total. Mas o que eles descobrem enquanto heróis já faz parte de um trabalho de des-heroização: eles são falhos e limitados. Mas para chegar aí foi preciso que a palavra se rendesse ao silêncio do qual ela tira sua força e vida.

> *É exatamente através do malogro da voz que se vai pela primeira vez ouvir a própria mudez e a dos outros e a das coisas, e aceitá-la como a possível linguagem.*[10]

3. Também em *A Paixão Segundo G. H.* a personagem nomeada apenas pelas iniciais G. H. se submeterá a uma desaprendizagem das coisas humanas. Editado em 1964, é o primeiro romance de Clarice na primeira pessoa. Nele, a personagem narradora conta uma experiência tormentosa a um interlocutor imaginário (tu). Esse recurso que visa cindir o tom monológico é, antes, uma estratégia criada para sustentar a possibilidade narrativa, já que o romance não alcança em nenhum momento o estágio de diálogo efetivo.

O romance começa e termina com seis travessões. Entre eles, a narrativa que aponta para uma busca (as palavras iniciais são: "estou procurando, estou procurando"), mas que se dobra para o retorno, se bem que o ponto de chegada não se cole propriamente ao ponto de partida. O texto inicia quando a personagem está voltando do distanciamento prolongado que a tinha isolado de sua experiência de vida anterior, quando já se tinha desfeito a ruptura que a havia separado do mundo e que vai ser narrada.

Mas quem é G. H.?

> *Esse ela, G. H. no couro das valises, era eu...*[11]

G. H. é alguém sem nome, que vive no 13.º andar de um edifício elegante, de cobertura, classe média alta. Como sua empregada tivesse saído do emprego, a patroa resolve fazer uma limpeza no quarto, antes que uma nova empregada o ocupasse. G. H. abre a porta do quarto, esperando encontrar ali um amontoado

---

10. *A Paixão Segundo G. H.*, 5.ª ed., Rio de Janeiro, José Olympio, 1977, p. 33.
11. *Idem*, p. 43.

de jornais e quinquilharias, mas, para o seu espanto, depara com um quarto inteiramente limpo; numa das paredes, há um desenho em tamanho natural, o contorno feito a carvão de um homem nu, uma mulher nua e um cão. As figuras pareciam, a seus olhos, múmias, e a patroa entrevê no mural uma mensagem para ela. Incomodada e divertida, ela constata que Janair, a empregada, era a primeira pessoa fora de suas relações de cujo olhar ela tomava consciência. G. H. sente-se violentada com o desenho duro e primário porque se vê nele. A partir do momento em que se dá conta de que cabe no desenho mudo, G. H. passa a estar realmente no quarto e, mais do que presente, presa numa cela que é ao mesmo tempo um deserto, sem nenhum ponto de referência, já que ela, ali, não é mais a mulher que se enxergava no olhar cúmplice de seus pares.

A barata que emerge do interior do guarda-roupa da empregada é a segunda contrafigura do romance que, sobreposta à primeira, lhe agrega um traço grotesco e horrível. Em pânico, quando G. H. vê o inseto sair do fundo do móvel, esmaga-o na porta do guarda-roupa. A barata agoniza e, olhando sua vítima inerme que também a olha, sob o fascínio da barata que a repugna e a atrai, desencadeia-se a todo o vapor um processo em que G. H. se vê sendo vista, esvaziada de sua vida pessoal.

> ... o que eu via era a vida me olhando. Como chamar de outro modo aquilo horrível e cru, matéria-prima e plasma seco, que ali estava, enquanto eu recuava para dentro de mim em náusea seca, eu caindo séculos e séculos dentro de uma lama – era lama, e nem sequer lama já seca, mas lama ainda úmida e ainda viva, era uma lama onde se remexiam com lentidão insuportável as raízes de minha identidade.[12]

Entre a vontade de conservar sua individualidade humana e a compulsão de seguir por uma trilha que a levaria ao inumano onde se perderia, G. H. se debate dolorosamente, até ceder à atração dessa realidade impessoal que a integra à exterioridade da matéria viva. Assim, o papel que a barata desempenha é o de desmoronar o sistema dentro do qual a narradora vivia. Mas o processo se interrompe porque a protagonista sente um acesso de nojo incoercível que a impede de prosseguir por essa trilha.

> E, como quem volta de uma viagem, voltei a me sentar quieta na cama. Eu que pensara que a maior prova de transmutação de mim em mim mesma seria botar na boca a massa branca da barata.[13]

Tal como ocorre com Martim, em A Maçã no Escuro, G. H. volta de novo para o sistema que tinha transgredido. Mas ela traz consigo a dimensão de seus

---

12. Idem, p. 57.
13. Idem, pp. 168-69.

limites, a experiência feita de sofrimentos, necessária para atingir aquilo que no romance chama de "neutro".

> *O neutro é inexplicável e vivo, procura me entender: assim como o protoplasma e o sêmen e a proteína são de um neutro vivo. E eu estava toda nova, como uma recém-iniciada. Era como se eu estivesse estado com o paladar viciado por sal e açúcar, e com a alma viciada por alegrias e dores – e nunca tivesse sentido o gosto primeiro. E agora sentia o gosto do nada. Velozmente eu me desviciava, e o gosto era novo como o do leite materno que só tem gosto para boca de criança. Com o desmoronamento de minha civilização e de minha humanidade – o que me era um sofrimento de grande saudade –, com a perda da humanidade, eu passava orgiacamente a sentir o gosto da identidade das coisas.[14]*

O neutro é, então, a pura identidade, na qual se anula a diferença entre sujeito e objeto, ambos compenetrados numa visão recíproca, sem transcendência. Aí, um é para si mesmo aquilo que se espelha no olhar do outro. Cada um é agente e paciente ao mesmo tempo, isto é, uma existência é a existência do outro que ele já é em si mesmo. Daí o regime reflexivo forçado que a narradora empresta aos verbos ser e existir, e a dupla reflexividade do verbo olhar.

> *O mundo se me olha. Tudo olha para tudo, tudo vive o outro; neste deserto as coisas sabem as coisas.[15]*
> *A vida se me é e eu não entendo o que digo.[16]*

Eis-nos chegados ao limite extremo da introspecção e da linguagem, já confinando com o inexpressivo que G. H. busca e, a partir do qual, nada mais se poderá dizer. A identidade pura, a plenitude do ser, é o silêncio inenarrável. Mas como perseguir o silêncio se o romance como linguagem articulada não pode silenciar? O conflito entre o fluxo da linguagem e a atração do silêncio pode ser visto na desagregação crescente da linguagem do romance, a ponto de, no final, G. H., enredada em suas próprias palavras, não mais entender o que diz: "... e eu não entendo o que digo. E então adoro".[17]

Quem tem por alvo o silêncio é G. H. que passa por um processo de despojamento do eu, a que tem a revelação do neutro. Mas nesse romance em primeira pessoa, o sujeito dessa experiência é o mesmo sujeito que narra. Assim, a narração que acompanha o processo de despojamento e que tende a se anular juntamente com este, constitui o ato desse mesmo eu, que somente pela narração

---

14. *Idem*, p. 120.
15. *Idem*, p. 90.
16. *Idem*, p. 215.
17. *Idem*, p. 182.

consegue se reconquistar. Desse modo, a narrativa é o espaço agônico do sujeito e do sentido, espaço onde o sujeito se procura e se perde, se reencontra para tornar a se perder. O processo é um círculo fechado que termina para recomeçar. Esse processo, aliás, já vem anunciado na própria maneira como se articulam os capítulos, onde cada um deles retoma a última fala do anterior. E também no enclausuramento do romance entre os travessões.

G. H., ao contrário de Martim, não chega a construir uma vida exterior, encontrando-se fora das relações humanas. Sua vinculação com o mundo se faz através da escritura do romance. Ela se encontra, assim, logo de entrada, presa ao silêncio. Ela não fala, escreve. E é a escrita que será conduzida a um impasse pela atração que o silêncio exerce sobre ela.

4. O heroísmo, nos textos de C. L., tem uma relação estreita com a palavra, com o fato de querer falar, de querer compreender. O herói é aquele que sai do mundo das coisas criadas, das criaturas, e passa para o lado da criação. A narradora de *Água Viva* repete insistentemente que ela escreve "por profundamente querer falar."

Se é verdade que a compreensão nasce do impulso de dar forma, do trabalho de construção, às vezes, C. L. sente que seu texto a ultrapassa, e ela não o entende em absoluto. É o caso do texto considerado pela autora como o mais misterioso e incompreensível entre aqueles que ela criou, e, por isso mesmo, quando convidada a participar do Congresso Mundial de Bruxaria, em Bogotá, Colômbia, em 1976, ela simplesmente o leu. Trata-se de "O Ovo e a Galinha",[18] texto exemplar para se observar a eficácia autoral no exercício de driblar o silêncio, através do nomadismo ininterrupto de produção de sentidos.

O ovo é imagem recorrente na obra de C. L. Ele simboliza a fertilidade, a origem da vida e também sua precariedade. No texto, evidencia-se sua natureza de signo móvel que desdiz um sentido no mesmo momento que o evoca. *"De manhã na cozinha sobre a mesa vejo o ovo."*

Nada mais natural do que um ovo, de manhã, na cozinha, sobre a mesa. No entanto, os fenômenos naturais, para a autora, é que são os mais mágicos.

A partir do primeiro enunciado do texto, postos no mesmo campo aquele que vê e o objeto visto, tem-se que as duas partes vêem e são vistas e encontram-se entrelaçadas num jogo ininterrupto de reversibilidades, até o momento em que, numa inversão, tem-se "o ovo me vê".

Como o ovo e o sujeito são signos vacantes de sentido, neles, todos os sentidos cabem.[19] Assim, o ovo "é astro extinto", como a luz da estrela já morta, "o ovo propriamente dito não existe mais", é "coisa suspensa" e também "uma

18. Em *A Legião Estrangeira*, Rio de Janeiro, Ed. do autor, 1964.
19. Cf. Regina Lúcia Pontieri, *Um Jeito Estranho de Ver: a Poética do Olhar em Clarice Lispector, Através de A Cidade Sitiada*, o capítulo final, "Olho o ovo", a que essas minhas observações devem muito. Texto xerografado.

exteriorização". É interior, "a alma da galinha" tanto quanto "um projétil parado". "É um dom" , "um triângulo que tanto rolou no espaço que foi se ovalando", "um jarro etrusco", "um desenho na areia".

O ovo é simultaneamente geral e particular. Interior (alma ou clara/gema) e exterior (corpo ou casca). Tempo e eternidade, "ovo por enquanto será sempre revolucionário".

Assim também aquela que enuncia será, ora pessoa que quebra os ovos para a refeição matinal das crianças, ora a não pessoa das assertivas filosóficas. Ora está no tempo, a manhã em que vê o ovo e depois o quebra na frigideira, ora fora dele: "Quando eu era antiga fui depositária do ovo. Quando morri, tiraram de mim o ovo com cuidado".

A partir de uma pessoa posta de manhã na cozinha, chega-se a um eu, puro signo, "que se desenha enquanto se atende ao telefone, mera tentativa de buscar forma mais adequada".

Mas a galinha também "continua sendo redesenhada": para ela também "ainda não se achou a forma mais adequada". Por isso, "enquanto meu vizinho atende ao telefone ele redesenha com lápis distraído a galinha".

Esboçam-se, assim, dois movimentos paralelos e opostos, movimentos espelhados, enfim: uma ponta para a abstração, tornando pessoa, ovo e galinha meros nomes, seres de linguagem. Outro, aponta para o concreto, transformando a mal esboçada presença pessoal na dona de casa que só entende de ovo quebrado, pois precisa da gema e da clara como alimento. "... *fora de cada ovo particular, fora de cada ovo que se come, o ovo não existe.*"

O ovo é, finalmente, numa referência metaficcional, o texto que se está gestando, diante dos olhos do leitor.

Não obstante a errância permanente do sentido que não teme o paradoxo nem o *non sense*, há uma dimensão de silêncio que sustenta o movimento e que aponta para o caráter de incompletude da linguagem, já que todo dizer traça uma relação fundamental com o não-dizer.[20] O que a linguagem lembra é que algo sempre deve ser esquecido, se ausentar, para que algo possa se tornar presente. Por mais que o texto em questão se mostre em movimento de sentidos, há sempre um "resto", que não se presentifica, deixando preservada uma área de silêncio que, no entanto, significa. É por isso que a autora insiste que precisa ser lida também e principalmente nas entrelinhas.

> *Mas já que se há de escrever, que ao menos não se esmaguem com palavras as entrelinhas.*
> "*O que escrevo está sem entrelinhas? Se assim for, estou perdida.*[21]

---

20. Cf. Eni P. Orlandi, *As Formas do Silêncio/No Movimento dos Sentidos*. São Paulo, Unicamp, 1992, p. 12.
21. *Um Sopro de Vida*, obra cit., p. 93.

5. Ao valorizar o espaço em branco, o não dito, a pausa, o silêncio, C. L. admite o fracasso da linguagem e o impasse em que se encontra a ficção quando pretende expressar o que não tem nome: a "vida crua", o "núcleo de vida", o "nev·tro". Comprimida, à beira do nada, inenarrável, a ficção de C. L. é dubitativa e errática por natureza. Auto-reflexiva, a linguagem indaga o tempo todo sobre o que se sente e sobre a forma de dizê-lo.

Assim como Martim e G. H. fracassam em seu propósito de heroicização, também a escritura de Clarice incorpora o fracasso, quando pretende se aproximar da nebulosidade do que não tem nome. Também ela recua. E, à deriva, experimentando, tateia, tentando se aproximar da "coisa", da "vida crua". Como não há regras para alcançar o que pretende, essa linguagem corre sem guia e sem forma. Mas como uma frase, ou uma cadeia de frases poderia tornar presente aquilo que não pode ser determinado? *A Paixão Segundo G. H.* se abre com esse dilema.

Aquilo de que se vive e por não ter nome só a mudez pronuncia – é disso que me aproximo através da grande largueza de deixar de me ser. Não porque eu então encontre o nome e torne concreto o impalpável – mas porque designo o impalpável como impalpável...[22]

Então, a escritura de Clarice não nomeia o inominável, não designa o indeterminável como se fosse um objeto do mundo, um fato determinado, ao contrário: através do esforço e do malogro de sua linguagem, ela faz sentir que algo escapa e resta não determinado, não apresentado, ela inscreve uma ausência, alude ao que se evola.[23]

Essa escritura que procede de uma estética do fracasso, da falência da forma, subverte os limites reconhecidos entre literatura e não literatura, entre o que é e o que não é escrever.

O que não sei dizer", afirma C. L., *"é mais importante do que o que eu digo... Cada vez escrevo com menos palavras. Meu livro melhor acontecerá quando eu de todo não escrever.*[24]

Asɔim, o livro de Clarice nunca é o que já está escrito, nem mesmo o que está se escrevendo, mas "outra coisa" que não se chega a dizer: ele é sempre para mais tarde. Esse futuro para o qual aponta, entretanto, não é acalentado como um projeto realizável, estando inevitavelmente fadado ao fracasso: o não-livro será seu melhor livro.

---

22. *A Paixão Segundo G. H.,* obra cit.,p. 73.
23. Cf. Plínio W. Prado Jr., "O Impronunciável", *in Revista Remate de Males* (9):21-30.
24. Olga Borelli, *Clarice Lispector: Esboço para um Possível Retrato,* Rio de Janeiro, Nova Fronteira, 1981, p. 85.

Objeto lábil, se pensado radicalmente, este "livro" não narra, mas se dispõe de um modo tal que o que se deseja expressar apareça ao leitor. Qual o lugar que essa escritura figurada num não-livro abre para o leitor? O que o jogo entre os dois planos – linha e entrelinha, o dito e o não dito – sinaliza para ele? Tirando a trava dos sentidos, pondo a leitura em roda viva, esse leitor perceberá que se a escritura de C. L. tem na mira a "coisa", o "inominável", o que não pode ser determinado pela palavra, seu lugar ideal enquanto leitor será, paradoxalmente, o de não leitor, aquele que entende que o real não pertence à ordem do simbólico e não pode ser encontrado pela mediação da linguagem, embora só através dela se chegue a esse conhecimento.

A FORMA NA FANTASIA INCONSCIENTE NO PENSAR E NO ANDAR

ANNE ALVAREZ*

INTRODUÇÃO

Este trabalho contém algumas reflexões preliminares sobre a fantasia inconsciente e o pensar e a sua relação com o andar. Discuto a definição do conceito de fantasia inconsciente e proponho que as teorias modernas de formação de símbolo e de pensamento tornam necessária uma ampliação da definição: levarei em consideração tanto os conceitos de pré-, para e semiconsciência ou pensar muito superficialmente consciente (ou melhor não-bem-pensar) quanto o fantasiar inconsciente mais literal. Discutirei o elemento de atividade envolvido e a importância de incluir conceitos dinâmicos e a dimensão temporal. Estas novas idéias implicam que o movimento dos pensamentos é tão importante quanto os seus conteúdos, e isso requer uma análise mais cuidadosa não só da qualidade dos objetos internos do paciente, mas também de sua localização no espaço.

Abordo duas das principais idéias do notável trabalho de Susan Isaacs, ambas relacionadas à ubiqüidade da fantasia inconsciente. 1) A primeira das idéias de Isaacs refere-se à estreita relação entre o fantasiar inconsciente com o pensar realístico. Examino se as teorias mais recentes esclarecem a questão de quão íntima pode ser a relação entre a atividade mental inconsciente e o pensar realístico. 2) A segunda idéia se desdobra a partir de vigorosos casos clínicos de Susan Isaacs sobre o *conteúdo* da fantasia inconsciente até a consideração da *forma* dinâmica ou a impressão de um padrão temporal do fantasiar

* Psicoterapeuta do Departamento de Psicoterapia da Criança da Tavistock Clinic, Londres.

inconsciente. A ênfase novamente é naquilo que é mais pré- ou paraconsciente do que inconsciente. Insisto no uso do verbo "fantasiar" ou "pensar" mais do que do substantivo "fantasia" ou "pensamento", para capturar a motilidade envolvida nas atividades de pensar e andar. Examino as obstruções desse fluxo dinâmico em três pacientes crianças que apresentavam dificuldades em suas posturas e maneiras de andar. Os dois pacientes *borderlines* tinham também dificuldades no pensar que pareciam ter paralelo com as suas dificuldades de motilidade. Precisavam, mais do que de mudanças no conteúdo de suas fantasias ou dos seus pensamentos, de mudanças na forma e na maneira de imprimir um padrão para pensar os seus pensamentos. O material clínico será usado para ilustrar as fantasias inconscientes ressaltando e acompanhando as maneiras pelas quais esses três pacientes crianças se movimentavam, andavam e pensavam A sua relação fantasiada com o objeto interno parecia colorir a sua atitude sobre como os seus pés podiam estar relacionados com a chão debaixo deles, a postura que tinham em relação ao céu acima deles, o movimento dianteiro no espaço disponível à sua frente, e tudo isso, algumas vezes, coloria o método que usavam para pensar os pensamentos, para acompanhar uma seqüência de pensamentos e a liberdade que tinham para expandir seus pensamentos.

Developments in Psychoanalysis, editado por Joan Riviere e publicado em 1952, baseou-se principalmente nos quatro trabalhos kleinianos apresentados numa série de discussões controvertidas realizadas em 1943 na Sociedade Britânica de Psicanálise. Um dos quatro trabalhos apresentados foi o vigoroso trabalho de Susan Isaacs, *The Nature and Function of Phantasy.* Na introdução geral do livro, Riviere declarou:

> *A mente é um todo, as funções mais elevadas não atuam independen-*
> *temente: o inconsciente não é uma parte vestigial e rudimentar da*
> *mente. É o órgão ativo no qual o processo mental opera; nenhuma ati-*
> *vidade mental pode existir sem que ele opere. A atividade mental*
> *primária original que geralmente permanece inconsciente nós a chama-*
> *mos de "fantasia" inconsciente. Há, portanto, uma fantasia inconsciente*
> *atrás de todo pensamento e de todo ato (exceto possivelmente um re-*
> *flexo corporal).*

Chamo a atenção para o termo, "atrás de". Penso que uma das implicações da teoria do pensar de Bion é que talvez hoje em dia seja necessário ampliar essa afirmação de Riviere. Isto é, talvez seja mais útil colocá-la da seguinte forma: há um outro pensamento ou uma outra série de pensamentos inter-relacionados, atrás de e por baixo de, mas também ao lado de, acima de, e à volta de todo pensamento e de todo ato. (Não vou levar em consideração aqui as possíveis diferenças entre "fantasia" e "pensamento"). Além disso – como Freud e outros já haviam dito – muitas dessas fantasias (ou pensamentos) não são inconscientes, só estão fora de foco, só estão um pouco fora do centro numa espécie de imensa teia de associações e significados. Mais do que preconscientes podem ser paraconscientes. A casa de dois andares de certo modo estreita com excelente porão da teoria topográfica foi ampliada pela construção de teorias psicanalíticas posteriores para se configurarem muito mais como uma casa de campo ampla ou uma vila Paladiana onde a largura, pensamento lateral e a ajuda dos objetos internos inconscientes, situados acima, possam contribuir tanto para o crescimento mental quanto aqueles situados abaixo ou atrás de. De fato, mesmo as metáforas arquitetônicas são inadequadas para capturar toda a qualidade mental da mente, por serem por demais espaciais. Precisamos de uma imagem que dê conta do conceito da capacidade da mente para intuir os vários significados em uma única palavra, em um único pensamento, em uma única experiência e para descrever a maneira comos estes estão sempre se movimentando. Talvez conceitos quase musicais sejam melhores: noções como eco, ressonância, harmonia, dissonância capturam o direcionamento de cadeias de pensamentos, a mudança dinâmica constante e a motilidade dos processos de pensamento, suas exigências, sua vivacidade.

(Talvez o cérebro com as suas infinitas convoluções, fissuras, dobras, seus mapeamentos intrincados e a incessante comunicação diuturna com ele próprio - sua atividade normal diminui meros 5 a 10 % mesmo durante o sono mais profundo – talvez não seja uma metáfora ruim, afinal de contas.) Os neurofisiologistas descrevem atualmente o cérebro em termos talvez tão complexos como aqueles que usamos para descrever a mente e a teoria de estímulo e resposta do século dezenove do funcionamento do cérebro, na qual Freud se baseou, há muito já foi suplantada. Edelman observou:

> *A química e a dinâmica do cérebro assemelham-se muito mais aos padrões de som e luz, aos padrões de movimento e crescimento de uma floresta do que o funcionamento de uma empresa elétrica". E, partes do cérebro (na verdade a maior parte do seus tecidos) recebem* inputs *somente de outras partes do cérebro e fornecem* outputs *para outras partes sem a intervenção do mundo externo. O cérebro pode-se dizer está muito mais em contato consigo próprio do que com qualquer outra coisa.*

Isso está muito mais próximo da imagem da constante comunicação do self com os seus objetos internos e a comunicação uns com os outros, descrita pelos psicanalistas.

A premissa básica de Isaacs era: "Não há impulso, nem compulsão ou reação instintivos que não sejam vivenciados como fantasia inconsciente". Mas, a idéia seguinte, uma contestação à antiga distinção entre uma fantasia de realização de desejo e o pensar realístico, sem dúvida acarretou uma ampliação absolutamente revolucionária do conceito de fantasia. Ela disse ainda: "O pensar realístico não pode operar sem fantasias inconscientes concomitantes e de suporte". Joan Riviere aprofundou ainda mais esse conceito:

> *Mesmo que um pensamento e ato consciente sejam completamente racionais e apropriados à realidade, isso ocorre; nem todo impulso consciente está em desacordo com os desejos inconscientes e nem todo desejo inconsciente ofende os padrões civilizados ou os ditames da necessidade.*

Os kleinianos insistem sempre na ubiqüidade da fantasia, isto é, a fantasia precisou tanto retroagir mais cedo quanto aprofundar-se, além de mover-se para a frente e "para fora" para que o pensamento adulto pudesse operar. (Isso tem certas implicações para a definição do próprio pensar realístico, um assunto ao qual devo retornar.)

UMA PALAVRA SOBRE DEFINIÇÃO

Anteriormente procurei ampliar a proposição de Riviere de que "Há ...uma fantasia inconsciente atrás de todo pensamento e de todo ato (exceto talvez um reflexo corporal)" para a proposição de haver pensamentos ao lado de e à volta de outros pensamentos. Os pesquisadores do cérebro falam hoje em dia de características tais como processos paralelos e multimodulares de sistemas de memória (MSM) que não parecem afastados de conceitos psicanalíticos como *splitting* e conceitos da psicologia tais como funcionamento vicariante (Egon Brunswick). Devo mencionar que o uso do termo fantasia como verbo pode ser mais adequado do que o seu uso como substantivo (Schafer). Até Isaacs e Riviere usam, algumas vezes, o termo fantasiar inconsciente e, de fato, às vezes, o empregam no lugar de atividade mental. Symington prefere o termo "atividade emocional", ao que acrescentaríamos, seguindo Bion, o de "atividade emocional/mental". Krech sugeriu que as pessoas "perceptuem", isto é, percebam, pensem e intuam, ao mesmo tempo, e Urwin critica os pesquisadores cognitivos por verem a emoção como desacelerando ou acelerando a cognição, enquanto ela sugere, como Bion, que esta inscreve-se dentro da própria estrutura de cognição. É difícil saber, se Isaacs ainda estivesse viva, se teríamos de persuadi-la da idéia oposta, isto é, que a cognição entra na própria estrutura da emoção em si.

Assim, como é que o termo "fantasia" pode ser comparado com o termo "pensamento" de Bion, que tem uma ressonância cognitiva mais pura? Ou será que um pensamento precisa ser seco e cognitivo? O importante conceito de Bion da "pensabilidade" dos pensamentos é enriquecedor e os sentimentos têm uma função aqui: talvez se pensarmos as fantasias como fantasiáveis, o mesmo enriquecimento possa ocorrer. Igualmente o termo " fantasia" traz consigo a intuição de formas e formatos visuais (por exemplo, o chinelo semelhante a uma boca visto pela criança no trabalho de Isaacs), ou de inversões de papéis dramatizadas entre o self e o objeto interno. Isaacs não desejava restringir o termo apenas ao seu aspecto visual ou dramático, mas talvez precisemos, contudo, lembrar-nos da importância das experiências internas com objetos "cheiráveis", objetos com som (Maiello), objetos com texturas, pressões físicas, objetos com mais ou menos elasticidade física, mais ou menos ritmo, linha melódica, forma musical. Todas essas, como as fantasias mais visualizáveis com conotações emocionais, podendo ser pensadas e refletidas com mais ou menos intensidade. Podemos nos perguntar se, por exemplo, o universo físico interno de uma pessoa permite que ela tenha espaço para se movimentar livremente ou se ela sente que tem músculos mentais fortes o suficiente para acompanhar uma seqüência direcionada de pensamentos. A dimensão visual é sem dúvida um poderoso *container* de fantasias, mas uma ênfase nos formatos e nas formas visuais corre o risco de não levar em consideração a dimensão temporal. Podemos nos perguntar, por exemplo, " o paciente sente que tem espaço suficiente para pensar seus pensamentos?" Mas sente igualmente que seu objeto interno dará a ele tempo suficiente para pensar seus pensamentos? Ou tempo e largura para acompanhar duas seqüências direcionadas de pensamentos paralelos – ou mesmo divergentes – ao mesmo tempo? Ou pelo menos acompanhar os meandros para que o contexto em volta possa ser refletido e absorvido, em vez de ser ignorado e passado de relance?

Um ponto adicional: o termo "inconsciente" como Sandler e Symington nos relembram é um adjetivo, não um substantivo. Talvez nestes tempos após Bion deveríamos usar como substituto para fantasia inconsciente o conceito de uma atividade mental/emocional constante pré-e para-e in-consciente. Tal atividade pode ser rica ou pobre nos seus conteúdos e em suas conexões.

1. A UBIQÜIDADE DA FANTASIA INCONSCIENTE – A EXTENSÃO DA FANTASIA INCONSCIENTE ANTERIOR AO PENSAR REALÍSTICO

Como já sugeri, a idéia de que o pensar realístico em si é sempre acompanhado de fantasia inconsciente tem fortes conotações para o difícil conceito de "realidade" e mesmo de pensar realístico. Não é uma simples questão de saber se a realidade é externa ou interna. Mais precisamente, a questão depende de qual tipo de realidade interna, que tipo e nível de processamento ocorre à medida que a mente adapta-se a uma experiência que pode ser externa ou interna. Aqui, nível de formação de símbolo e desenvolvimento da posição depressiva são importantes, mas a função alfa de Bion provavelmente precede de longa data a formação de símbolo de Segal: pensar atentamente sobre o objeto presente pode estabelecer as bases do trabalho para daí pensar sobre o objeto ausente. Se o pensamento é pensável e se pudermos pensá-lo isso significa que existe tempo e espaço para um pensamento ser acompanhado de outro. Se a atenção é muito precipitada, muito lábil, vários pensamentos e experiências retêm uma qualidade de uma colcha de remendos e a vida de fantasia ou atividade inconsciente pode permanecer empobrecidas ou pior, pode atrofiar, como acontece com algumas crianças autistas vazias ou com várias crianças submetidas a graves privações.

Gostaria de retornar um instante ao conceito de mente bicameral, do processamento paralelo do pensamento realístico consciente da atividade mental inconsciente, de duas seqüências direcionadas de pensamentos em paralelo. Essas duas seqüências, se compreendo a idéia de Riviere corretamente, não necessariamente estão sendo tocados em desarmonia; podem estar funcionando em harmonia (como os músicos de um quarteto de cordas ou os poetas que tenham sonhado os seus poemas ou os cientistas que tenham feito suas descobertas em seus sonhos – ver A. Alvarez*) . O inconsciente não é sempre nosso inimigo; às vezes é a nossa testemunha silenciosa ou mesmo nosso apoio, eco, amigo, conselheiro, encorajador e até professor. A co-regulação em que o consciente se ajusta por meio de minúsculos ajustes em pleno vôo ao inconsciente, e vice-versa, também parece ocorrer (ver Fogel sobre a diferença entre co-regulação e sincronia no desenvolvimento). Nem todo mundo vive em conflito o tempo todo. Afinal de contas, não sabemos que a poesia é escrita ou a música composta somente quando o artista tem um acesso razoavelmente adequado a um mundo interno poético ou musical e, por um período, o acordo é maior do que o desacordo? Num sentido mais clínico, qual o significado quando uma criança que era imaginativamente empobrecida, de repente começa a dizer, " Eu sei o que nós podemos fazer – Tenho uma idéia! Vamos brincar que...!", ou com orgulho para a mãe: " Hoje eu inventei uma história!" Suas idéias aparentemente concordaram em emergir quando solicitadas, mesmo quando não solicitadas. Ela pode realmente ter aprendido a ser mais atenta e mais amistosa em relação a elas, talvez as próprias idéias também tenham se tornado mais amistosas e receptivas em relação à criança enquanto se moviam sem destino na escuridão da sua mente inconsciente. Por que, por exemplo, grandes atletas e grandes dançarinos conseguem fazer com que suas corridas, seus saltos e o seu deslizar pareçam não exigir nenhum esforço e pareçam tão bonitos? Será só uma questão de músculos e treinamento? (posso citar algo a respeito de uma sapateadora ' tocando o chão à procura de sons"). Uma psicologia unipessoal serviria para explicar isso, ou precisamos de uma psicologia bipessoal? Ou será também que isso acontece porque de certa maneira tais pessoas parecem experienciar (e quase fazer) a terra debaixo dos seus pés tornar-se mais suave, menos resistente, mais macia e mais elástica e parecem experienciar o próprio ar, espaço e altura ao redor delas como algo

---

* Referência ao livro *Noite – A Vida Noturna, a Linguagem da Noite, o Sono e os Sonhos*, de A. Alvarez, poeta e ensaísta inglês, recém-lançado pela Cia. das Letras. (N. R.)

convidativo, acessível e passível de ser escalado suavemente? Os pacientes descritos a seguir freqüentavam e moviam-se em um planeta muito mais recalcitrante.

2. UM CONTEÚDO PARTICULAR DA FANTASIA INCONSCIENTE: A CORRESPONDÊNCIA ENTRE A MOTILIDADE E O PENSAR E A NECESSIDADE DE INCLUIR DIMENSÕES TEMPORAIS E ESPACIAIS

Desejo agora mencionar algo do trabalho com um menino que atendi dos 9 aos 14 anos. Bill foi encaminhado por causa dos seus modos desajeitados, por sua depressão, por não ter amigos e pelo ciúme excessivo da irmã. O seu nascimento havia sido extremamente difícil e demorado e os pais não tinham muita certeza se a irritação deles por ele ser desajeitado era justificada, pois existia uma leve possibilidade de ter havido – embora nunca tivesse sido comprovado – um dano cerebral mínimo. Bill estava abaixo do seu nível na escola. Os pais eram pessoas bondosas, afetivas e interessadas, mas agitados e interrompiam um ao outro o tempo todo durante a entrevista, embora não de modo desagradável. Bill não era só desajeitado; tinha uma maneira de andar esquisita tipo pé chato chapliniano, contudo, passaram-se anos antes que ele me desse a oportunidade de discutir esse assunto com ele.

Nós, entretanto, discutíamos o seu modo desajeitado, algo que surgiu relativamente cedo nas sessões e desapareceu completamente em mais ou menos um ano. Bill era muito educado, atraente, um menino realmente gentil - de fato tão educado, que muito da sua maneira desajeitada de ser não parecia estar relacionada ao constrangimento em relação à sua própria pessoa, mas em relação às outras pessoas. Se alguém dissesse ou fizesse algo estúpido, era ELE que tropeçava!

Havia também uma espécie de identificação projetiva passiva relacionada com o ser desajeitado, em que ele provocava irritação de modo aparentemente inocente e silencioso, quando tropeçava, derrubava objetos e pisava nos pés da sua irmã (ou nos meus). Mas, como já disse, essa maneira desajeitada desapareceu logo. Seu caos mental levou muito mais tempo. Algumas vezes, quando tentava me dizer algo, a seqüência dos acontecimentos era tão confusa que, às vezes, parecia quase estar sofrendo de distúrbio do pensamento. Levou alguns anos até que pudéssemos entender os diversos fatores da sua personalidade e da sua vida que resultaram na sua maneira de pensar esquisita, na linguagem esquisita e no andar esquisito.

Havia muitos aspectos interessantes nesse menino interessante, em particular o grau de fragilidade e a absoluta insensatez de seus objetos internos. Mas vou me ater apenas ao seu modo de andar e pensar. Interessei-me durante anos em como muitas vezes o andar das crianças parecia estar relacionado com as fantasias inconscientes, algo também presente nos seus desenhos ou sonhos e na transferência. Sarah estava sempre tropeçando porque, ao que parecia, estava sempre com tanta pressa que inclinava o corpo além do seu eixo. Era, realmente, uma menininha impaciente, mas não só isso. Começamos a notar como ela era hesitante nos seus relacionamentos e na transferência e como achava difícil dizer de modo claro "sim" ou "não" – "ser categórica" ou "manter seu ponto de vista". Tanto ela quanto Bill tinham uma mãe interna muito amada, mas frágil. Um dia sonhou que estava voando sobre a terra, queria descer. Mas não se atrevia porque o chão estava coberto com bonitas flores brancas e achava que se descesse iria esmagá-las. Esse era exatamente o seu dilema e, à medida que, com o passar dos anos, suas fantasias dos objetos internos foram se fortalecendo, ela passou a ter uma postura melhor e fortalecida e o ficar tropeçando terminou. Suas dificuldades estavam muito mais no nível neurótico conflitual e embora tivesse uma vida emocional sofrida, seu pensamento não tinha sido afetado num nível profundo. Alan e Bill, os dois mais *borderlines*, eram diferentes:

Um menino com excesso de peso, Alan andava, falava e pensava de uma maneira extremamente inexpressiva. Não se saía bem nos esportes, chegando mesmo a achar as caminhadas da escola um grande esforço e, em razão disso, era muitas vezes o alvo das chacotas dos seus colegas de classe. Por fim, após anos de tratamento, passou a praticar hóquei no gelo. Parecia algo maluco para se fazer, pois tinha terror de ser derrubado – um acontecimento normal no jogo! Embora ainda tivesse uma maneira de andar muito estranha e vagarosa, adorava a idéia de poder deslizar suavemente sobre o gelo e isso parecia representar fantasias ideais tanto sobre ele mesmo quanto sobre seus objetos internos. Ansiava sentir-se seguro o bastante (e no seu triste narcisismo de alguma maneira sabia que precisava sentir-se uma pessoa bem comum) para deixar suas emoções livres e avançar nos seus pensamentos e na sua vida. A superfície lisa do gelo parecia funcionar como um objeto lubrificado, sem fricção, que permitia, em certo sentido, que ele se movesse, deslizasse por ele, crescesse e que ainda parecia ser capaz de sustentá-lo (que é o que toda criança que começa a andar precisa enquanto aprende a ficar de pé).

Alan, após três anos de tratamento intensivo, conseguiu ficar mais solto nos seus movimentos e nas suas conversas. Tinha sido muito paranóide e também muito narcisista e com uma atitude muito intimidadora na maneira de conversar, portanto, nossos diálogos nunca foram muito agradáveis nos primeiros anos. Tive que desenvolver uma técnica que fosse firme o bastante para suportar sua atitude intimidadora e que ao mesmo tempo permitisse que algo do que eu tinha a dizer pudesse ser ouvido, além de ser habilidosa para permanecer supersensível à sua paranóia eriçada e à sua capacidade de se sentir tão facilmente irritado. Ele via como uma grande conquista e razão de orgulho ter se tornado um *roller-blader* realmente habilidoso, sua destreza sendo elogiada até mesmo pelos outros adolescentes na escola. A fantasia de deslizar suavemente sobre o gelo não foi, acredito, apenas uma atitude de negação ou defesa maníaca. Penso que tenha tido alguma imagem (ideal, mais do que idealizada) de como ele gostaria de ser e também como ele precisava movimentar-se suavemente sobre um objeto que ele pudesse deixar para trás e que, além de suave, lhe oferecesse um apoio constante; porém não tinha ainda condições de desenvolver um relacionamento desse tipo. Seus próprios objetos internos eram claustrofóbicos, intrusivos e extremamente obstrutivos. Nos primeiros estágios, não se atrevia a tirar um pé do chão enquanto empurrava a bola com o outro, porque achava que se fizesse isso iria cair. Não conseguia imaginar que o *momentum* dianteiro faria com que o pé da frente descesse enquanto o outro deixava a segurança do chão. Só uma sensação de fluxo poderia tê-lo habilitado a tanto. Finalmente, essa sensação começou a vir.

Mas voltando ao pensar e ao andar de Bill. Como já disse, ouvir Bill falar era terrivelmente confuso e levou muito tempo até que pudéssemos entender o que o tornava tão confuso. Na verdade, nos primeiros anos, falava muito pouco, preferia desenhar sem parar figuras repetitivas de trens entrando em túneis. O trem várias vezes enguiçava e, mesmo quando não o fazia, nunca ia a lugar algum. Estava sempre preparando o palco para suas brincadeiras, mas por alguma razão a brincadeira nunca acontecia. Mesmo quando havia uma certa movimentação, cabia a mim perguntar, empurrar, puxar, o que infelizmente confirmava a crença de Bill de que seu objeto era frágil e dependia da sua força de vontade. Seus objetos nunca eram suficientemente magnéticos e interessantes, nem, como com Allan, razoavelmente seguros para convidá-lo a seguir adiante.

No terceiro ano de tratamento, Bill começou a usar muito mais o espaço da sala de atendimento e de alguma forma sentia-se mais à vontade. Deixou de ser tão exageradamente educado. Continuou a brincar com os seus trens, porém seus túneis tornaram-se mais profundos e largos. Havia mais espaço para que seus trens passassem (dediquei muitas horas preocupando-me com a técnica: como evitar perguntar sobre um desenho de maneira muito apressada, o que parecia trazer lembranças claustrofóbicas do seu nascimento traumático, deixando-o em pânico – e também não ficar em silêncio por muito tempo, porque se o fizesse afundava na depressão, na escuridão e na tristeza total). Os seus primeiros desenhos estavam cheios de uma garoa triste, porém, após três anos, havia mais ar neles, melhor ventilação nos túneis e uma sensação de que o movimento e a vida eram possíveis. Notei, contudo, que no instante em que eu começava a falar, ele se sentia imediatamente invadido e tolhido, logo parava e não podia prosseguir. Imediatamente se desligava e fingia ouvir, tornando assim impossível qualquer diálogo. Um dia ele fez um túnel ainda mais profundo: "Tem 200 anos – eles não o tinham descoberto a princípio", e ainda,

Era maior e havia um magnetismo elétrico nos trilhos; o trem não precisava encostar nos trilhos; ele simplesmente conseguia eletricidade sem precisar encostar nos trilhos.

Assinalei que talvez ele sentisse que aquela seria uma maneira agradável de conversar – se ao menos eu pudesse fazer com que a minha fala não produzisse essa fricção desagradável, que o tolhia, se apenas eu pudesse só "dar o impulso " e o deixasse continuar. Isso ele parece que compreendeu. Senti que até certo ponto ele tinha razão, precisava de um objeto assim, precisava encontrar um objeto que ao contrário dos seus pais agitados e que interrompiam constantemente (e seus objetos internos ainda mais obstrutivos, provavelmente formados durante sua experiência de nascimento) não iria obstruir sua passagem – uma passagem que era às vezes muito hesitante, em outras, ao contrário, rápida e penetrante. Ele mesmo era de uma maneira muito agitada, impaciente e intrusivo.

Acabou ficando claro para nós que a sua fala confusa, beirando a um distúrbio de pensamento, devia-se, em parte, à sua terrível impaciência; mas, também, à terrível impaciência do seu objeto para ouvir. Começava contar uma história que envolvia quatro partes; contava a primeira, mas a sua mente pulava para a terceira ou a quarta, porque temia que o objeto não fosse esperar e desaparecesse se ele não o alcançasse logo. Era pois uma instância que exigia sua atenção. Outras vezes pulava para a terceira e a quarta porque pensava que elas eram os pensamentos que eu estava pensando e portanto esperando e querendo que ele pensasse. Não é necessário dizer que esse salto para frente, prematuro, interferia com o passar, seqüencialmente, pelos pensamentos um e dois, em direção ao terceiro e ao quarto. O resultado era o caos.

Quase um ano depois, comecei a observar como freqüentemente ele deixava que eu terminasse as frases por ele. Por exemplo, ele dizia " trem no...." e, devido à pausa, eu me via dizendo "túnel". Comecei a imaginar se isso estava conectado ao objeto que escutava com impaciência e que interrompia, do qual era vítima, mas cujo papel ele me convidava e mesmo me forçava a reproduzir. Ficou claro que, dessa maneira, ele não tinha que experienciar a sua própria impaciência, o seu próprio desejo de chegar ao fim da frase e ser entendido. Também mencionava, quase que sem graça e sem autocrítica, que a ortografia era a "pior matéria" na escola, a professora tendo sempre que corrigi-lo. A sessão havia começado com um trem parado no túnel do Canal da Mancha, e tentei mostrar a ele como sempre cabia a mim e aparentemente à professora fazer o trem começar a andar. Acrescentei que, quando de repente, ele de fato punha-se em movimento, as minhas palavras eram como as paredes do túnel que ele atravessava correndo, pois certamente não as escutava. Ele, contudo, escutou isso com real atenção.

Alguns meses mais tarde, mais material foi surgindo sobre o tipo de ouvinte a quem ele se dirigia. Desenhou um teatro. Um homem rico queria melhorá-lo. Teria que tirar o forro à prova de som. O forro era baixo e por isso era bom para os estudantes do curso de teatro que não tinham vozes potentes, porque fazia com que a voz reverberasse. Sem o forro, você não conseguiria ouvir a voz deles. Senti que falava de uma necessidade real do seu self, em oposição ao self do homem rico, condutor de trem, de ser ouvido de maneira adequada. Penso que o Bill real de fato falava de uma maneira muito indistinta e de fato precisava de um ouvinte muito cuidadoso, atento e ao mesmo tempo firme, que pudesse fazer com que ele fosse mais devagar, mas que ainda lhe permitisse prosseguir com cuidado, para que seus pensamentos surgissem cada um a seu devido tempo. Parecia sofrer de um objeto interno que não esperava que ele terminasse um pensamento: que sempre ia apressadamente ao encontro dele.

Lagos profundos começaram a aparecer em seus desenhos e seu mundo interno, ao que parecia, começava a se alargar. Ao mesmo tempo, tive que ter uma atitude firme em relação a sua chegada adiantada às sessões e ao ficar bisbilhotando a minha casa e as chegadas e as saídas de outros pacientes. Embora furioso, reagiu de modo muito vivo a essa restrição, possivelmente por ter acontecido no momento em que pôde perceber outras opções, que não becos sem saídas – lagos no lugar de túneis bloqueados. De repente, percebeu que existia uma estação na região norte da cidade onde poderia mudar de trem e ir para qualquer uma das duas outras cidades maiores. Semanas mais tarde ele, de repente, percebeu enquanto fazia hora antes da sessão, num *coffeeshop*, que poderia tomar uma xícara de chá e comer um bolinho pelo mesmo preço da xícara de chocolate que estava acostumado a tomar. Essa possibilidade de escolha nunca havia lhe ocorrido até então. Não só não precisaria de maneira obcecada ficar vagando pelas ruas chuvosas e escuras no meio do inverno e ficar vendo os outros pacientes saindo de um lugar aquecido, ele próprio poderia se aquecer de outras maneiras enquanto esperava. Lembrava-se que nos passeios com a família costumava andar rapidamente com a cabeça abaixada, simplesmente para chegar até o fim do passeio, e que nunca tinha olhado, nem para direita, nem para a esquerda, nem para as plantas, nem para as árvores nos dois lados do caminho. Percebeu que a sua visão de túnel tinha afetado sua mente e seu saber de diferentes formas. Sua maneira de conversar tornou-se mais vagarosa e firme, mas paradoxalmente mais rápida e solta.

Começou a dar saltos e pulos no seu desenvolvimento quando encontrou as partes "chá e bolinhos" da sua mente em todos os lugares. Começou a ter amigos e procurar novos trajetos para minha casa. Certo dia passou a falar sobre a sua maneira pé chato de andar. Concordou que tinha medo de levantar o calcanhar para dar o impulso. Disse que conseguia fazê-lo quando corria, mas não quando andava. Precisava sentir-se grudado ao chão, da mesma forma como tinha sempre se agarrado mentalmente ao passado. Mas havia agora um anseio de seguir em frente. Em setembro começou a freqüentar uma nova escola que tinha uma estrutura muito firme, mas também muito benevolente e ele realmente se desenvolveu bem nesse ambiente. Começou, para surpresa de todos, a ser bom nos esportes e a melhorar seu desempenho na escola num grau acentuado.

RESUMO E CONCLUSÕES

Discuti a definição do conceito de fantasia inconsciente e sugeri que as teorias modernas de formação de símbolo e pensamento exigiam uma ampliação do fantasiar inconsciente mais literal para um pensamento pré-, para ou semiconsciente ou até para um pensamento muito superficialmente consciente. Enfatizei o elemento da atividade envolvida e sugeri que estas idéias mais novas implicam que o movimento de pensamentos é tão importante quanto seus conteúdos: não só as qualidades dos objetos são importantes, mas também a sua localização. Algumas vezes, os pensamentos precisam ficar aguardando sua vez, no fundo, por assim dizer, das nossas mentes.

Examinei as duas principais idéias do trabalho de Susan Isaacs, ambas relacionadas à ubiqüidade da fantasia inconsciente. 1) A primeira das idéias de Isaacs diz respeito à íntima relação da fantasia inconsciente com o pensamento realístico. A teoria de Segal da formação de símbolo é útil e necessária para avaliar quão íntima pode ser a parceria entre a atividade mental inconsciente e o pensamento realístico – quanto mais elevado o processo simbólico, mais íntima pode ser a parceria, podendo mesmo existir, em momentos criativos ou ao menos construtivos, uma co-regulação contínua mútua entre os dois. Também sugeri que a teoria da função alfa de Bion mostra que o pensamento realístico não precisa esperar pelo desenvolvimento da posição depressiva, mas que começa com o primeiro pensamento-sobre pensamento, e esse pensamento pode referir-se a um objeto presente, nem sempre ou necessariamente a um objeto ausente. 2) A segunda idéia decorre de vigorosos exemplos clínicos de Isaacs sobre o conteúdo da fantasia inconsciente para a consideração da forma dinâmica ou da impressão de um padrão temporal do fantasiar inconsciente. Aqui de novo a ênfase é no que é pré ou para consciente mais do que no inconsciente. Procurei insistir no verbos "fantasiar" ou "pensar" mais do que nos substantivos "fantasia" ou "pensamento" de maneira a capturar a motilidade envolvida nas atividades de pensar e andar. Examinei as obstruções desse fluxo dinâmico desses três pacientes crianças que apresentavam dificuldades na postura e na maneira de andar. Os dois pacientes *borderlines* também tinham dificuldades para pensar que pareciam ser paralelas aos seus problemas de motilidade. Eles precisavam mais do que mudanças no conteúdo de suas fantasias ou de seus pensamentos, mudanças na forma de impressão do seu padrão de pensar. Isso dependia, em parte, da capacidade dos seus objetos internos de lhes dar espaço e tempo.

Tradução: MARIA TEREZA AFFONSO IONESCU
Revisão técnica: CLAIRE CHARITY;
Revisão Técnica Psicanalítica: LUIS CARLOS UCHÔA JUNQUEIRA FILHO

DA INTENÇÃO À TENSÃO

CHANTAL ROUSSEAU*

Por ser eu uma pessoa que clinica oito horas por dia, há 25 anos, tendo como base do meu trabalho a medicina física, de reabilitação, somente posso falar aqui da minha experiência clínica e do rumo que tomou meu *métier* a partir do momento em que a psique foi aceita, por mim, com certas resistências. Somente a constante e insistente intromissão da psique obrigou-me a rever tudo para seguir meu caminho e assim acompanhar meus pacientes. Assim, permitam-me aqui algumas considerações.

É através do corpo que nossas intenções psíquicas se concretizam, se realizam. Mas é também no inconsciente do corpo que elas se fixam, se escondem, tornando-se o material físico que são nossas tensões.

É através do corpo que nossas intenções se "escrevem", tornando-se tensões silenciosas ou dolorosas. Desenham nossa forma, nossa postura, nossa imagem, mudando a expressão do nosso rosto, o curso de nossa vida, nossa saúde e nossa doença.

Qualquer intenção consciente precisa do corpo para se extinguir na concretização do gesto. O corpo é o instrumento através do qual a psique se realiza ou se bloqueia. Certas idéias inconscientes precisam do corpo para serem vividas, simbolizadas e materializadas no somático, esperando a sua vez de serem ouvidas pela consciência e, assim, de serem recolocadas no seu lugar de origem, o psíquico.

Por trás da história das dores físicas de nossos pacientes, com suas expressões fisiológicas características, há sofrimentos escondidos – devemos estar atentos para que eles se revelem.

---

* Terapeuta ocupacional.

Percebe-se que, se o funcionamento psíquico está suficientemente disponível, as intenções cumprirão seu destino. Destino esse que, muitas vezes, implica na não realização da intenção ou na transformação da intenção original. Por outro lado, se não houver a disponibilidade psíquica e a conseqüente realização do destino da intenção, a fixação somática será um outro destino possível.

É nesse constante fluxo entre psique e soma que nossa vida se realiza.

Eu gostaria de relatar um caso clínico que explicita essa temática.

"O MENINO DO BERÇO"

Um casal de estrangeiros me procura para uma consulta com seu filho de aproximadamente 10 anos. A mãe relata que, durante as férias, na praia, perceberam que algo diferente estava acontecendo nas costas do menino. Na volta, marcaram uma consulta com um ortopedista que, depois de pedir radiografias da coluna e examinar o menino, deu um diagnóstico de escoliose idiopática (isto é, escoliose sem motivo). Pela idade da criança e pelo grau do desvio, a conduta seria colocar um colete até o crescimento completar-se e, se isso não fosse suficiente, proceder a uma cirurgia corretiva. Os pais ficaram assustados e resolveram consultar outros profissionais.

No exame de raios X, o que me chama a atenção é a estranheza das curvas: uma curva dorsal acentuada, envolvendo a cintura escapular direita, com poucas curvas de compensação nas porções cervical e lombar. Essa focalização, que escapa à lógica geralmente encontrada nas escolioses idiopáticas, me parece mais um sinal da existência de um motivo para tal curva.

O exame de pé confirma o apontado nas radiografias. Continuo o exame, pedindo ao menino para deitar-se. Na mesa de exame (é uma mesa encostada na parede, com almofadas rígidas apoiadas na parede), eu começo a tocar as organizações das tensões musculares. Após um certo tempo, chego a pensar que a presença das almofadas justifica a posição estranha que o braço e a mão da criança apresentam. Removo as almofadas, pensando que assim ele teria mais espaço e mudaria a posição do membro superior. Como isso não aconteceu, eu lhe pergunto:

Por que você segura a sua mão assim?

Ele, que estava de olhos fechados, parecendo gostar do toque, me responde:

Estou segurando a grade da minha cama.

A mãe, que estava em silêncio até então, interferiu:

Mas, meu filho, a sua cama não tem grades!

Ele, ainda de olhos fechados e um pouco perplexo por essa intervenção, responde:

Ela tem, sim!

Os pais ficam um momento em silêncio, e a mãe começa a falar emocionada:

Não. Só seu berço de bebê tinha grades, mas isso quando você era muito pequeno e, quando nós tivemos que fugir, sua cama ficou lá.

O pai entra na conversa e diz à mãe:

Você se lembra como todos achavam legal ele nunca estranhar quando a gente trocava de lugar o tempo todo para se esconder. Ele dormia em qualquer lugar, nunca chorava como as outras crianças. Parecia que para ele estava tudo bem. Ele nunca estranhava...

Os pais ficam muito emocionados, a mãe chega a chorar. Aqui se desenrola uma longa história de fugas, medos, mudanças, história carregada de lembranças e emoções. O casal foi ativista político em seu país de origem. Viveu algum tempo na clandestinidade até conseguir, através de uma embaixada, emigrar para um país europeu. Tentaram viver lá, mas por fim preferiram vir para o Brasil.

Durante todo esse tempo, o menino permanecia de olhos fechados, "agarrado ao berço", prestando muita atenção, tocado pelas palavras dos pais e pelas minhas mãos. Eu, que tinha continuado a massageá-lo durante toda a conversa, sentia embaixo dos meus dedos a dissolução de tensões, como se derrete o gelo no sol.

Eu pergunto: – *E aqui, faz tempo que vocês estão?*

Eles: – *Três anos.*

Eu: – *É definitivo?*

Eles: – *Sim, estamos nos fixando aqui, refazendo nossas vidas.*

Nesse momento, eu pego a mão do menino e o ajudo a "soltar a grade", ao mesmo tempo que digo: *Acho que agora você já pode soltar, passou. Não vai precisar mais, não é?*

Coloco o braço dele perto do corpo e, depois de algum tempo, digo: *Você sente como seu braço se soltou?*

Ele me olha parecendo que o que eu havia dito era óbvio...

Quando ele volta a ficar de pé, a escoliose não estava mais lá. Para não ficar só no subjetivo, peço aos pais para tirarem uma nova radiografia. Com base em um novo exame, decidiríamos a conduta.

Uma semana depois, a mãe vem com o menino e o raio X. O que resta da curva é tão pouco, que não há necessidade de um tratamento específico. Mas como o menino está em fase de crescimento e parece ter um corpo tão plástico, nós decidimos que ele voltaria com um raio X, a cada seis meses, durante três anos. Após essa fase, ele foi examinado uma vez por ano, até ter ultrapassado o período de crescimento. E isso foi feito sem que a escoliose reaparecesse.

Se nos detivermos na citação encontrada no *Vocabulário de Psicanálise*, de Laplanche Pontalis, "O sintoma é a representação deformada de uma lembrança esquecida", podemos constatar o quanto isso se aplica nesse caso de escoliose, em que apenas trazer para a consciência a lembrança esquecida fez com que o sintoma se desincorporasse e se dissolvesse.

Constantemente, nossas dores, desvios, doenças são as representações deformadas de lembranças esquecidas e incorporadas.

Para ficar aqui somente no nível dos desvios ou das dores nas costas, eu gostaria de viajar um pouco no tempo.

No início do meu *métier*, há 25 anos, na grande maioria dos casos, as queixas encontradas eram:
• Do ponto de vista do discurso do paciente: "Quando eu acordo, estou bem; durante o dia a dor vai piorando e, à noite, não agüento mais, preciso me deitar".
• Do ponto de vista dos desvios encontrados: um exagero nas curvas fisiológicas.
• Conclusão: o movimento, o cansaço, o fazer doíam: o repouso aliviava.

Hoje:
• Do ponto de vista do discurso do paciente: "De manhã, é a dor que me acorda, eu preciso me levantar. Pouco a pouco, com o movimento, a dor vai melhorando. No fim do dia, eu estou bem".
• Do ponto de vista dos desvios encontrados: uma diminuição nas curvas fisiológicas.
• Conclusão: o deitar-se, o não-fazer doem; o repouso machuca.
Há de se convir que as queixas apresentadas há 25 anos pareciam ser mais lógicas do que aquelas apresentadas hoje. Encontramos mudanças radicais na história da dor que o discurso revela e na mudança dos desvios que o corpo apresenta. Por que, hoje, o repouso machucaria?

As explicações geralmente usadas para explicar essas mudanças são:
• Comportamentalistas, que tentam nos ensinar comportamentos biomecânicos e nos convencer a abandonar o "errado", nos congelando no "certo".
• As que acham que o "culpado" é o "outro" – o colchão, a cadeira, o travesseiro –, procurando aí a origem da dor quando, paradoxalmente, nunca tivemos tanta tecnologia envolvida na fabricação desses objetos.
Se não atribuímos tanta importância a essas abordagens, temos de ir buscar as respostas na análise do corpo do paciente: fazer uma fisionálise, tendo o corpo como fonte do material a trabalhar.

Fala-se muito em relaxamento como um estado privilegiado. No nível da fisiologia da fibra muscular, o relaxamento é a fase de polaridade oposta à da ação. É a fase em que a ação se apaga, o que permite, ao músculo, voltar ao repouso, que é o estado privilegiado.

Constatamos que, do micro (que é a fibra muscular), passando pelo indivíduo, até o macro, que é coletivo, esse estado privilegiado, ficou o estado inatingível e, por isso, na grande maioria dos casos, machuca.

A própria palavra repouso significa "pousar pela segunda vez". Isso implica dois tempos, abordados em seguida.

O primeiro tempo é o pouso – é preciso pousar primeiro em si mesmo.

Quando analisamos o corpo do paciente, vemos como ele afastou-se do corpo físico original: montou-se um novo corpo, um corpo psíquico, onde pensamentos inconscientes se concretizaram numa representação física deformada. Para o corpo psíquico ser sustentado, o corpo físico precisou usar seus músculos, suas articulações e suas vísceras para aí fixar tensões, que são as representações somáticas das intenções. Assim, é construído um continente deformado, sem acesso sensorial, psicomotor, simbólico, imaginário. Um continente perdido, onde o pouso não pode realizar-se. Quando isso se revela na análise do corpo do paciente, a reconstrução do continente será a primeira fase da terapia, para chegar à segunda parte, que é o repouso.

Por que o repouso dói? Porque:
• o continente é perdido,

e/ou
• o paciente com seus músculos não consegue mais apagar suas ações, que se fixam, congelam-se em tensões petrificadas, em que a polaridade inversa, que é o relaxamento, não consegue acontecer. E assim o pouso em si mesmo fica impossível.

Na segunda fase, que é o repouso (pousar pela segunda vez), temos de incluir um outro objeto que o "si mesmo". O repouso é a relação que o sujeito faz com um objeto. Nessa fase, temos de analisar essa relação: as dificuldades de contato, as dificuldades de entrega, o reconhecimento e a validação do outro como um objeto de desejo. Tudo isso – ou a negação disso – vai se inscrever nas tensões encontradas, alterar a psicomotricidade para que essas novas idéias esquecidas se concretizem no soma. Para restabelecer um fluxo entre psique e corpo, através do qual nosso destino se realiza, é preciso trazer à consciência o significado de tudo o que está escrito no corpo, ao mesmo tempo que se tenta proporcionar uma nova experiência sensorial e motora, trabalhando sempre continente-conteúdo, corpo-psique, tensão-intenção. Não basta fixar-se somente no nível das idéias, mas é preciso mergulhar no corpo como fonte de novas idéias e de uma nova consciência.

TEMPO E ESPAÇO NA EXPERIÊNCIA PSICOEMOCIONAL

Ubiratan D'Ambrosio*

*El espacio y el tiempo son formas suyas [de la vida],
son instrumentos mágicos del alma,
y cuando ésta se apague,
se apagará con ella el espacio, el tiempo y la muerte,*
(Jorge Luis Borges, 1923).

A oportunidade de retomar reflexões sobre o espaço e o tempo, agora num outro contexto, está sendo um excelente exercício transdisciplinar. Entre 1969 e 1984 desenvolvi algumas idéias matemáticas sobre tempo e sobre espaço, trabalhando sempre com os sistemas de codificações que fizeram desses dois conceitos os pilares sobre os quais se construiu a Matemática moderna, a partir do século XVI. O tratamento matemático fazia com que eu sentisse, então, limitações que não conseguia identificar claramente. Hoje começo a perceber que a dimensão psicoemocional não estava presente, não só nas minhas considerações, mas tampouco na literatura matemática mais comum sobre esses temas. Embora não sendo nova a preocupação com essa dimensão, ela foi marginalizada e mesmo rejeitada na Matemática, na verdade em todo o conhecimento científico que se fundamentou a partir do movimento intelectual do século XVI na Europa.

---

* Doutor em Matemática. Ex-diretor do Instituto de Matemática, Estatística e Ciência da Computação da UNICAMP.

COMPORTAMENTO E AÇÃO.

O comportamento humano é ação. Todas as espécies animais são movidas pela satisfação de um impulso de sobrevivência dos indivíduos e da espécie, que é definida pelo relacionamento

Em todas as espécies animais, a relação indivíduo–natureza é essencial para a sobrevivência do indivíduo; a relação do indivíduo com o outro diferente [macho/fêmea] é essencial para a continuidade da espécie; e a relação sociedade – natureza é essencial para a sobrevivência da espécie.

A satisfação dessas essencialidades determina as existências do indivíduo e da própria espécie, que são limitadas no tempo. Com a espécie *homo sapiens* surge uma necessidade adicional, que é a de transcender essas limitações.

O processo de sobrevivência do indivíduo resulta de informações que são captadas da realidade – que é constituída por fatos naturais, artefatos e mentefatos –, que são processadas e assim definem estratégias de ação. Esse é um processo contínuo, identificado com a existência, com o estar vivo.

> O contínuo da vida: ...**realidade** — *que informa o* → **indivíduo** — *que processa essas informações, definindo estratégias para* → **ação** — *que modifica a* → **realidade** — *que informa o* → **indivíduo** → *que* ....

O contínuo da vida sintetiza a integralização do ser [substantivo] humano e do ser [verbo] humano, criando uma entidade em si, tão bem representada pela Criação de Adão, de Michelangelo (1511). Essa integralização cria uma nova realidade que se situa no indivíduo, nos outros, no planeta e no cosmos. O indivíduo só é como ser vivo quando agindo na realidade multidimensional: interior, social, planetária e cósmica. Esse agir, essa (encen)ação cujo roteiro é definido pela cultura, é alimentado pela satisfação das necessidades absolutamente interdependentes e integradas de sobrevivência (material) e de transcendência (espiritual) e tem como resultado modos, estilos e técnicas de lidar com seu entorno material e cultural, e de entender e explicar, espacial e temporalmente, esse entorno. A integralidade do sobreviver e do transcender, que é essencial e específica da espécie *homo sapiens*, resulta do processamento (individual) de informações captadas (individualmente) da realidade e se manifesta como comportamentos identificados como próprios a uma cultura. As conseqüências desse comportamento, que é necessariamente artificial, pois construído pelo indivíduo, se incorporam à realidade e a modificam, dando a ela, realidade, um caráter dinâmico, de contínua e permanente transformação.

O resultado do esforço do homem, acumulado ao longo da história, em recuperar essa dinâmica e desconstruir esse processo é o que se costuma chamar conhecimento.

Um dos grandes desafios que encontramos na dinâmica comportamental é a medida da interferência de um indivíduo no contínuo da vida de outro indivíduo. Aqui reside a grande dificuldade da relação individual/social e da comunicação no seu sentido amplo. Sempre recaímos na dualidade observador/observado.

Na espécie *homo sapiens sapiens*, as relações indivíduo/outro[sociedade]/ natureza são intermediadas por instrumentos, cultura e produção. Dessas intermediações resultam as técnicas, o comportamento emocional e o trabalho. Conhecimento é a normatização dessas intermediações e se manifesta na busca de explicações, de entendimentos, de estilos e modos de fazer/saber que, obviamente, respondem a especificidades do entorno natural e cultural. Comportamento só pode ser entendido holisticamente a partir das relações indivíduo/outro[sociedade]/natureza.

Ao refletir sobre a natureza do conhecimento, reconhece-se que cada indivíduo age no presente em função de uma mescla de etos e aquiescência que se complementam para definir o comportamento. O etos e a aquiescência sintetizam o passado [história] e o futuro [prospectiva].[1]

A PERCEPÇÃO DO TEMPO

Mas o que é o presente? Nada mais que a interface de passado e futuro. De fato, é aí que se situa o grande impasse da filosofia grega, que se manifesta na dificuldade de aceitar irracionais e infinito, que não é outra coisa que a busca de explicações para o comportamento. Esses foram os problemas centrais na filosofia grega e só se resolveram – até certo ponto satisfatoriamente – com a contribuição de dois grandes filósofos da transição do século XIX para XX, Richard Dedekind (1831-1916), que em 1887 formalizou os irracionais com sua teoria dos números,[2] e Georg Cantor (1845-1918), que em 1878 propôs uma teoria do infinito ao introduzir a aritmética dos números transfinitos.[3]

---

1. Ver meu livro *Transdisciplinaridade*, Palas Athena, São Paulo, 1997.
2. Richard Dedekind: *Essays on the Theory of Numbers*, trad. W.W. Beman, Open Court Publishing Company, Chicago, 1901.
3. Georg Cantor: *Contributions to the Founding of the Theory of Transfinite Numbers*, trad. Philip E. B. Jourdain, Dover Publications, Inc., Nova York, 1915.

Embora essas obras clássicas sejam representativas do pensamento filosófico de um mundo em transição, elas ficaram restritas aos leitores familiarizados com Matemática. De fato, a partir do início da ciência moderna, desde Galileo e Newton, o pensamento filosófico incorporou uma linguagem matemática que foi se tornando inacessível aos leitores sem formação matemática.

Dedekind reconhece esse afastamento da filosofia e da matemática do homem comum e ao mesmo tempo manifesta, num exemplo do pensar da época, sua crença na predominância da razão codificada e da lógica sobre a razão comum. A compreensão só pode ser obtida através da habilidade de seguir o modelo científico, na verdade, matemático. Ele diz:

> Esta memória pode ser compreendida por qualquer um possuindo o que usualmente se chama bom sentido comum; requer nenhum conhecimento técnico filosófico, ou matemático, no seu menor grau. Mas eu estou consciente que muitos leitores dificilmente reconhecerão nas formas sombrias que eu trago à sua presença os números que por toda sua vida os tem acompanhado como amigos fiéis e familiares; ele se sentirão assustados pela longa série de inferências simples que correspondem ao nosso entendimento, na verdade o processo de dissecar as cadeias de raciocínio das quais dependem as leis dos números, e ele se tornará impaciente ao ser compelido a seguir provas para verdades que na sua suposta consciência interior parecem ao mesmo tempo evidentes e certas. Mas justamente nessa possibilidade de reduzir tais verdades a outras mais simples, não importa quão longa e aparentemente artificial seja a série de inferências, é que eu vejo uma prova convincente de que seu conhecimento adquirido ou sua crença jamais são dados pela consciência interior, mas são atingidos por uma simples repetição, mais ou menos completa, de inferências individuais.[4]

Essa clara profissão da superioridade do pensamento matemático dedutivo é típica do modo de pensar que se instalou a partir do século passado.

Nota-se um verdadeiro processo de mistificação, sobretudo a partir do início do século XIX, com o surgimento de um estilo de rigor que praticamente alijou as considerações de natureza metafísica. Parecia ser possível – e tentou-se – isolar o racional das demais dimensões do comportamento humano. O sensorial, o intuitivo e o emocional passaram a ser identificados com o irracionalismo. Atualmente, a resistência a um novo pensamento científico, sobretudo ligado às novas teorias da consciência, é muitas vezes colocada em termos de um alerta contra a proliferação de novas tentativas de explicações identificadas como uma "nova idade das trevas da irracionalidade".[5] Uma das maiores resistências vinha

---

4. Richard Dedekind, *op. cit.*, p. 33.
5. Carl Sagan: *The Demon-Haunted World. Science as a Candle in the Dark*, Nova York: Randon House, 1996, p. 43.

dos soviéticos e da chamada esquerda. A derrocada do modelo soviético não mudou em nada essa insistência no racional, com exclusão das demais dimensões do conhecimento. Curiosamente, a mais forte denúncia do processo de mistificação que ocorreu com a matemática do século XIX se deve a Karl Marx.[6]

Dedekind propõe uma concepção de ciência que responde aos ideais da época:

> *Em ciência nada capaz de prova deve ser aceito sem prova...*
> *números são criações livres do espírito humano; eles servem como um*
> *meio de apreender mais facilmente e mais precisamente a diferença das*
> *coisas. É somente através do puro processo lógico de construir a ciência*
> *dos números e assim adquirir o domínio numérico contínuo que*
> *estaremos preparados com precisão para investigar nossas noções de*
> *espaço e tempo trazendo-os para uma relação com este domínio*
> *numérico criado na nossa mente.*[7]

O essencial de sua proposta teórica é distribuirmos todos os instantes em duas classes, o que se passou e o que se passará, afirmando que existe um e um só instante dividindo os tempos entre passado e futuro, e é esse o presente. No que pode parecer um lugar-comum na história das idéias, reside toda uma concepção de ação, que é o resultado do que já foi – experiências, tradições, cultura – e influi no que será – conseqüências, resultados, cultura. O que intervém na ação envolve o que foi e o que será. Assim, passado e futuro se integralizam para uma ética de comportamento e aí se situa o psicoemocional. A importante contribuição de Dedekind deve ser recebida como um importante passo na explicação do que é o tempo. Mas uma boa contribuição não impede o reconhecimento de uma visão estreita. Dedekind não escapa às limitações dos filósofos da época, incapazes de perceber holisticamente a realidade.

Ao elaborar sobre a Matemática, que é a codificação própria da modernidade, Dedekind introduziu um poderoso instrumental de análise para se trabalhar as reflexões sobre o tempo. Mas, explicavelmente, esse instrumental apoiou-se no que havia sido desenvolvido desde os primórdios da ciência européia, particularmente a partir do século XVII. As limitações desse instrumental são evidentes e, apesar da grande contribuição de Dedekind, os estudos sobre o tempo e sobre o espaço se revestem de mesmice, caracterizadas por uma algebrização no tratamento do tempo e uma organização hierarquizada do espaço.

A abordagem atual, sobretudo ao tratar do que seria um início dos tempos, leva a se pensar, como Stephen Hawkings, numa indistinguibilidade de espaço e tempo, levando àquilo que Ilya Prigogine chama "espuma espaçotemporal".[8]

---

6. Karl Marx: *The Mathematical Manuscripts*, ed. S.A. Yanovskaya (1968), New Park Publications, Londres, 1983.
7. Richard Dedekind: *op. cit.*, p. 31-32.
8. Ver o livro recente de Ilya Prigogine: *O fim das Certezas. Tempo, Caos e as Leis da Natureza*, trad. Roberto Leal Ferreira, Editora da UNESP, São Paulo, 1996, p. 173.

Isso nos leva naturalmente à irreversibilidade e à não-associatividade dos processos, o que leva a limitações ao se propor uma álgebra do tempo.[9]

A reversibilidade é um dos pontos críticos, que propõe grandes desafios à ciência.[10] O ponto fundamental é uma ação no passado influindo no presente, o que no campo psicoemocional seria a percepção do comportamento passado modificando o comportamento de um novo futuro. Comportamento é o presente e resulta de um sistema complexo de captação e processamento de informações. Dentre essas a memória é determinante.[11] Tempo e memória são indissolúveis.

Deve-se notar que de um certo modo essas contribuições encerram a fase racionalista que se inicia com a filosofia da antiguidade grega e todo um imaginário do qual resultaram a Matemática e as ciências em geral. Estas abriram o caminho para uma tecnologia altamente sofisticada, na qual aquele imaginário não mais desafia o real. No entanto, no momento em que esses desenvolvimentos iniciam sua maturidade, com a ciência moderna a partir de Descartes, Galileo, Newton e Leibniz, começa a se desenvolver um outro imaginário, com o encontro de modos de explicação e de fazer/saber inteiramente novos. Isto é particularmente ao conhecermos as culturas americanas. A partir da época das grandes navegações ocorrem grandes mudanças conceituais e o surgimento de outras buscas, que vão além do racionalismo aparentemente resolvido. Abre-se assim o caminho para as novas teorias da consciência.

PERCEPÇÃO DO ESPAÇO

E o que dizer do espaço? Como nos ensina Borges, tempo e espaço são os instrumentos mágicos da alma. Espaço e tempo se solidarizam na realidade multidimensional do homem: realidade interior, social, planetária e cósmica. O que significam limites para essa realidade?

Ao se tratar com a multidimensionalidade da realidade que informa o homem e sobre a qual ele age, é tão importante a realidade externa ao indivíduo, formada por fatos naturais e artefatos, quanto a realidade interior, em que se incluem os mentefatos (entre estes, visualizações espaciais). Ora, essa

---

9. No meu trabalho "Dynamical Systems and Huygen's Principle", *Philosophia Mathematica*, vol. 9, 1972, p. 27-39, introduzi uma classe de sistemas cuja evolução no tempo incorpora memória, e que não se enquadra nas estruturas algébricas associativas. A não associatividade implica o não-determinismo dos sistemas.

10. Ver o livro de ficção recente do grande paleontólogo, falecido em 1984, George H. Simpson: *A Descronização de Sam Magruder*, Editora Fundação Peirópolis, São Paulo, 1997; em particular, o Prefácio de Arthur C. Clark.

11. Esse tema, que me conduziu a reflexões sobre o tempo, foi discutido na minha comunicação "Sistemas Dinâmicos com Memória", 4ème *Congrès de Mathématiciens d'Expression Latine/ Rezumate*, Bucarest, 1969, p. 65-67.

visualização espacial é mais geográfica que geométrica, se entendermos geometria como o constructo lógico típico da matemática. Isto é, o homem exerce uma ação exploratória e não demonstrativa.[12]

O espaço, como o tempo, deve ser entendido na conjugação do informar/agir, quando se reconhecem os aspectos de "engolfar" e de "emergir", que, segundo Berque, correspondem a "pertencer a" e a "libertar-se de".[13] O que nos permite dizer que somos subordinados ao meio e ao mesmo tempo dotados de vontade, assim como somos o passado projetado para o futuro. Assim pode ser entendido o homem.

No contínuo da vida está incorporada a percepção da realidade cósmica, planetária, social e interior – daí se falar em uma ecologia do corpo ou fisiologia. São quatro dimensões solidárias da percepção, na qual se incorporam as experiências do indivíduo e de outros indivíduos, de fato de toda a espécie, do presente e do passado. Essa experiência se incorpora, no comportamento, à memória genética.[14]

Ao se lidar com mentefatos, cria-se a possibilidade de novas experiências em espaço e tempo imaginários. Aí se situam o simbólico e a linguagem. Considerar a linguagem como um sistema de códigos se esgota no domínio dos artefatos, que são naturalmente socializados. Explicar a linguagem como uma coleção de signos que solidarizam um significante e um significado, ainda se prende à hierarquia dicotomizante típica do estruturalismo. Tornar a linguagem e o simbólico intrínsecos ao contínuo da vida possibilita ampliar a dimensão da realidade pela incorporação de mentefatos do indivíduo e de outros indivíduos, do presente e do passado, na experiência de cada um. Essa é a especificidade do ser humano.

---

12. Essa afirmação, aparentemente paradoxal, sugerida por Roger Penrose, se refere ao que alguns chamam o comportamento matemático. Não vejo muita distinção entre comportamentos. O homem age em função do processar informações da realidade e esse processamento não pode ser considerado "especializado". O trabalho de Roger Penrose, intitulado "Mathematical intelligence", está na coletânea *What is Intelligence?*, Jean Khalfa ed., Cambridge University Press, Cambridge, 1994, p. 107-136.
13. Augustin Berque: "The Question of Space: From Heidegger to Watsuji", *Ecumene*, 3(4), 1996, p. 373-383.
14. Esse talvez seja o ponto mais crítico dessa proposta, ao sugerir uma concessão lamarckista. Ver a esse respeito os excelentes estudos sobre cultura conduzidos por Luca Cavalli-Sforza e colaboradores: *History and geography of human genes*, Princeton University Press, Princeton, 1994.

O VAZIO CÓSMICO: DO FINITO AO INFINITO

RONALDO ROGÉRIO DE FREITAS MOURÃO*

Amedronta-me o silêncio eterno destes espaços infinitos...
Blaise Pascal, *Pensées*.

Sempre cara me foi esta colina
Erma e esta sebe, que de extensa parte
Dos confins do horizonte o olhar me oculta.
Mas, se me sento a olhar, intermináveis
Espaços para além, e sobre-humanos
Silêncios e quietudes profundíssimas,
Na mente vou sonhando, de tal forma
Que quase o coração me aflige. E, ouvindo
O vento sussurrar por entre as plantas,
O silêncio infinito à sua voz
Comparo: é quando me visita o eterno
E as estações já mortas e a presente
E viva com seus cantos. Assim, nessa
Imensidão se afoga o pensamento:
E doce é naufragar-me nesses mares.
Giacomo Leopardi, *Poesia e Prosa***

---

* Ronaldo Rogério de Freitas Mourão é pesquisador-titular do Museu de Astronomia e Ciências Afins, do qual foi fundador e primeiro diretor, autor de mais de 50 livros, entre outros o *Dicionário Enciclopédico de Astronomia e Astronáutica*, 2ª edição – revista e ampliada.
** Tradução de Ivo Barroso.

Dominados pela idéia tão bem definida pela célebre frase do escritor e filósofo francês Blaise Pascal (1632-1662): "Amedronta-me o silêncio eterno destes espaços infinitos...", o homem vem procurando compreender o universo que o cerca. Se o infinito amedrontava o filósofo, provocava um misto de tristeza e desesperança no poeta italiano Leopardi (1798-1837); talvez motivado pela cosmologia do fim do século XVIII, Leopardi situava-se num universo eterno, imutável, com certa animação que só conduzia à idéia mais próxima à morte térmica prevista pelas teorias da época. A cosmologia atual é totalmente oposta a esta imagem: vivemos num universo em expansão de criação contínua.

Desde o início de sua existência, o homem vem tentando lutar contra a angústia dos espaços infinitos construindo esquemas de organização cujo objetivo é estabelecer uma imagem familiar do mundo que o envolve.

1. ORIGEM DOS CONCEITOS DE VAZIO, FORMA E INFINITO

Ce qui est simple est faux, ce qui ne l'est pas est inexplicable.
Paul Valery (1871-1946)

A origem de simbolismos e conceitos como vazio, forma, infinito poderia ser explicada do mesmo modo que se explica a evolução da noção de tempo e espaço no cérebro. Na verdade, explicar como a mente humana apreende o mundo exterior é um dos mais antigos mistérios filosóficos fundamentais.

Estimulados por motivações, em sua maioria religiosas, alguns filósofos argumentavam que a maior parte da ordem que observamos no mundo exterior é, na realidade, resultado da nossa própria mente. Assim acreditavam filósofos que defendiam a hipótese racionalista, como Descartes, Spinoza, Leibniz e Kant. Para este último, a estrutura mental de percepção do espaço e do tempo era uma propriedade inata ao nosso cérebro, não havendo sentido afirmar que o espaço e o tempo fossem propriedades objetivas do mundo exterior. Alguns racionalistas argumentavam que as propriedades congênitas da mente humana só poderiam ter sido introduzidas por agentes sobrenaturais. Tal associação às crenças religiosas foi um dos motivos por que muitos cientistas rejeitavam a escola racionalista do pensamento. Apesar disso, a moderna teoria da evolução – idéia que não é aceita pela maioria das organizações religiosas – apóia-se no ponto de vista desta escola.

Aos racionalistas se opuseram os empiristas. Para estes pensadores, tudo que sabemos foi apreendido através de nossas experiências individuais. O cérebro humano nasceria, segundo os empiristas, como um quadro negro limpo. Não conteria coisa alguma. Somente com a experiência acumulada, o cérebro passaria a possuir informações sobre o mundo. Em conseqüência, todo conhecimento humano derivava indiretamente de experiências sensíveis externas ou internas conduzidas por processos empíricos, numa referência à experiência, às percepções desencadeadas em conjunto com a razão.

Desde a Renascença, um apreciável número de escolas filosóficas concorda com este ponto de vista, apesar de divergirem em diferentes outros. Entre os adeptos da explicação empírica, encontramos os filósofos John Locke, David Hume; os enciclopedistas franceses Denis Diderot e Jean d'Alembert; assim como Karl Marx, Ernest Mack e Bertrand Russell. Para Locke e Hume, não havia outra fonte de conhecimento a não ser a experiência e a sensação.

Em geral, era considerada como insensata a idéia de que o cérebro humano possuísse, além da capacidade de pensar, aptidões congênitas, tais como modelos do meio ambiente, que não haviam sido apreendidas, depois do nascimento do indivíduo, através das experiências.

A idéia empirista atraiu sempre os cientistas, talvez em virtude deste ponto de vista estar associado à evolução, ao desenvolvimento do cérebro, assim como à história da ciência e ao método científico. De fato, a ciência vem evoluindo ao longo dos tempos por intermédio de observações e de experiências realizadas no mundo exterior. Aliás, uma das características fundamentais da evolução da ciência é a imposição da experiência às especulações e aos preconceitos.

Na realidade, o cérebro desenvolve além de modelos internos, outros externos, que devem estar parcialmente ajustados ao mundo real. De fato, associadas às experiências e às observações acumuladas no início da vida pelos indivíduos, relativas às idéias de espaço e de tempo no mundo real, existem as que são transmitidas através dos conhecimentos filosóficos, culturais e científicos.

Em resumo, podemos concluir que a doutrina empirista de que todo conhecimento provém da experiência é essencialmente verdadeira. Todavia, o ponto de vista racionalista pode ser ajustado ao dos empiristas acrescentando-se que a palavra "experiência" não significa apenas experiências individuais. Nelas incluem-se também as experiências geneticamente codificadas ou o conhecimento que adquirimos ao nos adaptar ao meio ambiente durante o correr de nosso longo passado biológico. Talvez a razão esteja com Kant. É muito provável que a estrutura de percepção de espaço e tempo, assim como a do vazio, seja realmente uma propriedade do processador mental que nos acompanha desde o nosso nascimento. Não devemos esquecer que esse processador mental – o cérebro – vem acumulando, há centenas de milhares de anos, um aprendizado adaptativo. Foi esse longo processo de aprendizagem que determinou as características básicas do nosso universo – o único mundo que conhecemos.

2. DO VAZIO AO VAZIO INEXISTENTE

Natura abhorret vacuum.
Aristóteles (348-322 a.C.)

Existe realmente o vazio absoluto? É possível obtê-lo, pelo menos teoricamente? Tais questões foram inicialmente discutidas desde a Antiguidade pelos filósofos gregos. Os pitagóricos pensavam que a matéria era composta de elementos distribuídos no vazio. Demócrito (c. 460-380 a.C.), a quem se deve a teoria atômica, acreditava que o universo era composto de átomos deslocando-se no vazio. Um século e meio mais tarde, Aristóteles (384-322 a.C.), ao contrário dos seus predecessores, afirmava que o vazio não existia. De fato, dizia Aristóteles não ter observado nenhuma resistência aos corpos em movimento. Se tal resistência não existia, lógico também era excluir toda teoria atômica, pois, a ém de contínua, a matéria seria divisível ao infinito. Três séculos mais tarde, Heron de Alexandria (séc. I. d.C.) voltou a admitir a existência do vazio. Por razões experimentais, como Aristóteles, afirmava Heron que os fluídos não seriam compreensíveis se não existisse, em seu interior, um pouco de vazio. Do mesmo modo argumentava que quando um corpo se dilatava não existia acréscimo de matéria. De fato, uma barra de ferro dilatada possui a mesma massa que uma barra fria. Todavia, convém assinalar que Heron considerava somente o vazio existente em escala molecular. Ele não concebia a existência de grandes espaços vazios.

Na Idade Média, os árabes defenderam a idéia do vazio em oposição às idéias aristotélicas. Realmente, se por um lado Avicena (980-1037) descrevia o movimento da esfera celeste como exemplo de movimento com velocidade finita no vazio – em ausência de toda resistência –, por outro lado os teólogos ocidentais que retomaram o aristotelismo, no século XIII, recusavam aceitar a existência do vazio. Tal concepção da filosofia escolástica tornou-se conhecida como o *horror vacui*, que dominou a física até o século XVII.

No século XVI e início do século XVII, ao estudarem a queda dos corpos, alguns físicos defendiam ainda as doutrinas aristotélicas sobre o vazio, enquanto o mais ilustre deles – Galileu – recusava aceitá-la. De fato, em De Motu (1590), Galileu Galilei (1564-1642) afirmava que no vazio era mais fácil compreender a queda dos corpos. No entanto, René Descartes (1596-1650), que desenvolveu a teoria da substância corpórea, afirmava que esta penetrava por todo o espaço, mesmo lá onde parecia existir o vazio. Mais tarde, as experiências de Evangelista Torricelli (1623-1662), em Florença, e de Blaise Pascai (1623-1662), em Rouen e depois em Puy de Dôme, iriam liquidar com a teoria aristotélica. Com efeito, depois que Pascal escreveu *Experiences nouvelles touchant le vide* – Novas experiências no tocante ao vazio – (1647) e realizou a experiência, que consistiu em transportar um tubo de mercúrio até o topo do Puy de Dôme, em 19 de dezembro de 1648, Pascal pôde afirmar que a natureza não tinha nenhum horror ao vazio: "Ela não faz nenhum esforço para evitá-lo, todos os efeitos atribuídos a esse horror provêm da gravidade e da pressão do ar... existe uma única e verdadeira causa... é a falta de conhecimento dos que inventaram esta expressão de horror imaginário ao vazio para lhe dar razão".

O início da construção das máquinas pneumáticas para retirar o ar dos tubos onde ele se encontrava, tornou possível uma série de experiências, dentre elas a de Otto von Guericke (1602-1686), que, em 1654, demonstrou a existência de pressão atmosférica através dos hemisférios de Magdeburgo, dois hemisférios de bronze no interior dos quais se faz o vácuo uma vez juntos. Depois de criado o vácuo no seu interior, nem duas parelhas de oito cavalos puxandos cada um dos dois hemisférios conseguiam separá-los. Em conseqüência, no fim do século XVII, não existia um só físico que acreditasse que o vazio existia.

Durante os séculos XVIII e XIX, a obtenção de vácuo ou vazio serviu à física experimental como um instrumento para o estudo das descargas elétricas em gases rarefeitos, identificação do elétron e a descoberta dos raios X.

Em 1928, Paul A. M. Dirac (1902-1984) revelou uma nova riqueza no vazio, ao descobrir que sua equação de onda relativista necessitava da existência de estados de energia negativa no espaço.

Para Dirac, o "espaço vazio" no universo estava na realidade ocupado por uma infinidade de energia negativa. Além de completamente inobservável, ela não exercia qualquer efeito físico sobre nenhuma coisa no cosmo. Vivemos submersos neste "oceano", sem jamais sentir qualquer dos seus efeitos, da mesma forma como não sentimos a enorme pressão que a atmosfera exerce sobre os nossos corpos.

Ao lado desse oceano infinito de energia negativa existiriam os elétrons reais observáveis. Como eles não podiam penetrar nos estados de energia negativa, impediam que outros elétrons entrassem neles.

Inicialmente, foi difícil aceitar esse novo universo que não pode ser visto nem sentido. Mais difícil era aceitar a sua existência com base no fato de que a sua presença tinha sido imposta somente porque permitia explicar uma solução errônea da equação de Dirac.

Uma vez que não era possível comprová-la diretamente, a solução seria investigar as suas conseqüências. Que previsões poderiam ser realizadas? Podemos de alguma maneira perturbar esse oceano infinito para que a sua existência se manifeste? Tal idéia era possível, desde que um elétron com energia negativa viesse a absorver um fóton, ou seja, uma partícula energética de luz. Se a energia de um fóton fosse suficientemente elevada, ela "conduziria" o elétron a um estado de energia positiva, convertendo-o em um elétron com energia positiva observável, ou seja, num elétron real.

Um vazio perfeito, concluiu Dirac, era na realidade, um "oceano" de tais estados com "buracos"ocasionais no qual um elétron de energia positiva podia desaparecer. Assim, o "buraco" se transformava num antielétron (pósitron) – primeira antipartícula –, cuja existência foi confirmada, em 1932, por Carl Anderson (1905-).

A física atual conduz às seguintes conclusões com relação ao vazio.

Em um recipiente no interior do qual todos traços de matéria, sólida, líquida e gasosa tenham desaparecido, não existe propriamente um vazio. Em seu interior há uma radiação negra, ou seja, um campo eletromagnético em equilíbrio com as suas paredes. A energia que ela transporta pode ser quantificada e a radiação assimilável à de um gás de fótons. Na realidade, os fótons não são partículas materiais, mas eles possuem certas propriedades. Exercem uma pressão sobre as paredes: pressão de radiação.

A termodinâmica ensina que a densidade volumétrica de energia da radiação negra diminui e tende a se anular totalmente quando a temperatura do recipiente tende para o zero absoluto. Em conseqüência, poderíamos definir o vazio absoluto como o estado de uma região vazia de matéria no qual o número de fótons fosse igualmente nulo.

Todavia, segundo a mecânica quântica, nestas condições de vazio absoluto, o campo eletromagnético varia de maneira errática. Suas flutuações apresentam um desvio quadrático não nulo, o que permite sugerir a existência de flutuações do vazio. Assim, um átomo colocado num recipiente sofreria a ação do campo flutuante.

Na realidade, o vazio absoluto não existe, no universo. É um conceito totalmente abstrato, criado pela mente humana.

3. Do infinito ao infinito inexistente

> Se o espaço é infinito, podemos estar em qualquer ponto do espaço. Se o tempo é infinito, podemos estar em qualquer ponto do tempo.
> Thomas Burnet. *Telluris theoria sacra* (1680-1689).

O que ocorreria se uma lança fosse projetada além dos limites do Universo? Ela retornaria ou desapareceria do mundo? Esse enigma sobre o limite do universo, proposto pelo pitagórico Arquitas de Tarento (428-347a.C.), amigo de Platão, mostra o absurdo que existe em se assinalar um limite às fronteiras do espaço cósmico. Sem solução, esse enigma ressurgirá periodicamente ao longo da história da ciência nesses últimos dois milênios, desde que foi proposto.

O primeiro passo histórico da mente humana foi criar um sistema do mundo finito: sistema aristotélico. A este se opunham dois outros – os sistemas epicurista e o estóico – que imaginavam, além da última esfera externa do sistema do mundo, um espaço vazio infinito. Deste modo verifica-se que o homem primeiro criou formas – esferas celestes – as quais adicionou uma última – a esfera das fixas – última fronteira do cosmos. Mais tarde, acrescentou-se o Empíreo, céu mais externo imóvel onde as almas puras gozavam a bem-aventurança depois da morte.

Infinito é, na realidade, um conceito negativo de finito, ou seja, o infinito é a negação daquilo que tem fim. Com efeito, desde o início o homem tentou e vem tentanto dar um limite, criar fronteiras para o cosmos. É mais fácil compreender algo delimitado. Não somos capazes de compreender completamente o infinito, pois não podemos ter uma "experiência" do infinito. É impossível senti-lo. .

Três foram os sistemas de filosofia que dominaram o mundo na Antiguidade: sistema atomista, formado por um espaço infinito pelo qual distribuíam-se mundos em número incontável (este sistema foi adotado e aperfeiçoado por Epicuro e seus discípulos); sistema aristotélico, constituído por um conjunto de esferas celestes (elaborado por Aristóteles, foi adotado e desenvolvido pelos filósofos do Museu de Alexandria); sistema estóico compreendendo um cosmo ao redor do qual existiria um vazio extracósmico infinito (foi adotado e admirado pelos filósofos romanos).

Estes três sistemas têm seus correspondentes no mundo moderno: os atomistas-epicuristas deram origem à física corpuscular da matéria e ao conceito do espaço infinito; os aristotélicos, aos ritmos de um mundo natural ordenado; e os estóicos, às imagens dos mundos em rotação no vazio cósmico e à teoria dos turbilhões.

A concepção astronômica dos estóicos se perpetuou sob diversas formas durante mais de dois milênios, até o primeiro quartel do século XX, quando se estabeleceu de modo definitivo a existência das galáxias além dos limites da Via-Láctea.

O sistema estóico constituiu uma solução para a cosmologia do século XIX e mesmo dos primeiros decênios do século XX, quando os astrônomos, observando os céus com seus instrumentos ainda pouco possantes, só conseguiam visualizar, além da fronteira galáctica da Via-Láctea, um oceano obscuro infinito e vazio.

A descoberta, em 1427, da obra *De rerum natura* (Da natureza das coisas) do poeta latino Lucrécio (98-55 a.C.) e a publicação, em 1440, do *Docte Ignorance* (A douta ignorância) de Nicolau de Cusa (1401-1464) – cardeal e político alemão – estabeleceram os fundamentos da cosmologia pós-medieval. Em *De rerum natura*, Lucrécio escreveu:

> O universo total não é limitado em nenhuma parte; ou seja, ele não tem extremidade. Ou é possível uma extremidade sem que qualquer coisa constitua um limite... Pouco importa a posição ocupada: sempre, de todos os lados, a partir de cada posição, todo o imenso se estende ao infinito.

Ao demonstrar todas as potencialidades de um ser onipotente para criar a realidade de um universo sem limites, afirmava Nicolau de Cusa: "Deus é ilimitado e onipresente, e portanto o universo não pode ter nem limites nem centro".

Com base no princípio de Empédocles (séc. V a.C.): "Deus é uma esfera infinita cujo centro está em qualquer ponto e a circunferência em nenhuma parte", e no de Thomas Bradwardine (séc. XIV): "Deus é aquele cujo poder não se pode medir e cujo ser não é o conteúdo", surgiu o corolário de Cusa: "O universo tem seu centro em toda parte e a sua circunferência em nenhuma parte".

Foram sem dúvida estas duas obras que abriram o caminho às idéias do universo infinito de Giordano Bruno (1548-1600), no século XVI, e de René Descartes (1596-1650) e Isaac Newton (1642-1727) no século XVII.

Não devemos esquecer de relacionar *De Revolutionibus* (1543) de Nicolau Copérnico (1473-1543), que, ao colocar o Sol no centro do universo, reduziu a importância não só da Terra, mas também da esfera das fixas. Essa esfera estrelada (ainda existente no sistema copernicano) só começou a ser dispersada depois que Thomas Digges (1564-1595) – mais importante astrônomo da Inglaterra, na segunda metade do século XVI –, ao reeditar o guia de astronomia popular *Prognosticatin Everlastinge* (Predições eternas) de Leonard Digges (?-1571) adicionou um pequeno apêndice intitulado *Descrição perfeita dos Orbes Celestes* (1576), em que, além de traduzir diversas passagens importantes do *De Revolutionibus*, inseriu um esquema de sua própria autoria do sistema heliocêntrico do universo, no qual a esfera das fixas é eliminada e dispersada no espaço infinito. Ao proceder desse modo, Digges foi o primeiro a introduzir na astronomia do século XVI a idéia de um universo ilimitado cheio de estrelas.

Foi durante sua estadia na Inglaterra, de 1583 e 1585, que o monge dominicano Giordano Bruno, influenciado pelas idéias da época sobre o infinito, redigiu várias obras, dentre elas: *O infinito, universo e os mundos* (1584) e *De inmenso* (1591), dois importantes marcos da idéia do universo infinito.

Com *O infinito, o universo e os mundos*, Giordano Bruno se transformou num dos sustentáculos da idéia do universo sem centro e sem fronteiras, composto de uma infinidade de mundos habitados.

John Locke (1632-1704), em seus *Ensaios filosóficos concernentes à compreensão humana* (1690), defendeu os mesmos argumentos favoráveis a um universo sem limites.

Os estóicos acreditavam em um espaço ilimitado e se recusavam a aceitar a fronteira exterior aristotélica do universo. Eles propunham em substituição um sistema que consistia em um cosmo cheio de estrelas ao redor do qual existiria um vazio extracósmico sem estrelas que se estendia ao infinito. Durante a Antiguidade e a Idade Média, o sistema estóico foi mais ou menos o sistema aristotélico das esferas celestes sem a sua fronteira exterior.

Acreditava-se que, ao demonstrar a continuidade do espaço, Arquitas de Torento havia provado que o espaço era infinito. Supunha-se que o espaço fosse ilimitado em todas as direções, satisfazendo as leis da geometria euclidiana. Demonstrar que o espaço não pode terminar em uma fronteira provava somente que ele não tem limites. Sabemos desde a metade do século XIX que um espaço não limitado ou sem fronteira, além de não ser obrigatoriamente infinito, não precisa obedecer às leis da geometria euclidiana. Existe a possibilidade de um espaço tridimensional finito mas não limitado, análogo à superfície bidimensional finita mas não limitada da esfera.

Com o advento dos grandes telescópios ópticos e dos grandes radiotelescópios, as profundezas do espaço além da nossa galáxia, do aglomerado local de galáxias, além dos superaglomerados de galáxias, não permitiu descobrir nenhuma fronteira final após a qual existisse um "vazio extracósmico". Não vivemos num cosmo estóico.

Glossário

Antielétron. Antipartícula do elétron. Sua existência, prevista por Dirac, em 1928, foi comprovada experimentalmente, em 1932, por Anderson, em uma câmara de Wilson exposta à radiação cósmica. Ele resulta de uma "criação de pares" – elétron + antielétron – cujas trajetórias se apresentam encurvadas em dois sentidos opostos sob a ação de um campo magnético.

Empíreo. A mais externa de todas as esferas celestes ou céu mais exterior e imóvel no sistema de Ptolomeu. No sentido religioso, céu empíreo era o lugar onde as almas puras gozavam a bem-aventurança depois da morte, como diz Camões em *Os Lusíadas* X,8. Essa esfera exterior suplementar foi introduzida por Anselmo, arcebispo de Canterbury, que consistia em uma esfera de pureza infinita, onde Deus residia. No século XIV, Thomas Bradwardine, do Colégio Oxford, em Merton, e futuro arcebispo de Canterbury, realizou um passo importante ao prolongar o Empíreo por um vazio infinito: um domínio misterioso, habitado por espíritos, e que se estendia sem limite. Bradwardine transformou o sistema aristotélico limitado em um sistema estóico não-limitado.

Espaçóide (*I: spacelike*). Refere-se ao intervalo no espaço e no tempo entre dois eventos. Se a distância entre os eventos é superior à velocidade da luz multiplicada pelo intervalo de tempo que separam os eventos, diz-se que se trata de eventos espaçóides separados. Isso significa que nenhuma conexão física pode ligar um evento ao outro porque eles precisam viajar com uma velocidade superior à da luz, o que é impossível de acordo com a teoria da relatividade.

Sistema aristotélico. Sistema das esferas geocêntricas de Aristóteles (384-322 a.C.), no qual as esferas celestes que envolviam a Terra eram compostas de um elemento único e incorruptível, o éter, e, além de possuírem forças incorruptíveis, eram dotadas de movimento circular perfeito. Esse sistema físico, finito e ordenado era regido por idéias eternas, pois nada existiria além da esfera das fixas, nem espaço, nem vazio, nem tempo. Ao contrário, a Terra e as regiões sublunares eram compostas de quatro elementos corruptíveis: fogo, ar, terra e água, sob forma perecível. Em seu intervalo, os movimentos eram imperfeitos. O fogo, pela virtude de sua leveza, procurava o céu; a terra, por seu peso, procurava o centro do mundo, o ar e água permaneciam suspensos entre esses dois extremos.

Sistema epicurista. Concepção de universo proposta por Epicuro de Samos (341-270 a.C.), com base na teoria atomista de Demócrito, que acreditava que o universo se estendia autonomamente e sem limites. Nele, cada coisa da Terra e do céu era uma combinação infinita de átomos que obedeciam às leis naturais, sem o controle dos deuses e com poderes determinados. O poeta epicureu Lucrécio, em seu poema épico *De rerum natura* (Da natureza das coisas, 55 a.C.), fez uma completa descrição viva desse sistema, no qual os átomos externos se deslocavam livremente no vazio infinito, formando a textura material dos mundos. Nesse sistema, só permaneceriam indestrutíveis e imutáveis os átomos e o vazio; sistema de Epicuro.

Sistema estóico. Concepção de universo proposta por Zênon de Cítio (334-262 a.C.), filósofo que ensinava sob colunadas cobertas, chamadas *stoa*, donde o nome da sua visão do mundo estoaciana. Os estoacianos defendiam a idéia de um espaço ilimitado e rejeitavam a fronteira exterior aristotélica do universo. Eles propunham um cosmo cheio de estrelas, ao redor do qual existiria um vazio extracósmico sem estrelas que se estenderia ao infinito. Na verdade, o sistema estoaciano era um sistema aristotélico das esferas celestes, do qual se eliminava a sua fronteira exterior.

Tempóide (*I: timelike*). Refere-se ao intervalo no espaço e no tempo entre dois eventos. Se a distância entre os eventos é inferior à velocidade da luz multiplicada pelo intervalo de tempo que separa os eventos, diz-se que se trata de eventos espaçóides separados. Isso significa que toda conexão física pode ligar um evento ao outro porque eles precisam viajar com uma velocidade inferior à da luz, o que é possível de acordo com a teoria da relatividade.

Vazio. Diz-se de uma parte do espaço que não contém nada, nem matéria, nem energia. Na prática, fazer o vazio ou vácuo consiste, principalmente, em extrair os corpos gasosos contidos no interior de um recipiente. Pode-se obter o vácuo, pelo menos parcialmente, por intermédio de diversos dispositivos, como as bombas pneumáticas. Avalia-se o "grau de vazio" determinando-se o valor da pressão de gás residual. Na atualidade, esse valor é da ordem de 10-10 pascal e acredita-se que o vazio intersideral deve registrar uma pressão média da ordem de um milhão de vezes mais fraca. Convém salientar que as observações astrofísicas mostram que nesse vazio intersideral as ondas eletromagnéticas, em particular a luz, se propagam sob perturbação de um meio material elástico. Em geral, a propagação se faz percorrendo distâncias consideráveis, sem absorção e a uma velocidade constante e independente da freqüência da onda. O mesmo ocorre para as ondas de rádio como para as ondas luminosas, de raios X e raios gama.

Atribuem-se ao vazio duas características: sua permitividade (0 e sua permeabilidade (0 de modo que a velocidade vale: $c = 1/\sqrt{\varepsilon_o . \mu_o}$

Vazio barométrico. Espaço situado acima da coluna mercurial no interior de um barômetro de mercúrio. Esse espaço, que se acreditou perfeitamente vazio de qualquer substância, contém na realidade vapor de mercúrio saturado. Nas temperaturas habituais, essa pressão é da ordem de um milionésimo de mercúrio, portanto desprezível em comparação com as imprecisões de leitura das alturas barométricas.

O VAZIO EMOCIONAL – DA FINITUDE À INFINITUDE

Ignácio Gerber*

I. Introdução

Utilizo, como subtítulo, uma inversão complementar ao título da exposição de Rogério Mourão: "Da infinitude à finitude". Mourão nos leva da infinitude do caos cósmico primordial em direção à finitude da forma, passando pelas partículas elementares, através da molécula de hidrogênio, até as sofisticadas formas orgânicas que vão culminar no animal homem consciente.

Minha trajetória parte do consciente finito, formas-pensamento, em direção a um inconsciente infinito, um caos organizado por uma ordem implicada transcendente.

A idéia de uma ordem implicada, que dê sentido a um conjunto de dados caóticos e aparentemente sem sentido (as manifestações do inconsciente, por exemplo), está apresentada numa obra fundamental do físico David Bohm: *A totalidade e a ordem implicada – uma nova percepção da realidade*, que recomendo particularmente aos investigadores da mente e das emoções.

Em outro livro instigante: *Ciência, sentido e evolução – A cosmologia de Jacob Boehme*, Basarab Nicolescu, físico teórico e diretor do Centro Nacional de Pesquisa Científica de Paris, retoma uma parábola matemática que nos ajuda a compreender essa idéia de uma ordem implicada transcendente:

Imagina-te em teu próprio mundo tão familiar, de três dimensões

* Membro da SBPSP.

espaciais. Agora imagina uma folha de papel (de duas dimensões), povoada por todo tipo de habitantes, cujos órgãos dos sentidos lhes permitem perceber com precisão o que se passa em duas dimensões, mas exclusivamente em duas dimensões. Tomemos agora um círculo e deixemos que ele penetre suavemente a folha de papel, num ângulo perpendicular a essa folha. Os habitantes desse mundo bidimensional verão primeiro a súbita aparição de um ponto. Pensarão tratar-se de um novo fenômeno, e que seria conveniente estudá-lo com todos os meios de sua ciência. Em seguida, verão o ponto separar-se em dois, que aos poucos se afastam um do outro. Farão todo tipo de experiências e inventarão teorias para explicar perfeitamente o que se passa. As complicações começarão quando um desses físicos de duas dimensões – aliás, um dos mais brilhantes de sua época – mostrar sem ambigüidade alguma que o movimento dos dois pontos indica a existência de correlações incompreensíveis: os dois pontos reagem como um conjunto solidário, sem que nenhum sinal possa ligá-los entre si. Os físicos desse mundo bidimensional tinham acabado de descobrir a 'não-separatividade'. O círculo continua seu movimento: os dois pontos, após atingir a distância máxima (o diâmetro do círculo), começariam a aproximar-se até se juntarem num só ponto, que em seguida desapareceria subitamente do mundo da folha de papel sem deixar qualquer vestígio: o círculo teria apenas atravessado o papel. Enquanto isso, polêmicas assolariam o mundo de duas dimensões, não apenas a comunidade dos físicos, mas também entre os filósofos e teólogos. De tempos em tempos o grande público assistiria a seus debates televisados ou leria alguns de seus incontáveis compêndios, sem nada compreender do que estaria ocorrendo.

No entanto, para nós – seres tridimensionais – a situação é muito simples e racional: trata-se apenas de um círculo que atravessa uma folha de papel.

São os próprios hábitos de pensamento que impedem de perceber a nova realidade.

Como romper esses hábitos? Talvez através da genialidade de um Freud bidimensional – certamente seria tachado de místico ou visionário pela sua academia científica – que intuísse que algo escapa à percepção possível nesse mundo bidimensional, percepção que nos limita a um aspecto absolutamente parcial da realidade, um empirismo pobre.

Numa obra anterior às citadas acima, o psicanalista Ignacio Matte-Blanco propõe para o inconsciente freudiano uma outra dimensionalidade superior às três dimensões espaciais que constituem nosso ser físico; um inconsciente portador de uma ordem implicada latente em outra dimensão que daria sentido aos conteúdos manifestos em nossa dimensão habitual, transcendendo-a.

Transcender, como eu entendo, seria então elevar-se a um campo de sentidos mais abrangente, em que relações possivelmente ocultas no campo básico de referência tornam-se explícitas e claras. É uma possível definição do método psicanalítico. Transcender o sentido consciente para uma outra dimensão, onde simplesmente não existam os paradoxos da lógica clássica e mesmo as contradições entre consciente e inconsciente.

Talvez a Psicanálise se defina por uma atitude desse tipo: "Tudo tem a ver com tudo", o que nos remete aos deslocamentos, condensações e demais postulações freudianas. Nada é separado de nada, qualquer fala de um analisando em sessão é um puro presente que representa a totalidade do mundo emocional existente e preexistente.

II. Da finitude à infinitude

Tentarei demonstrar, através de um teorema mais ou menos enquadrado dentro dos rigores da lógica matemática simbólica, a seguinte hipótese: O inconsciente freudiano é infinito. Essa colocação tem a vantagem de ser concisa e coloquial, mas peca pelo rigor. Façamos então algumas ressalvas:

a) Eu não ousaria perpetrar uma demonstração indiscutível, principalmente estando aqui presentes o etnomatemático Ubiratan D'Ambrosio e o astrônomo Mourão. Chamemos então de paráfrase de teorema, com forte apelo a nossa intuição.
b) Reformulemos a hipótese para: O inconsciente freudiano pertence ao campo da infinitude – penso que assim fica mais confortável. Não vejo como pensar os conceitos psicanalíticos, hoje em dia, a não ser em termos de campo. Nisto sou precedido por Bion, Meltzer, Matte-Blanco, Fabio Hermann e tantos outros.
c) Não entrarei (ao menos nesse texto) em detalhes sobre inconsciente pulsional e/ou reprimido, etc., etc. Aceitemos pelo momento a concepção possível de inconsciente que está em cada um de nós. Penso que é isso que define cada psicanalista e seu estilo. Sua relação intuitiva com seu inconsciente. Um sentimento quase físico a ponto de podermos dizer: Meu inconsciente dói. Assim como temos um rim, mas não desenvolvemos habitualmente uma apreensão física do rim a não ser quando ele dói. Talvez essa relação psicanalítica com seu inconsciente permita essa apreensão sem passar obrigatoriamente pela dor, embora a dor seja sempre um acesso privilegiado.

Voltemos a nossa hipótese. Quando falamos de um inconsciente infinito, estamos de certa maneira afirmando que o consciente seja finito. Isso nos parece claro, já que o consciente funciona na forma de um discurso, de uma narrativa filamentar, em que uma coisa vem atrás da outra. Me ocorre aquela feliz expressão de Lacan, o "desfiladeiro da palavra", aquela imensidão de sentidos inconscientes, que de repente tem que passar por um desfiladeiro do consciente, porque nós só podemos falar uma coisa atrás da outra. Eu não diria sempre uma coisa atrás da outra. Se pensarmos numa apreensão musical, um maestro experiente pega uma partitura orquestral, com 15 partes, violinos, viola, violoncelo, segundos violinos, flautas, etc... olha aquela partitura e pode dizer: puxa, isso é bom! Ou então dizer: não, isso é banal. Lembramos aquela história célebre de Mozart, aos 5 anos de idade, ouvindo uma Missa a várias vozes, chegando em casa e transcrevendo todas as vozes. Ele era capaz de uma leitura polifônica: apreender ao mesmo tempo várias vozes diferentes unidas por um sentido comum, o que seria uma banalidade para o nosso inconsciente.

A idéia de inconsciente infinito já está em Freud, quando ele propõe aquela figurinha célebre representando o aparelho psíquico: aqui estaria o ego, aqui o superego, ali o id. Em relação ao id ele faz uma ressalva que às vezes nos escapa. Ele diz: olhe, o id é muito maior do que eu representei aí; transcende as dimensões da página do livro, escapa à nossa compreensão consciente. É mais ou menos como dizer: isso aí é infinito. Com Bion essa idéia atinge uma radicalidade. Ele passa a falar em inconsciente infinito não como uma metáfora, mas realmente como uma apreensão humana do inconsciente e do infinito. Diz Meltzer, um pós-bioniano em *Studies on extended metapsychology*:

> Escapar da atração gravitacional da causalidade para o infinito da imaginação.

Mas, nos perguntamos: o que é infinito? De que infinito estamos falando? Spinoza procurou defini-lo em uma célebre carta que ele chama "Carta do infinito", dirigida a seu interlocutor, Lodevijik Meijer.

> A questão do infinito sempre pareceu dificílima para todos e até mesmo inextricável ... porque não distinguiram entre aquilo que só pode ser inteligido, mas não imaginado, e aquilo que também podemos imaginar, ou seja, *o infinito só pode ser inteligido, não imaginado*. Ele vai adiante: Se tivessem prestado atenção nisso, jamais teriam sido esmagados ao peso de tantas dificuldades. Com efeito, teriam claramente compreendido *qual infinito não se divide em partes, ou não tem partes, e qual, ao contrário, pode ser dividido em partes sem contradição*. Também teriam compreendido qual infinito pode ser concebido como maior do que outro *sem qualquer contradição*, e qual não pode ser concebido assim. (Grifos nossos.)

Então, trata-se de dois tipos de infinito: um infinito pensável como uma quantidade inumerável de coisas, uma série numérica tão grande que parece infinita; e outro, que seria o verdadeiro infinito, o infinito que eu relaciono com o nosso inconsciente, que não tem par, que não podemos imaginar e funciona de uma outra maneira abrangente, em que a condensação freudiana é uma condensação que não tem limite, abrange tudo, tudo tem a ver com tudo. Essa idéia do infinito indivisível de Spinoza reaparece em Bion e, mais radicalmente, em Matte-Blanco, psicanalista chileno que fez a formação na Inglaterra, viveu na Itália, onde faleceu recentemente, e cuja obra vai transcendendo, no tempo devido, as resistências do *establishment* (no sentido bioniano) psicanalítico.

Vou resumir muito rapidamente suas idéias, expostas em *The unconcious as infinite sets* e *Thinking, feeling and being*. Nelas, ele propõe que o ser humano – todos nós – sejamos constituídos por dois modos de ser. Dois modos de ser irreconciliáveis, intraduzíveis, mas que se complementam. Um modo que ele chama o modo de ser heterogêneo, divisível, analítico, em que nós falamos palavra após palavra, nós dividimos o mundo em partes, nós nos individualizamos como separados de uma totalidade de mundo. Esse seria o nosso mundo consciente, que obedece a uma lógica clássica, aristotélica, dentro da tradição filosófica usual. O outro modo de ser, que ele chama o modo homogêneo, indivisível, é um modo de ser totalizante, no qual somos parte da totalidade das coisas, não estamos separados delas. Esse modo não obedece a uma lógica clássica; obedece a uma outra lógica – por ele denominada simétrica – e, veremos adiante, é uma lógica em que não vigora o princípio de não-contradição. Que modo de ser, que mundo é esse? É exatamente o mundo do inconsciente.

Na "Interpretação dos sonhos", Freud postulou as características do seu inconsciente:
• ausência de contradição
• deslocamento
• condensação
• ausência de temporalidade
• substituição da realidade externa pela psíquica

Matte-Blanco procura então investigar que lógica seria essa que produziria como conseqüência essas características do inconsciente freudiano. Quais as leis que regem o inconsciente produzindo os sintomas que detectamos através do nosso aparato consciente? Seguindo o desenvolvimento de Matte-Blanco podemos concluir que a lei determinante dessa lógica inconsciente é a ausência do princípio de não-contradição da lógica clássica. As outras características, deslocamento, condensação, atemporalidade, etc., decorrem dela. Vamos ilustrar esse ponto.

No caso da fobia de cavalos do pequeno Hans não haveria então um simples deslocamento de afetos do pai para o cavalo. Para Hans, emocionalmente, ambos pertenceriam a uma mesma categoria (um mesmo conjunto infinito com uma mesma função proposicional) de elementos perigosos, potencialmente "castradores". Nesse outro nível de apreensão não há contradição entre um pai e um cavalo.

Seguindo inadvertidamente a intuição de Freud, a matemática contemporânea investiga amplamente as lógicas contraditórias. Um pioneiro é o matemático brasileiro, Newton da Costa, citado por Lacan.

Para efeito do nosso teorema, tomaremos pois a ausência do princípio de não contradição como característica definitória do inconsciente freudiano.

Vejamos agora quais as características definitórias do infinito matemático. A dedução clássica mais corrente é do filósofo matemático Dedekind, baseada no assim chamado paradoxo de Galileu.

Coloquemos lado a lado a série dos números inteiros, N, e a série dos números pares, 2N:

Série N   Série 2N

Podemos comparar o número de elementos que compõe cada uma das séries de duas maneiras diferentes. Pela primeira, a cada elemento da série N corresponde um único elemento da série 2N, portanto, as duas séries têm o mesmo número de elementos ou a mesma cardinalidade, como se diz em matemática.

Comparando as duas séries de outra maneira, constatamos que a série 2N, de números pares, está contida na série N. É uma parte própria dela, pois a série N é composta da soma dos números pares e ímpares. Ou seja, por essa outra abordagem, tão evidente quanto a primeira, a série N tem o dobro de elementos da série 2N.

Temos um paradoxo: a série 2N que é uma parte (no caso, metade) do todo (série N) é ao mesmo tempo igual ao todo: tem a mesma cardinalidade.

É exatamente esse paradoxo que conduz à definição de Dedekind do conjunto infinito:

> Um conjunto é definido como infinito quando e somente quando uma parte própria do mesmo tem a mesma cardinalidade que seu todo.

Dito de outra maneira, no campo da infinitude não vigora o princípio da não-contradição. Não há contradição em uma parte ser igual ao todo, o que nos lembra a condensação, metonímia inconsciente, parte pelo todo. Notem que é o mesmo argumento de Spinoza — o infinito não-contraditório. Para que exista o infinito, temos que passar por uma ausência de contradição, algo que agride a nossa lógica usual. Constatamos assim que tanto o infinito matemático quanto o inconsciente freudiano têm como característica definitória a não validade do princípio da não-contradição. Dito de outra maneira: ambos pertencem ao mesmo conjunto infinito cuja função proposicional é a não validade do princípio de não-contradição. Nessas condições, o inconsciente freudiano pertence ao mesmo campo que o infinito, evidentemente um campo infinito. Enfim: o inconsciente freudiano pertence ao campo da infinitude! Q.E.D.! Não é uma metáfora. É uma afirmação matemática dura. Discutível, é claro. Mas nos ajuda a compreender o inconsciente como algo que nos escapará sempre que tentamos alcançar pelas palavras, pelo pensamento, mas sempre nos escapará; não apenas por causa da censura moral da repressão, o que é uma parte do processo, mas porque é uma outra linguagem impensável que jamais falaremos. Ela emerge na linguagem falada (é um exemplo de Matte-Blanco) como um ácido que de repente corrói parte de uma página de um texto. Então aparecem atos falhos, sonhos e daí aquela idéia do sonho de vigília. O nosso inconsciente sonha continuamente e o que passa pelo desfiladeiro da razão é o que nós apreendemos conscientemente.

Onde está o limite entre essas duas lógicas? Tomemos um polígono de quatro lados, um quadrado, e vamos aumentando o número de lados. Todos sabemos que no limite – este é o conceito de limite matemático – chegaremos a uma circunferência. Mas, evidentemente, uma circunferência não é um polígono com infinitos lados. Por um lado é, se nós imaginarmos um monte de lados, cada vez menores, mas em algum momento há um corte, eu diria um corte epistemológico, um corte lógico, total e absoluto. Em algum momento esse monte de lados desaparece e se torna uma continuidade (o que nos remete ao paradoxo de Zenon). É uma maneira de exemplificar o que acontece quando se passa do consciente para o inconsciente. É uma mudança absolutamente radical. Desaparecem as partes e cria-se uma continuidade. E daí a circunferência ser um símbolo primordial de todas as tradições hindus, chinesas, maias, etc. É o símbolo da continuidade, o símbolo da divindade. E o **O** de Bion sem dúvida decorre daí. Não é apenas um zero, ou um O de linguagem. É, mais do que tudo, a forma da circunferência, dessa continuidade infinita.

Se pensamos o inconsciente, então, como uma infinitude de sentidos e relações, estará nele tudo o que já vivemos emocionalmente, todas as nossas vivências internas e, talvez, toda a memória da espécie, algo que Freud aponta com certa relutância na herança arcaica.

III. O VAZIO EMOCIONAL

Como desenvolvimento das idéias acima, Matte-Blanco propõe um modelo de aparelho psíquico em que as instâncias não se constituem em territórios separados por fronteiras claramente demarcadas – aliás, os modelos de Freud também só demarcam essas fronteiras para efeito didático – mas como um campo contínuo, um gradiente variando entre extremos representados por 100% de consciente, de razão lógica, de um lado, e 100% de inconsciente, lógica simétrica, emoção pura, de outro. Esses extremos são formulações utópicas ideais. Na nossa realidade cotidiana eles não existem em estado puro; vivemos proporções variáveis desses dois modos de ser. Assim, uma possível exemplificação desse 100% consciente seria o pensamento operatório (M'Uzan e outros). Já o 100% inconsciente seria o estado de pura emoção infinita, puro ser. Entre esses dois extremos ideais, o território vivencial do conflito, da falta básica, de nossa incompletude fundamental.

A ênfase de qualquer um desses modelos está na emoção; pode-se imaginar o ser humano como um complexo mecanismo para lidar com emoções potencialmente infinitas. Os conteúdos materiais são apenas repertórios contingentes, representações transitórias dessas emoções-pensamentos. Assim, sabemos que do ponto de vista do vértice material – como diria Bion – há uma enorme diferença tecnológica entre um arco e flecha e uma Ferrari 2.000 vermelha. Do vértice emocional, como objetos posicionais, é difícil avaliar comparativamente o gozo do índio caçador e do publicitário emergente. No Maia, a ilusão do mundo concreto, todos os objetos são perecíveis, e novas demandas tentarão inutilmente dar conta do desejo.

O vazio emocional pode ser compreendido de maneiras diferentes, desde um vazio patológico, uma impossibilidade de sentir, um viver fragmentado em Ferraris, modelo elemento Beta último tipo, até, no outro extremo, uma total imersão na emoção, a iluminação da vivência do puro presente. Ser a infinitude do momento emocional. É a essa acepção de vazio emocional que vou me referir.

Bion cunhou a expressão "Sem memória, sem desejo" – um desenvolvimento da "atenção flutuante" de Freud – para a atitude desejável do psicanalista em sessão. Como entender essa atitude tão estranha ao nosso pensar "ocidental"? Lembremos que Bion nasceu na Índia e lá viveu até os oito anos, impregnando-se no pensar "oriental", sob os cuidados de sua "aiah" hindu.

Compreendo essa expressão no singular e com maiúsculas: "Sem memória, sem desejo" conotando uma atitude emocional, e não "sem memórias e sem desejos", conotando conteúdos. Não se trata de não lembrar a última sessão ou dessa ou daquela teoria. Isto seria uma mera decorrência.

Trata-se de intentar o desapego possível ao impacto constante de nossas emoções, permitindo-nos ser com o outro; o oposto de uma fusão patológica.

Para tanto é indispensável abrir mão, ao menos como tentativa, de nosso vértice pessoal. Deixa de ter importância de onde vem o saber. De nós, do outro, do analisando, do colega. Se alguém se antecipar a nós, que bom: outros pensam como nós! Não disputamos. Estamos sendo juntos.

Concordo, é uma visão particular da sugestão bioniana, mas penso que é por aí que o "Sem memória, sem desejo" pode nos propiciar a escuta. Senão corremos o risco tão habitual de ouvirmos a nós mesmos.

A recomendação bioniana não sugere uma disciplina rígida na sessão, mas a tentativa – a tentativa já basta por si, independente de resultados, o não-Desejo – de estar atento para a repetição de configurações emocionais que obstruem a vivência de situações novas em todo o seu radical ineditismo criativo de novos sentidos, ou seja, catastróficos. É a idéia de Bion, muito precisa, de *mudança catastrófica*: a temida e ansiada mudança essencial que nos arremessa na infinitude do caos criador.

De maneira assemelhada à meditação solitária, buscar uma serenidade emocional – um pleonasmo – que nos permita viver o momento com o outro, propiciando a trans-humanidade.

O vazio emocional é uma plenitude emocional. Diz lindamente Otávio Paz na sua introdução aos poemas de Bashô:

O auge do instante contemplativo é um estado paradoxal: é um não ser no que, de alguma maneira, se dá o pleno ser.
Plenitude do vazio.

Coloco-me uma questão final: é viável limitar esse estado desejável de sem Memória, sem Desejo apenas ao consultório? Parece-me estranho que um analista adentre seu consultório pensando: "Agora vou ficar sem memória e sem desejo para realizar bem minha função de psicanalista". Se essa atitude não permear a vida toda do psicanalista, fora, no mundo, acho essa missão impossível. De certa maneira estou transcriando Sem memória, sem desejo para Sem preconceito, sem expectativa. Sem preconceito quanto a origens, instituições, práticas, crenças; e sem expectativa da cura no sentido médico tradicional. Assumindo-nos, porém, como curadores numa acepção mais desapegada do termo – humildes propiciadores da cura.

O VAZIO DA MEMÓRIA E O RAIAR DA LUZ DENTRO DA NOITE

O LIMIAR DA EXPERIÊNCIA MÍSTICA EM SÃO JOÃO DA CRUZ

FREI CARLOS JOSAPHAT OP*

O vazio prepara o despontar da luz. Mais precisamente, o vazio da memória apressa o amanhecer do espírito. Leva à descoberta do Outro e encaminha à realização do próprio eu. Liberta o passado, viabilizando que se desbravem as veredas do porvir. O que está por vir se anuncia em uma gestação dentro da noite, angustiante e pesada. Graças ao vazio da memória, a noite não deixará de ser escura, porém se tornará amável e ditosa, translúcida pela esperança do dia que vai raiar.

Está aí, um tanto velado e revelado na linguagem simbólica de João da Cruz, o fio condutor desta nossa caminhada com o grande místico. Espera-se que venha a propósito, em um encontro transdisciplinar, a que nos convida a condescendência, talvez excessiva, dos psicanalistas.

Encoraja-nos uma dupla convergência. A memória tem sido um primeiro ponto de encontro da mística e da psicanálise.[1] O vazio da memória é o limiar da experiência mística. Ele há de ter algo a dizer e a ouvir da experiência psicanalítica. Uma e outra forcejam por despertar a aurora do espírito, pressentida, almejada, porém quase sempre contrariada, quando a luz vem vindo e vai pressagiando o gosto e a coragem de viver.

---

* Dominicano, teólogo, professor emérito da Universidade de Friburgo, na Suíça. Ensina na Escola Dominicana de Teologia, em São Paulo.

1. "As questões relativas à memória são absolutamente fundantes para a psicanálise. Não se trata, no entanto, de um feudo apenas de psicanalistas: desde os inícios da filosofia, no apogeu do mundo grego, esse topos instiga a reflexão humana". Adélia Bezzera de Menezes, *Do poder da Palavra. Ensaios de Literatura e Psicanálise*, Livraria Duas Cidades, S. P., 1995, p. 131. Os dois capítulos, IX e X, sobre o tema "Memória e ficção", p. 131–160, são ricos e sugestivos.

Como tentar a verificação desse empenho, que aproxima mística e psicanálise, através do vazio da memória e do despontar da luz, geradora do futuro? O mais indicado me parece uma singela leitura de João da Cruz. Semelhante projeto, no entanto, não poderia dissociar risco e promessa. Uma leitura ou uma escuta é uma primeira interpretação. Desencadeia uma série de interpretações, o que quer dizer: uma cascata de sentidos ou de contra-sensos.

Tendo em conta um eventual interesse por parte de psicanalistas, nossa leitura de João da Cruz estará atenta aos dados e desafios modernos, tais como a compreensão do Outro em Lacan e Levinas. Ambos fazem um certo apelo ao vazio ou à negatividade. Já é uma ponta de diálogo, estendida ao meu parceiro oficial neste simpósio, o professor, psicanalista e filósofo Antônio Muniz de Rezende.

INFORMÁTICA, PROSA E POESIA

Uma razão suplementar para priorizar João da Cruz, qual referência e guia nesta tarde: ele é o primeiro místico a merecer a predileção da informática. Esta já nos permite agora uma leitura renovada, mais segura e profunda de sua mensagem. Assim, publicadas em 1990, as *Concordâncias de seus escritos*[2] ajudam-nos a confirmar e a precisar nossas posições, bem como as aquisições dos estudiosos e especialistas que nos precederam.

As grandes evidências, colhidas pelas leituras anteriores, são decerto mantidas. Recebem, no entanto, novas luzes, novos realces e matizes. As constelações semânticas, especialmente os feixes de palavras-chave, se entrelaçam mais, jogam novos flashes reveladores umas sobre as outras, dando ao firmamento espiritual de João da Cruz novo fulgor e nova configuração.

É o que se verifica para a trilogia que figura em nosso título: o vazio, a memória e a luz. Contamos com o processamento cuidadoso da freqüência e da polarização desses termos, dos vocábulos, sinônimos, antônimos, afins e correlatos, junto com a análise da disposição desses elementos semânticos em cada escrito e na sucessão deles.[3] Está aí uma base estatística absoluta e

---

2. Referimo-nos a *Concordancias de los escritos de San Juan de la Cruz*, Edição preparada por J. L. Astigarraga e outros, Teresianum, Roma, 1990. Um volume de 2.125 p.
   A doutrina de S. João da Cruz nos é dada em quatro obras fundamentais: *A Subida do Monte Carmelo, A Noite Escura, O Cântico Espiritual* e *A Viva Chama*. As duas primeiras são mais didáticas. Visam à iniciação, com uma atenção muito especial para com os "principiantes." As duas últimas "cantam" e explicam os segredos do "matrimônio espiritual", da "perfeita união de amor". Utilizamos a *Vida y Obras de San Juan de la Cruz*, edição crítica, Biblioteca de autores cristãos, Madri, 5.ª ed., 1965. Citamos de maneira simplificada: S = Subida do Monte Carmelo; NE = Noite Escura, CE = Cântico Espiritual; VC = Viva Chama. 1 S = Subida, livro 1.º; 1 S, 3, 2= 1.º livro da Subida, capítulo 3, parágrafo 2. CEB e VCB designam, respectivamente, a versão B do Cântico Espiritual e da Viva Chama.
3. Uma simples amostra desse trabalho fino e gigantesco. Elaborou-se um vocabulário de todas as palavras "sanjuanistas," com exceção somente de umas três dezenas de termos banais e

ponderada, confirmando em todo rigor esta nossa primeira certeza: o vazio, especialmente da memória, é, para João da Cruz, o despontar da luz, o desabrochar da contemplação, brotando do perfeito amor e a ele conduzindo.

Alguns processos simples e constantes de estilo merecem toda a atenção. As definições e as equivalências dos termos, os paralelismos que desdobram e precisam o sentido de um primeiro dado são muito freqüentes em nosso autor. Para ele, a mística, que se afeiçoa à contemplação para além dos conceitos, tem horror à nebulosidade conceptual. Ela se firma na busca de noções e termos precisos. É o que caracteriza a prosa desse mestre. Aliás, após sua iniciação humanística com os jesuítas, recebeu, com os dominicanos, uma sólida formação escolástica na Universidade de Salamanca.

Mas, a prosa está a serviço da poesia. João da Cruz insiste em fazer da poesia a sua linguagem primeira, a que está menos distante da experiência mística. Pois a mística, antes de tudo, se canta nos mais lindos moldes da poesia viva e moderna de então. O êxtase se comunica, animando e ritmando a exultação, a dança, visando suscitar uma confraria jubilosa e contemplativa no alto da montanha. É a idéia e a imagem que João da Cruz se faz e nos dá da sua Ordem do Carmelo. A prosa dele será, pois, uma simples e humilde servidora da mística, da poesia e da dança. As noções, os raciocínios, as caprichadas elaborações teológicas hão de levar ao sentido do mistério e à sua aceitação na desnudez da inteligência. Dispõem a entrar no total vazio do espírito. Este se compraz em brincar com as imagens e os símbolos, sabendo-os humildes, desprovidos de qualquer pretensão de se apossar da verdade sobre o Criador e a criatura. Assim, mística e poesia são duas gentis irmãs gêmeas, de mãos juntas ou de mãos dadas na singela louvação de Deus.

---

freqüentes. Os verbetes são citados em uma frase completa e na seqüência de cada um dos escritos, dispostos em ordem cronológica. Índices de freqüência de cada termo, no conjunto da obra e em cada uma de suas partes, permitem uma mapeação rigorosa do vocabulário teológico e místico de João da Cruz. Eis uma outra ilustração. A palavra mais usada (depois do verbo *dizer*), é *Deus*: 4.522 vezes; a segunda é *alma*, 4.464 vezes. Em seguida, a palavra *todo*, mas apenas 2.774 vezes. Ao passo que a palavra *nada* é empregada só 373 vezes. É nessa dialética do *Todo* e do *Nada*, do *Nada* que se abre e se dá ao *Todo*, que se encontra o vocabulário equivalente do *outro*, pois o *Todo* é o *totalmente outro*. Quanto ao contato com o vocabulário lacaniano, ver abaixo, nossa conclusão e os livros citados nas notas 19 e 20. O termo vazio é empregado 173 vezes, envolvido em uma constelação de algumas dezenas de termos sinônimos, afins e correlatos, o que coloca esse vocábulo entre os conceitos fundadores da doutrina de João da Cruz. O mesmo se pode dizer da *memória* (e da *inteligência*, da *vontade*), a qual aparece 249 vezes. Ajunte-se, no entanto, *olvidar* e *olvido*, utilizados 110 vezes. O que é muito significativo, pois a memória aparece sobretudo na perspectiva negativa do seu esvaziamento, da valorização do "olvido" da criatura e da "atenção ao Criador". Que se tenha em vista a "suma da perfeição", graciosamente elaborada pelo doutor místico: "*Olvido* de todo criado/ *Memória* do Criador/ Atenção ao interior/ E estar sempre amando o Amado". Interessa-nos particularmente a polarização desses termos na sucessão dos escritos de João da Cruz. Eles são empregados de maneira concentrada na *Subida* e na *Noite Escura*, de maneira mais rara no Cântico Espiritual e na *Viva Chama*. É que eles pertencem de modo privilegiado à didática da preparação da "alma" à contemplação, sendo menos utilizado na descrição ou melhor no canto dessa "perfeita união de amor".

Dentro desse contexto espiritual e literário, tomemos esta asserção que se acha no limiar da Subida e que voltará com freqüência:

"*Ela* (= a alma, a pessoa em busca de Deus) está como de noite, às escuras, o que não é outra coisa senão um vazio nela de todas as coisas" (1 S 3, 2).

A noite, o escuro, o vazio serão definidos à saciedade, através de todas páginas desse livro e dos demais escritos. No entanto, quando se volta a ler, a saborear os poemas, como o poema síntese "Em uma noite escura", cada uma dessas imagens se põe a refulgir de uma nova luz e de uma plenitude de sentido. A poesia nos encanta e recompensa. Ela quase nos tira o gosto de reler as explicações prosaicas do santo doutor.

O VAZIO E A NOITE

A aproximação do vazio e da noite é o melhor caminho para uma primeira compreensão do vazio. A noite é uma imagem mais englobante. É mais do reino da poesia. Foge às definições, estendendo um horizonte de sentido sobre as paisagens, sobre os vaivéns, os encontros e desencontros do Esposo e da Esposa e, mais que tudo, sobre a união deles no leito nupcial, florido e perfumado.

A noite é a totalidade da contemplação amorosa, vista do lado da finitude do ser criado. É o feixe de renúncias e exigências, é a condição do deixar tudo e de se deixar inteiramente a si mesmo. Para a amada e o amado, é a ânsia e o gozo de se encontrar sem se ver. É a pura verdade e a total nudez do ser humano, reclamadas e dadas de graça pela perfeita união de amor. A noite é "guia", ela prepara a união. Mais ainda, ela é o próprio laço que realiza a união, ela junta o "amado com a amada".

Citemos para o prazer de ouvir:

Ó noite que guiaste!
Ó noite mais amável que a alvorada!
Ó noite que juntaste
amado com amada,
amada no amado transformada!

....

Quedei-me, olvidei-me
o rosto reclinei por sobre o amado.
Cessou tudo, deixei-me
deixando o meu cuidado
por entre as açucenas olvidado.
(Em uma noite escura, *estr. 5 e 8).*

O vazio é a face mais visível da noite. É a sua primeira exigência. Prolongando a metáfora, o vazio é a "treva", a "obscuridade" da "noite". Ainda no vocabulário de João da Cruz, o conteúdo do vazio se exprime em termos de "pobreza", "privação", "falta", "ausência", "carência", "purificação", "renúncia", "mortificação," "desnudez", "solidão", "desamparo", "treva". E, por vezes, ocupa a função da própria "noite". Designa, então, todo o feixe de condições negativas que dispõem ao perfeito amor contemplativo.

Colhamos as definições ou descrições do vazio, como umas tantas referências iniciais para nossa reflexão:

> Não se trata de carecer das coisas, senão da desnudez do gosto e do apetite. É isso que deixa a alma livre e vazia das coisas, embora as tenha.

E sempre no mesmo tom:

> A perfeição das virtudes consiste em ter a alma vazia, desnuda e purificada de todo apetite (Cf 1 S, capítulos 3 e 4).

O "vazio" tem como sujeito ou ponto de inserção o "apetite", o desejo abrangido em todas as instâncias sensíveis ou espirituais do ser, do conhecer, do querer e do agir. Ele recobre, uma por uma, as mesmas dimensões da "noite". João da Cruz falará, de forma equivalente, na "noite" ou no "vazio": dos "sentidos" e do "espírito". E, desdobrando a trilogia de faculdades que, para ele, constituem o dinamismo do "espírito", o mestre nos impele a entrar na "noite" ou "no vazio": da "memória, da "inteligência" e da "vontade."

O VAZIO E O OUTRO

João da Cruz não se compraz em falar da mística. Menos ainda se atarda em descrever realidades ou fenômenos místicos. Não erige a espiritualidade em objeto ou em espelho sublime, ao gosto de algum narcisismo requintado. Para ele, Deus é o totalmente Outro. É em si, absoluta e inteiramente inacessível. No entanto, o ser humano só se realiza plenamente em uma relação de puro desejo a esse Outro, em si invisível, inimaginável e inevidente. O transcendente nos é imanente. Não como objeto ou bem possuído. Porém, é ele que nos possui ou atrai. Pois, já de nascença, nos vemos nele jogados, que nem um ângulo aberto para o Infinito.

Essa condição humana será acolhida e vivida no ressentimento, no desassossego, na indiferença ou na "coragem de viver" (Paulo Tillich) e até na ação de graças. Por que nos achamos condenados e acorrentados a todo esse emaranhado de dependências, envolvendo, na submissão, as diferentes instâncias do nosso ser, que se chamam os sentidos, o imaginário, a afetividade, a memória, a inteligência, a vontade? O anseio de uma liberdade onipotente tenta abrir caminhos gritando: "O inferno é o outro".

No limiar dessas correntes culturais da modernidade, que vêem no ser humano um intricado e maravilhoso código de diálogo com tudo e com todos, o místico João da Cruz reconhece que a salvação está no Outro. O total vazio de si vem a ser a imensa aspiração levando ao encontro do Outro, que aí está às escondidas e à espreita.

Na linguagem habitual de João da Cruz, é preciso aceitar e incentivar a noite, na qual o Outro invisível se deixa encontrar na escuta e, até mesmo, em um amplexo amoroso. Sua própria tarefa de poeta, cantor e mestre da noite escura e ditosa consiste essencialmente em indicar as condições em que essa noite se torna viável. Talvez se possa vislumbrar aqui uma primeira analogia entre a caminhada mística e a análise psicanalítica. Uma e outra não começam propondo objetos, bens ou valores, quais âncoras seguras a que se há de agarrar. E, sim, desentulham caminhos, em vista de soltar o desejo de marchar. Não se buscam nem mesmo se prometem as avenidas do saber. Porém, de corpo inteiro, cada um é convidado, senão impelido, a se adentrar por atalhos e trilhos, rompendo descampados, matagais, selvas e colinas. É o famoso itinerário mapeado por João da Cruz em seu *Cântico espiritual*.[4]

O projeto místico se apresenta como uma *Subida*, título do livro que nos interessa mais imediatamente, ao menos como começo de conversa. As imagens espaciais da subida e da montanha são transposições exteriores das metáforas temporais da noite escura e ditosa. Esta, sim, é marcada pela interioridade do desejo, de seus vaivéns, de suas venturas ou desventuras, na busca da união no perfeito amor, culminando no noivado e no matrimônio espirituais.

Pois, a alma, entendamos a pessoa em ordem a Deus, se lança atrás desse Outro ausente e presente. Essa alma esposa está perdida e enamorada de uma Face que se adivinha, mas não se delineia. Não se prende a figuras ou formas. Porém tem seus traços esparzidos em todas as coisas. E, para quem olha com carinho, estão esboçados em todos os rostos. Em seus melhores momentos, o místico se põe a cantar esse Outro que espalhou beleza por toda parte e escondeu amabilidade até nesses estranhos espantalhos humanos, que se mudam paradoxalmente em imagens divinas.

Uma simples amostra do *Cântico Espiritual*, em que a "esposa" enamorada vislumbra o passar de seu "Esposo", tão dela e tão Outro:

> *Mil graças espalhando*
> *Bem depressa Ele passou por estes bosques,*
> *Vai correndo e os vai olhando*

---

4. Para uma primeira iniciação à vida e doutrina de S. João da Cruz e para uma bibliografia de base, ver Frei Carlos Josaphat, *Contemplação e libertação. Tomás de Aquino, João da Cruz e Bartolomeu de Las Casas*. Ed. Ática, S. P., 1995. Temas éticos e psicanalíticos são livremente confrontados no livro recente do mesmo autor: *Moral, amor e humor*, Ed. Record, Rio de Janeiro, 1997. Especialmente no cap. 5.º "Sexualidade, repressão e emancipação"; e no cap. 6.º "Homossexualidade, ontem, hoje e amanhã".

E com sua Figura tão somente
Os deixou assim vestidos de beleza
(Cântico espiritual, *estr. 5*).

Qual o segredo para vir a conhecer ou a reconhecer esse outro transcendente e imanente, que se faz apenas pressentir, feito o vazio de uma saudade, aguçando o fundo do ser, o centro da alma? A resposta está neste programa que desconcerta e estimula: é chegar a ver de olhos fechados. É desfazer-se dos limites: das figuras, das formas, dos objetos, das suas percepções e das suas imagens.

Mais ainda, é renunciar a compreender ou, mesmo, a apreender, no sentido profundo e etimológico, de possuir ou envolver o outro nos laços e quadros de meus conceitos e de meus juízos. É buscar conhecer reconhecendo, acolhendo a diferença do outro, qual plenitude que vem em socorro de meu vazio. O totalmente Outro, o Criador, será o "Tudo" que se dará totalmente ao "nada" da criatura. Esta se encontrará, então, na plena verdade do seu ser e na felicidade de sua realização, puramente relacional, de amar e ser amada.

Imagem ou Espantalho de Deus

Já o insinuamos, com os místicos, seus irmãos, João da Cruz recebe da Bíblia e verifica em sua experiência uma mensagem ambivalente sobre a existência e a história humanas. O ser humano se ergue como a imagem transparente ou enodoada de Deus. Toda uma plêiade de poetas brasileiros, intrigados com o enigma ou o mistério do homem, apontam para a "imagem e o espantalho de Deus", que aí surge qual expressão concreta da ambigüidade de nossa condição humana.

Jorge de Lima diz assim, falando com Deus, naquela sua delicadeza de que só os poetas têm o segredo:

...Os pássaros cansados repousam em meus ombros,
sem saber que o espantalho é a semelhança Tua.

Vejam, ainda em nossos dias, aí andam irmanadas mística e poesia. Tivéssemos mais tempo, seria interessante conversar com uma poetisa, que nos mimoseou com um ramalhete dos mais lindos versos, reunidos sob o enigma e o encanto desse título: "Espantalho de Deus". Essa suave fonte de poesia, que jorrava "dentro da noite", como diria São João da Cruz, era a grande e humilde Carminha Gouthier.

Uma mulher escrevendo tão leve, tão profundo, tão alto, que não encontrou multidão de leitores. Mas entre seus admiradores havia gente que não é desconhecida, Murilo Mendes, Jorge de Lima, Manuel Bandeira, Carlos Drummond de Andrade.

Mas dessa mensagem poética vamos guardar apenas esse olhar sobre o ser humano, criado para ser "imagem" e que por aí se esgueira qual "espantalho de Deus". Imagem de Deus é o ser humano, comunhão de vida e amor: o homem-e-a-mulher. O casal, na sua diferença e no seu entrelaçamento. Ele e ela que se encontram e se estreitam no outro. O espantalho é o homem-ruptura, dominador, culpabilizado e acusador. O místico parte dessa alvorada da história humana, pincelada nas primeiras páginas da Bíblia, com tanto carinho. Mais um toque de compaixão.

No entanto, por vezes, o espantalho ocupa um espaço desmedido na espiritualidade. Mesmo, alguns dentre os santos, de modo especial entre os santos doutores, não tiveram a primeira ventura de encontrar e de apreender, por experiência própria, a beleza e a força transformadora e mesmo criadora do amor humano. Outras experiências negativas contribuíram para que neles, como no conjunto da cristandade, prevalecesse uma espécie de ressentimento contra o espantalho da "concupiscência", a insolência do amor desordenado. Como não reconhecer, em muitos dos grandes mestres da cristandade, uma dolorosa cicatriz, deixada por essa falta de uma primeira experiência positiva e fundadora de um primeiro amor – pior ainda – pelas graves feridas de loucos amores, desviados ou frustrados?

O vazio no coração da mãe

João da Cruz é uma graciosa exceção. Vamos tentar insinuar por que ele amou incondicionalmente o amor, antecipando para a mãe dele a doutrina do místico sobre o vazio, a memória e a esperança.

São João da Cruz fará do amor conjugal a imagem, o símbolo mais concreto e vivaz do Amor divino, encarado em sua total perfeição. No centro de sua teologia, encontrar-se-á o "matrimônio espiritual", o laço maravilhoso e acabado do amor unitivo, transformador e fecundo. A precoce experiência do menino Juan de Yepes foi a providencial preparação do grande místico João da Cruz, o doutor, o arauto da reconciliação da natureza e da graça, da criação e da salvação.

Tudo indica que o pequeno Juan de Yepes – nome de família do futuro João da Cruz – veio a este mundo como o fruto de um verdadeiro e belo amor, que deixou os mais profundos traços em sua consciência e em seu inconsciente. Seu pai Gonzalo de Yepes escolheu Catalina Alvarez para esposa, levado e apoiado por um grande amor. Os encantos da esposa eram mais fortes no coração do esposo do que considerações aparentemente mais razoáveis: os cálculos das vantagens e interesses econômicos, a busca de prestígio ou de promoção social. Um tal modelo acertado e gracioso de casamento tornar-se-á o símbolo privilegiado do amor místico, "da perfeita união de amor".

Isso marcou, sem dúvida, o pequeno Juan nos seus anos de peregrinação precoce. Carregado nos braços, ou aconchegado nas saias de sua mãe, o pequenino olha para ela e a escuta nos seus deslocamentos sem fim, de Fontiveros a Toledo, em seguida a Arévalo, para se fixar finalmente em Medina del Campo. A criança recebeu e guardou uma terna afeição e uma imensa admiração por seus pais. A mesma ternura transparece em seu relacionamento com seu irmão Francisco. Mas sobretudo de sua mãe (a quem Santa Teresa muito quis e protegeu), ele herdou esta bela visão, esta experiência maravilhosa de amor: o amor de uma esposa a seu esposo.

O amor cresceu na ausência enlutada da viuvez, tornando-se a força sofrida e afetuosa da lembrança. Está aí bem viva a "memória, sede da esperança" – o que constitui a raiz mesma da mensagem espiritual de João da Cruz. O feliz encontro desse belo amor, refletindo-se no rosto, no coração, na vida de sua mãe, será reforçado por tantos encontros de amizade, desenvolvendo um tecido de ternura, de devotamento e de perfeita compreensão.[5]

No entanto, João da Cruz é uma amável exceção. Pois, jamais se poderá olvidar a persistência, senão a dominação do espantalho, ocultando a imagem de Deus no conjunto da cristandade e mesmo da espiritualidade.

Em um chiste, à altura de sua genial e, por vezes, gentil irreverência, Voltaire pilheriou que Deus quis fazer o homem à sua sublime imagem divina, e que a criatura se empenhou em nada dever ao criador, não cessando de fazer Deus à sua ridícula imagem humana.

A imagem divina, inscrita qual projeto ideal no ser humano, domina toda a história da espiritualidade. O desafio que os místicos enfrentam com lucidez é de não sucumbir a essa tentação idolátrica, denunciada alegremente por Voltaire. O ser humano não é a imagem divina. Ele se vê chamado a se realizar segundo a imagem divina. Para isso, há de buscar sair dos limites do seu egocentrismo. Terá que reconhecer o outro, que está próximo e acessível e em cujo rosto se reflete e se deixa encontrar o Outro, em si, inacessível. Este está sempre à frente. Vai atraindo, mas somente aquele que não tem a pretensão de possuí-lo.

Vazio e criatividade

Nesse paradigma, grandemente original, de sua teologia mística, João da Cruz inscreve e desdobra uma antropologia, uma visão do ser humano, marcada pela grandeza de uma maravilhosa e terrível ambivalência. A doutrina tradicional da liberdade, do pecado e da graça se transfigura em um conto de fadas, sugestivo e quase alucinante. Está aí o homem, está aí a mulher, esse casal

---

5. Sobre a originalidade de João da Cruz, na compreensão positiva do amor humano e sobre o enraizamento psicológico de sua doutrina do "matrimônio espiritual", ver "Amar o Amor", no livro citado na nota precedente, p. 87–90.

de andarilhos, açulado pelo desejo do Infinito, sem saber o que fazer com a estreiteza de seus limites. Pois esses se levantam feito muralhas opressoras ou cárceres asfixiantes e deprimentes. E o grande risco, que assusta os místicos, é que o ser humano se desgaste no ressentimento contra a insuportável finitude ou se instale no contentamento com uma pretensa infinitude imaginária.

O ser humano não há de ser o seu próprio ídolo ou o espantalho de Deus no seio da criação. Esvaziando-se da sua onipotência imaginária que o exalta, revolta ou deprime, ele pode realizar essa tarefa grandiosa e humilde, a verdade de seu ser: imagem criada e criativa de Deus.

Tentando resumir o impacto que lhe causou a leitura dos místicos, como Teresa de Ávila e João da Cruz, H. Bergson escreve:

"A criação lhe parecerá (= ao filósofo atento à experiência mística) *como uma empenho de Deus em criar criadores, para poder associar a Si seres dignos do seu amor*".[6]

Suscitar criaturas que sejam criadoras. E portanto parceiras do próprio Deus em um livre intercâmbio de amor. Paradoxalmente, a primeira exigência do místico João da Cruz, retomando e acentuando a linguagem de Catarina de Sena e de Mestre Eckhart, é levantar a antítese do Tudo e do Nada, como fonte de sua dialética, capaz de criar a distância que permite o encontro do Criador e da criatura. Esta, através do vazio de si mesma, aceitando-se no seu nada, vai ao encontro do Criador que é um Tudo de amor.

Dentro da compreensão mística, Deus é o Outro, totalmente Outro, não por ser uma riqueza infinita de ter, de saber, de poder, o que não desencadearia nenhum processo amoroso. Ele é amor criador de amor, fazendo seres capazes de também sair de si pelo amor. Deus é êxtase de amor, misteriosamente empenhado em suscitar êxtases de amor. Reconhecendo jubilosamente o seu nada, a criatura cai nos braços do Criador, na verdade incandescente de um leito nupcial. É o matrimônio espiritual, realizando a perfeita identidade do querer e do bem-querer do Esposo e da esposa. Ele e ela se encontram e se unem na pura relação de um êxtase de amor.

O vazio é o reconhecimento e a realização efetiva desse nada, feito para jogar-se no Todo. O primeiro momento desse processo será o vazio da memória. Ele será privilegiado nesta exposição porque é o mais típico, o mais didático, tendo sido mais ampla e exemplarmente tratado pelo nosso doutor místico.

Para tornar mais concreto esse projeto místico, creio, no entanto, que é conveniente situar a função da memória e do seu esvaziamento na antropologia teológica de João da Cruz.

---

6. Cf. Henri Bergson, *Les deux sources de la morale et de la religion*, cap. III.

Vazio, memória, esperança

Essa mensagem vem condensada com força e insistência no final da Subida do Carmelo. O santo doutor lembrou no começo desse livro de iniciação aquele imperativo, que é uma exigência ao mesmo tempo que uma promessa do amor evangélico. Este reclama rupturas radicais, purificação, vazio, renúncia absoluta, o que constitui a "noite" dos "sentidos" e do "espírito". Trata-se sempre de compreender e de encetar essa "saída" e essa "marcha" na "noite escura", que terminará qual "noite ditosa" na "perfeita união de amor".

Bem na metade do 3.º livro da Subida, a noite do espírito é descrita e explicada como a obra exclusiva de Deus, através das virtudes propriamente divinas ou teologais. Aqui sobressai a bela lição sobre a força purificadora e libertadora da esperança, que Deus desdobra na memória e pela memória.[7]

São João da Cruz não diz jamais que a memória (elevada pela graça) produz o ato de esperança. Não se cansa de repetir: o que ele visa é:

levar a alma a se unir a Deus segundo a memória pela virtude de esperança. Ora esperamos o que não possuímos. Quanto mais por conseguinte estivermos desprovidos do que não é Deus, tanto mais estaremos capazes e aptos para esperar, e portanto maior será a nossa esperança. Pelo contrário, quanto mais possuirmos, menos teremos capacidade e aptidão para esperar, menos teremos esperança.[8]

A relação da memória e da esperança é encarada na perspectiva das condições que permitem ou não que alguém possa ter uma verdadeira esperança. Também a memória não é definida expressamente. Mas, ao longo de muitas páginas, fala-se dela como de uma faculdade ou capacidade de posse interior de objetos, coisas ou "apreensões" que interessam.

João da Cruz colocava assim em relevo uma importante tradição, que remonta pelo menos a Santo Agostinho e se acha bem desenvolvida em São Bernardo, encontrando sua elaboração teológica em São Boaventura.[9]

---

7. Ver toda a importante seção: 3 S, cap. 15 e seguintes.
8. Cf. 3 S, 15, 1.
9. São Boaventura aborda ampla e profundamente o tema da memória e de sua relação com a esperança no *Comentário às Sentenças* de Pedro Lombardo, em dois lugares: na Distinção III,"Como se pode conhecer a Deus" (a partir do ser humano, de sua "mente" e das três faculdades: "memória", "inteligência" e "vontade"); e na Distinção 26 do 3.º Livro, "Sobre a esperança". A doutrina exposta nesse comentário, de maneira técnica, escolástica, vem condensada em linguagem espiritual e calorosa no *Itinerário do Espírito rumo a Deus*, especialmente no cap. 3: "Contemplação de Deus em sua imagem gravada em nossas faculdades naturais". O próprio São Boaventura cita São Bernardo, *Sermão 11.º sobre o Cântico dos Cânticos*, onde a visão dinâmica e espiritual da memória é belamente desenvolvida. São Boaventura e São Bernardo nos parecem as fontes de São João da Cruz no seu projeto de prolongar a visão dinâmica e espiritual da memória em sua relação com a esperança. Mas João da Cruz o faz de maneira original, aí deixando a marca de seu gênio e de seu carisma.

Provavelmente, ela foi proposta por seus mestres carmelitas do século 15, recomendados por sua Ordem, no momento em que frei João estudava em Salamanca. Resta lembrar que o jovem teólogo tinha essa doutrina amplamente tratada no Comentário de São Boaventura às Sentenças de Pedro Lombardo. Este último fazia do estudo da memória um exercício obrigatório para todos aqueles que abordavam a dist. 3 do 1.º Livro das Sentenças.[10] O tema aí abordado era: a imagem de Deus, da Santíssima Trindade, se encontra inscrita no ser humano, precisamente porque ele está provido de memória, inteligência e vontade.

Um elemento comum está sempre presente a essa reflexão teológica que se estende por séculos: a memória é considerada como a capacidade de "agarrar", de "segurar" (em latim: *tenere, tentio*), de guardar, de conservar e de evocar conhecimentos já adquiridos. Ela é mais profundamente caracterizada como "a presença intencional e contínua da alma a si própria". Ela é a identidade do ser humano que se mantém no tempo, através do constante tecido, formado pelas relações de ter, de desejar, de gozar, de carecer e de chegar a amar o outro. Esse amor é o triunfo sobre as estreitezas do amor-próprio e da ambição das coisas. Ele é o dinamismo afetivo da memória purificada.

DUPLA VISÃO DA MEMÓRIA

As posições teológicas se diferenciam a partir desse dado geral.

Rememorando ainda a tríplice faculdade do espírito: memória, inteligência, vontade, de acordo com a tradição agostiniana, Tomás de Aquino esboça a sua própria doutrina: o fato de guardar as idéias e informações e de podê-las evocar não é suficiente para garantir à memória a qualidade de ser uma faculdade espiritual distinta; ela não faz mais do que assegurar uma função da inteligência. Santo Tomás dará uma formulação definitiva e argumentada a essa posição filosófico-teológica em suas sínteses doutrinais da maturidade.[11]

Situando a memória em um plano de simples função de conhecimento, Tomás não estabelece qualquer relação entre memória e esperança. Esta será considerada como uma virtude teologal, que se vem inserir na vontade, em sua função de desejo, visando suscitar, retificar e elevar seu elã espiritual para o bem a conquistar.

São Boaventura, ao contrário, vê uma influência da afetividade sobre a memória. Com a psicologia de seu tempo, ele fala de um "apetite irascível", de uma força afetiva que enfrenta o mal e as dificuldades que se encontram na busca do bem . O mestre franciscano reconhece um laço interior ligando esse "apetite irascível" e a memória, definida como função de "segurar", de "reter",

---

10. Cf. as indicações dadas na nota 8.
11. Ver por exemplo na *Suma Teológica*, I, q.79, a.7; *Suma Contra Gent*. II, cap. 74.

dir-se-ia: de "se agarrar às coisas". Por parte desse seu enraizamento afetivo no "apetite irascível", a memória precisa ser "reformada", retificada e elevada pela esperança, virtude que ele coloca na parte afetiva da alma, precisamente em sua função espiritual "irascível".[12]

Assim se desenha uma dupla concepção da memória. A primeira como simples função do conhecimento, sem relação direta com a afetividade nem com a virtude de esperança. É a posição desposada por Tomás de Aquino. Essa corrente filosófico-teológica prolonga as posições de Aristóteles. A outra, mais dinâmica, desenvolve e aprofunda as intuições de Platão. Ela introduz no processo mesmo da memória uma certa energia afetiva, algo de combativo. A memória guarda, ela "retém" como lembrança aquilo a que "se atém" por apego. Nela se encontra uma espécie de instinto de possuir e de selecionar os dados a guardar como um tesouro, que constitui a própria identidade do sujeito.

João da Cruz não se interessa pelo lado teórico dessas disputas teológicas. Mas ele dá provas de um senso profundo e de uma rara habilidade em suas opções, visando tirar de tudo o melhor proveito para elucidar as doutrinas e as veredas que possam "conduzir à perfeita união com Deus". Nada, porém, nesse espiritual, de uma atitude de compromisso ou de sincretismo. Ele escolhe suas posições com um discernimento fino e seguro. Atento à observação comum e na boa companhia de Tomás de Aquino, ele guarda a noção geral de memória, arquivista mais ou menos fiel das lembranças e experiências passadas, que se podem assim evocar com maior ou menor facilidade. Por outro lado, acolhendo e prolongando a posição agostiniana, especialmente elaborada por São Boaventura, São João da Cruz destaca a visão dinâmica, dialética da memória, caracterizando-a pela capacidade e pelo gosto de possuir.

SUPREMO DINAMISMO DA PASSIVIDADE

A partir dessa visão de uma memória habitada e influenciada pelo desejo, o mestre construirá uma teologia espiritual da memória a serviço da esperança, com muito rigor intelectual e com um grande sentido da realidade humana.

Marcada pelo dinamismo do desejo, levada pelo apetite e portadora de apetite, a memória precisa ser purificada, libertada, despojada de seus bens, o que significa, de seus apegos. Trata-se em primeiro lugar de um esforço lúcido e constante. O primeiro efeito da ação da graça para o teólogo João da Cruz é suscitar e sustentar o trabalho pessoal de auto-afirmação e de autoconstrução

---

12. Na psicologia de São Boaventura e dos autores escolásticos, o "apetite irascível" designa a capacidade ou função de reagir diante do mal, dos obstáculos, tentando superá-los. Esse apetite se realiza primeiramente no plano sensível, mas se encontra transposto, de maneira analógica, ao domínio espiritual.

do ser humano, esvaziando-se das vãs pretensões imaginárias e dos apegos deprimentes ou inebriantes ao passado. Eis a primeira "purificação " ou "noite" "ativa" da memória. É uma luta espiritual em que o ser humano se empenha de acordo com sua maneira racional de agir. É o domínio comum da ética ou da moral cristã.

A memória será em seguida purificada pela ação profunda da graça, além e acima da medida ou da maneira simplesmente racionais. Tal é, em substância, a "purificação" ou a "noite" "passiva", conduzida pelo próprio Deus, para que a "alma" venha a entrar "na perfeição da união divina transformante". Tratar-se-á, então, não apenas de se desprender de lembranças más e egoístas, dos apegos manchados pelo pecado ou a ele inclinando. A lei do despojamento será radical, quando se olha para as exigências da perfeita união divina: "toda forma distinta", qualquer representação, qualquer imagem estão desqualificadas como meio de união total a Deus na perfeição do amor contemplativo.

Temos aí descrita, de maneira minuciosa e exemplar para a memória, essa exigência absoluta de "purificação", de entrada "na noite". É o "escuro" completo, o "vazio" total que o santo doutor prescreve para qualquer faculdade do ser humano, em busca da "perfeita união".

É um imperativo do amor, que se dirige ao nosso gosto e à nossa capacidade de amar. Somos convidados a ouvir e a seguir o Mestre divino em seu Sermão da Montanha. Este é fundamento de todas as exigências proclamadas e ensinadas por São João da Cruz:

> *Dizemos que a memória deve se unir a Deus. Assim sendo, é imprescindível que ela se aniquile em relação a todas as formas que não são Deus. Pois Deus não pode entrar dentro dos limites de nenhuma forma ou de nenhum conhecimento distinto, como já o dissemos a respeito do entendimento. Ninguém pode servir a dois senhores (Mt 6, 24), ensina o Senhor. Por conseguinte, a memória não pode estar perfeitamente unida a Deus e ao mesmo tempo permanecer unida às formas e aos conhecimentos distintos.[13]*

Nunca se insistirá demasiado sobre a originalidade dessa visão e dessas opções de base de São João da Cruz. Esta sua mensagem é da maior atualidade para o nosso mundo industrial e tecnológico. Para o que há de melhor e o que há de pior, ele enverada pelos caminhos da posse-consumo, ao mesmo tempo que abraça a cultura da imagem e do imaginário, qual fonte de modelos e de formas de vida, de pensamento e de mentalidade para todo o universo.

Sem dúvida, a função e o lugar da memória parecem esmaecer lá em cima, no alto do "Monte Carmelo", quando a esperança se retrairá em face dos esplendores da Glória divina, da plena união de amor, na medida em que esta

---

13. Cf. 3 S, 2, 4.

se pode realizar neste mundo. É o que cantam o *Cântico Espiritual* e a *Viva Chama*.[14] O encontro da memória e da esperança é provisório, porém indispensável. A tendência a possuir e a açambarcar há de ceder o lugar à busca somente de Deus e ao serviço do próximo, em um empenho da mais radical pobreza evangélica. Tal é o itinerário que nos propõe o Mestre João da Cruz.

Esse projeto quer ser duplamente encorajador, porque duplamente realista: por um lado, não se esconde a realidade do ser humano, o ambicioso monopolizador, sinuoso e tenaz, em seu coração, em seus desejos, em sua memória individual e coletiva. Por outro lado, aposta-se na realidade surpreendente do Amor divino, sem falha, sem arrependimento, sem discriminação. Ele traz exigências e, mais ainda, promessas de libertar o ser humano, tornando-o capaz de amar deveras, e mesmo de encantar-se pela beleza do verdadeiro Amor.

O ENTULHO DAS "APREENSÕES"

Daremos um passo à frente, na compreensão desse projeto de caminhar e de encaminhar "à perfeita união do amor contemplativo", destacando a dupla forma antitética que assume o dinamismo do ser humano, nas duas etapas da subida.

A primeira é dominada pelo que João da Cruz chama as "apreensões". Assim se caracterizam as atividades de conhecimento e afetividade daqueles que não decolaram da planície. Vivem no mundo rasteiro das coisas, formas, figuras, apetites e interesses sensíveis ou imaginários. Ou se agitam nas malhas dos desejos, vaidades e amores, simples extensões de um mesmo e estéril egoísmo.

Em oposição às "apreensões", o doutor místico sugere o nome de "toques divinos", para marcar a originalidade do novo princípio de vida, da energia que vem do Outro e assume a "alma", a pessoa humana, já vazia das coisas e de si. Ela se verá então agilizada em uma pura relação de amor com o Outro transcendente e com os outros que tornam efetivamente presente esse outro transcendente.

João da Cruz elabora o termo próprio para designar o mundo de miudezas entrelaçadas que vêm entulhar a alma (entendamos a pessoa em marcha para Deus), barrando-lhe os caminhos do amor e extenuando as energias do desejo de subir. Ele descreve e analisa as "apreensões" dos sentidos, da imaginação, da afetividade e até das faculdades de entender, graças a idéias, de recordar, através de evocações, e de querer, mediante opções.

Relevemos a conotação latina do termo "apreensão". O sujeito humano apreende, prende, capta os objetos, deles se apodera, no sentido ativo; e, na

---

14. Ver por exemplo CEB estr. 36 e VCB estr. 4.

acepção passiva, é captado, cativado pelo gosto e pela figura, pelos limites, pelo peso, pela sedução de um bem ou de um amor, que fecha a criatura no contentamento ou no desassossego da sua finitude. As apreensões, invadindo o sentir, o saber, o desejar retardam a caminhada. Acabam paralisando até a capacidade de crer, de apostar na subida da Montanha.

Essa definição original das apreensões já nos encaminha à compreensão que João da Cruz nos sugere da memória e da esperança.

Além de sua função comum, de arquivo de lembranças, disponíveis às evocações e combinações conscientes, a memória é olhada primordialmente em sua função de "possessão" das "apreensões." Ela é vista como esse universo interior, em que o conhecimento e o desejo, graças a "apreensões" múltiplas, acumularam um tesouro de bens e interesses, de prazeres e alegrias, de angústias e sofrimentos. É todo um universo imaginário e afetivo surgindo, em relação de interdependência com o mundo exterior. A memória permanece qual riqueza e peso do passado, marcando, condicionando e até barrando as sendas do futuro.

Para que esse futuro se abra a Deus pela esperança, é preciso que a memória seja esvaziada, libertada de todas as posses, lembranças e cargas afetivas que a parasitam. Há de livrar-se de tudo o que prende o ser humano ao seu passado e que o cola a si próprio como projeto de realização de si mesmo pelo ter. Por essa concepção dinâmica da memória, São João da Cruz se mostra um teólogo atento à realidade e à vida do espírito, o que o torna muito atual e próximo da psicologia das profundezas.

A função dinâmica da memória se vê portanto realçada graças ao itinerário espiritual pelo qual o ser humano se purifica e se liberta, para poder realizar-se como projeto histórico. Em vez disso, ela parece eclipsar-se na chegada à etapa final da união transformante. A essa altura, aliás, o jogo distinto e disperso das faculdades esmaece, cedendo o lugar à "substância da alma", ao "centro da alma", em que Deus habita e opera imediatamente. Inteiramente purificado de todo apego ao pecado e esvaziado totalmente de qualquer apreensão ou representação, livre do vaivém incômodo das idéias e dos apetites, o ser humano experimenta, na simplicidade do amor, a presença velada do próprio Deus. Essa presença se dá como simples toque direto e apelo sem limites, despertando paz e anseio, pois já se anuncia a luz definitiva.

Paradoxalmente, a "noite" se realiza então de maneira acabada, com a supressão de todas as modalidades possessivas ou dispersivas, que condicionam as faculdades cognitivas e afetivas. Expande-se plenamente a "noite bem-aventurada". Pois a "escuridão", que desce sobre a inteligência, a memória e a vontade, é o vazio que aponta e desponta para a "Obscuridade do Mistério divino": Deus, ainda velado em sua Glória, se revela intimamente presente na perfeição de um amor, que convém e que é possível ao ser finito, ainda neste mundo.

"Toques divinos" na "substância da alma"

Neste mundo, precisamente, tal como o vê o místico, as coisas e os bens limitados são captados e cativam o ser humano, através das apreensões que o entulham, o dilaceram e o mancham, afastando-o do verdadeiro Amor. Na paz da união transformante, Deus se manifesta presente e age na "substância" da alma, para além do jogo complexo e dispersivo das faculdades. Em sua perfeição e simplicidade, a ação divina reveste a forma do que o doutor místico chama "toques". Esses "toques divinos" são muito freqüentes na linguagem teológica de São João da Cruz.[15]

O "toque divino" (seu qualificativo mais típico é toque "delicado") confraterniza com expressões tais como "feridas", "queimaduras" (do Amor) e a "Mão"(de Deus). O recurso a esses termos simbólicos é mais freqüente e desenvolvido em outros místicos, que se demoram mais na descrição dos fenômenos. João da Cruz alude a esses autores, entre os quais destaca com deferência a Madre Teresa (de Ávila).[16] Ele mesmo se mostra mais sóbrio, pois não se empenha tanto em descrever, mas antes em explicar teologicamente os princípios e os caminhos, as condições e os obstáculos da vida espiritual.

Abordando essas modalidades propriamente divinas da ação da graça transformante, o santo doutor parece visar um duplo objetivo conexo. Evocando a admirável riqueza e variedade das experiências místicas, ele procura em primeiro lugar realçar a originalidade e a excelência singulares da perfeita união contemplativa. No ápice da "noite passiva do espírito", quando a "alma" é elevada ao "noivado", e sobretudo ao "matrimônio espiritual", só Deus age, de maneira inteiramente divina, introduzindo a "alma esposa" na total simplicidade, na perfeita intimidade e total identidade de um mesmo bem-querer. Só mesmo o Esposo divino pode comunicar-se à sua Esposa, mediante "toques" e outras intervenções propriamente divinas.

Um outro objetivo visado por São João da Cruz o situa na trilha e no prolongamento de Santo Agostinho. Este, especialmente nas *Confissões* e no tratado *Sobre a Trindade*,[17] se empenha em mostrar na mente humana a imagem do mistério da Comunhão Trinitária. Em sua perspectiva propriamente mística, São João da Cruz se compraz em contemplar e manifestar a imagem divina resplandecendo na perfeita união de amor. Os termos simbólicos escolhidos para

---

15. A partir do cap. 24 do 2.º livro da SC, através do 3.º livro, em seguida na NE, para chegar a se tornar a linguagem própria do CE e da VC.

16. "A bem-aventurada Teresa de Jesus, nossa Mãe, escreveu sobre esse assunto coisas admiráveis, que – assim espero – serão publicadas muito em breve", declara o santo doutor, em CEB, estr. 13, n.º 7. No CEA, estr. 13, n.º 6, ele fala com mais insistência: "Assim o espero da bondade de Deus"...

17. Ver nas *Confissões*, livro 10, especialmente cap.17 "Da memória até Deus", e o livro 11. No tratado *Sobre a Trindade*, todo o livro 14, "A alma, imagem de Deus", constitui uma exposição admirável, magistral do pensamento de Santo Agostinho. Esses textos tornar-se-ão as fontes, sempre freqüentadas, para a tradição ulterior.

realçar a modalidade tipicamente divina da ação da graça transformante são descritos de maneira a evocar a comunhão e as propriedades das Pessoas Divinas.

Assim canta o poeta místico, na "Viva chama de amor", o mais sublime e intraduzível de seus poemas:

> *Oh, chama de amor viva*
> *Que ternamente feres*
> *De minha alma no mais profundo centro!*
> *Acaba já, se queres,*
> *Ah, rompe a tela desse doce encontro!*
>
> *Oh, cautério suave!*
> *Oh, ditosa chaga!*
> *Oh, branda mão! Oh, toque delicado*
> *Que a vida eterna sabe,*
> *E toda dívida paga!*
> *Matando, a morte em vida me hás trocado.*

Entre as formas de intervenção desse Deus Unidade-Trindade, o "toque", mais especialmente atribuído ao Filho, é a mais freqüente e a mais amplamente descrita.[18] É o modo próprio de Deus agir em sua suprema perfeição e delicadeza de amor. É a ação íntima e imediata de Deus. Estabelece o contato direto com Deus, sem mais intermediário. Por isso, não ocupa nem entulha a memória, como o fazem as "apreensões", mesmo sobrenaturais, ajunta o santo doutor. Esse último encarecimento: "mesmo sobrenaturais" e outras expressões equivalentes querem significar com muita ênfase essa doutrina radical: as representações, as imagens, as idéias, mesmo que acompanhem fenômenos sobrenaturais autênticos, por elas mesmas não são capazes de introduzir diretamente, imediatamente, na intimidade da União divina transformadora. Estabelecer, manter, alimentar essa União contemplativa e transformadora é a prerrogativa daquelas virtudes propriamente divinas, as virtudes teologais, a fé, a esperança e a caridade.

MÍSTICA E DIÁLOGOS TRANSDISCIPLINARES

Seria possível o diálogo transdisciplinar, quando nele intervêm uma ou mais formas de conhecimento por iniciação? Esse tipo de conhecimento se encontra

---

18. No comentário dessa segunda estrofe, São João da Cruz nos indica que a "mão" é atribuída ao Pai, o "toque" ao Filho e a "queimadura"(o "cautério", bem como a "chaga", a "ferida") ao Espírito Santo. Todos esses símbolos prolongam uma tradição que tenta audaciosamente lançar um olhar discreto e amoroso sobre a ação divina, que vem da Comunhão Trinitária e para ela conduz.

justamente tanto na experiência mística quanto na prática psicanalítica. A questão se põe, portanto, para uma e para outra, e mais ainda nas relações entre as duas.

Quando Paul Ricoeur lançou suas obras sobre a "interpretação", não faltou quem indicasse o profano que se aventurava a explicar os caminhos e as posições de S. Freud. A acolhida nos seminários do Dr. Jacques Lacan esteve longe de ser entusiasta. No entanto, a fenomenologia, que tem em Ricoeur um mestre e mesmo um pioneiro, é uma atitude filosófica que faz apelo à experiência e à análise da experiência. Por seu campo e seu método, não seria uma disciplina bem próxima da psicanálise?

A questão se complica para a mística, pois, segundo o parecer dos mais lúcidos, dos que a praticam e ensinam, como João da Cruz e Teresa de Ávila, ela constitui um conhecimento em si não comunicável por seu conteúdo e modalidade próprios.

Sem entrar nessa questão geral de teoria do conhecimento, limito-me a indicar uma pista aberta por uma discípula e continuadora de Ed. Husserl, a qual se tornou seguidora e intérprete de São João da Cruz. Em seu livro consagrado à teologia mística deste doutor, *A Ciência da Cruz*, Edite Stein aproxima fenomenologia e mística, fazendo uma aplicação de sua primeira intuição, quando tomava contato com E. Husserl. Então, sua primeira tese lhe valeu tornar-se a assistente do fundador da fenomenologia. Nesse escrito pioneiro, Edite Stein propunha uma análise fenomenológica da empatia, definindo-a como uma comunhão de experiências individuais, estudando a possibilidade e as condições da permeabilidade dessas experiências no que elas têm de original e mesmo de singular.[19]

Permanecendo em meu simples papel de informador teológico, parece-me interessante destacar os teólogos contemporâneos, discípulos de Jacques Lacan e que vêm praticando o diálogo transdisciplinar, à luz da teoria e da prática psicanalítica. Mencionemos entre outros, além dos mais conhecidos e discutidos, Jacques Pohier e Eugen Drewermann: Roland Sublon e Denis Vasse.[20]

Dentro do atual contexto cultural e em companhia desses autores, relevamos alguns temas mais significativos e eventualmente fecundos para o diálogo transdisciplinar.

---

19. Tentei aprofundar a análise da experiência propriamente moral em meu livro *Éthique chrétienne et dignité de l'homme*, cap. 11: "Lieux et enjeux de l'expérience morale", Éd. du Cerf, Paris, 1992, p. 183–202.

20. Roland Sublon, doutor em medicina, doutor em teologia, professor na Universidade de Estrasburgo, membro da Escola Freudiana de Paris. Entre seus livros, citemos *Fonder l'éthique en psychanalyse*, Éd. FAC, Paris, 1982. Denis Vasse, jesuíta, psicanalista, membro da Escola Freudiana de Paris, discípulo muito estimado de J. Lacan e muito ligado a Françoise Dolto. Interessa-nos especialmente sua obra: *L'autre du désir et le Dieu de la foi. Lire aujourd'hui Thérèse d'Avila*, Éd. du Seuil, Paris, 1991. Publicado em português, sob o título: *Leitura Psicanalítica de Teresa de Ávila*, trad. de Nadyr de Salles Penteado, Ed. Loyola, S. P., 1994.

Salientamos, inicialmente, no vocabulário já um tanto usado do pensamento existencial, o que se poderia chamar a busca da atitude autêntica, entendida como a verdade do ser humano, de cada ser humano, buscada com ele e por ele, mais do que a verdade sobre o ser humano. Reconhecemos um provável ponto de encontro para um diálogo transdisciplinar privilegiado entre mística e psicanálise, com maior pertinência e convergência em torno de experiências humanas fundamentais e concretas.

Convém abordar o projeto místico, pelo limiar da indispensável e escorregadia verdade humana. "A verdade fascina e faz medo." Todo ser humano é um enamorado da verdade de sua vida, em sua vida, em suas relações, especialmente nas que tocam o rumo de sua existência, sua realização afetiva, amorosa, sexual e social. A mentira que atinge esse núcleo essencial é intolerável nos outros e, dentro de si mesmo, vira um tormento e uma escalada de tormentos. Sobretudo, se a dissimulação pretende esconder o cadáver nos armários do olvido.

O contato com a ética e com a mística me leva a ajuntar que o ser humano, além da sede, tem o pavor da verdade. Porque dando de iluminar os recônditos do homem e da mulher, a verdade se torna exigência inexorável. Ela se intromete no que há de mais difícil e delicado. Intima ao ser humano que assuma a coragem de ser, de não se deixar fazer nem mesmo pelos mestres do bem e do mal. Que se amolde ao mestre mais terrível, que é a própria verdade falando dentro dele, de dentro dele. Essas posições iniciais da ética e da mística, sem dúvida em um outro registro epistemológico, não iriam ao encontro de posições similares e igualmente fundamentais na prática senão na teoria psicanalíticas?

Em referência aos temas anteriores, concernentes à autenticidade humana inicial e ao caráter crucial da verdade para fundar a ética e a mística, dois outros temas, por nós abordados, parecem merecer uma atenção primordial. Trata-se do vazio da memória e dos toques divinos nas profundezas ou no centro da alma.

ESBOÇO DE SÍNTESE

Com os olhos nesse contexto contemporâneo, tentemos sintetizar o essencial das posições místicas de João da Cruz.

O vazio da memória funda e inaugura o processo da total purificação e disposição do espírito para conhecer e amar. Essa prerrogativa primordial da memória lhe advém de sua qualidade de ser como a presença do espírito a si mesmo e de escolher para si o seu tesouro, prendendo-se à terra ou elevando-se ao céu. O vazio ou a noite da memória significa a identificação afetiva com o Outro, que é Deus, e com os outros, aceitos na sua dignidade divina. Essa identificação divinizante e plenamente humanizante se realiza graças à libertação de um passado, tecido de objetos, de formas, figuras e apegos, que barram e impedem a marcha para o futuro na esperança e o dom de si pelo amor.

Uma vez alcançado esse porvir pela esperança e essa doação de si pelo amor, surge uma nova forma de presença e de união do finito e do Infinito. Essa nova etapa ou essa nova qualidade de ser da criatura em ordem ao Criador vêm expressas por João da Cruz através da doutrina mística dos toques divinos. Ele redefine e precisa uma noção muito espalhada nos meios espirituais dando-lhe uma consistência e um extremo rigor teológico. O toque é o modo próprio de Deus agir em sua criatura que se alçou, sem dúvida, na docilidade à ação da graça divina, e atingiu o mais alto do que lhe permitem a condição e os limites do ser finito. Esses toques divinos inauguram, entre a criatura e o Criador, puras relações de sujeito a sujeito, de pessoa a pessoa, de amor perfeito e exclusivo de parte a parte. Deus faz ser e agir a sua criatura, para além de formas e figuras, para além do desejo de dons, mesmo celestes e divinos. O vazio da memória, seguido do vazio da inteligência e da vontade, estabelece esta nova forma de presença e de ser de Deus no "centro da alma". Aí, o toque divino não enriquece, menos ainda entulha a memória, pois é o próprio dom pessoal de Deus confiando-se diretamente à pessoa da criatura amada.

É a total gratuidade do amor. Ele deve culminar no matrimônio espiritual, o Esposo divino e a esposa humana se amam em uma total identificação de vontades, querendo-se, dando-se e aceitando-se mutuamente, cada um sendo o único bem para o outro.

Encontramos aqui várias correntes da ética contemporânea que desdobram a dialética do Ser e do Ter, em afinidade com a filosofia existencial, de Karl Jaspers e de Gabriel Marcel. A ética do Ser implica o vazio do ter, o que aliás vai de encontro à mentalidade e à ideologia do consumismo, que penetram e intoxicam a civilização atual. No entanto, o recurso à antítese do Ser e do Ter não levará longe, se é apenas vulgarizada, banalizada, em uma retórica desprovida de referência viva a experiências de base.

A mística surge como uma experiência que exige e coroa uma série de experiências, que enfeixam e elevam toda a existência: individual, relacional, familiar, comunitária e social. Para o místico, o ser não é uma vaga negação do ter. É a superação de toda dependência, na livre disposição do próprio ser e dos próprios bens, permitindo viver na graça, na gratuidade, que se concretiza na doação do que se tem e do que se é.

Inaugurar ou mesmo sugerir um diálogo com Jacques Lacan excede os limites e até o propósito desta contribuição. Vou encerrá-la, no entanto, fazendo intervir um teólogo discípulo de Lacan e citando um dizer de seu mestre.

Denis Vasse declara, sem muito compromisso:

> *Não se pode dizer que o Outro do desejo (= segundo Lacan) é o Deus da fé. Porém, a necessária posição do Outro e do vazio (le manque) que é o seu significante abre caminho, de certa maneira, à verdade que fala*

em um corpo ou que é falada por um Corpo. Só a Verdade fala, ao passo
que a linguagem murmura a palavra pela metade.

E então o teólogo confia ao seu mestre a conclusão de seu livro, como eu
lhe entrego a conclusão dessa palestra.
Fala Jacques Lacan:

> *Pessoas bem intencionadas ficaram surpresas de saber que eu*
> *colocava entre o homem e a mulher um certo Outro, que tinha os ares*
> *do velho bom Deus de sempre.*

Depois de explicar que para ele era um certo jeito, "não de laicizar, mas de
exorcizar esse velho bom Deus", Lacan vai em frente:

> *Hoje, vou antes lhes mostrar em que justamente existe esse "velho*
> *bom Deus". Seu modo de existir não vai agradar sobretudo aos teólogos,*
> *que aliás são mais fortes do que eu em dispensar a existência de Deus.*
> *Infelizmente, não me acho exatamente na mesma posição, porque me*
> *ocupo é do Outro. Este outro, se só existe um, deve estar relacionado*
> *com o que aparece do outro sexo.*[21]

Por essa simples amostra, pode-se inferir que o diálogo transdisciplinar
permanece sempre possível. Mas pede algum esforço, bastante lucidez e muita
coragem.

---

21. Cf. Denis Vasse, Obra cit. na nota anterior, p. 244–245. O texto de Lacan é de 1972–1973.

A CAPACIDADE NEGATIVA SEGUNDO BION E NA ATUALIDADE

Antonio Muniz de Rezende*

1. O título deste trabalho inspira-se, pelo menos em parte, na distinção estabelecida por Bion entre uma psicanálise clássica e a "atual". Se a psicanálise de Bion pode ser considerada "atual", em relação à "clássica psicanálise de Freud e seus primeiros colaboradores", isto se deve, de fato, a uma constante expansão de seu pensamento no interior do próprio movimento psicanalítico.

O trabalho que vou apresentar sobre a "capacidade negativa", dentro da temática geral desta Bienal de Psicanálise, comporta dois enfoques complementares: no primeiro, considero a contribuição de Bion; no segundo, sua possível atualização graças à contribuição de outros pensadores nos dias de hoje. Em ambos os enfoques, seguirei o ordenamento sugerido por Bion a respeito dos três modelos epistemológicos de que costuma lançar mão, a saber: o científico-filosófico, o estético-artístico e o místico-religioso.

Levando em conta a apresentação feita por Frei Carlos Josaphat sobre São João da Cruz, vou falar primeiro sobre a capacidade negativa no contexto do modelo místico religioso e sua atualização por Jacques Derrida, especialmente nos textos intitulados "Salvo o Nome" e "Resistências". Em seguida, falarei sobre a capacidade negativa no contexto do modelo filosófico-científico, e sua atualização em face do pensamento de Stephen Hawking, especialmente quando nos fala sobre "O fim da física". Por último, no contexto do modelo estético-artístico, farei pelo menos uma alusão a Heidegger com seus

* Psicanalista da SBPSP.

comentários sobre Van Gogh, a Manuel de Barros com seu *Livro sobre Nada*, e a Samuel Beckett em *Esperando Godot*.

Em si mesma, segundo Bion, a capacidade negativa está diretamente ligada à expansão do pensamento, tanto dentro como fora do movimento psicanalítico. Sem ela, não haveria possibilidade de movimento algum e muito menos de expansão. O "positivismo" (que segundo Bion é um dos sinais da posição esquizo-paranóide) tende ao imobilismo, à rigidez, à estagnação, ao passo que a "capacidade negativa" (conotando a posição depressiva) é condição e fator de transformações. Em seu livro com esse mesmo título (*Transformations*), Bion fala de variáveis e invariantes: a psicanálise é a invariante que tem na atualização constante a sua mais importante variável, o mesmo acontecendo no contexto da oscilação entre a posição dos conservadores e a dos inovadores.

Dando, pois, continuidade ao que foi dito por Frei Carlos a respeito de São João da Cruz, citado por Bion a propósito do tema maior de nossa Bienal, começo meu primeiro item com especial referência a Mestre Eckhart – igualmente citado por Bion – para prosseguir, sem demora, na linha de atualização proposta por Jacques Derrida, em seus comentários sobre Angelus Silesius e a teologia negativa. (Quem quiser aprofundar o estudo sobre a teologia negativa de Mestre Eckhart poderá consultar os dois excelentes trabalhos de Alain de Libera "La mystique rhénane, d´Albert le Grand à Maître Eckhart"; e do mesmo autor com Émilie Zum Brunn "Maître Eckhart, métaphysique du verbe et théologie négative".)

2. Mestre Eckhart é um dominicano que viveu no século XIII, na mesma época em que viveram Alberto Magno e Tomás de Aquino. Juntamente com Tauler e Henrique Suzo, Eckhart é integrante da famosa Escola Renana de Teologia, caracterizada, precisamente, pela ênfase na capacidade negativa.

Uma importante citação de Mestre Eckhart, feita por Bion, diz respeito à distinção entre Deus e a Deidade (*Gott und Gottheit*): Deus é tudo o que nós conhecemos da Deidade, mas não é Ela. Assim sendo, nosso discurso sobre Deus pode ser considerado um discurso "positivo", ao passo que nossa referência à Deidade é necessariamente "negativa". A capacidade negativa do teólogo, com sua teologia negativa, manifesta-se, portanto, como uma capacidade de dizer "não" a tudo o que, antes, ele foi capaz de "afirmar" sobre Deus. "Não" a Deus, em Nome da Deidade. ("Salvo o Nome", dirá Derrida.)

Levando em conta o alcance maior de semelhante distinção, Lacan, retomando Heidegger, distingue entre a *Théologie* e a *Dieulogie*. A primeira, relativa à Deidade, só pode ser negativa; a segunda pode ser afirmativa, mas diz respeito tão-somente a Deus.

Assim como Eckhart distingue entre Deus e a Deidade, Bion também distingue entre os objetos psicanalíticos e a Realidade Última, simbolizada pelo ideograma O, "infinito, informe, inominável" (nas palavras de Milton). Embora a evolução de K para O possa ser o caminho normal a ser seguido pelo analista "em direção a O", Bion nos fala de um outro movimento mais perfeito, de O para K, que supõe, evidentemente, um nível superior de experiência, "de acordo com O", julgada possível, embora menos fácil de alcançar.

Na leitura dos textos de Bion, alguém poderia pensar que semelhante distinção (entre os objetos psicanalíticos e a Realidade Última) pudesse corresponder univocamente à distinção feita por Kant entre o fenômeno e o númenon. Não é bem assim. Além de não ser propriamente um kantiano, Bion distingue entre a Realidade Última e a coisa-em-si. A menção à coisa-em-si é feita no contexto de uma análise da parte psicótica de nossa mente, como a "alguma coisa" perturbadoramente inacessível; e que, no entanto, fica no lugar dos dados possíveis de nossa experiência. Daí haver, na linguagem do psicótico, uma referência a "essa coisa" ininteligível, ou a "eles", de maneira objetivamente impessoal. A clínica da psicose deve, portanto, começar pela reconciliação com a experiência da realidade, como condição prévia a qualquer tentativa de acesso ao pensamento simbólico. Sem decair para o "pensamento concreto da coisa-em-si", a reconciliação com a experiência fenomenal (no registro do real) pode tornar-se via de acesso normal à Realidade Última (no registro do simbólico). É na própria experiência (fenomenal) que Bion vê a possibilidade de um ato de fé (na Realidade Última).

Essas considerações são importantes para que não se confunda o uso do modelo místico feito por Bion (e sua fé na Realidade Última) com o comportamento psicótico daquele que "foge da realidade" para um espaço meramente imaginário, lugar das identificações projetivas mais absurdas. Bion nunca diria: *Credo quia absurdum*, contrariamente ao que ocorre, com relativa freqüência, na clínica da psicose. Antes, ele diz: "Creio na Realidade Última como num fato primordial". E, para ele, trata-se de uma fé científica.

Essa Realidade Última, por sua vez, é objeto de uma experiência fundamental, "de acordo com O", análoga à do místico com sua capacidade negativa. Para exprimi-la em sua língua pátria, Bion inventou a expressão *At-one-ment*, (a não ser confundida com *atonement* ou "reconciliação"). *At-one-ment* é um substantivo formado a partir do advérbio *at-one* e significa, para Bion, uma conjunção ou melhor uma "comunhão no ser", *Being*, muito mais que no dizer ou mesmo no pensar (embora, para Bion, a experiência de pensar esteja muito próxima da experiência de ser). Para os místicos, dentre os quais Mestre Eckhart, o correspondente de *At-one-ment* seria a própria união com Deus, numa Presença entendida como *prae(s)entia* do "ser-aí" (na linguagem de Heidegger).

Sem exagerar o sentido da comparação, algo parecido é também sugerido por Freud na dialética do *Fort – Da*, isto é, da ausência e da presença. O que está sendo sugerido é a experiência de algo (ou alguém) que mesmo ausente é experimentado como presente, embora, quando presente, possa também ser experimentado como ausente. Na linguagem dos místicos, *At-one-ment* seria o correspondente da Graça e da Caridade, na Presença de Deus, como fator de união existencial, numa experiência por conaturalidade afetiva, muito embora sem palavras.

A esse propósito, tornou-se clássico mencionar um pensamento de Kant citado por Bion: "Conceito sem intuição é vazio, intuição sem conceito é cega". A leitura bioniana dessa frase de Kant é feita num sentido não-kantiano e sugere que, em relação à Realidade Última, podemos ter uma intuição sem conceito, portanto cega, sem que, no entanto, ela possa ser considerada vazia. Ao contrário, quanto menos conceitual, mais real ela poderá ser. Aliás, a mesma coisa é dita pelos místicos: sem palavras, mas com todo o ser. (Derrida retoma, a este propósito, algumas considerações semelhantes às de Bion a respeito de *with-out*, "com e sem" ao mesmo tempo.)

Tudo isso tem conseqüências práticas, tanto para o místico quanto para o psicanalista, no tocante à maneira de preparar-se para a experiência de *At-one-ment* com a Realidade Última. Retomando uma das intuições mais profundas da mística de Mestre Eckhart (embora não exclusivamente da Escola Renana), Bion mostra como a experiência de "acordo com O" (na linguagem bioniana), e de presença da Deidade (na linguagem de Mestre Eckhart), não é possível sem que prévia e simultaneamente haja um *processo de esvaziamento* ou despojamento que Mestre Eckhart chamava de *Abgeschiedenheit*. (Angelus Silesius, comentado por Derrida, falava também da atitude de *Gelassenheit*, como o "deixar-se levar pela Deidade". O próprio Bion acrescenta o preceito "sem memória, sem desejo e sem compreensão", que eu vou deixar para comentar no próximo bloco, a respeito da atualização do modelo filosófico-científico.)

Estabelecendo uma relação entre o "despojamento" e a relação "continente-contido", é como se Bion (depois de Eckhart) nos dissesse: "ninguém pode ser continente para o Ser (Deidade, Realidade Última) – por meio de um conceito – sem primeiro esvaziar-se de qualquer outro "contido", a começar por si mesmo. Paradoxal e inevitavelmente, é como se a relação se invertesse: ninguém pode "ser continente" para a Realidade Última sem primeiro "ser contido por ela". E esta é a essência da experiência básica, tanto da mística como da psicanálise: não se trata de conter Ó, como um outro que si mesmo, mas de ser Ó, sendo contido por ele.

Nesse sentido, e no prolongamento de Mestre Eckhart, Bion também distingue entre os que "falam sobre psicanálise" e os que "sabem por experiência" (de ser) do que é que estão falando. Por isso, continuando com Bion e Lacan, poderíamos distinguir, analogicamente, entre uma "psicanálise *dieulogique*" e uma "psicanálise *théologique*". A primeira seria o conjunto de teorias (conceptuais) que psicanalistas e não psicanalistas foram construindo num "discurso psicanalítico sobre a mente"; enquanto a segunda começaria pelo reconhecimento (intuitivo) de que esse discurso "não" diz a experiência psicanalítica de "ser" a Realidade Última. (Derrida vai, portanto, propor-nos uma "desconstrução" de semelhante discurso *dieulogique*.) Uma "psicanálise negativa" sendo muito mais ampla e verdadeira que qualquer "teória psicanalítica", Bion diz claramente que "a própria teoria psicanalítica pode não ser bom continente para a experiência psicanalítica". Estabelecendo, pois, uma analogia, nós teríamos a seguinte relação proporcional:

> *Assim como a Realidade Última está para a Deidade, assim também a psicanálise está para a théologie. Igualmente: assim como os objetos psicanalíticos estão para Deus, assim também a teoria psicanalítica está para a dieulogie.*

É nesse contexto de relações simbólicas que Bion nos fala do "analista que é" como sendo o único "verdadeiro analista". E nós podemos compreender também por que motivo a "formação" de um analista não pode ser meramente teórica (não acontecendo, por exemplo, em cursos universitários), mas tem que basear-se na própria análise, como experiência da Realidade Última presente em sua vida mental.

Para entendermos melhor o que seja Deus para nós, Bion retoma a idéia de evoluções (de O para K), da Deidade para Deus, seja na Processão das pessoas divinas da Trindade, seja na Criação e na Encarnação. Em sentido contrário, pode-se falar também de uma evolução de (K para O), das criaturas para o Criador, o que não exclui, antes postula, o salto da fé, numa mudança catastrófica, negativa de toda afirmação anterior, única capaz de nos fazer chegar à esfera da Deidade. (Daqui a pouco, citando Stephen Hawking, vou dizer que também os físicos nos propõem uma caminhada em direção a O, "sabendo" no entanto que a própria ciência não os autoriza a passar do outro lado.)

A "capacidade negativa" na psicanálise de Bion, no contexto do modelo místico religioso, tem tudo a ver com essa "teologia negativa", para a qual o ser humano se prepara por meio da *Abgeschiedenheit*, atitude básica e fundamental que podemos traduzir por "Despojamento" – numa purificação que é também esvaziamento – relativamente a tudo o que não é a Deidade, mesmo ou principalmente quando corremos o risco de ficarmos saturados pela *dieulogie* como num "discurso sobre deus".

Resta-me dizer uma palavrinha sobre como a capacidade negativa está presente na construção do objeto psicanalítico. Segundo Bion, os elementos e objetos psicanalíticos estendem-se ao domínio dos sentidos, dos mitos, das paixões, conotando as teorias.

Ora, a percepção psicanalítica dos dados da sensibilidade supõe algo mais que os simples sentidos – supõe a função alpha como capacidade de negar o objeto meramente sensorial, para descobrir a realidade psíquica no próprio domínio do sensível.

No prolongamento da função alpha e como um seu desenvolvimento, Bion nos fala, depois de Melanie Klein, de uma *rêverie* materna do psicanalista, como capacidade de pensar o impensado do filho-analisando, indo portanto além de seus mitos e de sua incapacidade infantil de dizer "alguma coisa".

Mais longe ainda, podemos falar de um além das paixões, na direção de *at-one-ment*, por meio da com-paixão ou com-padecimento, como capacidade de sentir, num outro nível, aquilo mesmo que o paciente (bebê) está sentindo.

Por último, indo além das teorias que o paciente forma a seu próprio respeito, o analista bioniano procura, na experiência verdadeira, as evidências que lhe permitem ir mais longe que todas as "certezas" forjadas defensivamente na mente do paciente.

De maneira global, os aspectos negativos que aparecem no interior das diversas dimensões do objeto psicanalítico são ainda unificados, negativamente, no vértice da pirâmide, como vértice de O, que não é nenhum dos outros pontos, mas os refere todos a uma expansão infinita, como o centro da esfera pelo qual pode passar uma infinidade de linhas.

3. Vejamos agora como Derrida pode ajudar-nos a atualizar o pensamento de Bion acerca da capacidade negativa. Ele o faz em seus comentários sobre Angelus Silesius, a teologia apofática, e o método da desconstrução.

Por uma questão didática, talvez fosse bom começar pelo sentido dado à teologia "apofática" como sinônimo de uma teologia negativa. Na minha leitura de Derrida (que por sua vez lê Angelus Silesius), não devemos confundir o "infantil" e o "apofático" a propósito da teologia e da capacidade negativa. Digo isso porque as duas palavras poderiam ser tomadas como sinônimos a partir de sua etimologia: a primeira, derivada do latim (*in-fans*, quer dizer "não falante") e a segunda derivada do grego ("apofático", com a mesma significação).

No entanto, em relação à capacidade negativa, podemos acrescentar que o "infantil" é antes uma incapacidade de dizer ou falar, ao passo que o apofático é uma capacidade de não dizer ou de calar. Capacidade ou incapacidade, eis a grande diferença. Dito de outra forma: enquanto o infantil pode ser sinônimo de imaturo, o apofático é aqui tomado como sinal de uma sabedoria madura, por parte daquele que "sabe que não sabe". No nível de uma escuta bem atenta, percebemos logo a diferença existente entre, por exemplo, uma psicanálise infantil (por comparação com uma teologia ingênua) e uma psicanálise apofática (por comparação com a teologia negativa).

Derrida não se contenta em apontar a diferença entre uma e outra, mas, praticando uma "filosofia depois da psicanálise", apresenta-nos ainda a possibilidade e a necessidade de "desconstruirmos" o discurso que foi positivamente construído a respeito de Deus (e, do ponto de vista psicanalítico, a respeito da mente). Miticamente falando, essa construção é a Torre de Babel. Ela costuma ser mencionada a partir da confusão das línguas ocorrida posteriormente à "intervenção" de Deus para impedir o prosseguimento da empreitada humana. Mas a necessidade de sua "desconstrução" começa antes, em relação ao próprio projeto e aos seus fundamentos. Não é por causa da confusão das línguas que a Torre de Babel precisava ser desconstruída, mas por causa da futilidade do projeto. Era preciso zerar tudo, inclusive o projeto, para que uma outra construção se tornasse possível. A Torre de Babel era como uma afirmação da capacidade positiva do ser humano, inclusive para competir e se defender de um Deus considerado como possível inimigo. Daí a tentação-tentativa de construir um "edifício" inexpugnável, como forma última de afirmação do seres humanos. A Torre de Babel seria o primeiro monumento à positividade. Como tal é que ela precisava ser desconstruída – para deixar lugar para a capacidade negativa.

A possibilidade de construção (inconsciente) de um discurso positivo (sobre Deus ou sobre a mente) é claramente reconhecida por Bion, depois de Freud. No caso de Bion, ao falar sobre os elementos que entram na constituição dos objetos de psicanálise, ele menciona os mitos e as "teorias". Não só as teorias psicanalíticas a que o psicanalista recorre para entender o que está observando, mas as teorias não psicanalíticas que o paciente constrói sobre si mesmo e sobre sua vida mental.

Neste sentido, a psicanálise não se contentará apenas em identificar essas construções e suas estruturas "arquitetônicas", mas prosseguirá numa tentativa de "desconstruir" toda essa arquitetura, até atingir suas próprias fundações (arquê). Noutras palavras, a capacidade negativa, segundo Derrida, é a própria capacidade de desconstruir "de alto a baixo"; o que, na linguagem de Bion, corresponde a uma verdadeira "mudança catastrófica".

Onde a contribuição de Derrida parece-me constituir-se numa inegável atualização do pensamento de Bion é na maneira como o primeiro põe em prática, a respeito de outros discursos, a sua metodologia desconstrutiva, a qual, por sua vez, parece-me inspirar-se numa das intuições mais profundas tanto da psicanálise contemporânea como também da teologia, tanto de Mestre Eckhart como de Angelus Silesius.

Tomando o movimento "em direção a O" em seu aspecto negativo, creio poder dizer que se trata de Zerar tudo (caso em que o ideograma O deve ser lido, não como "Ó", mas como Zero). "Em direção a O", em sentido desconstrutivo, significa em direção a Zero.

Quero crer que esse é o pensamento de Bion ao citar as Noites Escuras de São João da Cruz. Sem zerar nossos conhecimentos, sem atravessar as noites escuras da sensibilidade, do entendimento e do próprio objeto divino, não teremos acesso a uma fé verdadeira – uma fé sem apoio em nenhuma de nossas construções defensivas, racionais ou irracionais.

Tudo isso ocorre num "trânsito", isto é, numa passagem que tem muito a ver com a "páscoa" em seu sentido fundamental de morte e ressurreição. Como costumo dizer, há, segundo Bion, uma pré-concepção de que nenhuma ressurreição é possível senão depois da morte. Mas é precisamente isso que provoca a resistência à mudança, como resistência a uma desconstrução total.

A grande "dúvida" defensiva não tarda a surgir: "E haverá mesmo ressurreição depois da morte"? E haverá uma reconstrução possível depois da desconstrução?

Derrida, falando a respeito da relação entre a análise e a desconstrução, menciona dois movimentos: um em direção à arquê, arqueológico, outro em direção à frente, teleológico. É a mesma linguagem de Bion ao falar-nos de um "movimento em direção a O" e de um "movimento de acordo com Ó".

Como seria esse movimento "de acordo com Ó"? Creio poder encontrar uma pista simbólica no próprio brasão da família de Bion, no qual lemos *Nisi Dominus, frustra*. Trata-se de palavras extraídas do salmo 127: *Nisi Domínus aedificaverit domum, frustra laborant qui aedificant eam*. Não se trata apenas de reter a sonoridade do Ó de Dominus, mas de entender como em toda construção é preciso que haja critérios a presidir a edificação. E se não houver critérios válidos, os construtores estarão trabalhando inutilmente. Ora, falando a respeito de uma boa interpretação, Bion diz, primeiro, que ela pode proporcionar ao paciente uma tal expansão de sua mente que o próprio analista não seria capaz de acompanhá-lo. Mais ainda, em lugares diferentes de sua obra, Bion apresenta quatro critérios principais para uma boa interpretação (reconstrutora): os critérios de verdade, de vida, de expansão e de capacidade negativa.

Nesse mesmo sentido, Lacan, usando o vocabulário de Kant, fala de uma "norma simbólica" que, como tal, "preside a estruturação das estruturas". O simbólico para Lacan tem uma função muito parecida com a de Ó para Bion. Ó é critério, norma, e principalmente vértice, fora do qual todas as nossas construções correm o risco de tornarem-se vãs, requerendo, mais cedo ou mais tarde, *une déconstruction de fond en comble*.

O senso do simbólico, tanto em teologia como em filosofia, e em psicanálise, especialmente na psicanálise de Bion, pode ser reconhecido como sabedoria, ou mesmo como *philo-sophia*. Por esse lado, ele nos permite ir mais longe que o próprio Derrida, pelo menos na medida em que, de maneira quase pragmática, a desconstrução é considerada por este último como a grande tarefa a ser empreendida na "análise de todo discurso". Já a reconstrução, mesmo para Derrida, é confiada não tanto ao leitor, mas ao próprio "autor", na empreitada de dizer-se a si mesmo. Por isso, Derrida valoriza tanto "As confissões" de Santo Agostinho, como uma espécie de "testemunho autobiográfico", que não poderia ser dado por nenhum outro, por nenhum leitor, devendo, no entanto, ser acolhido, por todos, como um convite a que cada "autor" faça o mesmo. (Nesse sentido, gostaria de lembrar que também Bion escreveu as suas Confissões, a que intitulou com um verso de Shakespeare *All my sins remembered*. Isso sem falar nos "escritos autobiográficos", com a mesma função testimonial que Derrida neles encontra.) Ora, a situação analítica, para Bion, permite não apenas a desconstrução, mas também a reconstrução, pelo menos no sentido de um eterno recomeço; uma reconstrução presidida por um senso mais aguçado do critério: *Nisi Dominus, frustra.* (Como disse acima, nos textos de Bion a respeito da interpretação, encontramos quatro critérios principais a que o analista deveria estar identificado na sua própria maneira de ser: critérios de verdade, de vida, de expansão e de capacidade negativa.)

A ausência de critérios, ou pelos menos a ausência de compatibilidade entre eles, gera uma verdadeira babelização das mais diversas construções ou mesmo reconstruções. Cada qual (analistas e pacientes) invocando seu próprio critério, ninguém se entende, ou acaba desistindo de qualquer consenso simbólico, além das diferenças. O espontaneísmo puro e simples nunca chegará a ser critério suficiente, exatamente porque o desejo sozinho não é norma, embora contenha um apelo a ela. Daí Derrida insistir, depois de Freud e Foucault, nesse tripé fundamental formado pelo "desejo, a norma e a morte".

Uma outra contribuição importante de Derrida é relativa às resistências (no plural) que surgem em face da proposta de desconstrução e reconstrução: resistência à psicanálise, mas também resistência da psicanálise.

A resistência à psicanálise e à sua proposta de desconstrução pode ser incluída no rol das defesas "racionais" que os "construtores" das mais diversas áreas acabam levantando em torno de suas "vãs" construções.

Já a resistência da psicanálise surge como uma espécie de traição à sua própria vocação "analítica", na medida em que ou se contenta com uma desconstrução pela metade, ou simplesmente não tem coragem para ir até Zero.

Mais uma vez, semelhante resistência pode encontrar muito apoio na racionalização (para não falar no racionalismo da Idade Moderna), uma vez que para ir até o fundo e "passar três dias no inferno", é preciso ter muita fé e uma imensa tolerância à frustração. Como já disse, há uma pré-concepção de que "só há ressurreição depois da morte". Mas aí é que surge a maior dificuldade: como acreditar na volta? Somente uma fé muito forte, com uma imensa tolerância à frustração, pode entender o sentido psicanalítico (da teologia negativa) quando este acredita que "quem não perder a própria alma não conseguirá recuperá-la".

4. Vejamos agora como a capacidade negativa proposta por Bion atualiza-se no contexto do modelo filosófico-científico, em diálogo com a física contemporânea e um pensamento pós-racionalista.

Um primeiro aspecto importante da questão surge em relação ao que poderíamos chamar de necessária consciência dos limites por parte dos homens de ciência. "Até aqui chegamos, mas não sabemos se poderemos ir mais longe. Talvez sim, talvez não."

No entanto, por trás de semelhante humildade, é freqüente encontrarmos uma espécie de fé inabalável no poder da ciência: "Até agora, não; mas um dia a ciência certamente chegará ao fim, para dizer a última palavra sobre tudo".

Ora, é exatamente a propósito dessa pretensão terminal da ciência que Stephen Hawking nos fala do "fim da física e da teoria física". O problema físico é de tal natureza que ele mesmo leva os físicos a reconhecerem a necessidade de uma capacidade negativa, para que os verdadeiros problemas da física possam ser formulados em seus devidos termos e alcance.

Antes disso, constatamos uma tendência em reconhecer a possibilidade e a necessidade de um "ponto de mutação" a partir do qual os problemas físicos voltariam a ser metafísicos; os problemas metafísicos voltariam a ser místicos; e os problemas místicos seriam simplesmente metarreais. É o que parecem admitir os físicos Bogdanov, em diálogo com Jean Guiton, no livro best-seller intitulado *Deus e a ciência*; e é também o que nos é sugerido por Fritjof Capra em seus diversos livros, mas principalmente em *O ponto de mutação*.

Por esse caminho, a ênfase nos limites da capacidade negativa acabaria transformando-a em algo extremamente positivo, e que poderia ser usado como tal, como positivo, para dispensar a negatividade. Noutras palavras: é como se o reconhecimento dos limites da física nos levasse "naturalmente" para a metafísica, sem ruptura, sem corte epistemológico, sem mudança catastrófica. Igualmente, o reconhecimento dos limites da metafísica nos levaria "naturalmente" para o domínio místico, sem "ruptura de campo" e sem uma verdadeira expansão do universo mental. Nesse caso, a fé religiosa surgiria "naturalmente", fruto de uma eliminação progressiva da capacidade negativa, e a dispensa de qualquer mudança catastrófica.

Na verdade, tal maneira de encarar a capacidade negativa faria dela, finalmente, uma capacidade positiva, e seria, mais uma vez, a vitória do positivismo!

Ora, não é bem isso que Bion aprendeu, nem com Mestre Eckhart, nem com os pensadores orientais, e muito menos com o pensamento científico-filosófico atual.

Stephen Hawking aprendeu, na prática de sua ciência, a humildade do sábio, a capacidade negativa daquele que "sabe que não sabe" e disso não se envergonha. Antes, ele se sente engrandecido por sentir-se colocado ante problemas que, ultrapassando seu conhecimento, propiciam-lhe uma constante expansão do pensamento. O limite do conhecimento diante da "incógnita" é a grande frustração – negativa – que fecunda o pensamento "em direção a ela". Uma incógnita que permanece incógnita dá lugar a um pensamento infinito, como pensamento de O.

Retomando Gabriel Marcel, a partir da distinção entre o "cognito" e a "incógnita", poderíamos reintroduzir na psicanálise a distinção entre o problema e o mistério. Com isso, além das experiências e evidências racionais, poderíamos situar-nos num outro momento da história do pensamento, um momento ou um período que Foucault e Derrida não hesitaram em chamar de Era da Psicanálise, um Período certamente Pós-moderno, ou melhor, Pós-racionalista.

Para Bion também, uma verdadeira teoria psicanalítica do pensamento baseia-se no reconhecimento do tremendo potencial criativo da capacidade negativa: um potencial em aberto, com nossos receptores em constante "atenção flutuante" para captar os menores sinais da presença de O, venham eles de onde vierem. Conhecemos o "conhecido", mas continuamos pensando no "desconhecido". O pensamento só permanece e se expande na medida em que, também para ele, o desconhecido continua desconhecido. E aqui, como sempre, a fé nunca será substituída pela ciência! "Creio na Realidade Última como num fato primordial."

É interessante notar, mais ainda, como no espaço maior do desconhecido surge para a física contemporânea como dois espaços especialmente desconhecidos e complementares, ambos provocando a expansão do pensamento em direção contrária: refiro-me ao espaço-macro de Einstein e ao espaço-micro de Max Plank. Einstein e a teoria da relatividade, Max Plank e a mecânica quântica, por assim dizer "localizaram" para nós as duas direções da capacidade negativa: uma em direção a Zero e outra em direção ao infinito.

Einstein colocou-nos diante dos grandes problemas "cósmicos" fazendo-nos pasmar ante o silêncio sem fim dos espaços eternais. Max Plank e a mecânica quântica deixam-nos perplexos diante do infinitamente pequeno, que, no entanto, em sua infinita pequenez, é o sustentáculo do infinitamente grande. Macro e micro são para nós as duas formas mais inegáveis da negatividade!

Tudo isso permite uma atualização da psicanálise de Bion no tocante à nossa capacidade negativa como condição de nosso desenvolvimento e expansão. De maneira prática e muito simples, costumo dizer: "Num mundo pequeno, mesmo os pequenos problemas ficam enormes; num mundo grande, mesmo os grandes problemas ficam relativamente menores".

Não vou, no entanto, tentar estabelecer um paralelismo puro e simples entre o micro e o macro da física e da psicanálise. Queria, isto sim, mostrar como o célebre princípio "sem memória, sem desejo e sem compreensão" encontra aqui uma de suas aplicações mais surpreendentes, ligada à capacidade negativa do analista (e do analisando), quando se esmeram na utilização de um modelo filosófico-científico pós-racionalista.

Comecemos por reconhecer que, para Bion, a capacidade negativa conserva-se negativa (sem se positivar), com a condição de percebermos o alcance maior da negatividade ou (como gosta de dizer André Green) do "trabalho do negativo". E isso, digamos assim, Bion aprendeu tanto com Mestre Eckhart como com os Pensadores Orientais. A Deidade encontra-se "negativamente" acima e além de tudo o que "afirmamos" sobre Deus. De K para O, nós vamos do positivo para o negativo. Do conhecido para o desconhecido. Do conhecimento para o pensamento. Do pensamento para a fé. E a fé comporta sempre um salto sobre o abismo, uma travessia pela "noite escura", uma descida aos infernos, uma morte... antes da Ressurreição.

Se a física, em seus limites, torna-se metafísica; se a metafísica, em seus limites, torna-se ponto de apoio para uma fé científica; se K é fundamento suficiente para O, de etapa em etapa – então nós estaríamos reconstituindo "as provas racionais" da existência de Deus, e assim, mais uma vez, ressituando a psicanálise na Era do Racionalismo (como Gérard Lebrun sugeriu, a propósito de Kant, ao nos falar de uma "Teologia reencontrada")...

Para Bion, o desenvolvimento da capacidade negativa não é bem uma sua transformação em capacidade positiva, mas um desenvolvimento de sua mesma negatividade, como condição permanente de uma abertura para "o infinito, informe, inominável". "Salvo o Nome!" – diria Derrida, como se estivesse retomando o preceito de "não tomar o nome de Deus em vão"! O é de outra natureza que K. E a frustração básica é inseparável de nossa capacidade de pensar o incognoscível.

Nesse contexto é que eu gostaria de situar o princípio "sem memória, sem desejo e sem compreensão", como uma outra maneira de exprimir o alcance epistemológico da capacidade negativa segundo Bion.

"Sem memória" indica a atitude daquele que "sabe que não sabe" e se recusa a fazer apelo ao que já pôde acumular em sua memória como um arsenal de conhecimentos armazenados por meio de experiências já feitas (no sentido do empirismo inglês de um John Locke, por exemplo).

O contrário da "memória", do ponto de vista do conhecimento, é a ênfase no aqui-agora como lugar e momento de uma experiência *sui generis* com toda a originalidade da não repetição. Isso vem questionar exatamente o método científico – racionalista – quando afirma não só a possibilidade, mas a necessidade de uma repetição da mesma experiência para a "confirmação" de resultados anteriores. De alguma forma, na Era da Psicanálise, o que se afirma é a unicidade original do momento de emergência do sujeito (na linguagem de Lacan), em suas transformações em O por meio de Being (na linguagem de Bion). A conseqüência, tão simples quanto verdadeira, é a consideração de cada sessão como uma unidade de encontro do paciente consigo mesmo e com o analista, na concentração de seu universo mental. Daí também não se poder falar, em rigor de termos, de uma "transmissão" da experiência analítica, nos moldes das outras ciências. Como gostava de dizer o saudoso Dr. José Longman: "A psicanálise se aprende, mas não se ensina".

O mesmo se diga em relação a "sem desejo". Trata-se, por aí, de reconhecer os limites de nosso desejo de "fazer ciência" com a ajuda da própria experimentação. Todo cientista, além de uma boa imaginação científica, costuma ser movido pelo desejo perseverante de "inventar" novas experiências, para com elas fazer a ciência progredir.

No entanto, acima de nosso desejo, há uma "norma" a ser respeitada. Isso, na linguagem de Kant (retomada por Lacan, ao falar do "simbólico" como norma que preside a estruturação das estruturas"). Bion tem uma outra maneira de justificar o "sem desejo". É que "os pensamentos à procura de pensadores" são anteriores a estes últimos. O que se espera de um analista dotado de capacidade negativa (negativa de seu desejo) é que se deixe levar pelos "pensamentos à procura de pensadores", um pouco como Angelus Silesius falava da *Gelassenheit* como de uma entrega que é também acolhimento. Trata-se de se deixar levar em direção a O.

Uma experiência "dirigida" (pelo desejo) pode ser reconhecida como válida no campo das ciências positivas, mas não o é para a psicanálise de Bion. Para ele, o alcance epistemológico da capacidade negativa inclui a abertura da mente que permanece receptiva relativamente aos "pensamentos à procura de pensadores". No prolongamento da *Gelassenheit, At-one-ment* tem aqui um sentido especial de continência para o que puder acontecer: não uma experiência provocada, mas "sida", isto é, como um momento de *Being*.

Por outro lado, o analista cheio de desejo "impõe-se" ao analisando, impedindo-lhe a manifestação de seu próprio desejo. Um analista cheio de memórias já sabe e não aprende nada de novo; um analista cheio de desejo não permite o "livre" acontecer da experiência mental do analisando. Por isso, Bion depois de Freud, fala da atenção flutuante como de uma atitude de disponibilidade até que apareça o "fato selecionado", capaz de organizar, numa conjunção constante, os dados antes desconexos. Semelhante "observação em aberto" é o correspondente do "sem desejo", como respeito à originalidade do que "pode acontecer" sem ser provocado pelo desejo do analista.

Para isso, é preciso que a mente deste último esteja tão vazia de memórias quanto de desejos.

Finalmente, Bion nos fala da atitude "sem compreensão", como correspondendo ao universo mental em expansão. A capacidade negativa do analista consiste, aqui, em ele não colocar nenhum ponto final, como se estivesse "satisfeito" ou saturado. Bion se serve da letra grega KSI para indicar a situação de saturação-insaturação daquele (analista ou pesquisador) que reduz o universo às dimensões – compreensivas – de seu pequeno mundo. Só que, ao fazer assim, ambos estariam eliminando suas possibilidades de pensamehto, ou melhor, sua capacidade negativa para pensar. Mais do que "compreender", a proposta bioniana é de "expandir". Nesse sentido, há, finalmente, uma transformação profunda do "realismo" bioniano, que passa a ser um metarrealismo-negativo (como tive a oportunidade de estudar num curso ministrado na SBPSP no ano de 1994).

5. Falta-nos considerar a atualização do pensamento de Bion a respeito da capacidade negativa no campo estético-artístico.

Historicamente, parece que foi neste campo que ele "realizou" pela primeira vez o sentido maior da expressão "capacidade negativa", tal como empregada por Keats a propósito de Shakespeare. Em *Atenção e Interpretação* ele escreve:

> *Keats referiu-se a Shakespeare como tendo sido capaz de tolerar os mistérios, as meias verdades, as evasões, sem qualquer tentativa ansiosa de alcançar fatos e razão, de modo a conseguir escrever da maneira como escreveu. Teve de pagar esse preço para ser Shakespeare. O que*

ele escreveu ainda é atual, tendo consistência e uma inimitável durabilidade. (Tradução de Arnaldo Chuster.)

Pensando na capacidade negativa característica de Shakespeare, quero crer que ela tem muito a ver com tudo o que Bion escreveu sobre o pensamento em sua relação com a frustração, o senso da incógnita, o suspense, a insaturação, a criatividade, a expansão em todas as direções, com uma imensa tolerância – ou paciência – para esperar o que poderá vir depois.

Uso aqui a palavra "paciência" (em sua relação com a paixão) pensando no fato de que tanto Keats como Bion reconheciam em Shakespeare o maior poeta do teatro inglês. Ora, no dizer de Aristóteles, o "teatro são as paixões em ação". No teatro, a capacidade negativa é precisamente a "paciência" como capacidade de "tolerar" os conflitos e impasses criados pelo emaranhado·das paixões humanas. Especialmente no gênero trágico, é como se assistíssemos ao embate entre a pulsão de vida e a pulsão de morte, no qual, na grande maioria das vezes, a pulsão de morte sai vencedora, deixando-nos, por isso mesmo, pensativos: será mesmo que tem de ser sempre assim?

Com a ajuda da capacidade negativa, a tragédia transforma-se em drama, com chances iguais para a vida e para a morte, ou mesmo em epopéia, com uma perspectiva de vitória da vida, sem excluir o lirismo, na plenitude de alguns momentos muito especiais, ou mesmo a comédia e a tragicomédia das situações "incompossíveis". Incompossíveis entre si, mas de fato possíveis para a capacidade negativa do artista-poeta, capaz de reconhecer em nossa vida a presença surpreendente das paixões humanas, todas elas "em ação", "com seus mistérios, suas meias verdades, suas evasões", sem que ele sucumba à ansiedade por descobrir fatos e razões, causais e explicativas. O teatro de Shakespeare foi, para Bion, um grande exemplo de "paciência", no exercício de uma imensa capacidade negativa, em face do "drama" da existência humana e do "texto" gerado no entretecimento dos fios de nossas paixões. Mais uma vez, "Eros, tecelão de mitos"!

Um outro exemplo do campo "estético-artístico", que nos permite atualizar o pensamento de Bion a respeito da capacidade negativa, nos é dado por Heidegger, a partir da pintura, ao comentar os *Tamancos de Van Gogh*. No quadro, apenas os tamancos. Mas, para a capacidade negativa do artista (seja do pintor, seja do observador), "no vazio" do que não é mostrado, cada um pode descobrir algo presente, que se oferece além da visão sensorial.

Olhando a tela de Van Gogh, não podemos sequer determinar o lugar onde os tamancos se encontram. Em volta desse par de tamancos de camponês, não há rigorosamente nada em que eles possam ocupar um lugar. Apenas um espaço vazio. Nem mesmo um punhado de terra proveniente do campo, ou de um caminhozinho qualquer, o que nos poderia, pelos menos, indicar seu uso. Um par de tamancos de camponês, nada mais. E, no entanto...

Na seqüência do texto de Heidegger, este "no entanto..." é que abre o espaço para a capacidade negativa, com sua criatividade propriamente artística, isto é, como capacidade de lidar com o nada e o vazio, num convite a "pensar", a "encontrar", a "reverenciar" a presença do invisível.

Para que todos possam acompanhar Heidegger em sua capacidade negativa de encontrar-se o com a capacidade negativa de Van Gogh, permito-me ler-lhes a seqüência do texto:

> *E, no entanto ... na obscura intimidade do vão do calçado, está inscrita a fadiga dos passos do trabalho. Na rude e sólida gravidade do tamanco, afirma-se a lenta e persistente caminhada, através dos campos, ao longo dos sulcos, sempre semelhantes, que se estendem ao longe sob o arado. O couro está marcado pela terra gorda e úmida. Por baixo do solado, estende-se a solidão dos caminhos do campo que se perdem ao longe. Através desses tamancos, passa o apelo silencioso da terra, seu dom tácito do grão que amadurece, sua recusa secreta de si mesma durante a aridez dos campos hibernais. Através do produto, perpassa a muda inquietude pela segurança do pão, a alegria silenciosa de sobreviver às necessidades, a angústia de um nascimento iminente ou o tremor diante da morte que ameaça. (Heidegger, in Holzweg.)*

A propósito desse mesmo texto, eu escrevia, algum tempo atrás (em *Bion e o futuro da Psicanálise*):

> *A tentativa de encontrar, no quadro, a contribuição do pintor é a mesma tentativa feita pelo analista de encontrar, no paciente ali presente, tudo isso que é Outro, e só pode ser percebido, só pode ser visto, se o analista for capaz de ver com "outros" olhos. A observação que podemos fazer é sobre a diferença que há entre um analista que vê e um outro que não vê. Entre um analista que escuta e um outro que não escuta. São as mesmas "realidades", os mesmos fenômenos. Só que um vê e o outro não vê. Por isso, um pode interpretar e o outro não pode. Na linguagem de Bion, a interpretação é exatamente a transformação que ocorre a partir de uma realização.*

Vejamos agora um exemplo da quintessência da capacidade negativa na proposta surpreendentemente bela de Manuel de Barros ao escrever, poeticamente, seu *Livro sobre nada*.

Tomando como ponto de comparação o quadro de Van Gogh, imaginemos um quadro no qual não aparecessem nem os tamancos, nem a camponesa, nem a terra, nem o céu... e, quem sabe, nem mesmo o quadro. Um quadro sobre o Nada! O espectador-leitor está inteiramente livre, inteiramente desimpedido para que sua capacidade negativa o possa conduzir. Sigamos, pois, com o próprio Manuel de Barros na direção de sua capacidade negativa:

O que eu gostaria de fazer é um livro sobre nada. Foi o que escreveu. Flaubert a uma sua amiga em 1852. Li nas Cartas Exemplares organizadas por Duda Machado. Alí se vê que o nada de Flaubert não seria o nada existencial, o nada metafísico. Ele queria o livro que não tem quase tema e se sustente só pelo estilo. Mas o nada de meu livro é nada mesmo. É coisa nenhuma por escrito: é um alarme para o silêncio, um abridor de amanhecer, pessoa apropriada para pedras, o parafuso de veludo, etc. etc. O que eu queria era fazer brinquedos com as palavras. Fazer coisas desúteis. O nada mesmo. Tudo que use o abandono por dentro e por fora.

Deixando-me levar por minha própria capacidade negativa, não posso deixar de pensar na *Gelassenheit* de Angelus Silesius e Heidegger, ao nos falarem sobre o abandono que é entrega, a permissividade que é docilidade, a não resistência que é confiança, o amor que é inteligência. E foi assim que percebi, com a ajuda de Manuel de Barros, que em quase nada encontra-se quase tudo, o micro encontrando-se no macro, o macro no micro. E entendi um pouco melhor como Zero tem a ver com O, e O tem a ver com Zero.

Fiquei pensando que a capacidade negativa segundo Bion podia atualizar-se de maneira extremamente bela, com a ajuda de Manuel de Barros, em seu *Livro sobre Nada*. Pensei que não apenas o analista, mas todo analisando poderia recitar como seus os versos de nosso poeta:

Sou um sujeito de recantos
Os desvãos me constam.
Tem hora leio avencas.
Tem hora, Proust.
Ouço aves e beethovens.
Gosto de Bola-Sete e Charles Chaplin.
O dia vai morrer aberto em mim.

Noutro poema ele acrescenta:

Carrego meus primórdios num andor.
Minha voz tem vício de fontes.
Eu queria avançar para o começo.
Chegar ao criançamento das palavras.
....
Abrir um descortínio para o arcano.

No final de minha exposição, esses versos de Manuel de Barros não são para comentar, mas para pensar e fazer pensar, com capacidade negativa. Nesse sentido, e voltando ao ponto de partida, gostaria de evocar *Esperando Godot* de Samuel Beckett.

Aqui também, deixando-me levar pela capacidade negativa, quer-me parecer, de um ponto de vista poético, que o vazio de Godot bem poderia ser considerado como o negativo de Gottheit. De O a Zero. De Zero a O. "Infinito, informe, inominável".

Sem resistir à livre associação, fico pensando na lógica do inconsciente de Beckett quando, depois de *En attendant Godot*, de 1952, escreveu e publicou, no ano seguinte, (nas mesmas edições De Minuit) um romance intitulado *L´innommable*, o inominável!

Ora, como todos sabem, Samuel Beckett foi analisando de Bion. E isso já levou muita gente a perguntar: "Foi Bion que influenciou Beckett, ou foi Beckett que influenciou Bion?". Seja lá como for, o fato é que o pensamento de um muito provavelmente proporcionou a expansão do pensamento do outro. E nós todos só temos a lucrar se aceitarmos o convite de Bion para que "deixemos nossos terminais abertos para captar os sinais da presença de Ó, venham eles de onde vierem". (Cf. Didier Anzieu, em seu volume *Créer, détruire*, publicado pela editora Dunod.)